Le Temps des

Revue
d'histoire

**édias**

N°2 printemps 2004

D1726406

nouveau monde
éditions

Le Temps des Médias

Revue d'histoire

Revue bi-annuelle publiée par la *Société pour l'Histoire des Médias* et *Nouveau Monde éditions*, avec le concours scientifique du groupe de recherche *Temps, Médias et Société* (CHEVS, FNSP).

Directeur scientifique :
Christian Delporte

Rédacteurs en chef :
Patrick Eveno, Isabelle Veyrat-Masson

Comité scientifique :
Maurice Agulhon, Pierre Albert, Serge Berstein, Hervé Brusini, Roland Cayrol, Thomas Ferenczi, Marc Ferro, Emmanuel Hoog, Jean-Noël Jeanneney, Pierre Nora, Pascal Ory, Michelle Perrot, René Rémond, Jean-Pierre Rioux, Daniel Roche, Jean-François Sirinelli, Pierre Sorlin

Comité de rédaction :
Anne-Claude Ambroise-Rendu, Claire Blandin, Agnès Chauveau, Fabrice d'Almeida, Yannick Dehée, Christian Delporte, Hélène Duccini, Hélène Eck, Patrick Eveno, Gilles Feyel, Pascal Griset, Denis Maréchal, Laurent Martin, Cécile Méadel, Michael Palmer, Claire Sécail-Traques, Cécile-Anne Sibout, Karine Taveaux-Grandpierre, Isabelle Veyrat-Masson

Correspondants étrangers :
Jérôme Bourdon (Israël), Alain Clavien (Suisse), Simona Colarizzi (Italie), Geoffrey Hare (Royaume-Uni), Michael Harris (Royaume-Uni), Laurence Coudart Gravelle (Mexique), Juan Antonio García Galindo (Espagne), Jaume Guillaumet (Espagne), Muriel Hanot (Belgique), Ursula E. Koch (Allemagne), Michèle Martin (Canada), Madjid Merdaci (Algérie), Peppino Ortoleva (Italie), Jeremy D. Popkin (États-Unis), Hans Renders (Pays-Bas), Bernd Sösemann (Allemagne)

Directeur de publication :
Yannick Dehée

Mise en page :
Stéphanie Grieu

Rédaction (propositions d'articles) :
SPHM - *Le Temps des Médias*
90, rue du fg Saint-Martin - 75010 Paris
Email : sphm@wanadoo.fr
Site : www.sphm.net

Ventes, abonnements, envois d'ouvrages pour recension :
Nouveau Monde éditions
24, rue des Grands Augustins - 75006 Paris
Tél : 01 43 54 67 43 - Fax : 01 43 54 06 60
Email : ydehee@nouveau-monde.net
Site : www.nouveau-monde.net
Voir page 294

Publicité :
Nouveau Monde éditions
24, rue des Grands Augustins - 75006 Paris
Tél : 01 43 54 67 43 - Fax : 01 43 54 06 60

© nouveau monde éditions, Paris, 2004
ISBN 2-84736-052-2
Dépôt légal : avril 2004 - N°404083
Imprimé en France par
Nouvelle Imprimerie Laballery

SOMMAIRE

ÉDITORIAL

La publicité a une histoire

« *À moins de se promener dans la vie les yeux bouchés, les oreilles fermées, d'acheter sans réflexion et sans enquête* », on n'échappe pas à la publicité. « *Ceux mêmes qui se croient imperméables ont dans la tête cent noms que la Publicité y a mis, chaque jour ils suivent des courants de mode que la Publicité a créés* ». Bref : « *l'opinion publique, cette force insaisissable et toute-puissante, de laquelle personne ne peut s'affranchir, est dominée par la Publicité* ». Ces propos, à la résonance très contemporaine, ont été tenus, il y a presque un siècle, par Jules Arren. Plus personne ne connaît son nom. Il est pourtant, en France, l'un des tout premiers auteurs d'un « manuel » de publicité, destiné à éclairer les industriels et les commerçants sur les techniques assurant la meilleure diffusion de leurs produits auprès de la clientèle : *Comment il faut faire de la publicité* (1912). Dans l'avant-propos, Arren explique notamment, qu'après avoir conquis l'Amérique, l'Angleterre, l'Allemagne, la publicité a enfin triomphé des résistances en France. Du coup, la question n'est plus de savoir s'il faut faire de la publicité, mais « *comment* » il faut la faire. Ce bel optimisme tient, pourtant, de l'auto-persuasion, et Marc Martin a bien montré que la France fut sans doute, de tous les grands pays industrialisés,

celui qui afficha les réserves les plus tenaces à l'égard d'un mode de communication jugé immoral, mensonger, aliénant, machine tyrannique de la consommation et de la normalisation capitalistes[1]. La publicité, écrivait Edgar Morin en 1968, « *consiste à transformer le produit en stupéfiant mineur – ou à lui inoculer la substance droguante, de façon que son achat-consommation procure immédiatement l'euphorie-soulagement, et à long terme l'asservissement* »[2].

Un tel réquisitoire suffirait, en soi, à attirer l'attention de l'historien, soucieux de comprendre la source, le développement, l'effet des débats qui agitent les sociétés contemporaines, de saisir le processus de perception et d'altération de la réalité par l'opinion, mais aussi les phénomènes de circulation et d'imprégnation sociales. Pourtant, reconnaissons-le, la publicité n'a guère, jusqu'ici, suscité son plus vif intérêt, malgré l'ouvrage pionnier de Marc Martin, *Trois siècles de publicité en France* (1992), qui reste la référence commune, et le livre très précieux de Marie-Emmanuelle Chessel sur la construction de la profession publicitaire, issu de sa thèse[3]. En juin 2002, un colloque, co-organisé par la Société pour l'histoire des médias, l'Institut des images et la Bibliothèque nationale de France, a fixé des pistes de réflexion nouvelles[4] : il s'agissait de la première rencontre posant la question des relations entre histoire et publicité. Certaines des interventions présentées à cette occasion figurent, revues et augmentées, dans les pages qui suivent. Mais ces rares publications et initiatives ne permettent pas de couvrir l'immense chantier de la question publicitaire, trop vite abandonné aux sociologues, économistes, sémiologues, historiens d'art, parfois.

Car les dimensions de l'histoire de la publicité sont multiples. Et c'est, précisément, la variété de ses facettes, économique, sociale, culturelle, que le dossier du présent numéro souhaite placer en évidence. Bien sûr, la publicité est, d'abord, une économie, qui suppose qu'on s'interroge sur le marché et ses dynamiques, les stratégies commerciales des annonceurs, l'activité générée. Mais

elle est aussi une profession, qui s'est construite et s'est profondément transformée au cours du XXe siècle. Elle est un mode particulier de création, d'art et de culture, une forme originale d'expression et de langage, nourrie de mots, de sons, d'images, forgée par l'imagination des hommes, portée par des médias qui en vivent et la font vivre. Elle est, au total, un phénomène social et culturel, caractéristique de l'essor des sociétés de masse, depuis plus d'un siècle. C'est pourquoi il convient d'approcher la publicité en tenant compte de tous les mécanismes qui l'animent. Le dossier qui suit ne prétend évidemment pas répondre à toutes les questions. Son objectif est de montrer que la publicité d'aujourd'hui est le fruit d'une histoire qui, seule, permet d'éclairer la place qu'elle occupe dans notre quotidien et l'intensité du débat qu'elle provoque, ici et ailleurs.

Christian Delporte

Notes

1. Marc Martin, *Trois siècles de publicité en France*, Paris, Odile Jacob, 1992.

2. Edgar Morin, préface à Bernard Cathelat et André Cadet, *La publicité, de l'instrument économique à l'institution sociale*, Paris, Payot, 1968.

3. Marie-Emmanuel Chessel, *La publicité. Naissance d'une profession, 1900-1940*, Paris, CNRS-Editions, 1998.

4. Intitulé « La publicité, une histoire », le colloque (5-7 juin 2002), piloté par Christian Delporte, Laurent Gervereau et Jean-Marc Terrasse, n'a, hélas, pas été publié.

DOSSIER

PUBLICITÉ,
QUELLE HISTOIRE ?

Enseignes, cris, textes
Les pratiques publicitaires au Moyen Âge

Marie-Anne Polo de Beaulieu*

« Les pratiques publicitaires au Moyen Âge » : le sujet n'est guère facile à aborder pour un médiéviste ! Partons d'une définition assez large de la publicité : l'ensemble des activités destinées à faire connaître un produit, une marque de fabrication, à inciter le public à acheter ledit produit ou à utiliser tel ou tel service. Or, au Moyen Âge, il n'est pas toujours aisé de distinguer la publicité de la propagande politique et religieuse, de la circulation des nouvelles, des annonces officielles ou privées dans une société encore fortement marquée au sceau de l'oralité. De plus, cette définition ne peut prendre sens dans la durée historique qu'à condition d'avoir bien à l'esprit les spécificités de l'époque médiévale, marquées notamment, sur le plan socio-économique, par l'emprise des corporations, les prérogatives du roi, celles du seigneur ou de la commune. En rappeler brièvement quelques traits permettra de mieux comprendre les pratiques visuelles, sonores, textuelles, caractéristiques du Moyen Âge occidental.

Un commerce très encadré

Concept forgé au XVIIIe siècle, la notion de liberté du commerce et de l'artisanat est totalement étrangère à l'Occident médiéval. Le seigneur, dans le cadre de son pouvoir, réglemente la production et le commerce, comme toutes les autres activités de la seigneurie. En ville, il peut le céder — moyennant finance — à la commune. Accaparée par les marchands, elle exerce un contrôle du commerce plus strict encore que celui du seigneur. En outre, les corporations édictent des règlements qui encadrent tous les aspects de la production artisanale et des échanges. Ils ne fixent jamais les prix de vente, mais interdisent les ententes entre maîtres de métiers pour les faire grimper ou descendre. Les règlements des métiers tendent également à garantir aux consommateurs des denrées saines, des produits « loyaux », dont il « marchandera » le prix selon la loi du marché, avec des commerçants et des artisans qui se concurrencent seulement par la qualité de leur travail et la modération de leurs prix.

*Directrice de recherche à l'EHESS.

Les seigneurs conservent des avantages commerciaux non négligeables, comme le banvin : le droit de vendre le premier le fruit de leurs vendanges, dont le prix s'imposera à tous. En cas de disette, des greniers à blé sont gérés par des communes, des confréries ou des établissements religieux, afin d'éviter la flambée des prix ; mais leur action reste peu efficace en période crise. De plus, la forte emprise religieuse sur la société médiévale apparaît dans les notions de « juste prix » et d'« économie bonne et loyale », leitmotiv des réglementations. Le « juste prix » est celui qui permet à l'artisan ou au commerçant de vivre et d'élever sa famille « honorablement ». Enfin, la *fama* (la réputation) est une notion à laquelle sont très attachés marchands et artisans : elle se divulgue de bouche à oreille, de foire en foire, ou sur le marché local ou régional. Il serait naïf de penser que ces beaux principes ont seuls guidé l'activité économique. Mais il est utile de rappeler qu'ils ne sont contestés par personne et toujours fermement rappelés dans les textes communaux, religieux et royaux.

Quant au pouvoir d'achat des différentes couches de la population, l'historien ne peut finement l'évaluer, en raison de l'incroyable diversité des monnaies et des mesures d'une région à l'autre. En outre, les circuits « non-marchands » demeurent très actifs : l'apprenti non salarié formé par son maître est nourri par lui ; le paysan-tenancier n'est pas rémunéré. Le troc et la mise en gage sont très importants et le jardin garde-manger apporte un complément alimentaire vital même en ville. Rappelons, enfin, le poids de l'illettrisme dans la société médiévale, moins important en ville qu'à la campagne, il est vrai, ce qui explique le rôle incontournable de l'image et de la parole dans les pratiques publicitaires.

Attirer le regard[1]

La ville médiévale regorge d'enseignes de boutiques, de « monstres » (du verbe montrer) d'auberges, accrochés sur des potences de manière à dépasser de l'alignement des murs et à se détacher sur le paysage urbain. En général, les enseignes proposent un insigne clairement identifiable de la profession, mais il est à noter que les « monstres » d'auberges offrent une grande polysémie d'images. Dans le manuscrit de *La Légende dorée* de Mâcon du XVᵉ siècle, l'auberge se signale par deux enseignes : un pichet accompagné de végétaux et un damier pour indiquer qu'ici on peut jouer également aux échecs[2]. Parfois l'enseigne est accompagnée d'une cloche pour appeler l'aubergiste et porte un bref texte. Un tonneau peut également signaler l'entrée d'une taverne et servir le cas échéant de table à boire. Si l'enseigne comporte une lune, le voyageur comprendra aisément qu'il peut aussi dormir dans cette auberge (cf. *Les proverbes flamands*, Bruegel l'Ancien, † 1569, conservé à Berlin au Staatliche Museum). L'image d'un ours indique généralement que l'on fait bon accueil

« Crieresse de harengs », XVe siècle.

aux ressortissants de la « nation allemande ». Un bouchon de paille indique la présence d'une écurie pour les montures ; une chope et un plat à volaille se chargent d'attirer le client en lui promettant le gîte et le couvert. En revanche, le sens du chapeau de cardinal et du cercle de feuillage qui apparaissent sur ces enseignes demeure un mystère. Un simple torchon accroché à une perche indique que l'on sert ici de la cervoise. On retrouve tous ces symboles sur les blasons des taverniers. Un animal orne parfois ces monstres d'auberges comme le cerf représenté sur une miniature d'un manuscrit médical du XIVe siècle (*Tacuinum sanitatis*).

En prévision d'un tournoi, une auberge peut être spécialement garnie des blasons représentant chaque « mesnie » (groupe de chevaliers), comme on peut le voir sur le manuscrit des Tournois du roi René, comte de Provence (1434-1480). On sait, par ailleurs, que des billets de logement dans ces auberges étaient ornés d'insignes héraldiques et que les dames venaient choisir leur champion repéré d'après son blason.

Les diverses boutiques se signalent à l'attention des passants par l'objet emblématique du métier : un bretzel ou du pain pour le boulanger, un chapeau pour le chapelier, les bijoux pour le bijoutier, un flacon à urine pour le médecin… Cette rhétorique visuelle produit une compréhension immédiate. De plus, les échoppes fixes sont pourvues d'un ouvroir, c'est-à-dire un auvent proéminent sur la rue, dont la taille est strictement réglementée. À Paris, il ne doit pas dépasser 12 pieds en hauteur par rapport au niveau du pavé et 3 pieds de large sur la rue. L'ouvroir permet de montrer les produits, d'établir avec eux un contact non seulement visuel, mais aussi tactile, voire olfactif. Pour les aliments, il permet de vérifier leur fraîcheur, mais pour les produits de luxe, il permet de succomber aux tentations de la consommation des « vanités » : bijoux, statuettes d'orfèvrerie, tissus, cosmétiques, vêtements, etc. Le manuscrit espagnol des *Cantigas de Santa Maria* (XIIIe siècle) présente l'ouvroir très achalandé d'un marchand de tableaux religieux[3]. La publicité olfactive peut se développer lorsque le boulanger utilise un four ambulant afin de vendre ses bretzels ou quand l'aubergiste fait rôtir ses volailles devant sa taverne. Enfin, un manuscrit du XIVᵉ siècle[4] nous permet de découvrir un des premiers « hommes sandwich » : un arracheur de dents ambulant affublé d'un tableau portant l'emblème de son métier et un collier de dents autour du cou, preuve de sa virtuosité technique et de sa longue expérience…

La publicité visuelle repose donc sur les pictogrammes des enseignes et sur la présentation des produits sur les auvents. Elle s'accompagne certainement d'un discours « publicitaire » destiné à vanter les qualités des produits exposés. Les images restent muettes sur ce discours, mais des textes nous les restituent dans un cadre légèrement différent : celui des marchands ambulants qui « crient » leurs marchandises. Le cri est donc un medium publicitaire incontournable au Moyen Âge.

Les cris des villes et des villages

Les cris des marchands ambulants ont du mal à se faire entendre au milieu de la cacophonie d'une rue médiévale. En effet, il est de coutume de beaucoup « crier » dans villes et villages durant tout le Moyen Âge[5]. Le crieur est un personnage qui exerce sa profession, soit de façon permanente, soit de façon intermittente. Cette profession est également strictement réglementée. Il peut être concurrencé par les boutiquiers qui « crient » leurs marchandises pour attirer le client. Les marchands ont interdiction d'appeler un client avant qu'il n'ait quitté la bou-

tique voisine ; ils n'ont, en outre, pas le droit de « dépriser » la marchandise d'un confrère. Ces boutiquiers permanents estiment être en concurrence déloyale avec les marchands ambulants qui promènent leurs cris dans toute la ville pour écouler des marchandises moins contrôlées que les leurs. Les boutiquiers réussissent parfois à limiter ce commerce ambulant dans le temps ou sur le volume de marchandises. À Paris, les marchands de tapis obtiennent que le colportage soit limité au vendredi, au samedi et aux jours de marché. Les « crépiniers » défendent de colporter à la fois plus d'une coiffe et plus d'une taie d'oreiller.

Mais d'autres cris font également concurrence aux « cris publicitaires » : le « sonneur de mort » ou « le crieur de corps », accompagné de cloches « crie les morts », pour annoncer un décès ou les funérailles d'un personnage important ; les sonneurs de tournois, les crieurs de vin, les montreurs d'ours ou de marionnettes, les hérauts proclamant les édits des diverses autorités constituées et les ordonnances royales. En cas de rixe, il est d'usage de « crier la paix » pour annoncer officiellement la réconciliation des partis opposés. La ville de Paris ne compte pas moins de vingt-quatre crieurs titulaires en 1416, appartenant à la corporation des crieurs dirigée par deux maîtres, un pour chaque rive de la Seine. Il faut y ajouter les crieurs publics, dépendant de l'administration royale et rémunérés par elle, et les crieurs privés, gagés par des particuliers. Ces derniers doivent payer une redevance à l'État, pour qui le « criage de Paris » est une source de revenus non négligeable. Un cri commercial est adressé spécifiquement aux marchands pour annoncer le début des ventes (Vendez ! vendez !) après contrôle de la qualité des produits attesté par l'imposition d'un poinçon de la ville sur les cuirs par exemple. Ce cri marque l'ouverture des foires et des marchés.

Les archives municipales de la ville de Saint Quentin attestent l'usage de crier pour annoncer la vente aux enchères des maisons abandonnées menaçant ruine. Si les héritiers ne se manifestent pas, la maison est dévolue au roi et vendue au profit des créanciers. Quatre criées sont ainsi organisées pour obtenir « le plus grand profit ». Parmi tous ces cris, tâchons de distinguer les cris liés à la vente de produits ou de services grâce au poème de Guillaume de Villeneuve, *Les crieries de Paris* composé au XIIIᵉ siècle :

« Je vous dirai comment font ceux qui ont des marchandises à vendre et qui courent Paris, en les criant, jusqu'à la nuit.

Ils commencent dès le point du jour : « Seigneurs, dit le premier, allez aux bains, vite, vite : ils sont chauds ! » Et puis viennent ceux qui crient les poissons : harengs saurs et harengs blancs, harengs frais salés, vives de mer et aloses (poisson proche de la sardine). Et d'autres qui crient les oisons (petits de l'oie) et les pigeons, et la viande fraîche. Et la sauce à l'ail, et le miel. Et les pois en purée chaude, et les fèves chaudes. Et les oignons

et le cresson de fontaine, et le pourpier (plante utilisée comme légume), et les poireaux, et la laitue fraîche.

Celui-ci s'écrie : « J'ai du bon merlan frais, du merlan salé !... »

Un autre : « Je change des aiguilles contre du vieux fer ! »

Ou bien : « Qui veut de l'eau contre du pain ?... »

Et celui-là : « J'ai du bon fromage de Champagne, du fromage de Brie ! N'oubliez pas mon beurre frais !... »

« Voilà du bon gruau ! Farine fine ! Farine... »

« Au lait, la commère, ma voisine !...»

« Pêches mûres ! Poires de Caillaux (Bourgogne) ! Noix fraîches ! Calville rouge ! Calville blanc d'Auvergne (sortes de pommes) !...»

« Balais ! Balais !... »

« Bûches ! Bûches à deux oboles la pièce ! »

« Et puis l'huile de noix, les cerneaux, le vinaigre... »

« Cerises au verjus (suc acide extrait du raisin vert) ! Légumes ! Œufs ! Poireaux !... »

« Pâtés chauds ! Gâteaux chauds !... »

« Lardons grillés ! »

« Marchands de vestes et de manteaux !... »

« Rapiéceurs de vêtements !... »

« Raccommodeurs de haches, de bancs et de baquets !... »

« Herbes à joncher le sol !... »

« Marchand de vieilles chaussettes ! »

« Étains à récurer ! Hanaps à réparer !... »

« Qui veut des Noëls (livres de cantiques) ? »

« Vieux fers, vieux pots, vieilles poêles à vendre... »

« Chandelles ! »

Et voici qu'on publie un édit du roi Louis. (…)

« Vin à 32 deniers ! à 16 ! à 12 ! à 8 ! »

« Flans tout chauds !… »

« Châtaignes de Lombardie ! Figues de Malte ! figues ! Raisins de Damas ! raisin ! »

« Savon d'outre-mer ! »

Et voici le sonneur qui court les rues en criant : « Priez pour l'âme du trépassé ! »

« Champignons ! champignons ! »

« Cornouilles mûres ! cornouilles »

« Prunes de haies à vendre !…»

« Qui veut des petits oiseaux contre du pain ? »

« Chapeaux ! chapeaux !… »

« Charbon en sac pour un denier ! »

Et sur le soir commence à crier le marchand d'oublies[6] : «Voilà l'oublieur ! »

L'effet est radical sur le chaland : Guillaume de Villeneuve avoue :

« Il y a tant à vendre que je ne puis m'empêcher d'acheter. À acheter seulement un échantillon de chaque chose une fortune y passerait »[7].

Rutebeuf (vers 1260) a également recueilli et conservé ces cris de Paris, mis en image de façon éparse dans divers manuscrits (*Vie de Monseigneur saint Denis* – XIVe siècle ; marges des *Grandes Heures du duc de Berry* – 1407), puis en une série de dix-huit gravures sur bois rehaussées de couleur, datées de 1500 environ. Chaque crieur est reconnaissable aux attributs de son métier, son cri est parfois retranscrit devant sa bouche ouverte comme dans une bande dessinée :

« Le marchand de verreries : «Voirre jolis » (Verres jolis).

Le rémouleur : « argent mi doict gaigne petit » (argent me donne, gagne petit).

La laitière : « qui veul de bon lait ? » (qui veut du bon lait ?)

Le ramoneur : «Ramone la cheminée otabas » (Je ramone la cheminée de haut en bas).

Le marchand de bois sec : « gros quotres ses » (gros cottrets secs : fagots de bois court) ».

Au XVIe siècle, Clément Janequin (1485-1558) a mis en musique ces cris dans un quatuor ; et le poète François Villon rappelle ces cris de Paris dans sa *Ballade des femmes de Paris* et Guiot de Paris dans son *Dit des rues de Paris*, qui restitue pas moins de trois cents noms de rues de la capitale.

Le commerce du vin repose sur une organisation particulière, en tant que denrée de première nécessité, soumise de plus au droit seigneurial du banvin. Le crieur de vin est chargé de signaler l'arrivage du vin, les mesures utilisées, l'ouverture officielle de la vente et le prix officiel du vin. Comme les marchands de vin au détail paient un impôt spécifique à la ville de Paris sur chaque tonneau mis en perce, ils sont étroitement surveillés par des crieurs patentés. Le matin, le crieur se présente dans la première taverne venue. Le tenancier doit l'accueillir, préparer devant lui le vin et lui en offrir à déguster. Ensuite, le crieur se fait remettre un broc et un verre, puis s'en va dans les rues où il crie ce vin, vantant ses qualités et son prix, le donnant à goûter aux bourgeois. Le marchand ne peut pas avoir de crieur attitré : il est tenu de s'en remettre à ces crieurs « jurés » c'est-à-dire assermentés. Tous les marchands doivent s'aligner sur le prix du vin du roi. Le crieur peut vérifier auprès des clients le prix à acquitter. Ce type de crieur spécialisé est nommé et révoqué par la commune. Il prête serment et paie une redevance d'un denier en échange de l'obligation de crier au moins deux fois par jour. Après 1415, ces crieurs ne sont plus spécialisés dans le cri du vin, ils crient également les décès.

Des sources littéraires évoquent des cris semblables dans d'autres villes du royaume. Le *Dit des trois aveugles* évoque la publicité faite par un crieur de Compiègne qui vante les mérites d'une auberge : « Ici il y a du bon vin frais et nouveau ! Du vin d'Auxerre ! et de Soissons ! Pain et viande, et volailles et poissons ! Ici, il fait bon gîte pour tout le monde. On peut à l'aise se loger ! ». *Le Charroi de Nîmes* (chanson de geste datée du milieu du XIIe siècle) évoque aussi les cris qui accompagnent les caravanes de charrettes en ville. Le Dit des merciers anonyme énumère tous les colifichets, les petits outils et les produits de cosmétique que le mercier tire de sa hotte en plaisantant. Le fabliau de La bourse pleine de sens met en scène le monde de la foire et du marché, tandis que Rutebeuf, dans le Dit de l'herberie rapporte les propos d'un mire (un médecin) qui se vante d'avoir voyagé partout, d'avoir rapporté pierres précieuses et herbes médicinales inconnues, tout en donnant des recettes facétieuses et sérieuses.

Enfin, quelques textes conservés du Moyen Âge peuvent, avec beaucoup de précautions, s'apparenter au prospectus publicitaire.

Des « textes publicitaires » ?

Nous avons repéré quelques textes, qui, à la campagne comme en ville, remplissent une fonction « publicitaire ». Pour ne prendre qu'un exemple rural au sein d'une riche documentation, « l'abergement du bois de Marizy » peut être considéré comme un texte publicitaire[8]. Il s'agit d'une charte rendue publique et conclue entre plusieurs seigneurs pour défricher (aberger) un bois situé sur des hauts plateaux de Bourgogne près de Marizy en 1275. Ces trois seigneurs ont fait rédiger un contrat d'abergement (de défrichement) pour attirer des paysans sur des territoires ingrats. Les volontaires recevront deux jardins enclos, des droits d'usage sur la forêt, des tenures variées (prés de fauche et champs céréaliers). Ils paieront un loyer (le cens) limité et des amendes réduites aux seigneurs. La charte s'ouvre par la formule rituelle « À tous ceux qui ces lettres verront et orront ». Ce texte, muni des sceaux des trois seigneurs, est destiné à être affiché sur la porte des églises des environs et lu en chaire par le prêtre à la messe dominicale. On peut tout à fait imaginer que cette lecture ecclésiastique était parfois relayée par des lectures laïques sur les places des villages environnants. La vue de ces lettres patentes affichées et marquées par les sceaux constituait certainement pour les illettrés une sorte de preuve et de garantie de l'authenticité des promesses annoncées oralement.

Pour ce qui est de la ville, notons une lettre « publicitaire » vantant les qualités de la nouvelle université de Toulouse créée autoritairement par le représentant du pape[9]. Attribuée à Jean de Garlande — maître de grammaire et de rhétorique, appelé dans cette nouvelle institution en 1229 —, elle est insérée dans son *Des triomphes de l'Église*, épopée sur les croisades[10]. Elle informe sur les matières enseignées et n'hésite pas à se lancer dans une publicité comparative avec la plus grande université du royaume : celle de Paris. À Toulouse, les maîtres sont plus zélés et assidus qu'à Paris (où une grève a débuté en 1229) ; de plus, les livres qui y sont interdits (certains livres d'Aristote) sont étudiés à Toulouse. Le message est clair : à Toulouse les professeurs et les étudiants sont excellents, la ville, son climat, ses lois communales ne peuvent que plaire aux étudiants, qui découvriront également que les prix et les salaires sont moins élevés que dans la capitale. L'auteur de cette lettre utilise tous les ressorts de la rhétorique de la persuasion : les fausses questions (Que pourrait-il vous manquer ? Les libertés universitaires ? Nullement…), les exclamations et les citations qui s'appuient sur l'autorité de la Tradition. Le publiciste recourt même aux mensonges les plus éhontés en affirmant : « beaucoup d'étudiants affluent à Toulouse », ce qui est alors faux, dans le contexte des lendemains de

croisade des Albigeois et de défaite du comte de Toulouse, Raymond VII. Enfin, il achève sa promotion par une vigoureuse invitation à l'impératif : « Que tout homme de bien devienne donc un courageux Achille… Quittez la maison paternelle, mettez la besace sur l'épaule ». Tous les secrets du discours publicitaire sont en gestation dans ce texte dont la diffusion pose encore des problèmes aux historiens[11].

À un niveau plus modeste, ont été retrouvées des affiches de maîtres d'école placardées sur leurs portes pour faire leur promotion[12]. Sur l'une d'elle (datée de la fin du XVe siècle) on peut lire : « Sachent tous ceux qui sont désirant d'apprendre à écrire ou à faire apprendre à leurs enfants ou parents que dans cette cité existe un clerc qui leur apprendra les différentes formes de lettres, curiales, bâtardes, et à tailler leurs plumes, en l'espace d'un mois ou deux au plus. » Un siècle plus tard, un autre instituteur propose sur son affiche un programme plus complet :

> « L'écrivain prend en pension
> En leur montrant proprement à écrire
> À bien tailler la plume et à bien lire
> Et toutes mœurs de bonne instruction ».

Il faudrait encore lire dans cette optique les harangues des quêteurs montreurs de reliques, certains sermons de prédicateurs itinérants liés à la levée d'aides exceptionnelles pour financer une croisade, la reconstruction d'une cathédrale ou une fondation charitable… et bien d'autres textes encore.

Le paysage urbain médiéval semble donc saturé de messages de type publicitaire. Les médias utilisés privilégient la vue et l'ouïe : avec les monstres des tavernes et les enseignes des boutiques, les ouvroirs des ateliers et échoppes, et les cris des marchands de tout poil. Le cri remplace le prospectus et l'affiche publicitaire, les faire-part, les annonces de toutes sortes. Particulièrement bien adapté à une société peuplée majoritairement d'analphabètes, ce cri multiforme ne reste pas cantonné dans les foires et marchés : il suit les itinéraires des marchands ambulants et des crieurs jurés. En comparaison, le paysage sonore de nos villes semble bien plus calme, tandis que les images mariées aux textes ont pris la première place. Dans ce paysage visuel et sonore, voire tactile, la publicité mensongère existe, comme l'observe Barthelémy l'Anglais : « Une couleur bien rouge blesse la vue, ainsi comme fait la blanche — et si donne couleur aux choses qui sont près de lui et pour tant les vendeurs de draps pendent les draps rouges devant la lumière afin que les acheteurs puissent moins juger de la couleur des autres draps par la rougeur qui leur gêne la vue[13]. »

Notes

1. Tous ces documents iconographiques m'ont été indiqués par Danièle Alexandre-Bidon que je remercie chaleureusement.

2. Chapitre sur le martyr de sainte Lucie, manuscrit conservée à la Pierpont Morgan Library, New York, ms 672, fol. 28v.

3. Alfonso el Sabio, *Cantigas de santa Maria*, ms Escorial T. I. 1., fol. 17 (XIII⁰ siècle) ; fac simile de ce manuscrit par M. López Serrano : *El « Códice rico » de las Cantigas de Alfonso X el Sabio*, Madrid, Edilan, 1979, 2 vol.

4. Londres, British Library, ms Royal 6 EVI, fol. 503.

5. Cf. divers exemples dans *Haro ! Noël ! Oyé ! Pratiques du cri au Moyen Age*, cité en note 1.

6. L'oublie est une pâtisserie légère de forme ronde et sans épaisseur, cuite avec des restes de pâte en fin de journée. Le faiseur d'oublies détient le privilège de préparer aussi les hosties.

7. E. Faral, *Textes relatifs à la civilisation des temps modernes*, Paris, Hachette, 1838, p. 84-85 ; texte commenté dans Massin, *Les cris de la ville. Commerces ambulants et petits métiers de la rue*, Paris, Gallimard, 1978.

8. G. Duby, *La société aux XI⁰ et XII⁰ siècles dans la région mâconnaise*, Paris, 1953, réédité. 1971 ; *L'économie rurale et la vie des campagnes dans l'Occident médiéval*, 2 vol., Paris, Aubier, 1961-1962, spéc., t. 1, p. 331-332.

9. On trouvera la traduction française de ce texte composé en latin, dans P. Bonnassie, G. Pradalier, *La capitulation de Raymond VII et la fondation de l'université de Toulouse, 1229-1279, Un anniversaire en question*, Toulouse, 1979, p. 65-68, revue par J.-P. Boudet dans P. Gilli (dir.), *Former, enseigner, éduquer dans l'Occident médiéval, 1100-1450*, tome 1, Paris, SEDES, 1999, p. 69-71.

10. Notamment celle qui a exterminé les cathares appelés albigeois.

11. On ne sait pas si cette lettre a été envoyée aux différentes universités existantes, si elle n'est restée qu'à l'état de projet ou d'exercice de rhétorique.

12. D. Alexandre-Bidon, M. M. Compère et *al.* (dir.), *Le patrimoine de l'éducation nationale*, Charenton-le-Pont, Flohic éditions, 1999, p. 86.

13. Barthelémy l'Anglais, *Livre des propriétés des choses* (encyclopédie), article « rouge » dans le ms fr. 22 532 de la BnF, Paris, fol. 320v ; cité dans *Tentures médiévales*, p. 474, n° 58.

Médias et publicité : une association équivoque mais indispensable

Patrick Eveno*

S'interroger sur les relations économiques actuelles entre médias et publicité nécessite de revenir sur l'histoire conflictuelle de ce couple. En dépit des contributions des historiens des temps anciens, qui affirment, avec un certain nombre d'arguments publicitaires à la clé, que la publicité a été conçue dans la Grèce ancienne ou au Moyen Âge, la publicité est née dans les médias et par les médias. Certes, dans toutes les sociétés humaines il existe des moyens d'attirer le chaland, par l'enseigne, ancêtre de la marque et du logo, ou par le cri, qui donne naissance à l'annonce et à la réclame. Cependant, sauf à estimer que tout signe est un signe publicitaire, sauf à considérer que le poissonnier d'Astérix qui vante sa marchandise sur le marché tout en mentant sur la fraîcheur de ses produits est un Jacques Séguéla en puissance, les moyens utilisés pour attraper le client ne sont que des outils rudimentaires au service de l'échange marchand, mais en aucun cas des moyens publicitaires, et ceci pour deux raisons fondamentales :

1. La publicité est un intermédiaire entre l'offre et la demande qui sert à améliorer le fonctionnement du marché. Il ne peut y avoir de publicité sans marché libre. La publicité, comme la presse, est née dans le cadre du développement capitaliste, lorsque l'économie de pénurie qui favorise l'offre cède la place à une économie où la demande est le principal acteur ; elle demeure liée à ce système.

2. La publicité est née dans la presse, d'abord par l'annonce, ensuite par la réclame[1], parce que seule la presse, puis l'ensemble des médias, peut rendre public (c'est le sens premier du mot publicité) en faisant connaître, par l'image ou par la parole écrite ou proclamée.

Les médias et la publicité, nés tous deux au sein de l'économie de marché, développés avec elle, relèvent donc d'une consubstantialité originelle. Toutefois, les médias ont une particularité : ils sont des éléments fondateurs de la démocratisation politique dans les sociétés capitalistes développées, alors que la publicité ne prétend à rien d'autre que d'améliorer la fluidité des échanges, excepté dans le cas de la communication politique, dont les prétentions démesurées en scellent en même temps la vacuité et l'inanité.

---

*Maître de conférences à l'université de Paris I Panthéon-Sorbonne. Rédacteur en chef du *Temps des Médias*.

La publicité fait vivre les médias

« Par bonheur il y a la publicité, l'indispensable, la bienfaisante publicité… », disait Hubert Beuve-Méry, le fondateur du *Monde,* en 1956[2].

En France, la publicité connaît ses premiers balbutiements sous l'Ancien Régime, mais elle n'acquiert droit de cité dans la presse que durant la décennie 1827-1836. La loi postale de 1827, qui contraint les journaux à accroître leur format et à compenser cette dépense supplémentaire par la publication d'annonces, puis la création du quotidien *La Presse* en 1836, marquent les véritables débuts de la publicité. Dès lors, une partie des recettes des journaux provient des annonces. Toutefois, les recettes publicitaires demeurent longtemps marginales. Contrairement à la vulgate répandue par les journalistes et les publicitaires de l'époque et largement reprise par certains historiens, les recettes publicitaires ne constituent qu'une faible part des ressources des entreprises de la presse politique et de la presse d'information générale : 10 % pour *La Presse* et *Le Siècle* en 1840, 20 % pour *Le Constitutionnel* ou le *Journal des débats*[3].

Dans le cadre du développement de la civilisation industrielle et urbaine, la croissance parallèle de la presse à grand tirage et du secteur publicitaire modifie peu l'équilibre entre recettes publicitaires et recettes provenant directement des lecteurs. Dans la grande presse de la fin du XIXe siècle, les recettes publicitaires sont cantonnées à 20 % des recettes totales. Quelques exemples : *Le Figaro* d'Hippolyte de Villemessant se contente de moins de 20 % de recettes publicitaires jusqu'aux années 1880 ; si elles augmentent ensuite pour atteindre 30 à 35 % des recettes totales dans les années 1890, c'est parce que la chute des ventes réduit l'ensemble des recettes, alors que les annonceurs tardent à réagir. De 1884 à 1914, *Le Petit Journal,* le premier quotidien français à tirer un million d'exemplaires par jour, ne retire de la publicité qu'entre 12 et 24 % du total de ses recettes. Pour *Le Petit Parisien,* « le plus fort tirage de tous les quotidiens du monde entier » à la Belle Époque, les recettes publicitaires ne constituent que 7 à 17 % des recettes totales entre 1882 et 1913[4]. Seul *Le Matin,* avec 40 % de ses recettes provenant des annonces, demeure une exception, qui s'explique par la position particulière de ce journal fondé sur le chantage et la promotion.

La faiblesse relative des recettes publicitaires entrave le développement de la presse française durant l'entre-deux-guerres. Il faut en effet attendre les années 1950 et l'entrée de la France dans l'âge publicitaire, pour qu'une partie importante des recettes de la presse provienne de la publicité et des annonces. Au *Monde,* dès 1947 et sans interruption jusqu'en 1990, les recettes publicitaires représentent au minimum 40 % des recettes totales et atteignent même 59 % en 1970[5]. À la même époque, les recettes publicitaires constituent 85 % des recettes totales du *Figaro*[6] et du quotidien économique *Les Echos*[7], mais seulement 50 % des recettes totales de la presse quotidienne régionale[8].

Dans ce panorama de la presse subventionnée par la publicité, il faut faire une place au *Canard enchaîné*, l'exception qui confirme la règle, car il est le seul journal qui réussit à bien vivre en l'absence de toutes recettes publicitaires. Laurent Martin[9] a étudié les particularités de cet hebdomadaire, qui tire sa réussite économique d'un coût de production très bas pour un prix de vente élevé.

Pour en terminer avec la presse, il faut encore souligner que, en dépit de la crise publicitaire des années 1990-1995, au cours de laquelle les recettes publicitaires ont chuté, par exemple à 22 % des recettes totales pour *Le Monde,* les recettes publicitaires (dont 10 à 15 % sont des recettes des petites annonces) représentaient en 2000 40 à 50 % des recettes totales de la presse quotidienne française, mais plus de 60 % pour les magazines et 80 % pour une grande partie de la presse professionnelle. Si la récession des années 2001-2003 a largement entamé les recettes publicitaires de la presse, c'est principalement parce que le marché des annonces immobilières et d'emplois a été détruit par Internet.

En ce qui concerne la télévision, nous sommes confrontés en France depuis quinze ans à trois modèles : le service public, financé par la redevance et par la publicité, avec un équilibre 2/3-1/3, TF1 et M6, entièrement dépendantes de la publicité, enfin Canal

plus, qui tire 95 % de ses recettes de ses abonnés. Les nouvelles chaînes du câble et du satellite, quant à elles, suivent le modèle Canal+, avec une rémunération principale par les opérateurs et accessoire par la publicité. La publicité représente donc environ 55 % du total des recettes des cinq principales chaînes françaises et du financement de la télévision en France. Mais les deux chaînes qui tirent l'essentiel de leurs recettes de la publicité sont, en termes de rentabilité des entreprises, les plus performantes.

En conclusion de cette première partie, on peut estimer sans risque que la publicité fait vivre les médias. Et que cette affirmation est démontrée par son corollaire, les médias à faibles recettes publicitaires comme *L'Humanité* et la presse engagée, périclitent ou doivent être subventionnés par l'État (*L'Humanité, La Croix*), par des congrégations religieuses (*La Croix*), par des groupes industriels (*Libération*) ou encore par des puissances occultes.

Toutefois, il faut introduire des nuances dans ce panorama des relations entre médias et publicité, sur deux points au moins : la dépendance des médias par rapport aux lecteurs, auditeurs et spectateurs, et la dépendance de la publicité par rapport aux médias.

Les consommateurs font vivre les médias et les médias font vivre la publicité

En effet, si les médias vivent grâce à la publicité, on peut retourner l'affirmation en soulignant que ce sont les médias qui font vivre la publicité. La question est prosaïque et risque de choquer, mais si la « manne publicitaire » s'abat avec tant de constance depuis deux siècles sur les médias, ce n'est pas par pure philanthropie de la part des annonceurs et des publicitaires, mais plus vulgairement parce que les médias savent trouver le consommateur, l'intéresser, le fidéliser, et par conséquent parce que les annonceurs ne trouvent pas de meilleur chemin que celui des médias pour accéder à leur cible. Le faible écho des « house organs » et autres « consumers magazines », qui n'intéressent personne, confirme cette réalité. Développons un peu.

Médias et publicité sont consubstantiels, mais les médias sont premiers dans le temps et premiers dans l'achat par le public ; la publicité, arrivée seconde dans le temps, est venue se greffer sur un système qui répond à la demande du public. La presse, la radio, la télévision, existent parce qu'elles savent offrir à leurs lecteurs, auditeurs, spectateurs, des informations et des divertissements qui correspondent à ce qu'ils attendent. La preuve en est que, dès qu'un journal ne satisfait plus sa clientèle, il voit ses ventes chuter inexorablement, dès qu'une radio ne satisfait plus ses auditeurs, ses recettes publicitaires décroissent. Et la publicité, qui a suivi avec retard la progression du journal ou de la chaîne, suit, également avec retard, sa chute ; on pourrait fournir de multiples exemples, mais le plus explicite est celui du *Figaro*, qui, à deux reprises, à la fin du XIXe siècle en devenant dreyfusard, et dans les années 1930 en devenant fascisant, fait fuir sa clientèle par ses positions rédactionnelles outrancières et finit par faire fuir également la publicité.

Je pourrais développer, mais je me contenterai de cette affirmation forte : c'est le lecteur qui fait vivre la presse, l'auditeur qui fait vivre la radio, le spectateur qui fait vivre la télévision. Et la publicité ne vient que par surcroît.

Le corollaire de cette affirmation est que ce sont les consommateurs, par l'intermédiaire des médias, qui font vivre le secteur publicitaire, client lui-même des annonceurs. Nous sommes ici dans une chaîne de rapports entre clients et producteurs. Les médias, qui ont créé la publicité, la font vivre : c'est le client (les médias) qui fait vivre le producteur (la publicité).

Mais cette position est insupportable pour les publicitaires. Pour modifier le rapport de forces, les publicitaires s'efforcent de faire croire que leurs propres clients, les annonceurs, sont les clients des médias, afin de placer ces derniers en position de producteurs donc de demandeurs.

Pour arriver à leurs fins, les publicitaires font jouer la concurrence entre les divers médias et entre les titres et cherchent à développer un secteur publicitaire hors-médias. Mais ce dernier est d'une rentabilité aléatoire en termes d'impact, pour un coût relativement élevé. Précisons le coût de l'intermédiation : lorsqu'un annonceur dépense 100 pour des annonces dans les grands médias (presse, radio, télévision, cinéma et affichage), les entreprises de médias reçoivent en moyenne 85 % de la somme[10], les intermédiaires (la création, le conseil, les frais techniques), recevant 15 %. Mais lorsqu'un annonceur dépense 100 dans le hors-médias, les intermédiaires reçoivent 70 % de la somme dépensée[11]. Il est donc logique que les publicitaires cherchent à développer le hors-médias, secteur qui leur laisse une plus grande faculté de négociation et dans lequel la rémunération des intermédiaires est plus importante.

Mais les médias demeurent irremplaçables pour aller chercher le consommateur, dans des conditions favorables de réception (à domicile, au bureau). En effet, pour l'annonceur, la question reste de trouver le consommateur, de capter son attention dans de bonnes conditions et de mesurer l'impact des messages publicitaires. C'est pourquoi les médias ont développé des outils de mesure de leur audience, de leur lectorat et de la qualité de ces audiences (OJD, CESP, etc.), qui leur permettent de mesurer les impacts, ce qui satisfait les annonceurs à défaut de satisfaire les publicitaires.

Certes, il n'est pas facile d'analyser les comptes de la publicité. Les études de l'IREP, de la SECODIP, de Taylor-Nielsen (TNS Media Intelligence), prennent généralement en compte les « investissements publicitaires » réalisés par les annonceurs, alors que ce qui me paraît décisif dans notre affaire ce sont les recettes nettes provenant de la publicité que reçoivent les médias.

Les comptes nationaux de la publicité et de la communication des entreprises montrent que le total des dépenses des annonceurs a atteint en 2000 et 2001 environ 32 milliards d'euros, dont 40 %, soit 14 milliards d'euros, sont investis dans les « grands médias ».

En 2002, en laissant de côté l'affichage et le cinéma, les trois principaux médias se répartissent 12,7 milliards d'euros, à savoir, 5,5 milliards d'euros pour la presse, 5,2 milliards d'euros pour la télévision et 2 milliards d'euros pour la radio. Ces chiffres, issus de la pige SECODIP, se traduisent dans la réalité des comptes des entreprises de médias avec une décote de 21 % pour la presse, 30 % pour la télévision et 56 % pour la radio, soit des recettes respectives de 4,347 milliards d'euros pour la presse, 3,640 milliards d'euros pour la télévision et 0,884 milliard d'euros pour la radio.

À comparer avec un chiffre d'affaires de 11 milliards d'euros pour la presse, de 7 milliards d'euros pour la télévision et de 1,5 milliard d'euros pour la radio. La part des recettes publicitaires des différents médias est donc sensiblement de 40 % dans l'ensemble des recettes de chaque secteur. Inversement, 40 % du chiffre d'affaires du secteur publicitaire proviennent des grands médias.

Un partenariat nécessaire et un rapport de forces dangereux

Les médias sont donc irremplaçables pour le secteur publicitaire, parce qu'ils constituent une forte part de ses recettes, parce qu'ils représentent une part encore plus importante de ses résultats (l'excédent brut d'exploitation est beaucoup plus élevé pour les publicitaires dans les médias) et parce que, en termes de visibilité, tant pour les annonceurs que pour eux-mêmes, les médias demeurent beaucoup plus valorisants que le marketing direct ou la promotion en tête de gondole.

Mais la publicité est également nécessaire pour les médias, car elle leur permet d'abaisser leur prix de vente, voire de diffuser gratuitement. Les recettes publicitaires favorisent donc l'expansion du marché des médias.

Les deux secteurs sont liés et ne peuvent vivre l'un sans l'autre. Mais, il y a en permanence à la fois conflit et convergence d'intérêts entre le secteur publicitaire et le secteur des médias. Cette situation résulte d'une série d'ambivalences propres aux deux secteurs mais également à l'ensemble des sociétés démocratiques d'économie de marché. En effet, démocratie et marché supposent tous deux une transparence, une « publicité » des actes politiques et économiques, alors que les acteurs, par souci d'efficacité souhaitent préserver une part de secret dans leurs actions. Précisons.

Pour la vie démocratique, outre la diminution du prix de vente qui permet l'accès à l'information des classes populaires, l'avantage principal du financement des médias par la publicité réside dans l'obligation de clarté et de vérité des comptes, réclamées par les annonceurs. Ainsi, le circuit de l'argent étant identifié, on peut savoir qui paye quoi et pourquoi. La presse vénale ou corrompue, qui conservait le secret sur ses ressources, est contrainte de céder la place à des médias tenus de divulguer l'origine de leurs recettes.

Toutefois, le danger provient de l'intervention des annonceurs, des publicitaires ou des consommateurs, qui confondent parfois opinions politiques et affaires commerciales. La publicité peut alors devenir un intermédiaire de pressions sur les médias, mettant ainsi en cause la liberté de l'information. On peut citer de nombreux exemples de patrons irrités par un article ou une émission et qui coupent brutalement le robinet publicitaire (Pierre Suard, Bernard Arnault[12], Jean-Marie Messier, etc.). Même s'il ne faut pas exagérer les effets de ces pressions patronales, dans la mesure où la concurrence entre les annonceurs permet de compenser les pertes et oblige les entreprises à continuer leurs annonces[13], dans la mesure également où les médias ne manquent pas d'armes pour résister à ces pressions et les dénoncer, il n'en reste pas moins que ces tentatives sont toujours mal venues.

Inversement, la montée récente de la publiphobie dans certains milieux peut mettre en danger les médias qui vivent de la publicité tout en prônant l'indé-

Investissements publicitaires bruts en milliards d'euros

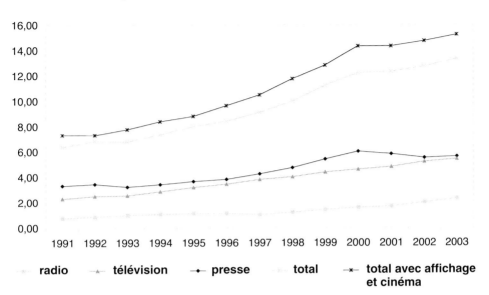

radio • télévision • presse • total • total avec affichage et cinéma

pendance rédactionnelle. Le conflit se porte alors sur la contradiction apparente entre annonces et contenu rédactionnel et donc sur l'image du média auprès de ses lecteurs ou auditeurs. On en voit régulièrement les traces dans le courrier des lecteurs de *France Inter,* de *Télérama,* du *Monde,* de *Libération,* du *Monde diplomatique,* etc.

En France, la publiphobie est ancienne, on peut en trouver de multiples expressions depuis la Restauration[14] ; elle relève d'une contradiction nationale qui d'un côté accepte la publicité et de l'autre la refuse. Elle est sans doute à l'origine du retard publicitaire français noté par Marc Martin pour l'entre-deux-guerres, retard qui se traduit encore de nos jours par la faiblesse de l'investissement publicitaire dans les médias français, en termes de dépenses par habitant ou en pourcentage du PIB. En 2000, les dépenses publicitaires par habitant atteignaient 140 euros en France, contre 200 euros au Royaume-Uni, 220 euros en Allemagne, 270 euros au Japon et 490 euros aux États-Unis. Et les prévisions de croissance du marché publicitaire en 2004 montrent encore le décalage de la France : la croissance prévue est de 1,6 % en France, 1,9 % en Italie, 2,4 % en Allemagne, 3,3 % au Royaume-Uni et en Espagne et 4,1 % aux États-Unis[15].

Les transformations récentes du marché publicitaire

Depuis une quinzaine d'années, les rapports entre les médias et la publicité ont connu en France une profonde transformation : au cours des années

Recettes publicitaires des chaînes hertziennes en millions d'euros

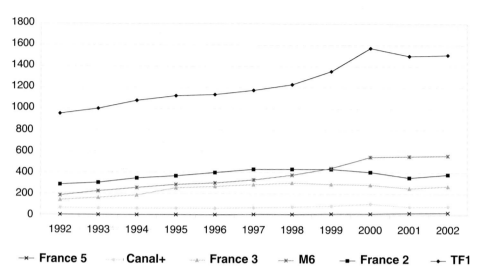

1980, l'émancipation des radios de la tutelle de l'État, la privatisation de TF1 et la création de nouvelles chaînes (M6, Canal+, puis les chaînes thématiques) ont considérablement élargi le marché publicitaire, tandis qu'à la fin des années 1990, l'irruption d'Internet a perturbé les repères anciens.

Dans un marché publicitaire en croissance, qui double entre 1991 et 2002[16], la répartition entre les médias se modifie considérablement : en douze ans, les investissements publicitaires bruts croissent de 45 % pour le cinéma et l'affichage et de 60 % pour la presse écrite, mais de 100 % pour la télévision et de 166 % pour la radio ; sans parler de la publicité sur Internet, qui n'existait pas en 1991.

Plus que la publicité radio, qui demeure peu créative, sans doute parce que les images sonores peinent à rivaliser avec les images visuelles, ce qui fait de la radio un média faiblement investi, c'est la croissance de la publicité télévisée sur les chaînes hertziennes qui marque la dernière décade. En effet, le marché de la publicité sur les chaînes du câble et satellite, avec 190 millions d'euros, reste balbutiant, tandis que celui d'Internet, avec 100 millions d'euros en 2002[17], ne fait qu'émerger.

L'ensemble des six chaînes hertziennes demeure le poids lourd du marché publicitaire, d'autant plus lourd qu'il croît plus rapidement que les autres et que les derniers secteurs interdits d'antenne vont s'annoncer bientôt sur les écrans. En réalité, ce marché est profondément déséquilibré : deux chaînes, TF1 et M6, ne cessent de croître, deux chaînes, F2 et F3, qui avaient réussi à conserver des parts de marché jusqu'en 1997, déclinent

Part d'audience et part du marché publicitaire

	TF1	FR2	FR3	Canal+	La 5/Arte	M6
Audience 1995	35,5%	25,5%	17,8%	4,5%	2,5%	11,0%
Part du marché publicitaire 1995	53,6%	17,5%	12,1%	3,0%	0,1%	13,6%
Audience 1997	34,9%	23,8%	17,5%	4,8%	3,2%	12,7%
Part du marché publicitaire 1997	51,2%	18,8%	12,5%	2,9%	0,2%	14,4%
Audience 2000	33,4%	22,1%	16,7%	4,0%	3,5%	12,7%
Part du marché publicitaire 2000	53,8%	13,8%	9,7%	3,6%	0,4%	18,7%
Audience 2001	32,7%	21,2%	17,0%	3,6%	3,5%	13,5%
Part du marché publicitaire 2001	54,6%	12,8%	9,2%	2,8%	0,6%	20,1%
Audience 2002	32,7%	20,8%	16,4%	3,5%	4,0%	13,6%
Part du marché publicitaire 2002	53,6%	13,5%	9,6%	2,8%	0,7%	19,8%

depuis, tandis que les deux dernières chaînes, Canal+ et F5, avec moins de 100 millions d'euros d'investissements publicitaires, demeurent marginales. Le paysage audiovisuel français est organisé, depuis sa stabilisation entre 1992 et 1995 consécutive à l'arrêt de La 5, en deux pôles de deux chaînes : les chaînes privées qui, en 2002, trustent 73 % du marché publicitaire pour 56 % d'audience, et les deux chaînes d'État, qui bénéficient de 23 % des investissements publicitaires pour 37 % d'audience. Ainsi, la part du marché publicitaire des deux chaînes privées est largement supérieure à leur part d'audience, tandis que les chaînes nationalisées conservent une part d'audience très supérieure à leur part du marché publicitaire. Cette constatation ressemble à une évidence, la redevance apportant les deux tiers des recettes de France Télévisions. Cependant, il faut souligner que le déclin des recettes publicitaires de cette société commence dès 1998, soit trois ans avant l'adoption de la loi Trautmann ; point n'était besoin d'une loi limitant les coupures publicitaires, il suffisait de laisser l'audience continuer à décliner pour que les annonceurs quittent d'eux-mêmes les écrans publics.

Grandes gagnantes de cette organisation, les deux chaînes privées offrent un profil différent. Depuis 1997, les recettes publicitaires de TF1 continuent d'augmenter (+ 25 %), alors que l'audience ne cesse de s'éroder : deux points de moins depuis 1997, 10 points de moins depuis 1992. La prime à la plus forte audience du PAF ne cesse de s'affirmer. M6, quant à elle, a dû attendre longtemps sa consécration par les annonceurs et les publicitaires. Alors que son audience ne cesse de croître depuis 1992, il a fallu attendre l'année 2000, pour que la part des recettes publicitaires dépasse significativement la part d'audience, grâce aux effets indirects de Loft Story.

Cependant, ce duopole télévisuel commence à poser quelques problèmes. D'une part, en 2002, avec 3 446 000 euros, le budget moyen d'un annonceur sur la télévision hertzienne commence à devenir très élevé. Par comparaison, un budget moyen est de 843 000 euros à la radio, 590 000 euros au cinéma, 299 000 euros sur les chaînes du câble et du satellite, 166 000 euros dans la presse magazine et 134 000 euros sur Internet.

Surtout, ce duopole a créé d'interminables « tunnels publicitaires », qui entraînent des comportements contre-productifs pour les annonceurs : pendant les coupures publicitaires, 13 % des spectateurs restent sur la chaîne, mais 49 % zappent et 38 % se livrent à d'autres activités telles que feuilleter un journal ou un programme, aller aux toilettes ou chercher à boire, descendre le chien ou la poubelle, téléphoner ou faire la vaisselle[18]. Le coût de l'écran publicitaire joint à la faible efficacité de l'annonce menaçait de faire fuir les annonceurs.

Toutefois, l'irruption de la télé-réalité depuis trois ans a permis aux deux chaînes privées de reprendre la main,

en créant l'événement à répétition propre à attirer les annonceurs, et en accroissant leur indépendance par rapport aux recettes publicitaires. En effet, la télé-réalité engendre des recettes hors écran qui permettent de conforter les deux entreprises et de diversifier leurs ressources. Ainsi, lors de la finale de « Star Ac 1 », regardée par 11,8 millions de spectateurs, 1,3 million d'appels téléphoniques et SMS ont procuré une recette de 0,31 euro par appel, partagée entre TF1 et Endemol, soit environ 400 000 euros ; en outre 2 millions de CD ont été vendus. Lors de la finale de Loft Story 1, 1,65 million d'appels ont été émis par les 7,3 millions de spectateurs ; Loft Story 1 atteint un total de 20 millions d'appels facturés 0,56 euro l'appel, dont la moitié revient à France Telecom, le reste étant partagé entre M6 et Endemol, selon une grille que j'ignore. En 2002, les recettes de diversification atteignent 64 % des recettes publicitaires de TF1 et 70 % des recettes publicitaires de M6. Les entreprises peuvent ainsi marquer une plus grande indépendance à l'égard des annonceurs.

Tissée d'antagonismes entre annonceurs qui souhaitent instrumentaliser les médias et supports qui veulent conserver leur indépendance, l'association entre les médias et la publicité est le résultat d'une longue histoire, au cours de laquelle médias et publicité vivent l'un de l'autre, mais dans un rapport de forces conflictuel plus que dans la perspective d'un partenariat fécond. La tendance récente de l'évolution du marché publicitaire, qui voit alterner depuis vingt ans des périodes d'expansion et des périodes de crise, n'est pas faite pour amener les deux partenaires à des relations pacifiées. Dans les périodes de crise, les annonceurs demandent plus de service à un moindre coût, tandis que les médias tentent de freiner l'érosion de leurs recettes. Pris en tenaille entre les deux, les intermédiaires publicitaires souffrent, comme en témoignent les compressions de personnel et la concentration des entreprises.

Notes

1. Voir Marc Martin, *Trois siècles de publicité en France,* Odile Jacob, 1992.

2. Hubert Beuve-Méry, « Du *Temps* au *Monde* ou la presse et l'argent », Conférence des Ambassadeurs, 24 mai 1956.

3. Patrick Eveno, *L'argent de la presse française des années 1820 à nos jours,* Éditions du CTHS, 2003.

4. Francine Amaury, *Histoire du plus grand quotidien de la IIIe République, Le Petit Parisien,* PUF, 1972.

5. Patrick Eveno, *Le Monde, Histoire d'une entreprise de presse, 1994-1995,* Le Monde Éditions, 1996.

6. Richard Brunois, *Le Figaro face aux problèmes de la presse,* PUF, 1973.

7. Patrick Eveno, « 90 bougies pour *Les Échos* », *Performances,* n° 2, 1999.

8. Marc Martin, *La presse régionale, des affiches aux grands quotidiens,* Fayard, 2002.

9. Laurent Martin, *Le Canard enchaîné ou les fortunes de la vertu,* Flammarion, 2001.

10. Le coût des intermédiaires entre annonceurs et médias est particulièrement faible dans la presse, 7 %, plus élevé dans la radio, 15 %, et la télévision, 17 %, et encore plus dans l'affichage, 22 %.

11. SJTI, *Indicateurs statistiques de la publicité,* chiffres 1998, La Documentation française, 2000.

12. Florence Amalou, *Le livre noir de la pub,* Stock, 2001.

13. En 2002, tous médias confondus, la publicité émane de 27 000 annonceurs.

14. Sainte-Beuve, *De la littérature industrielle,* « la limite du filet fut bientôt franchie », Louis Blanc, *Histoire de dix ans,* « on livra aux spéculateurs ce qui était un sacerdoce », etc. Voir la chronique « Passé/Présent » dans ce numéro.

15. Étude AD Barometer, publiée le 14 octobre 2003 par la régie Interdeco et l'agence OMD France.

16. Selon la pige SECODIP, les investissements publicitaires bruts dans les médias sont passés de 7,32 milliards d'euros en 1991 à 14,82 milliards d'euros en 2002. Pour l'ensemble des trois grands médias, presse, radio et télévision, les investissements sont passés de 6,37 milliards d'euros en 1991 à 12,70 milliards d'euros en 2002.

17. Avec une croissance de 30 % en 2003, à 131 millions d'euros, la publicité sur Internet commence à devenir significative.

18. Sondage Ipsos, 20-21 septembre 2002.

Presse & Plumes

Journalisme et littérature au XIXe siècle

Nous voilà en passe d'être débarrassés de l'un de ces nombreux clichés qui encombrent notre mémoire collective : le journal – l'imprimé périodique – n'est pas la machine diabolique d'où seraient venus tous les maux de la littérature, depuis que la France est entrée, sous la monarchie de Juillet, dans l'ère du capitalisme industriel et culturel. L'histoire littéraire s'obstinait à célébrer le Verbe rimbaldien, le Roman, balzacien ou flaubertien, le Vers mallarméen, sans s'apercevoir que le principal laboratoire d'invention scripturale – et, en particulier, littéraire – n'était ni le Livre, ni le Manuscrit, ni le Carnet, mais le Périodique, sous ses formes variées et banales.

Bien avant le règne d'Internet, c'est donc au XIXe siècle qu'éclate la première grande révolution médiatique avec la multiplication des quotidiens, des revues et des magazines et la diffusion d'une culture de presse qui irrigue tout le territoire national et toutes les couches sociales. L'invention de cette presse moderne modifie le quotidien des Français, impose de nouveaux rythmes de lecture, d'écriture, une nouvelle scansion et un nouveau rapport à la vie intellectuelle.

Quant aux écrivains, presque tous acteurs et témoins privilégiés de la presse, ils sont aussi les premiers rejetons de cette hybridation culturelle entre l'univers du périodique et l'art d'écrire : on vérifiera en effet, en revisitant les auteurs du panthéon littéraire du XIXe siècle (Stendhal, Théophile Gautier, Honoré de Balzac, Victor Hugo, Alfred de Musset, George Sand, Charles Baudelaire, Émile Zola, Marcel Schwob, Anatole France…), que cet éclairage nouveau transforme notre vision même de la Littérature.

COLLECTION CULTURE/MÉDIAS

Les directeurs :

Alain Vaillant est professeur de littérature française, directeur du centre d'études romantiques et dix-neuviémistes de l'université de Montpellier III, auteur de nombreux ouvrages dont 1836, l'an I de l'ère médiatique (Nouveau Monde éditions)

Marie-Ève Thérenty est maître de conférences à l'université de Montpellier III, spécialiste de la presse au XIXe siècle, co-auteur de 1836, l'an I de l'ère médiatique.

45 € - environ 800 pages
ISBN 2-84736-045-X

nouveau monde
éditions

L'autopromotion de la presse en France[1] (fin du xixe-début du xxe siècle)

Benoît Lenoble[*]

Le 28 septembre 1892, un nouveau quotidien est lancé, *Le Journal*, à l'aide de milliers d'affiches, de banderoles, de tracts illustrés, de suppléments spéciaux et d'offres de primes. Sur les boulevards de la capitale, l'opération, restée célèbre[2], prend des allures d'événement et de spectacle médiatiques. Loin d'être un coup publicitaire isolé, elle témoigne de ce que l'on pourrait appeler l'autopromotion de la presse française. Les grands journaux multiplient les campagnes promotionnelles à coup d'affiches et de prospectus distribués gratuitement, proposent des concours censés faire vendre davantage, patronnent des épreuves sportives et des manifestations publiques. Cette pratique de l'autopromotion est particulièrement visible quand la presse traverse son « âge d'or ». De la création, en 1863, du premier quotidien à un sou vendu au numéro, *Le Petit journal*, à l'émergence des nouveaux moyens d'information et de communication que sont le cinéma parlant et la radio dans les années 1930, la presse quotidienne populaire domine l'espace médiatique en France. Dans un marché fortement concurrentiel, petits et grands titres nationaux ou régionaux rivalisent de procédés pour attirer le plus grand nombre de lecteurs. La stratégie commerciale est simple : assurer sa promotion, c'est faire vendre. Cet étalage publicitaire est remarquable, pour au moins deux raisons. D'abord, il s'agit d'une publicité structurellement permanente. Du discours journalistique à la médiatisation d'événements autopromotionnels, le journal tient des propos élogieux sur lui-même, ce qui lui permet de façonner directement sa propre image auprès du lectorat. Ensuite, cette publicité concerne un support médiatique, c'est-à-dire un produit commercial et culturel dont la durée de vie et la valeur sont réduites. L'objectif est de faire parler de soi, d'entretenir sa notoriété afin que, chaque jour, les lecteurs achètent tel titre plutôt que tel autre.

Les « coups de grosse caisse » des journaux

La première forme de publicité, la plus intense et la plus courte, réside dans les opérations promotionnelles, les « coups de grosse caisse » fabriqués

[*] Doctorant à l'Université Paris I-Panthéon Sorbonne, Centre de Recherches en Histoire du XIXe siècle.

de toutes pièces ou greffés sur l'actualité : jeux-concours, présentés comme des activités instructives et divertissantes ; campagnes de lancement de romans-feuilletons, s'appuyant sur un affichage massif et la diffusion de fascicules illustrés contenant les premiers chapitres du récit ; manifestations et festivités publiques pour attirer les foules ; compétitions sportives réunissant professionnels et amateurs ; autant d'occasions, selon les moyens mis en œuvre, de faire parler d'un quotidien.

Prenons l'exemple de la course du flambeau Verdun–Paris[3], organisée par *Le Journal* le 14 juillet 1925. Dans le contexte sociopolitique de l'après-guerre, une telle épreuve doit honorer les soldats français, tout en exaltant l'effort de jeunes athlètes. Sur le parcours, des véhicules du quotidien accompagnent les coureurs. L'annonce de la course attire les habitants des bourgs traversés pour admirer les concurrents qui portent un dossard du *Journal*. Dans les grandes localités, la foule est massée autour des points de contrôle signalés par des banderoles publicitaires. Enfin, l'arrivée sous l'Arc de triomphe est précédée d'un défilé réglé sur les Champs-Élysées. L'épreuve rencontre un tel succès populaire et médiatique que le journal décide de la réitérer l'année suivante, en l'intégrant dans une série de compétitions, appelée « la grande semaine sportive du *Journal* »[4]. Le 11 juillet 1926, le quotidien patronne le championnat de France d'athlétisme. Le

même jour ont lieu les épreuves éliminatoires pour la course cycliste Verdun–Paris, prévue le jour de la fête nationale, épreuve parallèle à la deuxième édition de la course du flambeau. La semaine se termine avec le meeting international des champions d'athlétisme au stade de Colombes. Durant ces manifestations, *Le Journal* fait distribuer par ses crieurs des suppléments spéciaux et des programmes officiels gratuits. En fait, il n'apporte qu'une aide financière et logistique aux différentes compétitions, car l'initiative en revient aux institutions sportives (à l'exception notable de la course du flambeau). Cependant, la mise en récit des performances accomplies et la mise en scène concrète de ce sport-spectacle font de ces compétitions des événements publics. Le journal déborde de son espace imprimé pour se faire entendre à travers la médiatisation d'opérations répétées. Qu'elles soient créées de toutes pièces ou patronnées, elles mêlent information et autopromotion. Pour un quotidien, elles sont autant de prétextes pour investir la scène médiatique face à des concurrents obligés de réagir pour conserver leurs positions.

Des « produits dérivés »

Suivant leur fidélité, les lecteurs se voient proposer, par le biais des dépositaires, des petits cadeaux ou divers imprimés à caractère promotionnel. Ce sont des objets sans grande valeur, d'utilité pratique ou éphémère, mais dont l'existence témoigne d'un échange réel entre le quotidien et ses clients. Ainsi, au moins jusqu'à la Grande Guerre, les suppléments illustrés et les almanachs sont-ils vendus pour prolonger la lecture du journal. À partir de la décennie 1880, de nombreux journaux, comme *Le Petit Parisien*, offrent gracieusement un calendrier à l'illustration symbolique. Quatre ans après sa création, *Le Petit Nord* diffuse environ 2 700 exemplaires de son « calendrier 1882 » dont l'image représente un crieur devant le siège du journal[5]. Autre pratique fort répandue, mais ayant malheureusement laissé peu de traces pour l'historien : la distribution de primes gratuites. Cette dernière est considérée comme un procédé efficace pour améliorer les ventes à l'échelle locale. Cartes postales publicitaires, chapeaux en papier, remises sur des produits alimentaires… sont ainsi donnés çà et là lors de l'achat de l'édition du jour. Parce qu'ils sont adaptés aux besoins et aux attentes du lectorat populaire, ces supports publicitaires courants sont vraisemblablement appréciés.

Les étrennes de fin d'année illustrent assez bien cet échange commercial liant un quotidien à ses lecteurs. Seuls les journaux parisiens de grande diffusion ont les moyens d'organiser de telles gratifications. *Le Journal* exploite cette tradition pour en faire une vente-réclame annuelle[6]. En 1909, son administration achète une grosse quantité de marrons glacés, bonbons, bocks de bière, bonbonnières, etc., pour les revendre à des prix inférieurs à ceux pratiqués. La vente se fait, soit par correspondance, soit à l'hôtel du quotidien.

Les années suivantes, d'autres produits (alcools, cendriers, crayons…) diversifient les marchandises disponibles qui, en quelques jours, sont écoulées auprès d'une large clientèle. Ces étrennes ne sont absolument pas réservées aux lecteurs du *Journal*. La pratique, arme publicitaire, se prolonge durant l'entre-deux-guerres. Lors d'un court conflit commercial qui oppose *Le Petit Parisien* à ses concurrents nationaux, le principal dépositaire d'Auxerre offre ainsi, comme étrenne pour la nouvelle année 1919, une photographie personnelle à tout lecteur rapportant dix en-têtes de journaux autres que ceux du plus grand journal parisien[7].

Ces petits présents sont bien plus que des objets publicitaires pour la presse. Ils ne véhiculent pas une marque ou un bien de consommation, mais plutôt une culture du médiatique jusque dans le foyer du lecteur. Faisant partie de l'économie de presse, ces modestes cadeaux, fréquents et chargés de symbole, entretiennent l'image d'un titre auprès du public.

Le journal dans le paysage quotidien

Les marchands de journaux et les différentes enseignes des dépôts sont autant d'éléments d'une autopromotion banale, composant un paysage homogène à l'échelle du territoire. Qu'ils soient crieurs attitrés ou dépositaires gérant une boutique, les commerçants de la presse portent tous l'uniforme sombre et la casquette arborant en lettres capitales le titre d'une feuille. À l'aide de leur voix et de leur corne, ils sillonnent la voie publique pour écouler le « papier », c'est-à-dire la dernière édition. Avec le développement des réseaux de vente à la Belle Époque, le marchand de journaux devient un personnage ordinaire, incarnant la presse au plus près des lecteurs. De multiples panneaux publicitaires familiarisent également les populations avec tel ou tel titre. De formes et de couleurs variables, des plaques émaillées colorent les façades des dépôts de journaux. Contrairement aux affiches intérieures et extérieures, elles résistent aux outrages du temps. Plus visibles sont les murs peints publicitaires, souvent de grandes dimensions. Situés sur des murs pignons, ils coûtent peu et ont l'avantage de durer. Tous ces signes publicitaires, vivants ou matériels, sont soigneusement contrôlés par les administrations de journaux à l'aide de leurs inspecteurs, et s'inscrivent dans la vie quotidienne.

D'une ampleur exceptionnelle, cet environnement autopromotionnel, couvre tout le territoire français. Sur les boulevards parisiens encadrés de kiosques, dans les villes de province et dans les gares ferroviaires, jusque dans les villages avec leur sous-dépôt, les enseignes et les commerçants de la presse promeuvent la marque du journal auprès du plus grand nombre. Se vantant

de réunir, sous son titre, plusieurs millions de lecteurs, *Le Petit Journal* s'exclame : « Les murs de toutes les gares de France, jusque dans les localités les plus reculées, les hameaux bretons et pyrénéens les plus infimes, ont annoncé depuis vingt ans aux populations ébahies que *Le Petit Journal* possédait trois millions de lecteurs »[8].

Bientôt, sur leurs murs peints et leurs plaques émaillées, la plupart des feuilles de grande diffusion affirment être les plus lues. Cette mention, jointe à d'autres qualificatifs, slogans et éventuels logos, travaille l'imagination des lecteurs, dont l'achat devient une forme de participation à une dynamique de société. Prendre un journal, c'est dépenser une très faible somme d'argent, mais surtout appartenir à une même communauté d'individus, rassemblée par l'intermédiaire d'un titre.

Un tel paysage publicitaire est primordial pour un journal de grande diffusion. Sans camelot, ni système d'affichage, un quotidien ne peut subsister dans le marché concurrentiel de la vente au numéro. Au besoin, il reprendra à son compte les formules d'autopromotion qui ont réussi chez le concurrent.

Le modèle : Polydore Millaud

Jusque dans les années 1900, les nouveaux journaux à bon marché se contentent de copier les procédés du fondateur du *Petit Journal,* les adaptant à leurs capacités économiques. Le discours d'autocélébration (la publication des tirages en augmentation, l'éditorial au ton familier, les sous-titres « de notre correspondant » et « de notre envoyé spécial »…) inaugure une nouvelle rhétorique journalistique, véritable modèle en la matière. En août 1866, Millaud orchestre une grande campagne de publicité pour annoncer la publication d'un nouveau roman-feuilleton[9] : c'est une première. *Le Petit journal* multiplie ce type de campagnes à partir des années 1880, pour répondre à la concurrence agressive du *Petit Parisien*. En quelques jours, des affiches montrant une scène hyperréaliste du roman couvrent les murs des grandes villes, et des milliers de fascicules illustrés contenant les premières livraisons du récit sont gracieusement distribués dans la rue. Instruments archétypaux d'autopromotion pour la presse, les lancements de romans-feuilletons restent des événements familiers pour les lecteurs jusqu'au début des années 1930. Enfin, avec le Paris-Brest-Paris cycliste, *Le Petit Journal* est également, en juin 1891, à l'origine de l'organisation de courses sportives, recette promue à un bel avenir.

Pour conquérir le lectorat, les quotidiens recourent à de multiples supports publicitaires, comme la diffusion de primes, méthode bientôt courante, ou, à partir des années 1890, la distribution de médailles commémoratives ou honorifiques. *Le Petit Journal* procède à plusieurs frappes pour ses compétitions sportives. Tandis que les journaux parisiens commandent des pièces originales, les grands régionaux utilisent des médailles frappées en série par les municipalités, dont le revers a été modifié pour l'occasion. Le titre du périodique apparaît systématiquement accompagné, parfois, d'une image symbolique. Outil d'autopromotion médiatisée, la médaille est décernée en diverses occasions : en 1905, par exemple, *Le Matin* la délivre à tout citoyen « ayant rendu service à la société et à la patrie ».[10]

Créer l'événement

Des années 1900 à l'immédiat après-guerre, la presse quotidienne fait preuve d'une intense autopromotion. La hausse constante des tirages et le renforcement de la concurrence entre les titres parisiens en province en sont les principales causes. La logique de marché incite à la densification des réseaux de vente (création de dépôts et sous-dépôts) et à l'innovation en matière d'offre journalistique. Les rivaux du *Petit Journal* se montrent plus inventifs avec les jeux-concours, puis la fabrication de grandes manifestations publiques. En faisant jouer les lecteurs qui espèrent en tirer un gain, ils semblent certains d'augmenter, même provisoirement, leurs ventes. Si *Le Petit Parisien* inaugure effectivement cette formule, en octobre 1903, avec son concours de la bouteille remplie de grains de blé, *Le Journal* la copie, trait pour trait, quelques jours plus tard[11]. Contrairement aux jeux-concours, les multiples manifestations publiques créées de toutes pièces permettent à un titre d'investir la scène publique avec éclat. Jusqu'au déclenchement de la guerre, *Le Matin* excelle dans cette stratégie, son patron, Maurice Bunau-Varilla, l'utilisant d'abord pour servir ses intérêts personnels.

Toutes les formules possibles d'autopromotion sont exploitées. Chaque titre multiplie ses opérations, de telle sorte que les événements médiatiques ont tendance à saturer l'espace public. L'enchaînement des compétitions d'aéroplanes organisées par des quotidiens parisiens et régionaux aboutit même à faire de l'aviation naissante une passion française. *Le Matin* monte le Circuit de l'Est en août 1910, *La Dépêche* offre un prix en février 1911, *Le Journal* lance le Circuit Européen d'Aviation en mai de la même année[12]… Les exploits des aviateurs touchent un public qui dépasse celui des lecteurs, notamment grâce à la vente, dans les débits de presse, de cartes postales photographiques ou de brochures spéciales. En 1912, *Le Matin* prolonge cet intérêt médiatique dans un sens plus politique et patriotique. En février, il ouvre une souscription nationale pour équiper l'armée d'avions, et organise un grand concours-référendum en novembre[13]. Les lecteurs doivent plébisciter deux aviateurs parmi les quarante dont la biographie, le portrait et la signature sont publiés. Des prix sont décernés aux participants qui ont découpé les bulletins du concours, et deviné le résultat du référendum. Les opérations publicitaires ne suffisant plus, les journaux se saisissent ainsi de l'actualité pour bâtir leur stratégie d'autopromotion. La Première Guerre mondiale ralentit l'élan, mais ne l'arrête pas, comme l'attestent les divers lancements de romans-feuilletons, durant les hostilités. Au sortir du conflit, les journaux croient retrouver la situation d'avant 1914.

Parrainages

Après guerre, la réactivation rapide des formules d'autopromotion, les tirages de la presse quotidienne se stabilisent durablement. L'augmentation des coûts de production entraîne une baisse des recettes pour les entreprises de presse, ce qui freine les dépenses en matière de propagande publicitaire. De plus, la concurrence accrue des régionaux dans leur zone de diffusion, et le développement du cinéma modifient l'offre médiatique. Malgré des adaptations, l'enchaînement des concours, des courses sportives et d'autres coups publicitaires contribue à leur usure. Au lieu de lancer des romans-feuilletons, les grands quotidiens promeuvent des ciné-romans. Les livraisons publiées durant la semaine, au rez-de-chaussée de la première page, sont rassemblées sous la forme d'un épisode, et projetés au cinéma, dès le vendredi. Comme le journal laisse à la société de distribution cinématographique le soin de diriger la campagne publicitaire, cette dernière est réalisée essentiellement près des salles de cinéma. Mais l'avènement du par-

Affiche pour L'Actualité, *1884.*

ment qui servira leur réputation. En revanche, ils trouvent une parade : le patronage. Au lieu d'organiser des manifestations coûteuses, le quotidien apporte son nom et une contribution restreinte à un événement, en échange de sa couverture médiatique. C'est dans le domaine sportif que cette stratégie est la plus visible. Durant la décennie 1920 et même ensuite, maintes courses d'athlétisme, de natation, cyclistes et mécaniques sont parrainées par un périodique. La professionnalisation des compétitions et l'émergence d'organismes sportifs favorisent ces pratiques. D'une année sur l'autre, le patronage est maintenu, et le quotidien est certain de bénéficier de l'exclusivité médiatique. Ainsi, de 1923 à 1936, *Le Petit Parisien* patronne annuellement la « Traversée de Paris à la nage », qui a lieu fin août-début septembre. Épreuve reine de la Fédération française de natation qui en est l'organisatrice, la Traversée est doublée, de 1926 à 1929, d'une fête nocturne et de démonstrations nautiques. La course et ses réjouissances visent à marquer concrètement la mémoire des spectateurs ; la faible place consacrée à l'événement dans les colonnes du quotidien en témoigne.

lant en 1928 met fin à ces opérations. Quant aux jeux-concours, ils se banalisent très largement. Les thèmes sont plus ordinaires, et les prix moins attrayants, comme ce concours des fleurs du *Petit Marseillais* qui consiste à classer ses fleurs préférées[14]. *Le Petit Journal* devient le spécialiste en la matière en proposant au moins un concours annuel, jusqu'au début des années 1930. Désormais, l'objectif est de conserver les lecteurs habituels en modifiant peu le produit et ses contenus.

Les journaux de grande diffusion n'ont plus, désormais, les moyens de créer, comme avant-guerre, l'événe-

Affiche de Toulouse Lautrec, 1893.

La publicité, une nécessité

Les stratégies d'autopromotion nécessitent des sommes importantes[15], d'où l'existence de budgets publicitaires dans la comptabilité des quotidiens de grande diffusion. La pratique est reconnue dans un monde de la presse en pleine expansion : « Étant une industrie, le journalisme doit faire pour lui-même ce qu'il fait pour les autres ; il a besoin de réclame »[16]. Ces budgets sont inhérents aux entreprises de presse comme à toute entreprise économique. Par exemple, *Le Petit Parisien*

dépense près de 2 000 francs en mars 1912, simplement pour ses primes habituelles[17]. Un nouveau quotidien peut dépenser beaucoup pour se lancer, mais la stratégie d'autopromotion doit s'établir dans la durée, pour obtenir un résultat concluant. La publicité constitue pour la presse une source de dépenses structurelles, mais aussi une source de revenus directs, grâce aux diverses annonces publiées dans les dernières pages. Et, pour faire face à la concurrence dans un marché actif, un quotidien n'a d'autre choix que faire sa publicité.

L'autopromotion de la presse peut-elle être considérée comme un ensemble d'instruments et de procédés commerciaux destinés à faire vendre davantage ? Jusqu'au début de la Première Guerre, les quotidiens usent de tous les artifices possibles pour augmenter le nombre de leurs lecteurs. Leur politique commerciale semble fonctionner puisqu'elle provoque, finalement, l'élargissement du lectorat potentiel, la croissance de l'offre stimulant celle de la demande. Dans le système médiatique qui s'élabore à partir de la fin du XIX\e siècle, l'objectif est de se faire connaître du plus grand nombre suivant ses capacités. Cette situation profite à la plupart des titres de presse dont les ventes ne se font pas forcément au détriment des autres. Quand la masse des lecteurs atteint ses limites, quand la hausse des tirages se ralentit, la publicité des quotidiens vise à maintenir coûte que coûte la position acquise. L'étiolement du prestige de la presse, l'augmentation du prix au numéro et le développement du cinéma (et, plus tard, de la radiodiffusion) bouleversent le marché de la presse. Des accords entre les titres parisiens limitent désormais la rivalité, et, par répercussion, les effets d'une tactique conquérante. Dans ces conditions, un quotidien s'attache avant tout à une stratégie médiatique, c'est-à-dire à intégrer un système dont il est un composant parmi d'autres. L'autopromotion des journaux doit profiter à l'ensemble de la presse. Un exemple révélateur réside dans le changement de la dénomination du budget publicité du *Journal*. Ce dernier prend le nom de « publicité-propagande » en mai 1914, remplaçant le terme de « publicité »[18]. Il ne s'agit plus de vendre davantage, mais de continuer à se faire acheter. C'est pourquoi l'autopromotion de la presse ne peut pas se résumer, sur la durée, à une politique commerciale ordinaire.

L'autopromotion des journaux, stimulant du marché publicitaire

Par leurs dépenses publicitaires, les quotidiens de grande diffusion participent à la construction d'une publicité moderne, autant comme secteur économique que comme conception socioculturelle. Lors de coups de grosse caisse, un journal populaire paie les services d'individus et de sociétés diverses. Ateliers lithographiques et entreprises d'affichage[19], imprimeries de labeur, marginaux employés comme vendeurs occasionnels, etc., constituent autant de professions et d'activités vivant en partie de la réclame de la presse. Les fonds d'affiches de presse des musées et bibliothèques témoignent de la diversité des imprimeries spécialisées dans la France de la Belle Époque. La presse participe largement, avec d'autres secteurs économiques, à l'essor de la publicité en tant qu'industrie médiatique. À partir des années 1920, les commandes vont progressivement à de grosses entreprises proposant plusieurs services. Par exemple, pour le lancement d'un roman-feuilleton, *Le Journal* confie le tirage et l'apposition des affiches à la jeune société Avenir-Publicité[20]. L'autopromotion se mue alors en simple promotion.

Les formules d'autopromotion ne semblent pas faire l'objet de réflexions poussées dans leur préparation et leur déroulement. L'accumulation et la surenchère des moyens mis en œuvre conduisent à la répétition systématique. Une campagne d'affichage en faveur d'un titre en appelle une autre, presque équivalente, à l'image du *Matin* qui, jusqu'à la guerre, négocie la location successive de différents types de surfaces publicitaires dans la capitale (kiosques à journaux, chalets-abris, murs pignons…)[21]. Enfin, la séduction par les sentiments et le spectacle résume le principe publicitaire privilé-

Affiche de Pierre Bonnard, vers 1870.

Culture de presse, culture médiatique

Les campagnes de lancement de romans-feuilletons, la distribution de primes gratuites, l'organisation de concours, de compétitions sportives et de grandes manifestations publiques donnent l'impression que les quotidiens à bon marché sont des lieux de vie et d'agitation permanente. Leur mise en récits permet de faire l'éloge de tel ou tel titre, mais aussi de créer une forme de communauté imaginaire à laquelle adhère le lecteur par le simple achat d'un titre. Dans une société bouleversée par les transformations économiques et sociales, la lecture d'un journal apparaît comme le moyen de lire le monde tout en étant une pratique d'acculturation. La presse populaire, en s'autocélébrant et en orchestrant ce qui est présenté comme des cérémonies médiatiques fédératrices, s'érige en espace public moderne.

Les discours et les pratiques réclamistes des quotidiens de grande diffusion participent à l'émergence d'une culture médiatique et d'une culture de masse[23]. Dans un système médiatique dont les composants sont en interaction, la logique primordiale est de rester présent et écouté en se faisant le promoteur d'une idée ou d'un événe-

gié, loin de la rationalisation commerciale. Prenons l'exemple d'une célèbre initiative du *Matin* : la campagne de lutte contre l'absinthe. Pendant le premier semestre 1907, ce quotidien dénonce les ravages de la liqueur et le laxisme des pouvoirs publics, à coups d'éditoriaux et d'articles critiques. Il organise une grande manifestation publique au Trocadéro, réunissant près de 4 000 personnes, dont des personnalités scientifiques et politiques[22]. En fait, l'opération est un prétexte : le scandale social est d'abord un moyen pour attirer l'attention et faire parler du *Matin*.

ment. Un titre doit occuper, même provisoirement, une partie de la scène médiatique pour subsister, quels que soient son audience et ses moyens. Dans cette perspective d'autoreprésentation, d'autres instruments de communication sont employés. Par exemple, à partir de septembre 1930, *Le Journal* fait annoncer sur le poste de la Tour Eiffel, tous les deux jours entre 19h30 et 20h15, les reportages publiés dans l'édition du lendemain. Le message est simple et concis. Cette publicité radiophonique est payée elle-même en publicité dans les colonnes de la feuille[24]. Bref, un quotidien symbole de la presse de la Belle Époque se voit forcé d'utiliser un média en devenir, la radio, pour éviter de passer à l'arrière-plan médiatique. Dans la culture médiatique et du médiatique, un média se sert des autres moyens de communication, identiques ou non, pour subsister. Les relations entre les médias conduisent le champ médiatique à fonctionner de manière autonome. Ces logiques médiatiques, plus que commerciales, sont essentielles pour appréhender le régime culturel de masse du XXe siècle.

Signalons enfin que la culture de l'autopromotion ne disparaît pas avec la perte d'audience, durant les années 1930, des quotidiens du matin qui ont créé l'événement pendant plus d'un demi-siècle. Elle est réactivée par *Paris-Soir,* qui propose notamment des concours originaux et des festivités populaires dans la capitale[25]. Au-delà, la pratique reste encore vivace, même si elle se transforme. Aujourd'hui encore, l'autopromotion est une règle médiatique que chacun peut observer ; situation confortée par la toute récente possibilité pour les journaux (janvier 2004) de faire leur publicité sur les chaînes de télévision, en dehors de tout parrainage.

Notes

1. Cet article est tiré de notre mémoire de DEA (*Le Journal au temps du réclamisme. Culture de presse, autoreprésentation et société en France, 1880-1930*), préparé sous la direction de Dominique Kalifa (Université Paris I, 2003). Je remercie Gilles Feyel et François Jarrige d'en avoir relu la première version.

2. Christian Delporte, *Les Journalistes en France, 1880-1950. Naissance et construction d'une profession,* Paris, Seuil, 1999, p. 49 ; Claude Bellanger (dir.), *Histoire générale de la presse française*, t. III : *De 1871 à 1940* (partie rédigée par Pierre Albert), Paris, PUF, 1972, p. 314.

3. Archives Nationales (AN), 8 AR 450, dossier course du flambeau ; 8 AR 540, photographies de la course.

4. *Le Journal*, 9 juillet 1926, p. 1 et 4. Voir aussi AN, 8 AR 447, dossier course du flambeau.

5. Département des Estampes et de la Photographie de la Bibliothèque Nationale de France, Pa mat 4 a (1880-1899), calendrier du *Petit Nord* (1882). Le tirage est inscrit sur le document.

6. AN, 8 AR 397, étrennes du quotidien (1900-1912).

7. AN, 8 AR 371, affiche du dépôt central d'Auxerre.

8. Louis Vauxcelles, Paul Pottier, « *Le Petit Journal* », *Gil Blas*, 23 octobre 1903.

9. A. de Bersaucourt, « L'affiche-énigme ou l'affiche du roman-feuilleton », *La Publicité*, 229, mars 1927, p. 173-179.

10. « La Médaille d'honneur du *Matin* », *Le Matin*, 30 janvier 1905. La liste des personnes récompensées est publiée un an plus tard (« La Médaille du *Matin* », *Le Matin*, 5 janvier 1906).

11. « Grand concours du *Petit Parisien* », *Le Petit Parisien*, 14 octobre 1903 ; « Un million aux lecteurs du *Journal*. Le Litre d'Or », *Le Journal*, 26 octobre 1903.

12. « Prologue triomphal. La veillée du Circuit », *Le Matin*, 7 août 1910 ; « Le Prix du Voyage », *La Dépêche*, 25 février 1911 ; « Le Circuit Européen d'aviation », *Le Journal*, 17 juin 1911.

13. « Pour l'aviation et la patrie », *Le Matin*, 24 février 1912 ; « Le grand concours des aviateurs », *Le Matin*, 28 novembre 1912.

14. « Aujourd'hui commence notre Concours des Fleurs », *Le Petit Marseillais*, 3 janvier 1924.

15. Patrick Eveno, *L'Argent de la presse française des années 1820 à nos jours*, Paris, Éditions du CTHS, 2003, p. 46-51.

16. Eugène Dubief, *Le Journalisme*, Paris, Hachette, 1892, p. 187. L'auteur développe ses propos à l'aide de quelques exemples d'autopromotion (p. 180-189).

17. AN, 11 AR 174, livre des dépenses 1912.

18. AN, 8 AR 8, livre de comptabilité 1914.

19. Marc Martin, *Trois siècles de publicité en France*, Paris, Odile Jacob, 1992, p. 115.

20. AN, 8 AR 530, dossier *La grande Rafle*, documents d'Avenir-Publicité des 14 et 30 novembre 1928. Voir aussi l'histoire de cette entreprise (Avenir France, *Un afficheur dans la ville. L'histoire d'Avenir*, Paris, Cliomédia, 1997).

21. AN, 1 AR 7-14, procès-verbaux des conseils d'administration (1899-1914).

22. « Tous pour le vin, contre l'absinthe. Un triomphal meeting », *Le Matin*, 15 juin 1907, p. 1-2. Voir aussi François-Irénée Mouthon, *Du bluff au chantage : les grandes campagnes du* Matin, Paris, Pauwels, 1908.

23. Cf. l'analyse la plus récente : Jean-Yves Mollier, « Le parfum de la Belle Époque », in Jean-Pierre Rioux, Jean-François Sirinelli (dir.), *La Culture de masse en France de la Belle Époque à aujourd'hui*, Paris, Fayard, 2002, p. 72-115.

24. AN, 8 AR 295, contrat d'août 1930 entre *Le Journal* et le poste de la Tour Eiffel.

25. Raymond Barrillon, *Le cas* Paris-Soir, Paris, Armand Colin, 1959, p. 80-87.

Information et publicité : les « liaisons dangereuses ». Le cas des agences de presse

Michael Palmer*

« Information et publicité » : l'Agence Havas porte ce nom pendant un demi-siècle. En France, à partir du milieu du XIXᵉ siècle, la principale agence de presse est aussi, du moins en province, la principale agence de publicité. L'association entre information et publicité n'est pas sans poser problème. Elle interroge les agences de presse et finit même par susciter un débat politique dans les années 1930, que cherche à trancher le Front populaire en brisant la structure d'Havas. Mais Havas n'est pas la seule agence à cultiver la porosité entre information et publicité : Reuters, un temps, se laisse également tenter par le modèle français.

Havas et le contrôle du marché publicitaire

L'Agence Havas prend pied dans la presse de province, dès 1838[1] : c'est elle qui garantit l'expansion de son secteur « publicité ». Selon Gilles Feyel, « à la fin de 1857, Havas et ses associés contrôlent la plupart des informations véhiculées par les journaux parisiens et départementaux ; ils tiennent à peu près toutes les annonces qui font vivre ses feuilles. »[2] Havas dispose alors d'un quasi-monopole sur le marché des annonces dans les journaux parisiens et de province. À d'autres moments, elle est davantage maîtresse de la presse de province que du marché de la presse parisienne où trône la Société Générale des Annonces, son propriétaire direct de 1865 à 1879. À cette date, la SGA (société en commandite) cède l'Agence Havas, qui se constitue en société anonyme (au capital de 8,5 millions de francs en 1879) : Havas et SGA sont donc formellement indépendantes, l'une par rapport à l'autre. Mais si elles gardent leur spécificité, elles font partie du même groupe. Les rôles sont bien répartis : Havas vend l'espace de nombreux journaux de province, que la SGA, courtier des annonceurs, achète ; elle trouve ainsi des recettes publicitaires qui équilibrent son bilan[3]. Le résultat ? Deux sociétés aux participations croisées contrôlent l'essentiel des flux de l'information et de la publicité en France ; et, ce, jusqu'en 1920, lorsqu'elles fusionnent.

Leur imbrication se repère jusqu'au personnel dirigeant lui-même. Dans

---

*Professeur à l'université de Paris III Sorbonne nouvelle. Membre du comité de rédaction du *Temps des Médias*.

l'entourage d'Edouard Lebey (1850-1922), directeur de l'Agence Havas dès 1879, et Léon Rénier (né en 1857), entré à la SGA en 1903 et démis de la présidence d'Havas en 1944, on trouve souvent les mêmes personnes. E. Lebey est lui-même le fils de Jacques-Edouard Lebey, associé à la toute première SGA, créée en 1845 avec Girardin et Charles-Louis Havas, et auteur du « Premier traité pratique de la publicité »[4]. Dans ce petit opuscule, il distinguait notamment « l'annonce anglaise » de « l'annonce affiche » et de « la réclame », cette publicité rédactionnelle destinée à tromper le lecteur. Or, la pratique de la régie « par laquelle un journal confie à un courtier la gestion de ses annonces contre un pourcentage »[5], se répand précisément avec Lebey. Au fond, Havas et la SGA se comportent en rentiers préoccupés de lever leurs commissions.[6] Pour les dirigeants d'Havas, la nouvelle est une marchandise, comme l'annonce : c'est cette conception marchande que critique Balzac, dans un travail de « journalisme d'investigation » avant la lettre, où il dépeint Charles Havas (1783-1858) comme celui qui « vénère le Fait et professe peu d'admiration pour les Principes »[7]. Avec Léon Rénier, l'intérêt de la maison Havas prime, et la publicité — pour les financiers, les banques, les états, les entreprises ou les particuliers — « conditionne » en quelque sorte l'information. Ainsi, avec les Havas (années 1830-1870), les Lebey et Houssaye[8] (années 1870-1900), jusqu'à Léon Rénier et les siens

(années 1900-1940), trois à quatre générations de « capitaines d'industrie » de l'information et de capitalistes de la presse et de la publicité, dirigent une embarcation à deux compartiments.

Explorant les archives d'Havas-Information, pour les années 1878-1885, il nous est arrivé de saisir des échanges épistolaires entre Havas-Paris et Havas-Lyon qui suggèrent les vases communicants entre l'exploitation de la partie publicitaire et la surface rédactionnelle des journaux. Havas, installée à Paris comme en province, est bien placée pour représenter les intérêts des journaux de province, « démarcher » les acteurs économiques de la capitale, comme les banques ou les grands magasins susceptibles de vouloir « toucher » en province une clientèle sensible à tout ce qui vient de « la ville lumière ». Il se peut, certes, que les archives soient lacunaires ou ne portent guère trace des questions délicates. Tout de même, on relève certaines allusions indicatives ; ainsi, cette recommandation d'Henri Houssaye, l'un des dirigeants d'Havas-Paris, au directeur du bureau d'Havas-Lyon : « Vous évoquez… *la priorité qui nous est généralement accordée pour la transmission de nos dépêches* ». Gardez-vous bien, cher Monsieur Comte, d'écrire une chose semblable ! On peut en parler doucement dans la conversation mais il ne faut pas l'écrire : vous savez d'ailleurs que nos dépêches ne jouissent d'aucune priorité en droit »[9]. Une autre missive, envoyée à Havas-Lyon, est plus explicite encore : « vous savez ce que certaines sociétés payent à un journal pour qu'il parle occasionnellement et très discrètement de leurs affaires. Combien payeraient-elles pour une dépêche qui serait reproduite dans vingt journaux ou davantage !…Pensez-y et ouvrez l'œil »[10]. Un indice éclairant de l'interdépendance entre « information et publicité » ressort, par ailleurs, d'un contrat de l'Agence Ewig, qui, entre 1880 et 1883, semble avoir voulu opérer une alliance information-publicité analogue à celle de Havas. En décembre 1881, cette agence devient copropriétaire d'un journal lancé deux mois auparavant, la *Dépêche Havraise*. Fournissant un service d'informations télégraphiques, elle souscrit 10 000 francs d'actions du journal et s'engage à verser 10 000 autres francs par la suite. En contrepartie, Ewig obtient « la régie exclusive des annonces locales et extra-locales, dont 50 % devait revenir à l'agence » ; l'autre moitié était à partager entre elle et le journal. L'affaire ne se prolonge guère.[11] Mais la logique en jeu paraît courante. Dans les archives Havas-Information, en effet, on trouve trace d'autres indices où des directeurs, propriétaires de journaux de province, évoquent l'éventualité d'une prise de participation par l'Agence dans le capital de leur entreprise. Havas répond, alors, par la négative : s'identifier par trop avec un titre de la région — en l'occurrence, le *Courrier de Lyon* — risque de lui aliéner les concurrents…

Bref, bien avant le scandale de Panama ou l'affaire des fonds russes, les intérêts croisés d'une agence de presse, passée de simple « bureau de traduction » de journaux étrangers (vers 1832) à entreprise-leader sur les marchés de l'information et de la publicité en France, entraîne une série d'accointances qui ne se limitent pas à la connivence politique, l'agence se distinguant, on le sait, comme le canal officieux d'informations de source gouvernementale. Balzac, dans la *Revue parisienne* en 1840, et d'autres journaux jusqu'à la fin des années 1930, évoquent diverses facettes de cette position stratégique de l'Agence, sans que le chercheur aujourd'hui soit toujours convaincu de tenir l'ensemble des tenants et aboutissants de chaque « affaire ». Nous n'en retiendrons ici qu'un aspect, peu fouillé par la recherche : la politique de l'agence Reuters — à la fois alliée et « sœur ennemie » de Havas — dans les « marchés internationaux » de l'information, à l'égard de la publicité ; et ce, au tournant des années 1880-1890. La période est intéressante, car une crise, à la fois géopolitique et commerciale, oppose les grandes agences et modifie notamment les rapports entre Havas et Reuters.[12]

Reuters sous Englander : la tentation publicitaire

Des archives récemment retrouvées à l'agence Reuters permettent de revisiter deux facteurs distincts : le bref abandon de l'hostilité affichée par ses dirigeants à l'égard d'une présence sur le marché de la publicité, et le rôle favorable à la publicité de Sigismund Englander (1823-1902). Celui-ci s'estime bien plus que « le bras droit » de Paul Julius Reuter (1816-1899), fondateur de l'entreprise à Londres (1851) ; homme « haut en couleur », son comportement et ses écrits détonnent dans le climat plutôt feutré des négociations et échanges épistolaires des milieux dirigeants des agences.

La réputation de sérieux de Reuters, à Londres et notamment dans la City, tient, en premier lieu, aux services d'information économique et financière (les cours de la Bourse entre autres) transmis grâce aux investissements dans l'exploitation de la technologie de pointe de l'époque : le télégraphe électrique. La plupart des grandes sociétés de câbles transocéaniques ont installé leur siège à Londres, capitale victorienne, ville carrefour du capitalisme, « capitale télégraphique de toute la planète » et cité-phare de la presse européenne, jusque dans les années 1890-1914, tout au moins. Or, au cours des années 1850-1860, les trois principales agences d'information, auparavant concurrentes — Havas, Reuters et Wolff de Berlin — s'entendent pour partager les coûts des transmissions de dépêches de presse par les réseaux télégraphiques internationaux (balbutiants mais en expansion rapide), et, de ce fait, conforter leur position dominante sur leurs marchés respectifs. Les cours de la Bourse sont, semble-t-il, les premières « données » ainsi échangées. Comme le veut une

certaine légende, les dirigeants d'Havas, de Reuters et de l'agence Wolff se sont répartis le monde en « territoires », rappelant ainsi le partage du nouveau monde chrétien à évangéliser par le Pape en 1492, entre l'Espagne et le Portugal ; besoin d'analogie oblige, d'autres préfèrent parler de « Yalta de l'information ».

Du coup, l'histoire des agences Havas et Reuters se recouvre sur plusieurs points. En 1869, elles signent même un accord prévoyant le partage des bénéfices, un « *joint purse agreement* », qui relie les deux agences. À l'époque, ces grandes agences s'efforcent de répartir les coûts et de s'entendre pour s'implanter en tout point de la planète : ainsi, avec la première liaison télégraphique Londres-Recife, l'Amérique du Sud est désignée « territoire » d'Havas. Cependant, le contexte géopolitique, marqué notamment par l'affaiblissement de la France après 1871 et les prétentions bismarckiennes à l'indépendance informationnelle de l'Allemagne, finit par bouleverser la donne. Reuters redéploie alors sa stratégie, espérant tirer parti de la fragilité française. Son appétit s'aiguise. Selon l'historien Donald Read, elle tente même, en juillet 1872, d'acheter Havas pour 90 000 livres sterling (3 millions de francs). L'offre rejetée, Englander surenchérit à 120 000 livres. En avril 1873, il informe le secrétaire général de Reuters, Griffiths, que l'offre est modifiée : seule serait éventuellement achetée la division télégraphique internationale d'Havas ;

il ne serait plus question d'acquérir la partie française de l'entreprise, tant les journaux français s'y montrent hostiles.[13] En 1876, d'un commun accord, on renonce finalement au « *joint purse agreement* ». Reuters est, alors, en pleine expansion : Englander s'établit à Constantinople, obtient des « *scoops* » pendant le conflit russo-ottoman de 1877-1878, sillonne les capitales du vieux continent. L'année même de la rupture de l'accord avec Havas, il propose que Reuters développe une branche publicité : mais l'offre est rejetée, car, avance le conseil d'administration de Reuters, « elle tendrait à abaisser l'image du service télégraphique aux yeux de la presse. »[14] Obstiné, Englander revient à la charge vers la fin des années 1880. Il milite un moment pour l'ouverture d'un bureau parisien Reuters en rupture avec Havas ; à l'en croire, il faudrait un an de préparatifs avant de s'attaquer à une puissance telle que l'agence française : « l'étendue de l'organisation Havas dépasse l'entendement — par exemple, son personnel occupe jusqu'à trois rangs (de la tribune de la presse) à la Chambre des Députés ».[15] Tantôt impressionné par Havas, tantôt soucieux de ménager d'autres intérêts, Englander définit ainsi la concurrente française, le 4 janvier 1889, dans une lettre adressée au baron Herbert de Reuter : « l'agence Havas est aussi solide qu'un roc : établie depuis longtemps, forte de son implantation publicitaire du côté de la presse, de ses rapports avec les gouvernements français successifs et de son identification avec la France (« *purely French national character* » : d'autres agences, telle Reuters étaient moins identifiées à un seul pays), Havas dispose d'une force toute particulière ».

Le baron Herbert n'approuve pas toujours, loin de là, les initiatives d'Englander. Pourtant, il partage avec lui une conviction profonde : Reuters doit se lancer sur le marché de la publicité. Son président affirme, en décembre 1890, que la société dispose « de moyens exceptionnels pour lancer une entreprise publicitaire d'envergure internationale » ; elle créerait « ainsi un nouveau secteur pour les journaux aussi bien que pour eux-mêmes ». L'affaire est aussitôt lancée : mais elle ne tient pas ses promesses. Reuters ne veut pas se cantonner à la seule vente des espaces publicitaires dans les journaux. Elle s'engage dans le marché de l'affichage — à l'intérieur comme à l'extérieur des tramways des villes de province, par exemple. Une division de l'entreprise est même créée pour gérer des espaces publicitaires dans les journaux de l'Empire britannique, comme en Australie. Mais, dès les années 1893-1894, les déboires se multiplient ; le département publicitaire doit admettre qu'il s'est trompé en croyant détenir le monopole européen du guide catalogue de l'exposition de Chicago de 1893. Outre les pertes financières enregistrées, l'image de marque de l'entreprise en souffre considérablement.[16]

Soulignons-le : il existait donc bien des internationales de l'information et de la publicité, bien avant que ne soient forgées les formules « circulation internationale de l'information », « internationale socialiste », « industries publicitaires » ou même — selon Armand Mattelart, « internationale publicitaire »[17]. Karl Marx écrit à propos de Sigismund Englander : « il rédige l'histoire mondiale européenne pour le compte de Reuter »[18]. C'est son entregent et la diversité de ses prestations qui impressionne le plus. Né dans une famille juive de Trébitche, en Moravie, territoire des Habsbourg, il participe au mouvement révolutionnaire viennois de 1848. Réfugié en France, il en est expulsé en 1854. Il se targue d'être à l'origine de la formule rédactionnelle — brève, concise, factuelle — des dépêches Reuters. En tout cas, il est assurément le plus brillant des journalistes de la toute jeune agence de Londres. Or, il ressort des lettres conservées aux archives Reuters, un esprit touche-à-tout, conscient de sa propre valeur, traitant diversement les domaines de la politique, de la diplomatie, de l'information, de la publicité, et les intérêts croisés de l'ensemble. À maintes reprises, il propose de développer toute une série de services spéciaux, à côté des services généraux, pour damer le pion aux journaux qui, encouragés par l'exemple de William Howard Russell et ses recensions de la guerre de Crimée pour *The Times,* comptent bien renforcer l'impact de leur couverture de l'actualité internationale et impériale. Ainsi, en 1891, Englander encourage-t-il l'essor d'un service spécial, « les potins mondains »

(« *Reuters International Society Gossip* »), pour les quotidiens et surtout les hebdomadaires de la presse londonienne : *The Times, The Daily News,* assure-t-il, sont preneurs des potins mondains de Berlin, de Rome, de Paris. Détail symptomatique, sa manière de camper Édouard Lebey et Henri Houssaye, dans le récit de ses négociations avec les deux dirigeants d'Havas, montre qu'il ne garde pas sa langue dans sa poche.

La fin du couple information-publicité

Finalement, les « liaisons dangereuses » entre information et publicité, cultivées par Havas durant un siècle, sont rompues au milieu du XXᵉ siècle. L'emprise d'Havas et « l'accouplement information et publicité » sont l'objet de violentes attaques dans les années 1930, alors qu'enfle la dénonciation des féodalités et des oligarchies financières qui contrôlent la banque, l'assurance, l'information et la presse. Président du Conseil du Front populaire, Léon Blum affirme ainsi : « la concentration dans les mêmes mains d'un double monopole de distribution — des nouvelles et des annonces — équivaut pratiquement à la maîtrise de la presse et de l'opinion, au contrôle de la vie publique… Par l'autorité, et si je puis dire par la menace, nous avons obligé l'Agence Havas à se décomposer en deux branches distinctes, qui n'auront plus rien en commun l'une avec l'autre, pas même leurs administrateurs. J'ai traité bien des affaires au gouvernement, des affaires de beaucoup de sortes. Aucune ne m'a donné plus de mal que celle-là, car dans aucune je n'ai trouvé plus de résistances »[19]. Le chef du gouvernement n'obtient pas le renvoi de Pierre Guimier, administrateur de l'Agence depuis 1926, et inspirateur d'articles violents dans son quotidien, *Le Journal*, contre Blum et son ministre de l'intérieur, Roger Salengro ; il ne parvient pas non plus, malgré son offensive de 1936, à séparer les branches information et publicité de la grande Agence. La rupture a lieu quatre ans plus tard, en juin–juillet 1940, dans les circonstances confuses et tragiques de la fin de la IIIe République. Pierre Laval, en effet, décide de transformer la branche information de l'entreprise Havas en Office français de l'Information, qui, du même coup, devient l'agence officielle de l'État français. Ce qui reste d'Havas est cantonné à la publicité : dès fin 1940, les Allemands ont réussi à s'en approprier 47,6 % du capital. Après la guerre, dans les circonstances difficiles des années 1944-1947, l'Agence Havas « nationalisée » croit, un temps, pouvoir récupérer la branche Information confisquée en 1940. Espoir déçu : les agenciers de France Presse (malgré le régime provisoire de l'AFP — jusqu'en 1947) et une partie influente des forces politiques s'opposent fermement à la reprise. Ici, comme dans d'autres domaines qui exigent la « moralisation de la vie publique », il n'est pas question de renouer avec la situation d'avant-guerre. Une période de l'histoire des rapports entre information et publicité est définitivement close.

Il reste que, bien avant que ne se multiplient — aux États-Unis surtout, mais aussi à Londres et dans d'autres capitales européennes, au cours des premières décennies du XXe siècle — des codes et une déontologie séparant les services rédactionnels des services publicitaires (l'Américain parle d'un mur/porte-incendie étanche — *firewall*), il est courant de voir, des deux côtés de l'Atlantique, une porosité entre information et publicité. Lors d'une campagne de presse du *XIXe Siècle* contre *Le Petit Journal*, en 1891, ce dernier — tirant alors à un million d'exemplaires — développe une autre vision du « mur » : à savoir que la rédaction n'est pas responsable du contenu des placards affichés sur son mur, sa surface publicitaire. Englander, lui, exemplifie l'esprit du rédacteur aux initiatives multiples, sans être trop regardant sur d'éventuelles confusions de rôles ou de genres. Le brassage des affaires de presse et des agences requiert un « enchevêtrement » au nom de l'expéditif. Dans les archives qui le concernent, figurent non seulement certaines de ses longues lettres, mais aussi sa pratique du chiffre, des codes conventionnels. Ainsi, lors des négociations à propos des contrats reliant les agences alliées, en mai 1889, le chiffre *100* = « Lebey (directeur d'Havas) se montre prêt à accepter les nouvelles conditions » ; *101* = « L. a accepté les nouvelles conditions » ; *102* = «L. peu enclin à les accepter » ; *103* = « L. les refuse… ». La pratique du chiffre chez Englander, ainsi que le principe selon lequel il est des choses qu'on ne contresigne pas par écrit (Henri Houssaye), explique pour partie la difficile traque de l'historien des industries publicitaires, des agences et des régies.

Au bout du compte, la France fut bien le seul des grands pays de l'Europe à héberger une agence qui choisit, pendant près d'un siècle, d'allier information et publicité. À cet égard, Reuters, notamment parce qu'elle n'avait pas d'intérêts dans les entreprises de presse et de publicité du pays où elle est installée, s'en sortit mieux que sa concurrente française.

Notes

1. G. Feyel, « Les origines de l'Agence Havas : Correspondances de presse parisienne des journaux de province de 1828 à 1856 », in P. Albert, dir., *Documents pour l'histoire de la presse nationale aux XIX et XX siècles*, Éditions du CNRS, Paris, 1977, p. 180-181.

2. *Ibid.*, p. 87-340.

3. M. Martin, *Trois siècles de publicité en France,* Paris, Odile Jacob, 1992, p. 100.

4. *Ibid.*, p. 62 ; P. Frédérix, *De l'Agence d'information Havas à l'Agence France* Presse, Paris, Flammarion, 1959, p. 134.

5. M. Martin, *op. cit.,* p. 78.

6. G. Feyel, *La presse en France des origines à 1944,* Paris, Ellipses, 1999, p. 107.

7. *La Revue parisienne,* 25.8.1840, Cité in P. Frédérix, *op. cit.,* p. 25-8.

8. Henri Houssaye, né en 1853, est le bras droit de Lebey.

9. H. Houssaye à E. Comte, 19 mai 1882. 5 AR 86. Archives Nationales. Cité in M. Palmer, *Des petits journaux aux grandes agences*, Paris, Aubier, 1983.

10. Havas-Paris à Havas-Lyon, 26.3.1878, *Ibid.* Cité in A. Lefebure, *Havas*, Paris, Grasset, 1992, p. 133.

11. Contrat entre la *Dépêche havraise* et l'agence Ewig, dossier Coutrey, adhérent à l'Association syndicale professionnelle des journalistes républicains français. Cité dans O. Boyd-Barrett, M. Palmer, *Le trafic des nouvelles : les agences mondiales d'information,* Alain Moreau, 1981, p. 110.

12. Le nom de l'institut, société ou agence Reuters changea à plusieurs reprises. Ici, nous écrivons Reuters lorsqu'il s'agit de l'une d'entre eux, et Reuter, lorsqu'il s'agit de Paul Julius Reuter (né Josephat), 1816-99, ou de son fils, Herbert (1852-1915).

13. D. Read, *The power of news*, Oxford, O.U.P., 1999, p. 58.

14. *Ibid.*, p. 81.

15. S. Englander, lettre dictée au Managing Director, Reuter's Telegram Company, 2.2.1889.

16. D. Read, p. 8I-2. L'édition de 1994 de l'ouvrage de Read comporte une publicité de « Reuters Advertising Agency » (1910) : « *reaches all over the earth* » ; cette affiche fait état de bureaux à Londres, Glasgow, Liverpool, Manchester, Birmingham ; en Australie, Nouvelle-Zélande, Afrique du Sud et en Inde.

17. A. Mattelart, *L'internationale publicitaire,* la Découverte, 1989.

18. Lettre de Marx à Engels, 12 avril 1860, citée in D. Read, *op. cit.,* p. 29.

19. « Non », *Le Populaire*, 9 août 1936 ; « Information et Publicité », *Le Populaire*, 14.8.1946. Cité in O. Boyd-Barrett, M. Palmer, *Le trafic des nouvelles : les agences mondiales d'information,* p. 127.

La puissance du modèle américain
Les agences publicitaires dans la Belgique de l'entre-deux-guerres

Véronique Pouillard*

La Belgique est un petit marché ouvert aux influences extérieures. La coexistence de trois régions, francophone, néerlandophone et germanophone, en fait un espace réceptif aux influences et aux modèles culturels[1], en particulier ceux des pays limitrophes. De fait, plutôt que de parler d'une histoire de la publicité nationale, mieux vaut envisager cet aspect sous un angle international[2]. De récentes études ont montré combien la traduction constitue, en publicité, un enjeu capital, et à ce titre, les pays multilingues forment des cas particuliers dans le domaine publicitaire[3]. Le multilinguisme apparaît d'emblée comme un obstacle dans l'adaptation des messages publicitaires, fût-ce au niveau des coûts. Le fractionnement du marché intérieur, qui résulte de cette situation, a pour corollaire une ouverture plus large à l'influence des agences étrangères, singulièrement américaines, comme le montre le Canada[4].

En Europe, la Belgique offre un cas exemplaire pour l'étude de ces problématiques au niveau publicitaire, tant par son évolution diachronique que par sa situation plus récente de marché-test à l'échelle européenne. Les publicitaires belges bénéficient de rapports de proximité avec leurs collègues français, néerlandais, allemands, voire anglais. En outre, les agences américaines s'installent très tôt en Europe. L'étude de la publicité en Belgique pose donc en même temps la question de l'existence d'une publicité belge et de la prégnance des influences extérieures, américaine ou française tout particulièrement.

En Belgique, si la moitié nord du pays est en principe néerlandophone, la langue véhiculaire, utilisée en politique, dans l'administration, les affaires et les études, est le français. « Le français garde en Belgique un prestige inaltérable »[5], affirme le grammairien Joseph Hanse en 1962. De fait, les acquis du mouvement flamand sont lents à se réaliser dans la pratique, tant et si bien que le français reste longtemps la langue la plus utilisée, notamment par des publicitaires[6]. Revues et traités de publicité rédigés en flamand n'appa-

---

*Chargée de recherches du FNRS, Université libre de Bruxelles.

raissent que tardivement en Belgique, bien après le développement de la profession aux Pays-Bas, avec lesquels les publicitaires belges n'entretiennent que peu de rapports[7]. Les agences de publicité installées en Flandre, avec Anvers pour centre[8], utilisent très longtemps le français dans la plupart de leurs affaires. La publicité elle-même, au cours de l'entre-deux-guerres, est souvent rédigée en français et son adaptation au flamand pose de réels problèmes, notamment en termes d'impact sur les cibles[9]. Enfin, l'affichage publicitaire, même en région flamande, peut être en néerlandais, en français ou bilingue[10] — ce qui n'est plus le cas aujourd'hui.

J. Walter Thompson à la conquête du marché belge

On a pu affirmer que les agences de publicité américaines s'étaient installées en Belgique à la suite du plan Marshall[11]. Le programme d'aide américaine à la reconstruction de l'Europe après la Seconde Guerre mondiale n'a pourtant contribué qu'à l'accélération d'un processus largement antérieur. En effet, les agences américaines prennent une place décisive sur le marché belge dès l'entre-deux-guerres, en raison de leur politique d'expansion internationale. Parmi les premières agences américaines installées en Belgique, on relève la présence d'Erwin, Wasey & C°, Lord & Thomas et, surtout, de J. Walter Thompson.

En 1864, la future agence de publicité J. Walter Thompson s'ouvre à New York. L'entreprise, après s'être fortement implantée sur le territoire américain en développant son expertise dans la publicité de presse, poursuit son expansion en se calquant sur celle du commerce extérieur américain. Outre ses divers sièges ouverts aux États-Unis, la société s'installe à Londres en 1899. Après avoir servi un temps de bureau de correspondance, Londres devient le premier port d'attache de l'agence en Europe, mais aussi vers les colonies et le Commonwealth, jouant un rôle de relais pour ses clients américains désireux de poursuivre une expansion internationale[12].

Les agences de publicité prennent le relais des producteurs. General Motors, lors de l'implantation de ses chaînes de montage dans la banlieue d'Anvers en 1924, importe une nouvelle conception de l'industrie automobile, symbolisant le passage d'une production encore relativement élitaire à l'industrie de masse. Le constructeur, dont les budgets américains sont gérés par J. Walter Thompson, souhaite étendre sa politique semblable à l'étranger. Pour répondre à cette demande, l'agence suit son client et installe un bureau à Anvers en 1927[13], expansion qu'elle mène conjointement dans d'autres villes européennes, avant d'étendre l'influence de General Motors, mais aussi de Libby's, Coca Cola, Pond's, Kodak ou Lever, au Canada, en Amérique du Sud, et, plus tard, en Asie et en Afrique.

Nombre d'entreprises et agences de publicité en Belgique (1919-1940)

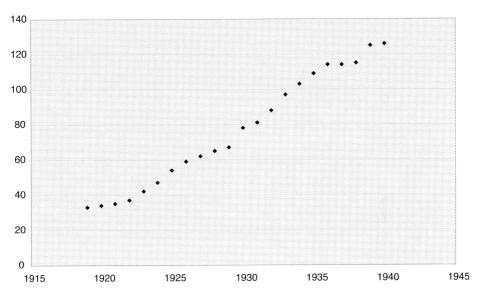

L'agence J. Walter Thompson s'installe donc en Belgique en 1927 et, le 2 avril 1930, la J. Walter Thompson Company S.A. est déclarée comme société belge. Son capital est réparti en cent parts, chacune d'une valeur de mille francs belges, somme relativement restreinte et qui ne sera pas augmentée, ce qui montre d'emblée le parti-pris de l'agence, soucieuse de ne pas alourdir ses structures à l'étranger[14]. Dans le courant de la même année, la raison sociale de l'entreprise est modifiée : elle devient « Agence Thompson S.A. »[15] en français, alors que l'agence est installée à Anvers, soit dans la partie néerlandophone du pays. De fait, le français reste la langue dominante dans le monde de la publicité belge, y compris en Flandre[16]. L'agence américaine

développe une politique commerciale particulièrement efficace ; elle dispose d'une vingtaine d'années d'avance sur les agences belges, sur le plan de la recherche surtout. Avant même d'être officiellement établie comme société belge, la J. Walter Thompson Company, à la fin des années 1920, fait réaliser par des délégués de son siège de Londres une vaste étude pour déterminer la capacité de consommation automobile du marché belge[17].

La règle qui tend alors à s'imposer, tant parmi les agences belges qu'étrangères, et qui prévaut toujours aujourd'hui[18], est de ne travailler que pour un seul client par secteur ou par type de produit. Les premières agences belges à services multiples suivaient déjà cette méthode. Cependant, l'agence Thompson mène sur le marché belge une politique de sélection des clients beaucoup plus agressive encore. Pour obtenir le meilleur chiffre d'affaires possible en Belgique, marché étroit, l'agence n'a pas droit à l'erreur. La direction belge s'efforce donc de regrouper dans sa clientèle les meilleurs annonceurs de chaque secteur et mène une politique active de recherche, tant au niveau du marché que des entreprises. Elle contribue de ce fait au développement de nouveaux standards européens en la matière. En suivant les directives, énoncées par son directeur Stanley Resor dès le début du XXᵉ siècle, l'agence Thompson élimine les mauvais payeurs, les sociétés de taille trop réduite ou déficitaires. Ses services de recherche enquêtent également sur des entreprises qui, n'ayant pas encore fait de démarche auprès de l'agence, constituent de bons annonceurs potentiels pour l'espace belge ou européen.

La politique de gestion de la clientèle selon l'agence Thompson rompt avec une pratique ancienne en Belgique. Jusqu'ici, face à des clients — aux faibles budgets — qu'ils devaient démarcher, les publicitaires restaient en situation de demande[19]. Soutenue par sa structure internationale, l'agence Thompson renverse la donne et se met en position de force par rapport aux annonceurs, sa structure internationale lui permettant de s'assurer la clientèle d'une grande entreprise avant même d'ouvrir ses portes, mais aussi d'obtenir de plus grandes facilités de crédit auprès d'organismes bancaires transnationaux.

Obstacles nationaux

La grande difficulté rencontrée par l'agence réside dans les budgets de ses clients. D'une manière générale, le discours des agences belges est le même depuis le début du siècle : les budgets concédés par les annonceurs sont trop réduits. Ce jugement se trouve vérifié par l'agence Thompson. Comparant la situation de l'agence en Belgique et en France, ses responsables estiment qu'il leur faut dix clients, en Belgique, pour atteindre le budget d'un seul en France. La taille du marché belge constitue donc un lourd handicap, traduit dans la configuration de la branche belge de l'agence. Le personnel employé à Anvers est, en effet, très restreint : selon la direction, c'est un obstacle à l'organisation rationnelle de son fonctionnement.

Au problème de l'étroitesse des marchés, s'ajoute celui du multilinguisme.[20] Cette difficulté relève du statut particulier de la Belgique, mais également de la place centrale occupée par le bureau d'Anvers dans la géographie européenne de l'entreprise. En effet, l'agence anversoise supervise le travail du bureau hollandais et gère les intérêts de J. Walter Thompson International en Suisse, en Italie, Hongrie, Yougoslavie, Roumanie et Bulgarie. En mars 1930, le directeur de l'entreprise se souvient avoir placé de la publicité en français, flamand et néerlandais, allemand, italien, serbe, roumain, russe, hongrois, grec, turc, croate, slovène, bulgare et serbe[21].

La France, l'Allemagne, l'Espagne, et bien sûr l'Angleterre sont, en revanche, totalement indépendantes de l'agence anversoise. La filiale belge est donc chargée d'adapter la publicité des annonceurs qui, tels General Motors ou Ford, souhaitent étendre leurs campagnes en Europe centrale, en Suisse et en Italie. Obtenir des résultats tangibles en matière de consommation reste cependant difficile, en particulier dans les zones rurales où, sans l'encouragement du gouvernement à la consommation, la publicité seule ne suffit pas à créer de nouveaux besoins[22]. En outre, les budgets traités au niveau local restent réduits, et le paiement à la commission devient dérisoire dans les pays où l'espace média est très bon marché, et le travail paradoxalement élevé.

À la limitation des budgets, à l'obstacle linguistique, s'ajoute la question des formats de publication. Ces derniers, comme la mesure de l'espace publicitaire sont, en effet, extrêmement divers, ce qui nécessite un constant travail d'adaptation au moment de finaliser les campagnes de presse — média de prédilection de l'agence américaine. L'expansion de l'entreprise doit donc passer par la standardisation, si elle veut offrir aux annonceurs américains installés en Belgique la qualité publicitaire à laquelle ils sont accoutumés. En effet, les annonceurs de l'agence d'Anvers, qui visent en particulier l'Europe centrale, sont majoritairement des entreprises étrangères, et en premier lieu américaines.

Dès les années 1930, la direction de l'Agence Thompson perçoit la nécessité d'adapter les messages publicitaires. Il ne s'agit pas seulement de traduction : il faut aussi tenir compte des caractéristiques culturelles nationales, voire régionales. Révélateur, à cet égard, est l'exemple de la Flandre et des Pays-Bas où est installé un bureau, avec deux équipes distinctes, l'une pour les campagnes flamandes, l'autre pour les campagnes hollandaises. La publicité destinée à l'une de ces régions ne convient pas forcément à l'autre ; l'usage du vocabulaire, l'humour et les références culturelles diffèrent. Or, les cadres internationaux de l'agence, avec l'appréhension de ces difficultés, perçoivent très vite l'intérêt d'une politique adaptée à l'échelon local.

En choisissant Anvers comme point de rayonnement, la direction américaine de l'agence opère un choix géographique et pratique. Elle sait que les lois sociales et la fiscalité restent d'un coût assez élevé en Belgique. L'entreprise doit en tenir compte, sans remettre en cause ce qu'elle désigne elle-même comme ses standards de fonctionnement. Son atout reste sa structure légère, facilement exportable, pour autant qu'un annonceur suffisamment solide lui serve de premier appui. J. Walter Thompson avait accompagné Libby, son client américain, au Royaume-Uni, pour y vendre des fruits en conserve. Le processus s'était prolongé avec General Motors en 1927, lorsque le constructeur s'était lancé dans l'implantation des chaînes de montage.

Le projet de l'agence J. Walter Thompson consiste donc à offrir un service délibérément standardisé au niveau mondial. Les agences belges sont incapables de rivaliser avec elle, même si elles continuent — et ce, au-delà de la Seconde Guerre mondiale — à travailler pour des annonceurs américains. Au bout du compte, en dépit d'un objectif financier fixé par la direction new-yorkaise et jamais atteint, l'agence Thompson est arrivée, en moins de dix ans, à se créer une place enviable en Belgique. Encouragée, la direction internationale de l'agence s'apprête même, à la fin des années 1930, à s'implanter en France. À cette époque, pour les annonceurs, agence de publicité rime nécessairement en Belgique avec le nom de Thompson[23].

La mutation de la publicité belge

Les conséquences de l'installation, puis de la politique menée par l'agence Thompson sont multiples. Premièrement, à partir du milieu des années 1930, commence le règne des agences américaines en Belgique. Bien que l'on ne dispose pas de données précises pour les agences avant les années 1950, il est établi de manière certaine que l'agence Thompson est devenue, vers 1936-1937, la première agence du pays en termes de chiffre d'affaires. Les résultats de l'agence anversoise sont pourtant jugés insuffisants par la maison mère new-yorkaise. Au-delà de considérations stratégiques, cette position montre la force d'un réseau international, capable de mener une politique à long terme. L'exemple de la Seconde Guerre mondiale l'illustre : alors que les affaires sont devenues catastrophiques, l'agence conserve une représentation en Belgique, ce qui lui permet, la paix revenue, de s'affirmer au premier rang des agences.

Avec l'implantation de Thompson et des autres agences américaines, l'amateurisme n'est plus de mise, ni du côté des publicitaires, ni du côté des annonceurs. Quant au consommateur, il découvre les produits américains ; et ce, bien avant le plan Marshall.[24] Le travail créatif des campagnes de l'agence, réalisées pour des marques américaines, est conçu, la plupart du temps, dans les bureaux new-yorkais. La contribution essentielle de la branche belge consiste alors à adapter la mise en page et de concevoir la forme finale du texte. Mais l'agence travaille aussi pour des annonceurs locaux, des marques belges bien distribuées au niveau national, pour lesquelles elle réalise des campagnes sur le modèle américain, dans la presse surtout[25].

Ces conséquences seront aussi d'ordre culturel, puisque l'agence joue un rôle fondamental dans la diffusion de certains produits et d'arguments de vente nouveaux, non seulement en Belgique, mais sur tout son « territoire » européen. L'agence apparaît bien comme un vecteur d'internationalisation, voire de globalisation. Alors que les structures lourdes de l'industrie impliquent une nécessaire adaptation du modèle américain au territoire européen, et malgré les obstacles à l'implantation d'une publicité standardisée, il n'en reste pas moins que le secteur publicitaire apparaît comme un lieu privilégié d'implantation des méthodes, de l'économie et de la culture américaine[26]. La structure légère des agences américaines qui fonctionnent à l'étranger avec un personnel très réduit et, du moins jusqu'à la Seconde Guerre mondiale, produisent une publicité conforme aux standards internationaux, permet l'importation du modèle américain, non seulement sur le plan économique, mais aussi dans la formation d'une culture de consommation[27].

On sait que l'installation d'entreprises américaines dans le pays a entraîné la faillite de certains producteurs belges, en particulier dans le secteur automobile. La venue, à Anvers, de Ford, en 1922, et de General Motors, en 1924, est un drame pour l'industrie automobile belge.[28] Face à cette situation, les intellectuels belges ne dénoncent guère les liens entre le développement de l'industrie de masse, en particulier dans le secteur automobile, et l'apparition des techniques modernes de marketing américaines L'origine des critiques doit être recherchée ailleurs, et singulièrement dans le milieu publicitaire lui-même. Malgré des prises de position généralement peu critiques à l'égard du modèle américain, certains professionnels rendent les Américains et leurs méthodes, parfois caricaturées, responsables du marasme économique qui survient à la fin des années 1920. Certes, il s'agit de cas isolés, résultant

davantage de divisions internes dans la conception de la profession, que d'une critique structurée et argumentée. La majorité des professionnels, notamment à travers leurs associations, s'appliquent à désamorcer les critiques. Mais, les évoquant, ils s'en font aussi l'écho : « Il fut un temps, et ce temps n'est pas encore si éloigné de nous, où il suffisait d'annoncer l'origine américaine vraie ou supposée d'une mécanique ou d'une méthode, pour provoquer […] un engouement, souvent aussi prodigieux qu'irraisonné. En ces temps, le mot *américain* était devenu, pour beaucoup d'Européens, le synonyme de *progrès* et de *perfection*. Mais la crise survint et, comme elle arriva également d'Amérique, un snobisme contraire eut tôt fait de discréditer le mot *américain*, renversant l'idole. »[29]

La crise économique consécutive au krach boursier d'octobre 1929, dont les effets touchent la Belgique à partir de 1931, provoque une fracture pour les publicitaires belges. Les annonceurs, dont une partie appréciable reste alors réfractaire à la publicité, se voient obligés de restreindre considérablement leurs frais généraux et la publicité est, selon les professionnels, l'un des premiers postes sacrifiés. Dans un tel contexte, les écrits des publicitaires prennent plus que jamais la forme du discours légitimant, où se déploie une rhétorique destinée aux annonceurs et fondée sur la mise en évidence du « retard belge » en matière de commerce et de publicité. Pourtant, si la crise économique constitue un événement traumatique, elle ne brise pas l'activité publicitaire. Les agences bénéficient de leur structure, comparativement beaucoup plus légère que celle des industries de production, et de fait, la croissance du nombre d'entreprises[30] de publicité en Belgique reste assez stable pendant l'entre-deux-guerres, pour la période de crise ne marquant qu'un léger palier[31].

Considérable, l'influence américaine sur la publicité belge explique que le « retard belge », souvent déploré par les publicitaires, soit en partie compensé entre la fin des années 1930 et les années 1950. Au début des années 1920, les agences à services multiples sont peu nombreuses en Belgique et les initiatives professionnelles restent le fait d'un très petit groupe. Il n'existe aucune association professionnelle d'ampleur nationale avant 1921[32] ; la Belgique a sans doute été le dernier pays d'Europe à franchir le pas. À cette époque, les conflits entre techniciens et courtiers déchirent la profession et entravent son évolution. La puissance des groupes de presse contraste avec la fragilité des agences. Avant l'arrivée de J. Walter Thompson, les plus importantes d'entre elles sont attachées à des journaux ou à des entreprises de vente d'espace, comme Rossel, agence belge, et Havas, agence française, qui détiennent un quasi-monopole sur la presse du pays. Dans un marché divisé[33], l'absence d'agences belges à forte identité et langage publicitaire propre, ouvre une voie royale aux publicitaires américains, d'autant que l'intérêt des pouvoirs publics reste faible pour la publicité, en dehors des questions de taxation de l'affichage[34]. Paradoxalement, ce contexte permet à la Belgique de combler son retard. Non seulement les agences américaines structurent et stimulent le marché national, mais leur présence, et singulièrement celle de Thompson, joue le rôle d'aiguillon. Elle incite les agences locales à développer des services similaires (études de marché, campagnes « à l'américaine »), mais aussi à poursuivre dans la voie d'une certaine spécificité, en particulier dans le choix des médias et la construction des messages. De fait, les premières grandes agences belges s'ouvrent à la fin des années 1930 : leur âge d'or culminera pendant l'Exposition universelle de Bruxelles en 1958.

Notes

1. Sur les transferts culturels cf. Michel Espagne, *Les transferts culturels franco-allemands*, PUF, Paris, 1999 ; pour la Belgique : Ginette Kurgan (dir.), *Laboratoires et réseaux de diffusion des idées en Belgique (XIXᵉ-XXᵉ siècle)*, Bruxelles, Éditions de l'Université libre de Bruxelles, 1994.

2. Véronique Pouillard, « L'école belge de publicité », *Market Management*, 3 (numéro spécial sur les auteurs de publicité dirigé par Luc Marco), décembre 2003, 27 p.

3. Beverly J. Adab, "The Translation of Advertising : A Framework for Evaluation", *Babel, International Journal of Translation*, 47(2), 2001, p. 133-

157 ; Mathieu Guidère, «Aspects de la traduction publicitaire» *Babel, International Journal of Translation*, 46 (1), 2000, p. 20-40.

4. Cf. Luc Cote, Jean-Guy Daigle, *Publicité de masse et masse publicitaire : le marché québécois des années 1920 aux années 1960*, Ottawa, Presses de l'Université d'Ottawa, 1999 et Russel Johnson, *Selling Themselves. The Emergence of Canadian Advertising*, Toronto-Buffalo-Londres, University of Toronto Press, 2000.

5. Joseph Hanse, « De quoi s'agit-il », in *Le bilinguisme en Suisse, en Belgique et au Canada*, Bruxelles, Les publications de la Fondation Charles Plisnier, 1963, p. 33.

6. Els Witte, « Cinq ans de recherches se rapportant au problème de Bruxelles », in *Le bilinguisme en Belgique. Le cas de Bruxelles*, Bruxelles, Éditions de l'Université libre de Bruxelles, 1984, p. 1-25 ; M. De Vroede, "Language and Education in Belgium up to 1940", in J. J. Tomiak (dir.), *Schooling, Educational Policy and Ethnic Identity, Comparative Studies on Governments and non-dominant Ethnic Groups in Europe, 1850-1940* (vol. 1), Dartmouth Publishing Company, London New York, 1991, p. 120-121.

7. Alfons Marchant, *Reclametechniek en gebruiksgraphiek*, Anvers, 1940. *Meer en beter. Tijdschrift over reclame*, 1re année, 1, janvier 1927.

8. On distingue d'emblée trois zones de développement de la publicité en Belgique : Bruxelles, Anvers au nord et Liège au sud du pays.

9. Guido Fauconnier, *Struktuur, werking en organisatie van het reklamebedrijf in België*, Louvain, Universitaire Boekhandel Uystpruyst, 1962, p. 260-263.

10. *Meer en beter. Tijdschrift over reclame*, Anvers, n° 1, janvier 1927, p. 1.

11. Jean-Patrick Duchesne, *Art & Pouvoir. L'affiche en Belgique*, Bruxelles, Labor, 1989, p. 75.

12. À propos du rôle du bureau de J. Walter Thompson à Londres dans le développement de la publicité américaine en Europe, voir en particulier : Douglas C. West, "From T Square to the T Plan : The London Office of the J. Walter Thompson Advertising Agency 1919-70", *Business History*, Frank Cass, Londres, XXIX (2), avril 1987, p. 199-217.

13. Jeff Merron, "Putting Foreign Consumers on the Map : J. Walter Thompson's Struggle with General Motor's International Advertising Account in the 1920s", *Business History Review*, 73, automne 1999.

14. J. Walter Thompson Company's Archives, John Hartman Center, Duke University, Treasurer's Office Records, Antwerp, Belgian Corporation, J. H. Cerny, Anvers, à D. C. Foote, New-York, 24/2/1934.

15. JWT, TOR, Antwerp, Belgian Corporation, Arthur E. Hartzell, Paris, à D. C. Foote, New-York, 14/12/1932.

16. Ceci durera jusqu'aux années 1980. Cf. Jacques Mercier, Karl Scheerlinck, *Made in Belgium. Un siècle d'affiches belges*, La Renaissance du livre, Bruxelles, 2003, p. 115.

17. JWT, Microfilm collection, 16 mm series, 223, Belgium 1927-1929, Car owners.

18. Cette règle théorique peut être contournée, par exemple au moyen de la création d'agences filiales.

19. Voir, à cet égard, les doléances des agences de publicité belges dans le *Bulletin de la Chambre syndicale belge de Publicité*, Bruxelles.

20. "However, we recognize the difficult problem wich you have in operating in a country where all appropriations are very small and it is necessary to handle a large number of clients and prepare advertising in several languages". JWT, TOR, Antwerp, General, D.C. Foote, New-York, à R.P. Jeanneret, Anvers, 8/2/1937.

21. JWT, Staff Meeting Minutes, box 4, 27/10/1931, Activities of the Antwerp Office by M. Adrian Head, p. 6.

22. JWT, Staff Meeting Minutes, Minutes of representative meetings, box 4/5, p. 4.

23. [« En Belgique nous avons créé un quasi-monopole. J'aimerais reproduire ce processus en France. Cela signifie que, lorsque les annonceurs parlent d'agences, je veux qu'ils parlent d'abord de Thompson, et puis des autres. »]. JWT, Antwerp, General, 1936, Loyd R. Coleman à Donald C. Foote, New York, 26/12/1935.

24. On retrouve ici un préjugé identique à celui qui concerne les agences américaines. Le Plan Marshall marquera en effet l'accélération de ce mouvement, mais il est antérieur à la Seconde

Guerre mondiale.

25. Il faudra attendre 1935, soit huit ans après l'ouverture de son bureau belge, pour que l'agence ouvre un service de publicité radiophonique, un média jugé peu rentable par l'agence, sous la pression des annonceurs. La publicité radiophonique est alors en pleine expansion, les annonceurs l'apprécient beaucoup pour la notoriété qu'elle confère à leurs marques pour un budget relativement modique. JWT, TOR, Antwerp, General, D.C. Foote à J.H. Cerny, Anvers, 4/1/1935.

26. Armand Mattelart a bien mis en évidence l'importance de la publicité dans le processus de globalisation dans : *L'Internationale publicitaire*, Paris, La Découverte, 1989 ; *La Publicité*, Paris, La Découverte, 1990.

27. Au niveau des notions d'adaptation et d'hybridation, voir : Robert Boyer, Esie Charron, Ulrich Jürgens, Steven Tolliday (dir.), *Between Imitation and Innovation ; The Transfer and Hybridization of Productive Models in the International Automobile Industry,* Oxford University Press, New-York, 1998. Pour une présentation exhaustive des éléments d'hybridation et d'importation dans le secteur publicitaire cf. Véronique Pouillard, *La publicité en Belgique (1850-1975). Institutions, acteurs, entreprises, influences,* thèse de doctorat d'Histoire, Université libre de Bruxelles, 2002, vol. 1, p. 181-185.

28. Peter Schollers, « Consommation de classe, consommation de masse. L'auto en Belgique depuis 1900 », *Les Cahiers de la Fonderie*, Bruxelles, n° 14, juin 1993, p. 2-10.

29. Fred Poster, «Pour ou contre la *Publicité à l'américaine*», *Bulletin de la Chambre syndicale belge de la Publicité*, 3 (4), juillet 1932, p. 16.

30. Le tableau qui suit reprend non seulement les agences de publicité nationales et internationales présentes en Belgique, mais aussi les entreprises de vente d'espace et les régies de presse.

31. Source du tableau : *Annexes au Moniteur belge, Recueil des actes, extraits d'actes, procès-verbaux et documents relatifs aux sociétés commerciales. Publié en conformité des lois sur les sociétés commerciales*, Imprimerie du Moniteur belge, Bruxelles, 1919-1940.

32. Les statuts de la Chambre syndicale belge de la Publicité a.s.b.l. (CSBP), ont été publiés en 1926. *Bulletin officiel de la Chambre syndicale belge de la Publicité*, Bruxelles, 3ᵉ année, n° 9, décembre 1932.

33. Après la Seconde Guerre mondiale, on évoquait encore la notion de «toute-puissance des grandes cultures» : Marion Coulon, *L'autonomie culturelle en Belgique*, Les publications de la Fondation Charles Plisnier, Bruxelles, 1961, p. 11.

34. Pour des précisions sur la situation du secteur publicitaire en Belgique, cf. Véronique Pouillard, *La publicité en Belgique…, op cit.*, vol. 1 et 2.

De l'affiche à l'affichage (1860-1980)
Sur une spécificité de la publicité française*

Marc Martin**

L'affiche et l'affichage ont toujours tenu une grande place dans la publicité française. Proportionnellement à l'ensemble des supports, l'affiche est beaucoup plus utilisée chez nous que dans les autres pays d'Europe, à l'exception de la Belgique et de la Suisse, et ailleurs du Canada, trois pays qui, du reste, ont une parenté culturelle avec la France. Cet intérêt s'affirme dans le nôtre à la fin du second Empire. La première question que se pose l'historien est de savoir quelles raisons peuvent expliquer la préférence des annonceurs dans un pays longtemps demeuré méfiant envers la publicité. Les positions ainsi conquises par l'affiche dans la seconde moitié du XIXe siècle et avant 1914 sont encore en grande partie conservées par la publicité extérieure durant l'entre-deux-guerres et au lendemain du second conflit mondial. Les causes qui avaient stimulé l'essor de ce média cinquante ou quatre-vingts ans plus tôt peuvent-elles toujours expliquer cet attachement à partir du grand décollage de la publicité française vers le milieu des années 1950 ? Les conditions de cette survivance d'une originalité de la publicité française, méritent tout autant examen et tentative d'interprétation.

L'affiche, une place de choix dans les dépenses publicitaires depuis 1860

En 1907, l'un des acheteurs d'espace les plus actifs sur la place de Paris, John Jones, danois d'origine et bon connaisseur des pays anglo-saxons, constatait la faiblesse de la publicité en France : « c'est un fait digne de remarque que les populations de race latine sont plus indifférentes que les races anglo-saxonnes à l'endroit de la publicité » [*Bulletin de l'Association des anciens élèves des écoles de commerce*, 1907]. Les données chiffrées sur le montant des dépenses des annonceurs et leur distribution entre les médias restent longtemps rares, particulièrement les évaluations globales. Très tardives sont celles qui constituent des séries : conséquence de la longue anémie de la publicité dans notre pays. En 1924 encore, au Congrès international des organisations professionnelles de la pu-

_____

* Cet article, issu d'un colloque, a été donné en exclusivité au *Temps des Médias*.
** IDHEC Nanterre.

blicité qui se tient à Londres, le porte-parole de la délégation française, parlant après les représentants anglais et américains dont les interventions sont bourrées de statistiques, présente un rapport sans un seul chiffre !

La première estimation d'ensemble dont nous disposons, celle de Georges d'Avenel, qui date de 1901, fait état de 100 millions de francs de recettes des médias, ce qui suppose des dépenses d'au moins 115 ou 120 millions. Sur ces 100 millions, 40 vont à la presse et 25 iraient à l'affiche, le reste se distribuant entre des supports divers, catalogues, objets publicitaires, primes et prospectus, ce que l'on appelle alors « la publicité directe » [AVENEL, 1901]. 25 % attribués à l'affiche, la proportion est considérable et n'a jamais été approchée depuis. On peut confronter ce chiffre à celui que l'on obtient à l'aide d'une source fiscale et de ce que nous savons des coûts de l'affichage. Chaque affiche est en effet soumise à payer un timbre, mais seulement l'affiche commerciale car les affiches politiques en sont dispensées durant les campagnes électorales et s'en dispensent le reste du temps. Créé sous le Directoire par la loi du 9 vendémiaire an VI (30 septembre 1797) parallèlement à celui des journaux, le timbre des affiches, proportionnel à la dimension, n'a en effet pas été aboli par les républicains à la chute de l'Empire en 1870 en même temps que celui qui frappait les périodiques. Les archives de l'Enregistrement, conservées par le Ministère du Budget, fournissent donc le montant annuel des recettes provenant de cet impôt. Si l'on se rapporte d'autre part aux informations que donnent les publications professionnelles des imprimeurs et des afficheurs, on peut estimer à partir de ces deux éléments le chiffre des investissements consacrés par les annonceurs à l'affiche et celui fourni par d'Avenel paraît en réalité très fortement surestimé.

En 1907 une affiche posée, de format double colombier (1,20 m. x 0,80) revient en moyenne à quatre fois le prix du timbre (*Commerce et Industrie*, juin 1907, p. 15). Dans une période de prix stables, on peut considérer cette donnée comme valable pour 1900. Les recettes du timbre de l'affiche se montant cette année-là à 3 512 086 francs, les annonceurs n'auraient donc dépensé pour l'affiche que 14 millions. Il faut toutefois prendre en compte que la pose des affiches plus petites, qui représentent à cette date 86 % de l'ensemble des affiches timbrées, est proportionnellement plus coûteuse, mais, à l'inverse, que la revue conseille régulièrement de recourir à la presse plutôt qu'à l'affiche ce qui la prédispose à majorer le coût de l'affichage. On peut donc estimer aux environs de 15 millions, et non pas de 25, les recettes de l'affiche, ce qui, si l'on considère les autres chiffres comme acceptables, la part de la presse notamment étant correctement estimée à partir des informations très fiables que possède l'agence Havas et dont semble avoir bénéficié l'auteur, ramène celle de l'affiche à 16,5 %, soit autour du sixième de la totalité des investissements, portion qui n'est cependant pas une portion congrue [MARTIN, 1994]. La valeur du chiffre auquel nous aboutissons est confirmée par la concordance avec les calculs que permet de faire le premier *Annuaire de la Presse et de la Publicité* à partir des prix de revient qu'il indique pour 1878 [MERMET, 1878].

Pour avoir ensuite une évaluation globale des recettes et leur distribution par média, il faut attendre 1938. On la trouve dans un petit livre publié après la guerre par Bernard de Plas, futur président de la Fédération nationale de la Publicité française. Déjà avant 1939, étant aux côtés du président Charles Maillard parmi les dirigeants de l'organisation qui avait précédé cette dernière, la Fédération française de la Publicité, il avait pu recueillir des informations dignes de confiance. Il nous donne alors le premier tableau complet et réellement fiable des investissements publicitaires en France et de leur répartition [DE PLAS, 1947]. Le total des sommes parvenues aux médias se monte à cette date à 2 232 millions de francs — ce qui, compte tenu de la dévaluation du franc, représente près de quatre fois l'estimation de Georges d'Avenel. Sur cette somme l'affiche reçoit 181 millions, soit 8,1 % du total et 14,5 % de l'ensemble « grands médias ». Son recul est donc net depuis le début du siècle, mais elle a toujours une belle place.

Depuis la fin des années 1950, nous disposons enfin des informations statistiques de l'IREP, créé en 1958, dont la validité est garantie par la participation à leur établissement de l'ensemble des professions liées aux activités publicitaires. À partir de 1959, ces données permettent d'avoir une vision assez précise de l'évolution des investissements publicitaires et de connaître leur distribution entre les supports [MARTIN, 1992]. Ainsi peut-on mesurer la place de l'affiche durant « les Trente glorieuses ». Elle subit un recul marqué au lendemain de la guerre, tombant à 4,1 % du total des investissements en 1950, 5,2 % de ceux qui vont aux grands médias. Mais dès les années suivantes elle se rétablit : en 1952 elle a retrouvé ses positions d'avant-guerre, avec 8,6 % des investissements globaux, 13,6 % de ceux des grands médias. En 1967 elle recule à nouveau, sans que l'on sache si ce repli est réel ou l'effet d'un changement dans les conditions d'établissement des statistiques ; d'après les chiffres d'une nouvelle série, l'affiche ne reçoit plus que 6,2 % du total des investissements, 10,3 % des investissements grands médias. Sa place se stabilise alors jusqu'en 1973, où elle recueille 6,6 % de l'ensemble des sommes distribuées et 10,5 % des recettes grands médias, avant de progresser à nouveau jusqu'à 15 % en 1984, puis de reculer à un peu moins de 12 % vers 1990 quand s'envole la publicité télévisée.

En dépit de ces replis successifs, la place de l'affiche reste meilleure en France que dans les autres pays développés. Les comparaisons entre les dépenses publicitaires de différents pays sont difficiles, en raison notamment des différences dans l'établissement des statistiques. Selon un travail réalisé par l'agence Publicis en 1966, l'affiche recevait à cette date 10,4 % des investissements grands médias en Italie, 10,3 % au Japon, 7,3 % dans le Royaume-Uni, 7,1 % en Allemagne Fédérale, 2,6 % seulement aux États-Unis, mais 12,1 % en France [PUBLICIS, 1968]. Si la place de ce support n'est plus aussi privilégiée qu'elle l'était au début du siècle ou encore durant l'entre-deux-guerres, elle demeure néanmoins avantageuse. L'affiche résiste même mieux à l'arrivée de la publicité à la télévision que les autres grands médias, mieux que la presse, mieux que la radio : alors qu'entre 1967 et 1973 sa place est constante, comme nous l'avons dit, la presse et la radio perdent chacune plus de 10 % de leurs parts de marché. Après être née de conditions historiques particulières vers le dernier tiers du XIXᵉ siècle, il est donc bien vrai que cette originalité de la publicité française perdure.

La promotion de l'affiche publicitaire de la fin du Second Empire à la Belle Époque

L'affichage peut revêtir plusieurs formes. L'affiche peinte, généralement sur un pignon bien visible, connaît un certain succès après 1870, mais le relèvement considérable des taxes qui la frappent en 1890 bloque ses progrès. Vers 1890 apparaît aussi l'affiche lumineuse, mais son utilisation reste limi-

tée. L'affiche commerciale demeure avant tout l'affiche-papier. Celle-ci est depuis longtemps présente dans les rues de Paris : à la veille de la Révolution, dans son *Tableau de Paris*, Louis-Sébastien Mercier décrit le manège d'un enfant qui, dissimulé dans la hotte d'un portefaix, colle en cachette des affiches sur les murs. Mais celles-ci sont assez peu utilisées et le restent encore durant plus d'un demi-siècle, tant à cause de la faible influence que peuvent avoir des placards exclusivement composés de textes, qui découragent même les passants qui savent lire, que d'une surveillance policière rigoureuse. Ces affiches à texte sont tirées en typographie, car l'illustration repose alors pour l'essentiel sur la gravure sur bois, coûteuse et qui ne permet que des tirages limités. Les éditeurs, les libraires, les directeurs de salles de spectacle ainsi que les officiers de justice pour les ventes de biens en sont les principaux utilisateurs. Ce sont encore des placards à texte qu'utilise, dans les années qui suivent sa création en 1863, *Le Petit Journal* pour annoncer ses nouveaux feuilletons-romans.

La promotion de l'affiche est assurée par la technique chromolithographique qui rend possible l'illustration en couleurs et des tirages de qualité à des milliers d'exemplaires. Découvert dès la fin du XVIIIᵉ siècle par l'Allemand Senefelder, le procédé lithographique est utilisé en France vers 1830, mais il reste pendant une trentaine d'années cantonné à l'illustration d'affichettes ou de catalogues. Les pierres lithographiques viennent en effet de Bavière et le transport aisé et à prix abordable des lourdes pierres nécessaires à des tirages de grands formats n'est possible qu'après la construction des grandes lignes de chemin de fer. Vers les années 1850, la lithographie commence à être utilisée pour la fabrication d'affiches en couleurs, en tri ou quadrichromie, mais il faudra quelque temps encore pour que les dessinateurs adaptent leur style aux exigences du produit. Le véritable créateur de l'affiche publicitaire en couleurs est, comme on le sait, Jules Chéret (1836-1932), qui en révolutionne le style. Le support est alors au point. Les archives de l'Enregistrement, en dehors de quelques lacunes, permettent de suivre les progrès de l'affiche commerciale. Après le recul consécutif à la guerre de 1870 et en tenant compte d'une majoration de 20 % du montant du timbre en 1871, on peut établir que les dépenses d'affichage retrouvent leur niveau de la fin du second Empire dix ans plus tard. Dès lors, la progression est à peu près constante, à l'exception de quelques replis minimes et brefs, généralement durant des années d'élections — les campagnes électorales sont déjà de mauvaises périodes pour la conservation des affiches! Ainsi peut-on conclure qu'entre la fin du second Empire et 1910, les dépenses consacrées à l'affiche commerciale ont plus que doublé.

C'est que l'affiche est adaptée aux structures économiques archaïques du marché français. L'industrie et le commerce de gros sont peu concentrés, particulièrement dans les secteurs qui fournissent les produits nécessaires à la vie quotidienne, la quincaillerie, la droguerie, l'alimentation ou les vêtements. De moyennes entreprises approvisionnent de petits commerçants géographiquement proches. Théoriquement il existe un marché national, encore qu'il y ait les octrois à l'entrée des villes, mais en fait le pays est encore une juxtaposition de marchés régionaux. L'affiche a l'avantage d'être un média souple qui permet de limiter ou de fractionner, en fonction des zones visées, les dépenses d'annonceurs disposant d'une trésorerie limitée. Surtout l'affiche évite de recourir à la presse. Le coût des annonces dans la presse française est en effet élevé. Alors

Recettes du timbre de l'affiche en francs

	1869	1874	1881	1888	1892	1900	1909	1910
France entière	1 688 279	1 530 112	2 458 857	2 967 483	3 121 616	3 512 086	4 155 510	4 534 977
Seine	827 117	691 855	1 343 800	1 445 788	1 477 830	1 542 108	1 780 003	1 995 966

que depuis Émile de Girardin le prix des annonces est théoriquement fonction de la diffusion d'un titre, cette cherté résulte d'abord du quasi-monopole de l'agence Havas sur la vente et l'achat d'espace dans les journaux de Paris comme dans ceux de province. Cette emprise lui permet, en généralisant la vente à lots qui contraint ses clients à acheter de l'espace dans plusieurs titres, d'obtenir des commissions considérables, ignorées de l'annonceur, de feuilles à faible diffusion [MARTIN, 1997 et 2002]. À partir des années 1880 et de l'essor des grands quotidiens populaires parisiens à 5 centimes comme *Le Petit Journal*, dont les tirages considérables sont alors uniques dans le monde, le prix de la publicité de presse s'élève encore. Les annonceurs reprochent aussi à la presse son traitement désinvolte de leurs messages : annonces mal présentées, reléguées en quatrième page du journal et entassées, délais et dates de publication non respectés, refus de communiquer les tirages et les zones de diffusion. Si l'on ajoute la réticence de nombreuses maisons à faire voisiner leurs annonces avec celles de sages-femmes qui cachent des filières d'avortement et de charlatans qui promettent de guérir en quinze jours et « même en voyage les maladies secrètes », on comprend le souhait de nombreux annonceurs, y compris dans les secteurs les plus modernes, d'utiliser un autre support que les journaux.

Des causes économiques, nous voilà passés aux causes culturelles pour expliquer le succès et la promotion de l'affiche. Durant tout le XIXᵉ siècle, la publicité a en France très mauvaise réputation, auprès des commerçants et des industriels susceptibles d'y recourir comme nous l'avons déjà dit, mais également dans l'ensemble du public. En 1892, le discrédit jeté sur la publicité financière par le scandale de Panama discrédite un peu plus la publicité commerciale. Lucien Marc, le directeur du périodique considéré alors comme le meilleur support de la presse périodique, *L'Illustration*, observe en 1897 : « la publicité est en France l'objet de préventions et de préjugés » (*La Revue Bleue*, 18 décembre 1897). Cette prévention dure au-delà de la Grande Guerre : jusqu'au début des années 1930, les revues de publicité sont remplies des mêmes constats des professionnels qui s'en affligent. Ce n'est pas pour rien que la publicité est alors désignée couramment du mot de « réclame », terme péjoratif qui sous-entend un tissu d'affirmations trompeuses. L'usage abusif qu'en font les vendeurs de médicaments-miracles a les mêmes effets répulsifs auprès des acheteurs que sur les chefs d'entreprises. Mais on ne saurait comprendre cette méfiance qui imprègne l'ensemble de la société en s'en tenant à ces explications. Sans entrer dans le détail d'une analyse faite ailleurs, évoquons en brièvement les causes principales, sociales et idéologiques [MARTIN, 1992].

La société française était prédisposée à ce rejet par une tradition catholique qui avait nourri la méfiance, au moins une discrétion honteuse, à l'égard de l'argent et des activités qui permettent d'en gagner. Sans doute s'agit-il ici d'une influence souterraine, qui ne repose sur aucun interdit explicite. Toutefois au regard des valeurs catholiques la publicité pêche parce qu'elle permet à un grand nombre de ses utilisateurs comme les marchands d'onguents de gagner de l'argent malhonnêtement mais surtout parce que les seules valeurs qu'elle propose sont matérielles : ce sont celles des biens de ce monde, du confort, du plaisir et du désir : un peu plus tard, à la fin des années 1920, l'économiste Charles Gide, pourtant proche du proudhonisme, exprime bien cet état d'esprit, résultat d'une imprégnation culturelle séculaire, quand il écrit que la publicité « [qui pousse] à la dépense en suggérant des besoins inutiles […est] tentatrice — c'est à elle qu'il faut appliquer la prière du Pater : "Ne nous induis pas à la tentation" » [*Vendre*, février 1928]. La gauche, socialiste ou radicale, qui dénonce les méfaits de la publicité au nom de la morale, est en ce domaine l'héritière d'une vieille tradition de moralisme catholique, mais son hostilité a aussi d'autres racines. Pour elle, « la réclame » est un instrument du capitalisme, le moyen en particulier d'inféoder la presse, cet instrument naturel d'éducation et de liberté, au capital. En 1897, cinq ans après la révélation du scandale de Panama, Jaurès, répondant à une enquête de *La Revue bleue*, est persuadé que « la plupart des journaux succomberaient (je parle des plus puissants) s'ils n'avaient d'autres ressources que la vente au numéro ou les abonnés. Qu'on leur retranche les annonces, les subventions, les ressources occultes, et ils sont en péril. Ils ne sont donc plus, dans l'ensemble, que des outils aux mains du capital ». La tradition libertaire est tout aussi hostile à la publicité — le refus persistant du *Canard enchaîné* de l'accueillir en témoigne encore —, autant que le sera le parti communiste à sa naissance.

En dehors des militants engagés dans l'un de ces courants politiques, il existe dans la société française de nombreux groupes socioprofessionnels qui se croient menacés par la publicité dans leur position économique ou dans la considération dont ils jouissent. C'est une autre source, tout aussi vigoureuse, qui alimente au sein de la société française le rejet de la réclame avec d'autant plus d'efficacité que plusieurs de ces corporations occupent une position sociale qui en fait de véritables médiateurs culturels. Ce sont d'abord les professions médicales, médecins et pharmaciens. Longtemps les premiers reprochent aux annonces de marquer leur profession d'un signe mercantile incompatible avec leur mission. Les seconds ne sont pas unanimes, car il y a parmi eux un petit nombre de fabricants de « spécialités », sirops, pilules diverses, qui ne se privent pas pour en assurer la vente d'user abondamment des réclames ; mais l'immense majorité des pharmaciens d'officine dénoncent cette pratique immorale qui met à la fois en danger la santé de leurs clients et les confortables marges bénéficiaires qu'ils réalisent sur leurs préparations. Pharmaciens et médecins ont d'autant plus d'influence dans cette France fin de siècle qu'ils appartiennent à ces couches nouvelles que le régime républicain propulse au rang de notables.

D'autres catégories encore contribuent à cette dénonciation. Ce sont d'abord les voyageurs et représentants-placiers. Ils ne sont que quelques dizaines de milliers, guère plus que les médecins dont ils n'ont pas le prestige social, mais ils circulent partout, parlent beaucoup et apportent les idées de la grande ville. Ce groupe professionnel, sur lequel repose le fonctionnement du système commercial traditionnel, voit la publicité comme une concurrente, susceptible de le remplacer dans sa tâche de prospection des clients. Dans un registre plus populaire que les professions médicales, les VRP sont aussi les commis-voyageurs d'une idéologie anti-publicitaire, en particulier auprès d'autres milieux prêts à leur emboîter le pas, à la fois par sympathie et en raison de leurs propres intérêts : les hôteliers dont ils sont les clients habituels, tous les commerçants détaillants, et parmi eux les boutiquiers et les cafetiers, qu'ils visitent régulièrement et qui détestent eux-mêmes cette « réclame » qui rend les acheteurs autonomes dans leurs choix et rétifs à leurs conseils. La société française est ainsi parsemée de foyers qui nourrissent ce rejet culturel de la publicité. Il faudra attendre les années 1930 pour que les choses changent, que les médecins se convertissent à l'usage de médicaments de laboratoires et admettent les messages qui les font connaître, que les VRP considèrent les campagnes publicitaires comme des auxiliaires et non comme des menaces et que les produits de marque cessent d'imposer aux épiciers et aux cafetiers un prix de vente.

L'affiche, « savonnette à vilains » de la publicité

Dans ce contexte, l'affiche est parmi les médias un élément d'exception, capable de racheter l'indignité de la publicité. Cette fonction de rachat, elle la remplit par sa rencontre avec l'art, à l'origine fortuite. Quand la lithographie rend possible l'essor de l'affiche illustrée, on fait naturellement appel aux peintres. Meissonnier se trouve ainsi vers 1860 être le premier maître de l'affiche chromolithographique. Quelques années plus tard, Chéret, de retour en 1866 de Londres, où il a complété sa formation de lithographe pendant sept ans, substitue au fignolage des formes et aux dégradés des tons, qui caractérisent la technique picturale d'un Meissonnier, un petit nombre de couleurs franches, étendues par larges aplats. Il adapte l'affiche aux servitudes de sa fabrication et à la vision à distance à laquelle elle est destinée. Auteur prolifique — il réalise lui-même plus de 1 000 affiches jusqu'en 1900, où il abandonne le genre pour la peinture — Chéret devient aussi éditeur et dirige jusqu'au début du siècle l'une des grandes imprimeries lithographiques de la capitale. C'est le moment où Paris est le centre mondial de la peinture, où la représentation de la lumière et de l'espace est renouvelée, où s'épanouit l'impressionnisme et où naît le cubisme, où viennent de partout, de province, de Russie ou d'Espagne, du monde entier, ceux qui cherchent à enrichir leur talent et à le faire reconnaître. Les éditeurs et les imprimeurs comme Chéret, qui ont alors la maîtrise de la production des affiches, puisent dans ce vivier jusqu'à la Belle Époque. Travail de commande, assez rapidement exécuté et surtout payé aussitôt après sa réalisation, le dessin de l'affiche lithographique est une aubaine pour des artistes parfois encore inconnus et qui peinent à vivre de la vente de leurs tableaux.

Les imprimeurs ont fréquemment recours à des dessinateurs de la presse illustrée, dont les noms sont connus du grand public, c'est le cas de Forain, de Caran d'Ache ou encore de Poulbot et la place de ces illustrateurs grandit après 1918. Mais, avant 1914, on trouve parmi les affichistes, les noms d'une pléiade de grands peintres. Toulouse-Lautrec est le plus connu, mais beaucoup d'autres ont produit des affiches : Édouard Manet, Alphonse Mucha, Félix Vallotton, Pierre Bonnard, Maurice Denis. Le plus productif avec Toulouse-Lautrec a été Steinlen. Soulignant cette parenté avec l'art, un mar-

ché de l'affiche se crée, avec des expositions à Paris comme dans de grandes villes de province, avec des galeries et des revues spécialisées qui annoncent les ventes et les cotes. Le secteur qui utilise l'affiche le plus largement durant sa grande époque, entre 1880 et 1914, est celui des spectacles : bals, cabarets, music-halls — le célèbre Moulin-Rouge — et théâtres, ce qui sert encore sa conversion en objet de collection car ces productions correspondent à des événements de la vie parisienne qui valorisent encore le support. La liaison entre l'art et l'affiche se prolonge bien au-delà de la Grande Guerre.

Le monde encore étroit des professionnels, courtiers, régisseurs, agents de publicité, est pourtant loin d'être entièrement favorable à ce rapprochement. À l'exception bien sûr des gens de l'affiche, il lui est même dans un premier temps majoritairement hostile. Très influencé par l'exemple de l'Angleterre et des États-Unis, où la publicité ne rencontre pas les obstacles socioculturels auxquels elle se heurte en France, ce milieu considère que les messages doivent être exclusivement démonstratifs et utilitaires et jugent superflues, voire nocives, les préoccupations esthétiques des affichistes qui leur semblent affaiblir le message commercial : « [les annonceurs] devront se dire que l'art n'est apprécié que par un petit nombre d'individus [...] et que c'est précisément sur ceux-ci qui, de l'art, ne comprennent goutte, qu'il leur faut exercer une influence », écrit la revue *La Publicité* en février 1904.

Les conséquences de cette rencontre entre l'art et l'affiche ont été pourtant considérables. Cette dernière a été valorisée, convertie en œuvre d'art et transformée du même coup en objet de collection. Par contagion, ses messages se sont ainsi trouvés au moins partiellement purifiés, leur contenu mercantile est devenu acceptable. La publicité devient sinon honorable du moins recevable. Sans la bohème des rapins de Montmartre puis de Montparnasse, l'affiche n'aurait pas offert à la publicité française le moyen de s'ennoblir ainsi. À l'inverse de ce qu'écrivait *La Publicité*, le statut d'œuvre d'art est d'autant mieux reconnu à l'affiche que sa place est dans la rue et qu'elle y installe un art qui donc est populaire : elle aide la République à éduquer le peuple et c'est en récompense de la part qu'il a prise à cette entreprise que Jules Chéret est décoré de la Légion d'honneur en 1890. Les grandes expositions jalonnent la lente promotion de la publicité par l'entremise de l'affiche : les expositions universelles de 1889 puis celle de 1900, font une place à cette dernière ; après la Grande Guerre, en 1925 l'exposition des Arts décoratifs de 1925, pour la première fois, accueille la publicité en tant que telle dans la section des arts de la rue. L'exposition coloniale de 1931 lui fait également une place et l'exposition internationale de 1937, qui accorde un pavillon à la publicité, installe au centre de cet espace l'affiche et les grands affichistes du moment [CHESSEL, 1998].

De l'affiche à l'affichage : une nouvelle publicité extérieure

Depuis les origines, la chaîne économique de l'affiche est dominée par les imprimeurs. À partir de l'arrivée de la lithographie cette mainmise a garanti, tant qu'elle a duré, la qualité esthétique de l'affiche française, tant dans sa conception que dans sa réalisation, car l'imprimeur lithographe a lui-même quelque chose d'un artiste. Un petit nombre d'ateliers se spécialisent dans cette production, technique particulière qui exige pour les œuvres de grand format qui l'emportent de plus en plus des machines suffisamment solides pour supporter le poids des pierres, encombrantes et coûteuses dont ils se dotent au cours des années 1870 [DERMEE et COURMONT, 1922]. À la Belle Époque, les maisons les plus actives sont celles de Chaix, où existe un département lithographique, et de Chéret. L'annonceur sollicite souvent l'imprimeur directement, surtout pour les affiches de spectacle, mais chaque maison a des représentants qui démarchent les clients habituels et en cherchent de nouveaux en leur présentant des maquettes réalisées déjà par les dessinateurs de la maison. Ce système se prolonge au-delà de 1918 et Savignac, qui l'a connu au début de sa carrière, décrit ces vendeurs, personnages hauts en couleurs de qui dépend en grande partie la prospérité de l'entreprise [SAVIGNAC, 1975]. Le contrat fixe le nombre de feuilles à produire. Le dessinateur et la préparation des pierres — il en faut une par couleur — représentent les principaux postes de dépense, aussi le prix de revient s'abaisse-t-il fortement avec l'accroissement des tirages. Tout ceci contribue à nourrir l'hostilité d'une grande partie des publicitaires écartés de la chaîne.

Chaque imprimeur travaille avec une entreprise d'affichage. À Paris à la fin du XIXᵉ siècle les plus modestes ont une spécialité, l'affichage pour les officiers ministériels, pour les Folies Bergères ou certains théâtres, mais trois sont plus importantes, et parmi elles se détache la maison Dufayel. L'afficheur occupe une vingtaine de colleurs par équipes de deux, chacune venant avec ses seaux, ses brosses et son échelle et couvrant deux arrondissements. Le client choisit la « pose simple », qui s'effectue au hasard, partout où n'est pas inscrit « Défense d'afficher », ou la « pose réservée », plus chère, sur des espaces loués par l'afficheur, murs ou palissades, où les placards détériorés sont remplacés durant plusieurs semaines. Les colleurs détournent quelques affiches, surtout celles qui ont un auteur connu, pour les revendre aux galeries qui trouvent ici non pas leur principale source d'approvisionnement, qui vient de la partie de la production réservée par le dessinateur et l'imprimeur, mais la plus avantageuse, car ces pièces de recel sont payées peu de chose [*L'Estampe et l'affiche*, 1898].

Les principales maisons de la capitale ont des correspondants en province et se vantent de pouvoir faire afficher dans les grandes villes alors qu'il leur est difficile de contrôler leur travail. Ce n'est pourtant pas un inconvénient majeur car l'affiche, jusqu'en 1914, est un phénomène essentiellement parisien comme le démontrent les chiffres des recettes de l'enregistrement : celles qui proviennent du seul département de la Seine sont constamment supérieures à 40 % du total, elles atteignent même 54,65 % en 1881, et, tout en ayant quelque peu reculé, en fournissent encore 44 % en 1910, le repli s'expliquant d'ailleurs largement par les conditions exceptionnelles offertes depuis 1900 par les stations de métro où les affiches-papier n'ont pas besoin d'être renouvelées. Cette domination massive de l'affichage parisien montre que la capitale est en France, à la Belle Époque, un marché publicitaire original, une vitrine où les provinciaux prennent contact avec les formes modernes du commerce et de la consommation. Une enquête de l'enregistrement de 1889 montre qu'en dehors de la Seine et de la Seine-et-Oise, les seuls départements où l'affiche commerciale ait quelque importance sont ceux où se trouvent les principales villes de l'intérieur, le Nord, le Rhône, et les grands ports, la Seine-Inférieure, la Gironde, les Bouches-du-Rhône. Les départements ruraux ignorent à peu près l'affiche commerciale, en dehors de celles qui annoncent des ventes de biens, volontaires ou par adjudication.

L'entre-deux-guerres est une période de transition, où survivent certains traits antérieurs, mais où se produisent des changements en profondeur, annonçant les bouleversements d'après 1945. À l'origine de ces mutations, les transformations des méthodes de la publicité et des milieux publicitaires. Sous l'influence américaine, qui s'affirme au début des années 1920, s'impose le concept de « plan de campagne », dont la Revue *Vendre*, créée en 1923 par les frères Damour, se fait l'inlassable champion. L'opération publicitaire ne se limite plus à l'émission d'une série de messages, souvent imaginés par l'annonceur : elle doit commencer par une étude du marché, du réseau des détaillants, de la concurrence et se prolonger par une analyse des résultats ; on doit choisir les supports les mieux adaptés aux objectifs, et en utiliser plusieurs en combinant leur action. Sans doute reste-t-il quelques annonceurs exclusivement fidèles à l'affiche comme Nicolas, mais ce sont des exceptions. La campagne publicitaire devient une opération complexe que seuls peuvent mener des professionnels qui connaissent tous les aspects du travail. Le plan de campagne a donc pour effet de placer au centre de l'activité publicitaire les agences de publicité, parmi lesquelles Damour, Jep et Carré, Dupuy, Havas surtout, ainsi que quelques filiales d'agences américaines ou britanniques, comme Dorland.

Il en résulte que les imprimeurs n'ont plus la maîtrise de la chaîne de l'affiche, désormais contrôlée par les agences de publicité. Sous leur influence, les objectifs commerciaux, mais aussi les impératifs de coût, l'emportent dans la conception de l'œuvre sur les préoccupations esthétiques du créateur : Savignac s'en plaint dans ses souvenirs. Du reste, même si l'affiche reste encore liée à l'art, la séparation des deux secteurs professionnels s'affirme : affichiste devient un métier, et même le meilleur ne revendique plus le statut de peintre. Pour renouveler un vivier étroit et ne pas être contraints de constamment recourir aux plus connus qui sont chers, la profession publicitaire organise des concours qui révèlent de jeunes talents moins exigeants. À partir de la fin des années 1920, Michelin produit même la quasi-totalité des affiches destinées au marché français dans son « studio Michelin ». L'innovation technique, comme l'évolution économique, va dans le sens d'un recul des qualités artistiques de l'affiche avec le remplacement de la lithographie, qui permettait d'obtenir les nuances de la maquette, par la gravure sur zinc, meilleur marché : avec elle, « il n'est pas question d'espérer travailler en finesse. On fait du gros. C'est à cause de cela que j'ai simplifié mes couleurs », avoue Savignac [SAVIGNAC, 1975].

Les années 1920 et 1930 sont également celles où se multiplient les campagnes nationales de publicité, au profit d'annonceurs traditionnels comme les fabricants de produits de beauté et d'hygiène ou de conserves alimentaires, mais aussi de secteurs nouveaux tels que l'automobile ou les récepteurs de TSF. La presse puis la radio après 1930 en sont les supports privilégiés, mais l'affiche joue aussi sa partie

[MARTIN, 2000]. C'est l'époque où l'affiche commerciale pénètre largement la province française, jusque dans les villes modestes, le secteur d'avantgarde étant souvent, comme à Paris cinquante ans plus tôt, le spectacle, ici le cinéma. L'automobile est l'auxiliaire de cette diffusion. C'est donc le moment où des entreprises spécialisées dans l'affichage deviennent des partenaires incontournables des agences de publicité et prennent dans le marché de l'affiche une place d'acteurs majeurs. Un partenariat s'établit entre les secondes, qui prennent la maîtrise de la conception, et les premières qui ont celle de la diffusion. Ce partenariat peut aller jusqu'à la fusion des entreprises.

C'est ce qui se passe vers le début des années 1920, quand le patron d'Havas, Léon Rénier, confie à Raoul Fernandez et Maurice Porte le soin de créer une filiale spécialisée, *Avenir Publicité*, qui attire de gros clients, dont Citroën pour qui la Tour Eiffel est transformée en 1925 en affiche lumineuse au nom et aux chevrons de la marque [LEFEBURE, 1992]. D'autres sociétés indépendantes naissent en province et à Paris : l'*Annuaire de la Presse* de 1925 n'en mentionne aucune et celui de 1939 en recense 14. L'affichage Dauphin est créé en 1921 ; il est alors spécialisé dans les murs peints, dont la loi du 15 avril 1943 sonne le déclin en limitant leur surface et leur hauteur. L'affichage Giraudy est déjà suffisamment important en 1932 pour que les 71 adhérents de la Chambre syndicale des Entrepreneurs d'Affichage choisissent son directeur pour président. Ces entreprises généralisent, à Paris et dans les grandes villes de province, les emplacements d'affichage réservés.

Quand repart l'activité publicitaire, au début des années 1950, l'affiche a de la peine à retrouver et à garder les parts du marché publicitaire qu'elle avait en 1938. Stabilisées autour de 12 % puis de 10,5 % du total grands médias au cours des années 1960 et au début des années 1970, celles-ci sont de 3 ou 4 points inférieures à ce qu'elles étaient avantguerre, tout en restant supérieures à ce qu'elles sont dans d'autres pays. La filière de l'affiche tire avantage de l'existence des emplacements d'affichage, organisés désormais en réseaux nationaux, et de ses prix raisonnables. Sa force de résistance principale est pourtant dans les cultures d'entreprises. L'affiche trouve son meilleur défenseur au sein des milieux publicitaires. Les agences qui ont intégré sa présence dans leurs campagnes vingt ou trente ans plus tôt reconduisent leurs pratiques quand les investissements reviennent, et font d'autant plus volontiers une place à ce support traditionnel que, durant ces années, elles ne cessent d'être en quête de nouveaux médias pour limiter la hausse des prix de l'espace. Cette politique des agences est encouragée par de nombreux annonceurs, eux-mêmes héritiers d'une culture qui les attache à l'affichage. Selon une enquête de 1965, les affiches pour des produits d'alimentation et d'hygiène-santé, deux secteurs publicitairement très actifs et comptant parmi les principaux utilisateurs de l'affichage avant 1939, représentent 38 % des créations de l'année [*Vendre*, 1965 et MOLES, 1970] : de cette époque datent « la Vache-Monsavon » (1949) et « Aspro » (1964), deux des meilleures réussites de Savignac, la série des affiches de Loupot pour Saint-Raphaël (1950), ou encore « Gitanes » (1960) d'Hervé Morvan [WEILL, 1984].

Il reste que le marché de l'affiche se tasse pendant les vingt ans qui suivent. L'affichage tarde en effet à s'adapter aux méthodes nouvelles venues d'Amérique. Alors que la presse et la radio fondent dès le début des années 1950 leur argumentation auprès des annonceurs sur les mesures d'audience qu'elles affinent constamment, l'affichage reste à la traîne. Le CESP réalise en 1965 seulement sa première étude sur l'audience de l'affichage et celle-ci ne porte que sur la densité des panneaux et la fréquence des passages. Les recherches de cette période sont plus souvent menées par des afficheurs, Dauphin ou Giraudy, que par la profession des publicitaires. Les méthodes ne se perfectionnent qu'au milieu des années 1970. En 1977, IPSOS crée le « baromètre Affichage » destiné à mesurer la mémorisation des messages transmis par l'affiche [IREP, 1988] ; en 1983, Armand Morgenstern réalise, sur Orléans, une enquête modèle pour définir les meilleurs emplacements grâce à une étude des trajets des habitants faite sur un panel, ce qui en réduit les coûts [IREP, 1987] ; en 1986 est conduite une enquête comparative sur Paris et Mar-

seille [IREP, 1986]. L'affichage a désormais les moyens de lutter à armes égales avec les autres grands médias.

Ces progrès dans la connaissance de l'efficacité du média s'accompagnent de la transformation de ses supports matériels. D'abord la part de l'affichiste se réduit au profit de la promotion de la photographie. Avec l'influence grandissante du marketing ce qui compte, ce sont désormais les réseaux de panneaux d'affichage qui se généralisent et se spécialisent. Ceux-ci s'adaptent aux conditions nouvelles de la circulation, aux déplacements pendulaires dans les grandes agglomérations et à l'importance nouvelle de l'automobile. Chaque grand afficheur en propose plusieurs. La taille des panneaux s'agrandit et s'uniformise, la durée d'affichage se réduit. En 1953, le format varie, le plus fréquent étant de 80x120cm ; la durée d'affichage atteint fréquemment un mois, comme avant 1939 ; vingt-cinq ans plus tard, le format est uniformisé à 4x3m, la durée limitée à 7 jours, mais l'on est locataire d'un réseau complet. Même Métrobus, dont le capital est partagé également entre les deux principales agences françaises, Publicis et Havas, améliore ses emplacements.

Le milieu professionnel connaît alors une complète restructuration. En 1964, Decaux, en créant les abribus, met en place d'abord à Paris un réseau en surface dont le concept lui ouvrira un marché mondial. Avenir-Publicité reste au sein du groupe Havas qui a reconquis une place de leader dans la publicité française, mais Giraudy est absorbé par le groupe Hachette, et en 1986, il constitue avec Dauphin un réseau commun qui couvre toutes les grandes agglomérations françaises avec plus de 600 panneaux. Cette concentration des majors de l'affichage, qui n'a fait, d'ailleurs, que suivre celle du secteur publicitaire tout entier, lui donne les moyens d'être plus offensif. Le partenariat des agences de publicité et des réseaux d'affichage s'achève par la concentration des activités.

À partir de ces mutations, la part de l'affiche dans les investissements grands médias se redresse après 1974, jusqu'à atteindre dix ans plus tard 15 %. Par la suite, devant la multiplication des chaînes de télévision et la croissance accélérée de la publicité télévisée, elle recule, moins toutefois que celles de la radio et de la presse, se maintenant entre 11,5 et 12 % du total grands médias jusqu'à la fin du siècle. La publicité extérieure est décidément enracinée en France, même si elle a perdu, par étapes, bien du terrain depuis la grande époque de l'affiche avant la première guerre mondiale. Mais s'agit-il toujours du même média ? On est en réalité passé, par un lent glissement, d'une époque où l'affiche, le vecteur du message, était poussée au premier plan par les conditions culturelles particulières d'un marché publicitaire réticent, à une autre où compte d'abord l'exposition, la période de la transition étant celle des Trente glorieuses, où les affichistes ont encore une place honorable, mais où ils sont de plus en plus souvent remplacés par les photographes, car la large conversion de la société française à la publicité ne justifie plus autant de proximité avec l'art et le marketing conduit à mettre au premier plan des préoccupations de la profession la question de l'emplacement des supports et de l'organisation des réseaux. De cette permanence, qui repose en fait sur une restructuration complète, professionnelle, technique, commerciale, de la publicité extérieure, les acteurs ont été, autant que les agences de publicité, les grandes entreprises d'affichage, qui, ensemble, ont réussi à faire passer la filière de l'âge de l'affiche à celui de l'affichage, témoignant de l'influence des pesanteurs culturelles dans la publicité et dans le monde de l'entreprise mais aussi des capacités d'adaptation du secteur.

Bibliographie

AVENEL (Georges d'), « Les mécanismes de la vie moderne, la publicité », *Revue des Deux Mondes*, 1901, p. 628-659.

CHESSEL (Marie-Emmanuelle), *La Publicité. Naissance d'une profession, 1900-1940*, Paris, CNRS Éditions, 1998.

DE PLAS (Bernard), *La publicité*, Paris, PUF, 1947.

DERMEE (Paul) et COURMONT (Eugène), *Les affaires et l'affiche*, Paris, Dunod, 1922.

FITOUSSI (Marcel), *L'affichage*, Paris, PUF, 1995.

IREP, *Les médias, expériences et recherches*, 1986, 1987 et 1988.

LEFEBURE (Antoine), *Havas. Les arcanes du pouvoir*, Paris, Grasset, 1992.

MARTIN (Marc), « Structures de société et consciences rebelles : les résistances à la publicité dans la France de l'entre-deux-guerres », *Le Mouvement social*, 1989, p. 27-48 / « L'affiche dans la publicité française », *Humanisme et Entreprise*, 1990, n° 190. *Trois siècles de publicité en France*, Paris, Odile Jacob, 1992 / « L'affiche de publicité à Paris et en France à la fin du XIX⁰ siècle », in *La terre et la cité*, Mélanges offerts à Philippe Vigier, Paris, 1994, p. 373-387 / *Médias et journalistes de la République*, Paris, Odile Jacob, 1997 / « Le petit commerce urbain et la publicité », in *La boutique et la ville* (dir. N. COQUERY), Tours, CEHVI, 2000, p. 267-276 / *La presse régionale. Des « Affiches »*

aux grands quotidiens, Paris, Fayard, mai 2002.

MERMET (Émile), *La publicité en France. Guide pratique*, Paris, Chaix, 1878.

MOLES (Abraham), *L'affiche dans la société urbaine*, Paris, Dunod, 1970.

PUBLICIS, *Les investissements publicitaires en France et dans le monde*, Paris, Publicis, 1968.

SAVIGNAC, *Affichiste*, Paris, Robert Laffont, 1975.

WEILL (Alain), *L'affiche dans le monde*, Paris, Somogy, 1984.

Revues professionnelles : *Commerce et industrie*, 1907-1918 et 1925-1930 (lacunes) / *La Publicité*, 1903-1914 et 1919-1939 / *Vendre*, 1923-1939 et 1946-1972.

Invention et réinvention de la publicité à la radio, de l'entre-deux-guerres aux années 1980

Jean-Jacques Cheval*

L'invention de la radio en France s'accompagne presque immédiatement de l'invention de la publicité radiophonique et l'on peut même avancer qu'elle lui est liée dès l'origine. À l'instar de ce qui s'est passé aux États-Unis en 1920, le lancement de Radiola, en France, en novembre 1922 rejoignait la volonté de développer le marché des postes récepteurs. Le premier émetteur de cette station privée était situé à Levallois dans l'usine même de construction des récepteurs de la firme ; ses programmes, animés par Radiolo, devaient susciter l'appétit des consommateurs pour une nouvelle forme de distraction et d'information et entraîner ainsi les ventes des récepteurs Radiola. Sur le même modèle, d'autres stations furent créées par des fabricants de matériels radioélectriques : Radio L.L., des initiales de son fondateur, l'inventeur Lucien Lévy ; ou bien Radio Vitus, du nom de Fernand Vitus, ingénieur en radioélectricité, eux aussi fabricants de récepteurs. Selon un vocabulaire adopté plus tardivement, la création du programme radiophonique, le « software » devait constituer l'amorce du marché du « hardware », les récepteurs radio. Dans les années 1920, comme l'a noté Cécile Méadel, « on observe une certaine homogénéité de la publicité radiophonique avec les autres aspects de la radio », le matériel radioélectrique lui-même, en particulier les lampes, fournissait la matière de très nombreux messages publicitaires radio[1]. À ce moment-là, et dans un contexte général de retard global du marché publicitaire français[2], la publicité sur les ondes est encore peu développée, « ceux qui y recourent sont essentiellement les individus ou les collectifs qui sont associés au développement de la radio, qu'ils soient marchands de matériels, radio-clubs, ou encore sociétés dont le président, le directeur ou le gérant participe à titre privé aux activités de la radio ». Dans ces commencements, on peut remarquer avec Cécile Méadel, que « la radiopublicité est une ressource un peu honteuse, autorisée faute d'être clairement interdite, hésitant entre différentes formes, souvent ignorée, parfois critiquée. Son statut juridique est peu clair »[3].

---

* Maître de conférences à l'université Michel de Montaigne – Bordeaux 3.

Pendant l'entre-deux-guerres, la publicité ne fut jamais formellement autorisée sur les ondes des radios publiques et l'on peut même estimer que leur statut juridique aurait dû leur interdire de recourir à ce mode de financement. Certaines règles semblaient conforter une lecture sévère de la loi et interdire tant les messages publicitaires ou les émissions « sponsorisées » que la simple prononciation à l'antenne des noms des artistes prêtant leur voix à des programmes radiophoniques. Pourtant, des années 1920 au milieu des années 1930, la publicité, indirecte ou directe, est présente sur les radios publiques comme sur les postes privés. Ainsi, en 1926, avant d'être écarté de la radio, Maurice Privat avait confié l'affermage de la publicité de la station de la Tour Eiffel au pas encore célèbre Alexandre Stavisky. La publicité fournit également des ressources importantes aux radios publiques régionales telle que Radio Nord PTT à Lille[4].

En fait, les conditions d'existence difficiles des associations gestionnaires des premières stations publiques ont entraîné une tolérance comme le rappelait, en janvier 1932, le directeur du service de la radiodiffusion dans un rapport remis au directeur du cabinet du Ministère des Postes, télégraphes et téléphones. « Dès le début de la radiodiffusion, l'administration avait prescrit aux stations d'État existantes que les émissions ne pourraient comporter aucun texte de publicité. Ces dispositions auraient été strictement maintenues si l'administration avait obtenu [...] les ressources nécessaires à l'organisation des émissions. Mais l'insuffisance des crédits accordés jusqu'à ce jour et l'application rigoureuse des dispositions précitées risquaient de restreindre d'une manière excessive les ressources des Associations chargées de la composition des programmes des postes d'État. Une certaine tolérance en matière de publicité est donc établie en faveur de ces stations. Mais des abus ayant été constatés, des instructions furent données pour que seule soit tolérée une publicité indirecte, restreinte et voilée. Dès que l'administration aura les crédits suffisant pour couvrir les frais des émissions des postes d'État toute forme de publicité sera proscrite »[5]. Cette tolérance qui incite à une publicité déguisée et peu franche est donc bien la contrepartie du faible investissement des pouvoirs publics dans la radiodiffusion naissante.

En 1933 l'instauration de la taxe sur les récepteurs n'est pas pour autant suivie d'une disparition immédiate de la publicité sur les ondes publiques. Il faut attendre 1935 pour que le ministre Georges Mandel fasse appliquer cette interdiction, sur les stations parisiennes puis sur celles de province. Là encore des exceptions (attribuées à la continuité de certains contrats antérieurs) vinrent retarder l'application entière et immédiate de cette interdiction.

Sur les radios privées, l'acceptation de la publicité ne fut pas plus simple. Dans un premier temps les stations autorisées par le règlement de 1923 le sont sous réserve d'un contrôle de l'État sur le contenu des informations diffusées. L'administration des PTT qui par lettre autorisait Radiola et le Poste Parisien, précise que celles-ci peuvent diffuser des communiqués d'intérêt général « à l'exclusion de textes de publicité sous quelque forme qu'ils soient présentés ». Pourtant, c'est sous un régime de tolérance que la publicité se développe sur les ondes de ces stations. En 1926, un décret-loi envisage l'autorisation de la publicité encadrée par un cahier des charges qui ne sera finalement pas rédigé.

En 1930, selon Christian Brochand, « la publicité sévit sans mesure. Il arrive à Radio Toulouse d'accompagner chacun de ses disques de deux ou trois annonces publicitaires. Radio Paris le suit de près. Les textes sont, en général, sans recherche et souvent d'une pauvreté affligeante »[6]. Mais, pour des radios, la dépendance envers la publicité n'en est pas une, elles revendiquent au contraire fièrement ce mode de financement. Radio Luxembourg, dès ses débuts, proclame qu'elle est « un poste privé n'attendant des ressources que de ses recettes publicitaires, à l'exclusion de tout prélèvement sur ses auditeurs »[7].

Au départ, la publicité radiophonique provoque peu de réactions sinon quelques agacements pour ses antiennes lancinantes ou bien des réflexions moralisantes sur son incompatibilité avec les hautes missions assignées à la radiophonie naissante : « On ne peut, sans déchéance, faire servir à la vente du produit le plus vulgaire un instrument que les meilleurs esprits s'accordent à reconnaître comme l'un des "plus puissants pour l'éducation des masses" » déclare Georges-Jean Guiraud, Président de la fédération nationale de Radiodiffusion regroupant les associations gérantes des postes d'État[8]. Au mois de septembre 1929, cette fédération dénonce dans un texte cosigné par la CGT et la CTI (Confédération des travailleurs intellectuels) « les entrepreneurs d'émissions qui ont installé des stations sans considérer l'intérêt général mais pour servir leurs intérêts propres, celle d'un constructeur, d'un journal, d'un commerçant, d'un casino… » Sont manifestement visées des radios de constructeurs comme Radiola, Radio L.L., Radio Vitus, Radio Juan-les-Pins liée avec un casino, Radio Béziers qui fait la promotion des vins du Languedoc, Le Poste Parisien du *Petit Parisien*…

La publicité à la radio fait également l'objet de critiques politiques. En novembre 1924, le député radical-socialiste du Loiret, M. Dezarnaulds, rapporteur de la commission des finances, plaide pour le monopole et « la centralisation complète entre les mains de l'administration des PTT ». Il argumente ainsi : « les progrès remarquablement rapides de cette science nouvelle ont suscité un déchaînement d'appétits les plus divers » au titre desquels il détache « les uns basés sur des intérêts particuliers correspondent à des profits commerciaux, à des buts de publicité ; d'autres se réfèrent à des combinaisons financières douteuses, à des organisations de spéculation sur les changes, sur les cours, d'exploitation de la vie chère (…) »[9]. Les partis politiques de gauche, les syndicats partagent cette opinion.

Dans les années 1930, une forme de publicité attire particulièrement les foudres et les critiques, c'est la publicité en langue étrangère, en l'occurrence en anglais, que l'on retrouve abondamment sur Radio Normandie, Radio Toulouse, Radio Lyon, Radio Nice Juan Les Pins ou le Poste Parisien et, avant 1933, sur Radio Paris. Les ressources publicitaires britanniques fournissent rapidement les neuf-dixièmes des recettes de Radio Luxembourg[10]. Le 30 décembre 1931, *Le Populaire* titre d'un ton affirmatif : « Radio Paris poste britannique ». Il explique « le premier de nos postes privés multiplie les concerts publicitaires à l'intention des auditeurs britanniques […] Les annonces sont faites, bien entendu, dans la langue de Shakespeare […] La journée du dimanche est presque entièrement accaparée, à Radio Paris, par des concerts principalement destinés aux auditeurs britanniques ». Le journaliste se défend d'être animé de sentiment nationaliste, mais, écrit-il, il trouverait normal que le plus puissant des postes nationaux « emploie, de préférence, la langue naturelle des citoyens auquel il s'adresse […] mais il faut d'abord faire de l'argent et réaliser des bénéfices […] Singulière conception de la radiodiffusion ! ». Les ministres des PTT se heurtent à cette question. Soumis aux protestations du public et aux doléances

diplomatiques d'outre-manche, ils ne parviennent pas à obtenir l'arrêt de ces émissions anglophones, faute sans doute de le vouloir véritablement.

Ces émissions reçoivent finalement une reconnaissance coûteuse dans le dispositif réglementaire français. Le 20 mars 1936, la loi instaure la création de taxes, aux motifs suivants : « La publicité radiophonique a été supprimée, au cours de l'année dernière, dans tous les postes du réseau de l'État. Cette mesure a largement profité aux postes de radiodiffusion privés dont les recettes publicitaires ont de ce fait considérablement augmenté […] Aussi apparaît-il équitable d'établir sur les recettes publicitaires des postes privés une taxe, comme contrepartie des avantages qui leur ont été ainsi concédés ». Le décret du 31 mai 1936 réglemente ces taxes : 13 % sur les recettes, et jusqu'à 48 % pour la publicité en langue étrangère. Elles sont portées à 20 % en août 1937 et à 65 % pour les secondes[11].

Durant l'entre-deux-guerres, la publicité radiophonique se présente sous deux formes principales : « l'émission patronnée et le communiqué »[12]. L'émission « patronnée » consiste en « un programme fait sur mesure dont l'idée générale contient déjà la publicité du donateur » afin de saisir l'auditeur et le conduire « bien disposé et bien attentif jusqu'à l'endroit où la publicité l'attend »[13]. Il s'agit d'abord de concerts patronnés puis de jeux et de feuilletons, (« Les fiancés de Byrrh », « Le quart d'heure Cinzano »). Leur succès culmine avec les émissions en public et notamment avec « le radio-crochet » de Monsavon sur le Poste Parisien.

Quant aux communiqués, ils jouent sur les formules, les refrains, les slogans, selon une conception mécaniste de la publicité, mais non sans talent pour des créations qui restent dans les esprits et les mémoires, parfois jusqu'à nos jours[14] : « Brunswick, le fourreur qui fait fureur ! André le chausseur sachant chausser ! Un meuble signé Lévitan est garanti pour longtemps !… ». C'est une nouvelle forme d'expression à laquelle se frottent des auteurs tels que Robert Desnos, créateur de textes dramatiques pour la radio mais aussi rédacteur de « communiqués » publicitaires ou Armand Salacrou (et sa célèbre La Quintonine ou sa lotion « Marie-Rose »…)[15].

La musique et les chansonnettes sont mises largement à contribution. En 1925, une chanson, présentée en direct du Poste parisien vient vanter les qualités du *Petit parisien* (« l'plus fort tirage des journaux du matin ») ; elle devient une ritournelle à la mode. « Cette chanson publicitaire ancrait la popularité du journal par le biais de ses couplets expressément composés dans un but publicitaire »[16]. Beaucoup d'artistes font leurs premières armes dans la publicité. Édith Piaf, Micheline Presle, Charles Trénet font partie des artistes dont le succès est assuré par la publicité, soit par le biais du mécénat comme le « Music-Hall des Jeunes », patronné par Lévitan, soit directement par la composition de chansons publicitaires. Ainsi Charles Trénet est employé par Marcel

Bleustein-Blanchet qui écrit plus tard : « Je l'utilisai pour la composition de petites chansons publicitaires qui devaient remplacer certains communiqués parlés trop monotones ou indigestes. Quelle fraîcheur il mettait dans ces quatrains sans prétention ! Bien qu'il n'eût aucune notion de solfège, ni de piano, il se fiait uniquement à son oreille pour improviser. Je lui donnais 500 francs par cachet. Ses petites rengaines étaient si réussies qu'elles permettaient aux auditeurs récalcitrants d'avaler — si je puis dire — les pilules publicitaires et qu'elles se gravaient agréablement dans leur mémoire »[17]. La publicité radiophonique puise alors ses racines dans la réclame criée des rues, la publicité par haut-parleurs, popularisée par les manifestations sportives et en particulier le Tour de France[18]. « La filiation est celle du commerce direct, du bouche à oreille, même si devant la bouche est placé l'inconvenant microphone qui aux premiers temps de la radiophonie embellissait les réclames en les transformant en autant d'oracles magiques »[19].

L'efficacité de la publicité radiophonique est attestée par le résultat des ventes et non par des enquêtes d'audiences encore inexistantes. Dès les années 1930, le marché publicitaire de la radio se concentre entre quelques groupes publicitaires. À la fin de la décennie, les quatre regroupements radiophoniques et publicitaires sont Information et Publicité, Radio-Information, le Groupe des Affaires et bien sûr Publicis.

Information et Publicité est une filiale d'Avenir-Publicité, elle-même filiale d'Havas, elle est dirigée jusqu'en 1932 par Paul Deharme, médecin, auteur et théoricien de la radio. Information et Publicité assure la régie exclusive de Radio Paris, du Poste Parisien et de Radio Luxembourg. Radio-Information appartient au groupe Tremoulet-Kierzkowski, elle gère la publicité de Radio Île-de-France, Radio Toulouse, Bordeaux Sud-Ouest, Radio Agen, Radio Méditerranée, Radio Montpellier, et par la suite Radio Andorre. Le Groupe des Affaires dont le propriétaire est le Lyonnais Pierre Laval assure la régie de Radio Lyon et de Radio Nîmes.

Publicis a été fondée en 1923 par Marcel Bleustein, devenu après la guerre Bleustein-Blanchet[20]. C'est à partir de 1929 qu'il commence à s'intéresser à la radio et il organise très tôt la publicité de Radio Paris. Le succès quasi immédiat d'une première campagne pour le fourreur Brunswick le convainc des potentialités de ce nouveau support d'annonce et il entreprend de créer un réseau national de diffusion publicitaire radiophonique. Aux commandes de son avion, il sillonne le pays pour sa société « Les Antennes de Publicis » ; il démarche avec succès les stations et affermе leurs recettes publicitaires. Publicis assure dès lors la régie de postes publics (Bordeaux, Marseille, Grenoble, Strasbourg, Rennes, Toulouse) et privés.

Plus tard, non sans quelque exagération, Marcel Bleustein-Blanchet se présentera ou se laissera présenter comme l'inventeur de la publicité moderne en France. Mais il faut noter qu'il innova réellement dans le domaine, avec le soutien de gens de talent comme son neveu Jean-Jacques Vital (de son vrai nom Jean Lévitan, héritier des meubles du même nom), créateur entre autres de la famille Duraton sur Radio Cité ou encore Jean Antoine, Saint-Granier… Tous firent partie de la génération qui inventa la radio populaire et firent de la publicité un genre radiophonique à part entière. Après avoir occupé une place centrale sur le marché de la publicité radiophonique, Publicis dut affronter la montée en puissance des autres groupes et la concentration du secteur, ainsi que l'interdiction effective de la publicité sur les ondes des stations d'État, ce qui le conduisit à s'investir directement dans l'activité radiophonique en fondant Radio Cité en 1935 par le rachat de Radio L.L.

Marcel Bleustein-Blanchet a raconté comment il mit au point pour le poste Bordeaux Lafayette tout d'abord — le procédé fut ensuite étendu à d'autres stations — un système de financement publicitaire indirect. Les auditeurs adhérant à l'Association radiophonique de la Côte d'Argent (l'ARCA) gérante de la station participaient à une loterie dotée de lots couvrant le montant de leur adhésion ; les lots étaient fournis à la station moyennant la citation de leurs fournisseurs. Devant susciter et favoriser les adhésions, ce système se révélait surtout profitable pour les commerçants qui obtenaient là, et à bon compte, une publicité rentable. Ce n'est certainement pas sans arrière-pensées que Marcel Bleustein-Blanchet rapportait cette anecdote en se donnant le beau rôle, quelque peu condescendant, devant le dirigeant de la radio publique bordelaise à l'époque : Georges-Jean Guiraud, l'un de ceux qui attaquaient les postes commerciaux et leurs méthodes de financement. Dans son récit, Georges-Jean Guiraud n'apparaît pas insensible aux attraits de la publicité commerciale pour financer sa propre radio.

Marcel Bleustein-Blanchet était un défenseur acharné de la publicité. Dans ses mémoires, il écrit que seule la publicité « permet l'émulation, aussi bien entre les clients qui ont le désir de faire mieux que leurs concurrents qu'entre les postes qui doivent s'ingénier à conserver l'audience du public en améliorant sans cesse leurs programmes […] or, une émission qui réussit est une émission écoutée, et par des gens que personne ne force à supporter la publicité. Il est donc faux d'affirmer comme le font certains que la publicité est intolérable. […] Que penser par contre d'une radio qui n'a cure d'aucun jugement ? […] Il faut être en contact avec l'auditeur pour savoir ce qui lui plaît »[21].

Écrites au lendemain de la Seconde guerre mondiale, ces lignes s'inscrivent dans un climat nouveau pour la publicité radiophonique. Au début de la Quatrième république, cette question s'entremêle à celle du statut de la RTF. On s'accorde généralement à refuser le retour vers la situation d'avant-guerre et à stigmatiser la place qu'occupait la publicité sur les ondes, témoin de leur médiocrité. Le souci de protéger la presse écrite et la volonté de purifier ou de moraliser la radio conduisent à l'interdiction de la publicité sur les ondes des radios publiques, bénéficiant d'un statut de monopole effectif. Mais là encore, la faiblesse des ressources de la radiodiffusion publique française entraîne périodiquement la résurgence de débats autour de l'autorisation du financement publicitaire, notamment en 1947, en 1950 ou encore en 1958[22]. Seule la publicité dite « compensée » des messages d'intérêt généraux continue à trouver une place sur les radios publiques. Dans le *Journal officiel* du 20 mai 1961, on peut lire cette explication du Ministre de l'information, Louis Terrenoire : « Il n'existe pas de publicité proprement dite à la RTF, mais seulement des campagnes collectives d'intérêt général réalisées à la demande d'un ou de plusieurs Ministères et qui donnent lieu à une compensation financière ». La radiodiffusion privée, déterritorialisée avec les stations périphériques, vit une tout autre réalité. En 1950, Radio Luxembourg, Radio Monte-Carlo, et Radio Andorre, réalisent un volume publicitaire presque équivalent à celui des 13 postes privés de 1938. Elles sont rejointes en 1955 par Europe n° 1.

Dans les années 1950 les formules publicitaires les plus courantes sont les mêmes qu'avant-guerre, mais dans les années 1960, la publicité évolue en même temps que les programmes. En septembre 1966, Jean Farran, à la demande de Jean Prouvost, prend la direction de Radio Luxembourg et imprime à la station devenue RTL, une nouvelle ligne éditoriale, plus jeune, plus dynamique. Jean Farran explique aux actionnaires que Radio Luxembourg s'est endormie sur son succès passé et n'a pas su évoluer. « Nous allons renoncer aux émissions patronnées. Désormais, les messages publicitaires seront exclusivement diffusés dans les programmes-sessions de la journée. Cette antenne devra être libre pour être la première à informer »[23]. Louis Merlin, grand admirateur de la radio américaine, développe, lui, de nouveaux formats radiophoniques à Europe n° 1. Le spot publicitaire remplace l'émission patronnée avec, là aussi, un souci d'indépendance éditoriale et de maîtrise d'antenne. « Les messages sont placés dans le cours d'un programme dont seule la station est responsable. Ainsi sont créées des sessions plus longues de 2 à 3 heures qui remplacent la succession de programmes calibrés en 5', 15', 30' ou une heure. La publicité n'est plus enregistrée par des speakers à la voix suave mais lue en direct par des meneurs de jeu »[24]. Les succès d'audience des radios périphériques, leur dynamisme nouveau, attirent les annonceurs. Au milieu des années 1960, la radio dans son ensemble attire une part importante des investissements publicitaires en France,

13,3 % en 1964, 15,6 % en 1966 alors que la télévision n'est pas encore ouverte à la publicité de marque. En termes de part de marché, il s'agit de niveaux records qui ne seront plus égalés par la suite.

L'ORTF s'ouvre à la publicité de marque en 1968, non sans débats passionnés. La presse écrite essaye sans succès de s'opposer à cette innovation, au moins obtient-elle que la radio publique reste en dehors de cette réforme et que seuls les messages d'intérêt collectifs continuent à être autorisés sur ses ondes de la radio publique[25]. Au début des années 1970, à l'exception notable du cas du « Pop-club » et de José Arthur[26], la radio se trouve épargnée par le scandale de la publicité clandestine qui secoue l'ORTF.

Il faut attendre les années 1980 pour que la question publicitaire rebondisse et que des transformations profondes interviennent. Les radios libres sont nées d'un mouvement de contestation, contestation du monopole, mais aussi des radios commerciales. Le plus souvent, ses militants condamnaient la publicité comme symbole de la société de consommation. Ceux-là se sont satisfaits de la législation initiale adoptée en 1981 et 1982, quand François Mitterrand et sa nouvelle majorité légalisent les radios clandestines. Les radios locales privées (RLP) sont alors interdites de toute forme de publicité. En contrepartie, on leur promet des subventions d'État et le soutien du monde associatif, auquel elles se rattachaient obligatoirement.

L'investissement du monde associatif (dans ses grandes institutions au moins), est moindre que prévu, les subventions tardives et modestes. Une grande partie des radios se tourne alors vers d'autres sources de financement. Les militants de la première heure sont très vite marginalisés par une foule de nouveaux venus qui ne cachent pas leurs intentions de faire des nouvelles radios des médias lucratifs. Après quelques années de transgression narquoise durant lesquelles se développe une publicité clandestine[27], le secteur de la nouvelle radiodiffusion locale obtint une révision de la loi. En août 1984, la publicité est autorisée sur les ondes des RLP et la plupart d'entre elles s'y engouffrent. Deux ans plus tard, une nouvelle majorité politique autorise la constitution des réseaux radiophoniques, existant déjà de fait.

Dès lors, dans une logique impérieuse et prévisible, les RLP ont amorcé un mouvement de concentration chaotique et sans pitié. Les radios les plus faibles ont disparu au profit de nouvelles entreprises nationales parmi lesquelles se détache assez rapidement la figure de NRJ, une station devenue réseau, puis groupe radiophonique[28].

Dans un premier temps, les radios périphériques observent d'un œil condescendant les nouvelles venues. Elles concèdent sans doute des parts d'audiences mais l'inertie du marché publicitaire leur permet de conserver plusieurs années durant la prééminence. La modification progressive de cette situation leur fait prendre conscience du danger qui les menace et dès la fin des années 1980, les radios périphériques s'engagent dans des stratégies de récupération du mouvement issu des radios libres. Des groupes radiophoniques offrent une gamme élargie de programmes à des auditeurs, reflétant les différentes cibles commerciales susceptibles d'intéresser les annonceurs. L'intégration se fait directement par la mise en place de filiales, de réseaux adossés à un navire amiral (Europe 2, RTL 2, Fun radio, RFM…) ou bien plus indirectement par la prise en régie de stations ou de réseaux indépendants (Skyrock, le GIE « les Indépendants »). Sans posséder ces stations, ni contrôler leur ligne éditoriale, les régies s'installent ainsi au cœur de la ressource rentable de la radio : la publicité.

IP pour RTL et Europe régie du Groupe Lagardère jouent ce rôle pour les deux grands groupes de radiodiffusion privée. Entre temps RMC a sombré puis a été démembrée tandis que le groupe NRJ s'est hissé au niveau des deux précédents. Ces dernières années, directement ou indirectement, ces trois groupes radiophoniques privés commercialisent plus de 90 % de l'audience des radios commerciales en France, celle-ci, en moyenne, représentant plus de 70 % de l'audience totale de la radio[29].

Ayant atteint ce seuil quasi maximum, le motif d'inquiétude le plus important des acteurs de la radiodiffusion commerciale française reste l'étroitesse du marché publicitaire de la radio. La stagnation de ces ressources, voire la baisse tendancielle des parts de marché de la publicité radiophonique, a marqué les deux dernières décennies. En moyenne, la radio n'occupe que 6 à 7 % des investissements médias, alors même que son périmètre s'est étendu et que le nombre des opérateurs s'est considérablement accru. De manière imagée, un constat s'impose, le buffet a tendance à se restreindre, mais les convives sont plus nombreux autour de lui. Les tendances à la concentration et l'âpreté de la concurrence n'en sont que plus vives. Depuis 1989, la défense de la radiodiffusion locale, des marchés publicitaires locaux de la radio, menacés par les groupes nationaux consti-

tue un enjeu et l'une des préoccupations constantes du Conseil supérieur de l'audiovisuel.

Ainsi la question publicitaire n'a cessé et ne cesse de contribuer à la structuration ou à la déstructuration du paysage radiophonique français. Elle concerne en premier lieu la radiodiffusion commerciale rassemblant la majeure partie de l'audience. Toutefois demeurent le secteur public de la radio, où la publicité de marque reste bannie, et les quelque 600 radios associatives non commerciales. Il s'agit de deux ensembles différents mais complémentaires qui n'entretiennent que des relations distanciées par rapport à la publicité radiophonique.

Notes

1. Cécile Méadel, « La Radiopublicité : histoire d'une ressource », Paris : *Réseaux, Communication-Technologie-Société* / CNET, mars-avril 1992, n° 52, p. 20.

2. Marc Martin, *Trois siècles de publicité en France*, Paris, Éditions Odile Jacob (Coll. Histoires, hommes, entreprises), 1992, 430 p.

3. Cécile Méadel, 1992, *op. cit.*, p. 11 et 20.

4. Cécile Méadel, *Histoire de la radio des années trente*, Paris, INA / Anthropos, 1994, p. 207-224.

5. Pour la rédaction de ce texte, l'auteur a consulté les archives de M. Christian Brochand, déposées au service de documentation de la Maison de Radio France à Paris, notamment les boîtes 101, 102, 116 et 147.

6. Christian Brochand, *Histoire générale de la radio et de la télévision en France*, Paris, La Documentation Française, 1994, tome 1, p. 493.

7. Denis Maréchal, *Radio Luxembourg, 1933-*

1993. *Un média au cœur de l'Europe*, Nancy : Presses Universitaires de Nancy / Édition Serpenoise, 1994, p. 69.

8. Georges-Jean Guiraud, 1930, cité in Cécile Méadel, 1992, *op. cit.*, p. 13.

9. Caroline Ulmann-Mauriat, *Naissance d'un média. Histoire politique de la radio en France (1921-1931)*, Paris, L'Harmattan (Coll. Communication), 1999, p. 55-56.

10. Denis Maréchal, 1994, *op. cit.*, p. 71.

11. Christian Brochand, 1994, *op. cit.*, tome 1, p. 490-505.

12. Cécile Méadel, 1994, *op. cit.*, p. 331-340.

13. Paul Deharme, *Vendre*, février 1934, n° 123.

14. Marc Martin, « Publicité et programmes radiophoniques dans la France d'avant-guerre » in *Histoire des programmes et des jeux à la radio et à la télévision*, Actes de la journée d'étude du 24 février 1986, Paris, Comité d'Histoire de la Radio, Comité d'Histoire de la Télévision, Groupe d'Études Historiques sur la Radiodiffusion (GEHRA),

Radio France, 1987, p. 119-130.et Marc Martin, 1992, *op. cit.*

15. Thierry Lefebvre, « La mort parfumée des poux », p. 103-114 ; DUMAS (Marie-Claire), « Robert Desnos, poète, homme de radio et publicitaire », 115-136, Paris, *Cahiers d'Histoire de la Radiodiffusion,* Avril-Juin 2003, n° 76.

16. Claire Mahéo, *L'utilisation de la musique dans la publicité télévisée : pour une prise en compte des variables culturelles inhérentes à l'écoute musicale,* Thèse d'Université, sous la direction de Jacques Guyot, Université d'Angers, 2002, p. 201.

17. Marcel Bleustein-Blanchet, *Sur mon Antenne,* Paris, Edition Défense de la France, 1948, p. 70.

18. Claire Mahéo, 2002, *op. cit.,* p. 201.

19. Jean Rémy Julien, *Musique et publicité,* Paris, Harmoniques, Flammarion, 1989, p. 168.

20. Cf. le dossier Marcel Bleustein-Blanchet dans *Cahiers d'Histoire de la radiodiffusion,* n° 51, décembre-février1997, p. 152-192.

21. Marcel Bleustein-Blanchet, 1948, *op. cit.* p. 73-74.

22. Hélène Eck, « Une réforme pour contrer Radio Luxembourg », *Cahiers d'Histoire de la Radiodiffu-sion,* n° 58, octobre-décembre 1998, p. 70-74.

23. Jacques Pessis, Manuel Poulet, *Les aventuriers de la radio,* Paris, Flammarion, 1998, p. 285.

24. Roger Kreicher, « Évolution des programmes radiophoniques de 1947 à 1985 » in *Histoire des programmes et des jeux à la radio et à la télévision, op. cit.,* p. 115.

25. Bernard Lauzanne, « Vers l'introduction de la publicité de marques à l'ORTF », *Cahiers d'Histoire de la Radiodiffusion,* n° 55, janvier-février 1998, p. 52-57.

26. Cécile de Kerguiziau de Kervasdoué, « Les premières années du Pop Club », *Cahiers d'Histoire de la Radiodiffusion,* n° 70, octobre-décembre 2001, 119-144.

27. Et qui n'était pas sans rappeler les méthodes inventives des Antennes de Publicis avant-guerre.

28. Jean-Jacques Cheval, *Les radios en France. Histoire, état et enjeux,* Rennes, Éditions Apogée, (Coll. Médias et Nouvelles Technologies), 1997, 250 p.

29. Jean-Jacques Cheval (dir.), *Audiences, Publics et Pratiques Radiophoniques,* Bordeaux, Éditions de la Maison des Sciences de l'Homme d'Aquitaine, 2003, 198 p.

LEÇONS DE
CINÉMA

Woody Allen, Pedro Almodovar, Jean-Luc Godard, David Lynch, Martin Scorsese, John Woo, etc. : tous les cinéphiles et les étudiants en cinéma ont rêvé de pouvoir dialoguer avec les plus grands réalisateurs d'aujourd'hui et suivre au plus près leur travail de création. Ceux-ci acceptent ici de livrer leurs méthodes de travail sur toutes les étapes de fabrication : choix du sujet, écriture, découpage, story-board, choix et direction des acteurs, répétitions, improvisations, organisation du tournage…

Répondant aux mêmes questions, ils expliquent à l'aide d'exemples concrets leur façon de travailler au quotidien. On comprend ainsi comment des visions artistiques très différentes appellent des mises en œuvre tout aussi diverses. À la différence de bien des manuels professionnels, l'ouvrage ne donne donc pas de « recettes » toutes faites et prétendument universelles mais nombre de petits et grands « secrets de fabrication » des « grands chefs ».

Une façon de mieux comprendre le cinéma au contact des plus grands.

COLLECTION CINÉMA

*Né en 1967, **Laurent Tirard** a étudié le cinéma à New York University, avant de devenir journaliste à Studio magazine dans lequel il publie régulièrement une série remarquée d'interviews des plus grands réalisateurs. Il vient d'achever son premier long métrage (sortie août 2004).*

19 € - 192 pages
ISBN 2-84736-032-8

nouveau monde
éditions

Le *cinémarque* : Septième Art, publicité et placement des marques

Stéphane Debenedetti*, Isabelle Fontaine**

De toutes les formes contemporaines prises par la relation cinéma-publicité, le placement de marques dans les films est sans doute perçu comme la plus emblématique de l'intrusion grandissante des logiques commerciales dans le processus de fabrication et de commercialisation du « produit-film ». Depuis une dizaine d'années, en effet, on constate un essor quantitatif sans précédent du placement de marques dans les films comme outil de communication des entreprises, en termes de placements, de nombre de films concernés, de création d'agences de communication spécialisées (Marques et Film, Casablanca…), ou encore d'articles de presse et de travaux scientifiques abordant le sujet[1]. Pourtant, si la pratique managériale se développe rapidement, l'idée d'introduire des marques dans des œuvres n'est pas récente. Depuis 25 ans (*Moonraker* : Lewis Gilbert, 1979) la présence de marques s'est institutionnalisée dans les *James Bond* — série pionnière, de ce point de vue —, au point de figurer systématiquement dans le cahier des charges des scénaristes (présence récurrente, dans chaque épisode, d'une marque de voiture, de champagne et de montre). Bien avant les aventures de 007, Jean Renoir faisait déjà du placement de marques le ressort comique d'une scène de son *Crime de Monsieur Lange*, en 1938. Le patron de presse véreux et criminel, interprété par Jules Berry, y truffe le roman-feuilleton de Monsieur Lange (« Arizona Jim ») de références directes à divers produits de l'industrie pharmaceutique, sans, bien sûr, prendre le soin d'en avertir l'auteur. Les intrusions des marques dans le récit sont désopilantes[2], le patron les justifiant par des arguments fondés sur une logique purement budgétaire que ne démentirait pas un producteur d'aujourd'hui. Soulignant de manière ironique sa propre dépendance aux financements externes, Renoir va jusqu'à « placer » dans une scène une célèbre marque de cigarettes : « *Camel* », dit le patron en tendant à Monsieur Lange, le paquet entrouvert, comme pour étouffer, sous un nuage de fumée, ses revendications d'auteur déçu. Ce qui est pointé dans cet extrait grinçant du *Crime de Monsieur Lange*, c'est le ca-

* Maître de conférences en Sciences de gestion à l'université de Paris IX-Dauphine.
** Maître de conférences en Sciences de gestion à l'université de Paris XII.

ractère à la fois inéluctable et contre-nature de l'association directe des logiques artistiques et économiques dans une industrie culturelle lourde comme l'édition ou le cinéma. Cependant, la présence de la marque dans l'œuvre ne concerne pas uniquement les auteurs du film qui doivent intégrer à leur démarche créative des éléments commerciaux *a priori* allogènes, ou encore les producteurs, sans cesse à la recherche de financements additionnels. Cette nouvelle donne publicitaire influence également le processus de commercialisation du film (phénomène du « *tie-in* », ou promotion croisée), ainsi que la réception par le spectateur d'une œuvre cinématographique subtilement ou massivement investie par les marques. Cette rencontre entre marques et films, entre cinéma et publicité, s'opère-t-elle au péril ou au profit du septième art ?

Qu'est-ce que le placement de marques ?

Le placement de produits, traduction littérale du terme anglo-saxon « *product placement* », se réfère à la pratique commerciale, pour les entreprises, d'insérer leurs produits, leurs marques ou leur nom au sein d'un objet de loisir de masse tel qu'un film, un livre, un jeu vidéo, un clip vidéo, etc. Si ce terme peut s'appliquer à ces différents domaines, il est cependant le plus souvent utilisé pour se référer au contexte du film cinématographique, support dans lequel la pratique

est la plus répandue et qui soutient aujourd'hui une véritable industrie. Les termes « placement de produits » et « placement de marques » sont souvent employés de manière synonyme. Le premier a, toutefois, une signification plus large et comprend tous les placements possibles : les marques, mais également les organisations, les produits génériques, les lieux… Le second, en revanche, se réfère à la présence d'un nom de marque dans le film ou d'un produit facilement identifiable comme appartenant à cette dernière[3]. Ici, les deux termes seront utilisés de manière synonyme.

Économiquement, médiatiquement et académiquement parlant, l'intérêt porté à la technique du placement de produits remonte aux années 1980/90. La pratique, pourtant, nous renvoie aux tout premiers temps du cinéma : les frères Lumière avaient ainsi l'habitude de solliciter auprès des entreprises certains éléments du décor de leurs films ; dès l'époque du muet, Ford proposait ses voitures aux producteurs[4], et dans les années 1920, les compagnies de tabac, pour susciter plus de vocations féminines, proposaient de faire fumer les femmes dans les films[5]. C'est pour organiser la rencontre entre les studios et les industriels que la MGM ouvre même dans les années 1930 un bureau consacré aux placements de produits[6].

La diffusion de cette pratique commerciale s'inscrit dans le mouvement plus large d'intégration des marques au sein des œuvres de fiction (romans, chansons, pièces de théâtre), particulièrement sensible depuis la Seconde Guerre mondiale[7]. C'est à partir des années 1960 que le placement de produits commence à être considéré comme un outil de marketing. Mais plusieurs spécialistes estiment que le procédé s'est véritablement industrialisé après le formidable succès des bonbons *Reese's Pieces,* à la suite de *E. T. : The Extraterrestrial,* signé par Steven Spielberg (1982) : les ventes auraient augmenté de près de 65 % grâce à la présence du produit dans le film[8]. L'industrie du placement de produits aux États-Unis devient alors vite très concurrentielle : on compte plus de 35 agences de placement de marques aux États-Unis dans les années 1990, la plupart situées dans les états de Californie et de New York[9].

En France, les marques ont longtemps été utilisées comme de simples accessoires, souvent de façon fortuite d'ailleurs, et n'impliquant guère de transferts d'argent ; les objets étaient simplement donnés ou prêtés, les réalisateurs se rendant parfois eux-mêmes dans les magasins locaux pour se procurer les produits désirés. Ici, cette pratique de communication ne se formalise vraiment qu'au milieu des années 1980[10]. Mais les sommes en jeu restent moindres en France qu'aux États-Unis ; seules quatre agences placent des produits[11].

Plusieurs types de produits apparaissent dans les films. Les marques agroalimentaires, sûrement les plus nombreuses, sont aussi les moins visibles : en général, elles apparaissent furtivement, dans un contexte précis de consommation, ou à l'arrière plan comme accessoires du décor. Ainsi les confitures *Bonne Maman* sont-elles présentes dans une grande majorité des films français, et comptent plus d'une cinquantaine de longs métrages à leur palmarès[12]. Toutefois les constructeurs automobiles semblent les plus impliqués dans le placement de marques : Renault et Peugeot possèdent chacun un parc d'une quarantaine de véhicules spécialement réservés aux tournages, ainsi qu'un service spécialisé dans le démarchage des films.

Le terme de placement de produits s'étend également aux entreprises elles-mêmes, voire aux régions : certaines cherchent à attirer les tournages de films afin de promouvoir leur image, en France et parfois à l'étranger, et de bénéficier des emplois associés à la production du film (figurants, hôtellerie et restauration…). « Le bonheur est dans le pré » d'Étienne Chatiliez, tourné dans le Gers, a ainsi rapporté à la région près de 4 millions de francs (600 000 euros), sans compter les retours en termes médiatiques, touristiques et commerciaux qui ont suivi la sortie du film et son grand succès public[13] ; le Comité Régional du Tourisme a, en particulier, recensé une hausse de 30 % du tourisme dans le Gers l'année suivant la sortie du film. La région Rhône-Alpes a par ailleurs créé le Centre Européen Cinématographique qui subventionne certaines productions en échange d'un tournage sur son territoire[14]. La région évalue ainsi que la production d'un long-métrage de cinéma « dépense directement en moyenne près de 3 millions de francs en quelques semaines sur le lieu de tournage (hébergement, construction, emploi de techniciens et comédiens locaux), sans compter les dépenses personnelles des techniciens et comédiens »[15]. La pratique du placement de produits touche donc des types d'entreprises et d'organisations très variés et se banalise au sein de l'industrie cinématographique pour devenir aujourd'hui une pratique quasi systématique.

La création cinématographique face aux exigences des marques

Comment la présence programmée de marques dans le film pèse-t-elle sur le travail des auteurs (scénaristes, réalisateurs) ? Tout d'abord, il semble que les annonceurs imposent certaines règles aux réalisateurs pour figurer dans leurs films. D'après Chantal Duchet[16], les annonceurs disposeraient d'un droit de regard sur le scénario pour s'assurer que le contexte scénaristique dans lequel la marque est placée ne lui nuise pas et corresponde à ses objectifs communicationnels. Par exemple, un constructeur automobile ou un créateur de Haute Couture exige généralement que seuls les acteurs principaux du film conduisent ou portent un de leurs modèles, à l'exclusion des marques concurrentes, voire que le produit occupe une place

de choix dans différents plans du film. En outre, les entreprises n'acceptent souvent de placer leurs produits que dans des films ayant à leurs commandes un réalisateur réputé ou prometteur, mettant en scène des acteurs connus et/ou une star.

Preuve que les annonceurs ont des exigences sur le contenu du film mais aussi que les réalisateurs ont la possibilité d'y résister, la mise en œuvre du placement de produits soulève de très nombreuses critiques de la part des annonceurs. Parmi les récriminations récurrentes, ces derniers se plaignent souvent de la possibilité que la scène de placement soit coupée au montage ou que le produit se trouve finalement associé à un autre personnage que celui prévu initialement[17]. En théorie, le placement de produits dans le film est donc bien au centre d'une opposition d'intérêt entre annonceurs et créateurs. L'auteur du film qui accepte le placement a généralement intérêt à ce que le produit se remarque le moins possible, se fonde dans le décor pour ne pas dénaturer le projet artistique initial, tandis que l'annonceur recherche, au contraire, la centralité et la visibilité. Mais la présence récurrente de marques prouve bien que les parties prenantes trouvent le plus souvent un terrain d'entente. Du reste, dans la plupart des cas, les renoncements respectifs des auteurs et des annonceurs restent mineurs. Mis à part quelques cas récurrents et médiatiques (la série des *James Bond*, *Les visiteurs 2*, et consorts), le film est en effet (encore) rarement défiguré par l'omniprésence des marques. Les possibilités de pression sur le contenu du film sont en outre moindres dans le cas français que dans le système américain puisque le réalisateur français, au contraire de son homologue américain, demeure libre d'utiliser les marques qu'il souhaite pour son œuvre[18]. Ainsi, la marque *Carte Noire* a-t-elle refusé de payer pour figurer sur une liste de courses faite par Isabelle Huppert et Sandrine Bonnaire dans *La cérémonie* de Claude Chabrol (1999). Mais ce dernier tenant à la présence de la marque, *Carte Noire* a été conservée et citée (gracieusement) trois fois dans le film[19].

Pour certains réalisateurs, la présence de marques est moins une intrusion, dont il faudrait gérer les éventuelles conséquences négatives, qu'un atout permettant d'accroître le réalisme du film[20]. Edgar Morin[21] explique, en effet, que le cinéma a besoin d'objets et d'un milieu apparemment authentiques pour que les spectateurs croient, dans une certaine mesure, à la réalité de ce qui leur est présenté. Les marques permettraient notamment de qualifier les personnages, de leur octroyer une personnalité, un style de vie propre[22]. La réalisatrice Tony Marshall, par exemple, explique le recours à des marques de soin pour *Vénus Beauté (Institut)* par un souci de vraisemblance. Elle rapporte, dans une interview à un journaliste[23] : « le scénario ne change pas : simplement, au lieu d'évoquer la crème X et le soin Y, d'un nom inventé, vous citez les soins Gatineau,

leurs propriétés et leur mode d'application. C'est normal d'avoir ce souci de réalisme. On ne rend pas le film plus commercial pour autant ». La marque devient alors un élément du décor parmi d'autres contribuant à la qualité du film.

Enfin, les marques sont parfois directement utilisées par les auteurs pour les stigmatiser et les tourner en dérision (cf. *The Truman Show*, Peter Weir, 1998 ; *Fight Club*, David Fincher, 1999 ; ou *The Looney Tunes passent à l'action,* Joe Dante, 2003). Leur présence peut également servir à dénoncer, plus généralement, une société de consommation dont cette nouvelle pratique publicitaire est justement censée symboliser les dérives totalitaires (cf. *Minority Report*, Steven Spielberg, 2001). Le réalisateur affirme alors sa liberté d'expression au dépend des marques tout en bénéficiant de leur soutien financier. À moins qu'il ne s'agisse, derrière le détournement en apparence décalé et critique, d'une nouvelle forme de complicité, de connivence, d'autant plus efficace que masquée. Ce qui justifierait rationnellement la présence payante et volontaire de marques dans des films censés véhiculer leur propre contestation.

L'apport du placement de marques à la production et à la promotion du film

En théorie, les producteurs et les distributeurs ont intérêt au placement de produits car cela diminue à la fois les coûts de production et les coûts de communication du film. Concernant la production, l'apport peut être directement financier mais il peut être aussi consenti en nature ou sous la forme d'échanges. Dans ce cas, on relève généralement deux modalités de placements[24] : ou bien l'annonceur fait un don en mettant son produit/service à disposition du réalisateur lors du tournage (agroalimentaire, matériel photo, etc.) ; ou bien l'entreprise consent un prêt, soit de produits (secteur automobile, haute couture, etc.), soit de lieux de tournage (châteaux, usines, etc.).

Selon Olivier Bouthillier, président de *Marques et films*, les tarifs s'échelonneraient en France de 3 000 à 30 000 euros par placement[25]. Cet apport représenterait pour le producteur français environ 20 % de son investissement personnel, soit 5 % du budget total. Le placement de marques dans les films ferait ainsi globalement économiser environ 10 millions d'euros par an au cinéma français[26]. Pour un film international à gros budget avec star, la rémunération est plus forte, entre 30 000 et 50 000 dollars[27]. Le versement s'effectue généralement *a posteriori*, l'annonceur se réservant le droit de ne pas payer, si la mise en valeur de son produit ne correspond pas à ses attentes. Le placement de marques permet ainsi au producteur de boucler le financement de son film en faisant appel à des partenaires qui présentent le grand avantage de ne pas être co-producteurs, c'est-à-dire qui ne demandent pas de part de négatif (pour-

centage des recettes potentielles)[28].

Outre son apport financier ou en nature, l'entreprise peut également contribuer directement à la promotion du long métrage. La société de production obtient l'utilisation gratuite des marques ; en retour, elle permet aux annonceurs d'utiliser le film et ses logos dans leurs campagnes publicitaires et promotionnelles. D'après Augros[29], ces « tie-in » (ou promotions croisées) permettent de « multiplier les dépenses [de communication] sans que le studio ne le ressente » puisque « les dépenses de promotion passent alors à la charge du détenteur de la licence ». Dans le cas de *Toy Story II* (John Lasseter et Ash Brannon, 2000), par exemple, *Mac Donald's* aurait pris en charge pour l'équivalent de 35 à 40 millions de dollars de publicité.

Goldeneye, le James Bond sorti en 1995, est un très bon exemple de ce procédé. J.-P. Flandé (Film Média Consultant), qui a participé aux placements, explique comment *BMW*, *Omega*, *Perrier* ou *Yves Saint Laurent* ont contribué à la promotion du film[30]. Le choix des marques s'est fait en grande partie par rapport à leurs cibles respectives. *BMW* permettait ainsi de toucher la tranche des 35-40 ans, plutôt aisée. La marque a investi 12 millions de dollars dans la promotion du long-métrage, associé à son nouveau coupé, la Z3. *Omega* a apporté de la même manière 5 millions de dollars de publicité, le champagne *Bollinger* un million. Par ailleurs, comme les unes et les autres ne touchaient jusqu'ici que des cibles masculines, les producteurs ont développé une association avec *Yves Saint Laurent*, qui, bien que non présent dans le film, a mis en place une campagne de promotion d'une valeur de 5 millions de dollars pour le lancement d'une ligne de cosmétiques 007.

Ces promotions croisées permettent ainsi au studio de toucher un public plus large, et à moindre coût, que par les moyens de communication traditionnels. Le *tie-in* reste cependant peu utilisé pour les films français, les réalisateurs ayant souvent des réticences à voir leur œuvre directement associée à des produits commerciaux.

Le spectateur face aux marques : impact du placement sur la réception du film

La question de l'influence du placement sur la réception doit être replacée dans la problématique plus large de la représentation à l'écran de l'univers de la consommation et son impact. Holbrook et Grayson[31] étudient ainsi comment les comportements de consommation représentés dans une œuvre d'art permettent d'interpréter le sens de cette œuvre. À travers l'exemple de *Out of Africa* (Sydney Pollack, 1985), les auteurs montrent comment le symbolisme attaché à la consommation, et en particulier aux possessions, favorise la compréhension de l'histoire et des personnages. Par exemple, le choc culturel entre l'Europe aristocratique dont est issue Karen (jouée par Meryl Streep) et

l'Afrique, où elle vient s'installer, est souligné principalement par des produits de consommation familiers des occidentaux, comme l'horloge à « coucou », qui fascine tant les petits Africains ou encore les gants blancs que l'héroïne souhaite faire porter à son serviteur noir. L'évolution du personnage de Karen est également largement reflétée par sa manière de s'habiller, abandonnant progressivement ses riches atours européens pour adopter des vêtements plus adaptés au climat africain. Les exemples sont très nombreux de la manière dont le spectateur interprète l'évolution des personnages et les principaux thèmes développés par le film (le choc des cultures, le maintien d'une identité européenne, *etc.*), en puisant dans le symbolisme des objets consommés, achetés, portés, évoqués.

Dans le même ordre d'idées, une recherche menée sur deux séries télévisées américaines, *Dallas* et *Dynastie*, montre comment les produits consommés par les personnages permettent de caractériser leur personnalité et de les associer à un univers de consommation typé[32]. Dans *Dallas*, Hirschman identifie deux personnages représentatifs de « valeurs de consommation » différentes, évoquées par les produits possédés ou consommés : J.R. Ewing porte un costume, boit du whisky et conduit une berline *Mercedes* grise ; son demi-frère, le rancher Ray Krebs, porte des vêtements de cowboy, boit de la bière et conduit un camion. Le premier est caractéristique d'une consommation « profane » et matérialiste, le second d'une consommation « sacrée », tournée vers la famille et la tradition.

Le cas plus spécifique de l'intrusion directe de marques dans le film a fait l'objet de recherches spécifiques en publicité : les spectateurs interrogés y déclarent tous conscients de l'intention persuasive des marques[33] et affichent une attitude majoritairement positive à l'égard de la pratique[34]. DeLorme et Reid[35], dans une démarche d'investigation qualitative (entretiens de groupe et individuels), ont étudié comment la présence de marques dans les films est interprétée par les spectateurs. Quel que soit l'âge ou le niveau de fréquentation des salles, la présence de marques augmente le réalisme perçu du film, permettant par exemple de mieux associer un film à un lieu, un contexte ou une époque particulière (ex : la présence de marques d'automobiles anciennes dans *Driving Miss Daisy* : Bruce Beresford, 1989). Encore faut-il que la présence des marques ne soit pas excessive ou inappropriée, qu'elle ne nécessite pas des mouvements de caméra dont l'intention publicitaire serait trop marquée. Une telle démarche risquerait de compromettre le réalisme perçu et de provoquer le sentiment d'être « interrompu » dans l'immersion du film. En outre, la répétition du placement de la même marque dans le film est jugée négativement par les spectateurs[36]. Du point de vue de la réception, la frontière entre le réalisme bienvenu et la commercialisation outrancière

semble donc délicate à déterminer. Un conflit d'intérêt entre spectateurs et annonceurs est donc là manifeste : plus la marque se fait ostentatoire, et donc le placement plus efficace en terme de mémorisation[37], plus cette pratique produit de ruptures déplaisantes dans l'expérience cinématographique du spectateur.

Selon DeLorme et Reid[38], les marques permettraient également aux spectateurs de mieux définir la personnalité, le style de vie ou le rôle des différents personnages du film. Elles seraient aussi utilisées par les spectateurs pour comparer leurs « mondes » de consommation à ceux décrits dans les films. Ce processus de comparaison sociale peut parfois s'avérer négatif pour le spectateur, lorsque les marques sont à la fois désirables et inaccessibles. Au contraire, lorsque le spectateur y reconnaît son univers de consommation, elles renforcent et valident son identité. Pour les plus jeunes en particulier, joue un sentiment d'appartenance culturelle (la culture matérialiste américaine) et une impression de sécurité. Les réactions les plus négatives se rencontrent parmi les spectateurs les plus âgés, qui supportent mal la rupture culturelle suscitée par la présence des marques. Représentant une « menace », une « pollution », désacralisant l'expérience cinématographique en salle, elles réduiraient le film à un moment de consommation ordinaire. Ce constat s'accompagnerait, chez ces répondants, de sentiments d'insécurité, de frustration et de peur du changement.

Ces recherches nord-américaines suggèrent donc deux éléments importants : la signification du placement de marques dans le film n'est pas transmise à un spectateur passif, mais, au contraire, interprétée activement dans le cadre d'un processus individuel de construction de la réalité sociale ; les interprétations du spectateur face aux marques placées excèdent le film lui-même (son réalisme, ses personnages, etc.) pour s'étendre à la relation de l'individu à la consommation en général. Plus que provoquer l'acte d'achat, le placement de produits aurait probablement pour effet principal de socialiser encore davantage les spectateurs à la consommation, à son idéologie, à son omniprésence et à ses enjeux sociétaux.

Discussion et perspectives

Les éléments recueillis dans cet article permettent d'opposer schématiquement deux visions de la pratique publicitaire du placement de marques dans les films. Selon la première conception, critique, qui renvoie globalement à la longue tradition de conflit entre art et management[39], elle ouvrirait la porte à toutes sortes de pressions commerciales sur les auteurs et consacrerait plus encore la victoire annoncée des logiques financières dans le septième art, détériorant, de surcroît, l'expérience intime du spectateur. Une seconde position à l'égard du placement de marques soulignerait, au contraire, les apports financiers et pro-motionnels d'une pratique finalement peu intrusive et garante de plus de réalisme pour le spectateur.

Si la conception critique semble se focaliser pour l'essentiel sur le cas d'école du *blockbuster* (films à gros budget) hollywoodien, la vision positive de cette pratique publicitaire feint d'ignorer qu'au cœur du placement de produits résident des contradictions dont la résolution est porteuse de risque pour le cinéma. La pratique génère en effet des attentes, en théorie opposées, selon les parties prenantes de l'échange : plus la marque est visible, plus le placement est efficace ; mais, du coup, les auteurs doivent aménager leur œuvre pour faire une place à un élément commercial exogène risquant de dénaturer leur création ; de la même manière, plus la marque est visible, plus le spectateur s'en souvient ; mais moins il l'accepte favorablement. Inversement, plus la marque se « fond » dans le décor du film, plus sa présence est jugée positivement par le spectateur ; mais moins le placement s'avère efficace en terme de mémorisation[40].

Alors que la pratique du placement de produits se développe rapidement, notamment en remplacement d'une publicité traditionnelle à l'efficacité déclinante (phénomène de « *zapping* » publicitaire), on peut se demander comment se concilieront à l'avenir ces conflits d'intérêts. On fait ici l'hypothèse que l'industrie du placement de produits sera amenée pour l'essentiel à ne concerner que les *blockbusters* et les films les plus commerciaux. Les marques se tournent en effet, d'abord, vers les films — supposés — à forte audience, les préférences des entreprises allant avant tout au « quantitatif » (rapport coût/potentiel d'audience[41]). On assiste ainsi probablement déjà au développement d'une économie du placement de produits à deux vitesses : l'une, ancienne, se caractérise par un nombre de placements et des transactions financières limitées, ainsi que par une approche largement empirique (modèle français, pour l'essentiel) ; l'autre, plus récente, se nourrit de placements de plus en plus massifs, agressifs et onéreux, dont l'efficacité doit être contrôlée et qui exigent un retour sur investissement élevé (modèle hollywoodien). Cette dualité dans la pratique du placement de produits apporte sans doute une nouvelle pierre à la bipolarisation grandissante du cinéma entre film d'auteur et film commercial destiné à large public. À l'opposition traditionnelle entre le *blockbuster* « consommé » dans un multiplexe et le film « fragile » apprécié dans le cadre intime du cinéma art et essai, verra-t-on dorénavant s'ajouter l'antagonisme entre le film constellé de marques et celui « épargné » par les stratégies publicitaires des annonceurs ? Cette dualité nouvelle semble d'ailleurs entérinée par les spectateurs eux-mêmes, qui paraissent plus facilement accepter la présence de marques au sein de films dits « commerciaux », une certaine cohérence liant pratique et démarche générale du film[42].

Limitée aux « gros films », la technique industrielle du placement se concentre également sur les grands produits, les seuls pouvant espérer être vus et reconnus dans un film. Une marque avec une notoriété minime n'a, en effet, aucun intérêt à payer pour faire partie d'un film. Là encore se dessine une économie du placement à deux vitesses entre un « cas par cas » largement empirique et une approche marketing poussée mettant en relation grandes marques et producteurs de succès. Le placement de marques témoigne une nouvelle fois de la capacité d'adaptation du secteur cinématographique à un environnement dual, entre art et industrie, suscitant des intérêts largement contradictoires. Par sa nature, l'industrie cinématographique semble posséder le don de jouer le double jeu de l'art et du commerce. On peut ainsi voir la pratique du placement de marques comme un des révélateurs contemporains les plus pertinents de la « communauté de destin »[43] existant depuis toujours entre le cinéma et le marché.

Notes

1. I. Fontaine, *Étude des réponses mémorielles et attitudinales des spectateurs exposés aux placements de marques dans les films*, thèse de Doctorat en Sciences de gestion, Université Paris-Dauphine, 2002.

2. « Soudain, Arizona Jim pose sur la table son revolver et, sortant de sa poche une petite boite rose, il l'ouvre en disant : avec les pilules Ranimax, de l'audace, encore de l'audace, toujours de l'audace ! ».

3. J. A. Karrh, « Effects of Brand Placements in Motion Pictures », *Proceedings of the 1994 Conference of the American Academy of Advertising,* p. 90-96.

4. J. Brée, « Le placement de produit dans les films : une communication originale », *Décisions Marketing*, 8, 1996, p. 65-74.

5. J. Oleck, « That's Hollywood : filmakers like putting real-life restaurants in the movies, but chains have to like the movies they're in », *Restaurant Business*, 94, 2, 1995, p. 20.

6. J.A. Karrh, K. Brittain McKee & C.J. Pardun, « Practitioners' Evolving Views on Product Placement Effectiveness », *Journal of Advertising Research*, June, 2003, p. 138-149.

7. M. Friedman, « A "Brand" New Language - Commercial Influences in Literature and Culture », *Contributions to the study of popular culture*, Greenwood Press, 26, 1991.

8. P. Lamassoure, « Cinéma : un partenaire de marque », *Le film français*, 2697, 12 décembre 1997, p. 14-17.

9. D.E. Delorme, « Brands in Films : Moviegoers' Experiences and Interpretations », *Dissertation Abstracts International*, University of Georgia, 1995.

10. J. Brée, *op. cit.*

11. Il s'agit, à la fin de l'année 2002, des agences Film Média Consultant, Marques et Films, Casablanca et Master Partenariat.

12. F. Brillet et S. Courage, « La pub clandestine à l'assaut du cinéma », *Capital*, août 1995.

13. C. Bédarida, « Les régions s'organisent pour attirer les tournages des films », *Le Monde*, jeudi 8 mai 1997.

14. S. Brisset, « Remarquer les marques », *Actua Ciné*, 147, février 1995.

15. C. Bédarida, *op. cit.*

16. C. Duchet, « Cinéma et publicité : le droit d'asile », *Le cinéma et l'argent*, dir. Creton L., Paris, Nathan cinéma, 1999, 88-102.

17. I. Fontaine, « Le placement de produits dans les films : quel outil de communication pour les entreprises ? », *Entrelacs*, mars 2000, hors série « Marketing du cinéma ».

18. Aux États-Unis, contrairement à la France, la marque a un droit de regard sur sa présence dans le film et peut donc contrôler son exposition. Les sociétés de production doivent en effet obtenir l'autorisation de la marque avant de l'insérer dans le film. En France, en revanche, c'est l'artiste qui est maître de son œuvre et celui-ci est libre de faire figurer n'importe quelle marque dans son film, pourvu cependant que celle-ci ne soit pas volontairement dénigrée.

19. R. Mazon, « Ça vaut bien un plan », *Repérages*, dossier n° 12 « Business et cinéma », 1999, p. XXIII-XXV.

20. P.B. Gupta, S.K. Balasubramanian & M.L. Klassen, « Viewers' Evaluations of Product Placements in Movies : Public Policy Issues and Managerial Implications », *Journal of Current Issues and Research in Advertising*, 22, 2, 2000, p. 41-52 ; B.S. Sapolsky et L. Kinney, « You Ought to Be in Pictures : Product Placements in the Top Grossing Films of 1991 », *American Academy of Advertising Conference*, ed. King K.W., Athens, 1994, p. 89.

21. E. Morin, *Le cinéma ou l'homme imaginaire*, Paris, Les Éditions de Minuit.

22. M. Shapiro, *Product Placement in Motion Pictures*, papier de recherche, Northwestern University, 1993.

23. C. Libilbéhéty, « À vos marques ! », *Le Nouveau Cinéma*, décembre 1999, p. 98-104.

24. C. Duchet, *op. cit.*

25. R. Mazon, *op. cit.*

26. C. Duchet, *op. cit.*

27. *Ibid.*

28. J. Brée, *op. cit.*

29. Joël Augros, « Le marketing cinématogra-

phique aux États-Unis est-il efficace ? », *Entrelacs*, mars 2000, hors série « marketing du cinéma », p. 72-91.

30. I. Fontaine, 2000, *op. cit.*

31. M.B. Holbrook et M. W. Grayson, « The Semiology of Cinematic Consumption : Symbolic Consumer Behavior in *Out of Africa* », *Journal of Consumer Research*, 13, décembre 1986, p. 374-381.

32. E.C. Hirschman, « The Ideology of Consumption : A Structural-Syntactical Analysis of "Dallas" and "Dynasty" », *Journal of Consumer Research*, 15, 3, 1988, 344-359.

33. D.E. DeLorme et L.N. Reid, « Moviegoers' experiences and interpretations of brands in films revisited », *Journal of Advertising*, 28, 2, 1999, p. 71-96.

34. I.D. Nebenzahl et E. Secunda, « Consumers' Attitudes Toward Product Placement in Movies », *International Journal of Advertising*, 12, 1993, p. 1-11. ; M.J. Baker et H.A. Crawford, « Product Placement », *Working Paper Series* 95/2, University of Strathclyde, 1995. Il est toutefois notable que les spectateurs américains sont plus positifs à l'égard du placement de marques que les Européens (Français et Autrichiens ; S.J. Gould, P.B. Gupta et S. Grabner-Kraüter S., « Product Placements in Movies : A Cross-Cultural Analysis of Austrian, French and American Consumers' Attitudes Toward This Emerging International Promotional Medium », Papier de recherche, 1998). En outre, seule une minorité de spectateurs juge le placement de produits comme un « message caché »,

laissant planer le spectre récurrent d'une tentative de persuasion subliminale du spectateur (P.B. Gupta et S.J. Gould, « Consumers' Perceptions of the Ethics and Acceptability of Product Placements in Movies : Product Category and Individual Differences », *Journal of Current Issues and Research in Advertising*, 19, 1, 1997, p. 37-50).

35. D.E. DeLorme et L.N. Reid, *op. cit.*

36. D.E. DeLorme, N.R. Leonard et M.R. Zimmer, « Brands in films : young moviegoers' experiences and interpretations », Papier présenté à la *1994 Conference of the American Academy of Advertising*. ; P.B. Gupta, S. K. Balasubramanian & M. L. Klassen, *op. cit.*

37. I. Fontaine, 2002, *op. cit.*

38. D.E. Delorme et L.N. Reid, *op. cit.*

39. E. Chiapello, *Artistes versus managers. Le management culturel face à la critique artiste*, Paris, Éditions Métailié, 1998.

40. A. d'Astous et F. Chartier, « A Study of Factors Affecting Consumer Evaluations and Memory of Product Placements in Movies », *Journal of Current Issues and Research in Advertising*, 22, 2, 2000, p. 31-40.

41. J.A. Karrh, K. Brittain McKee & C.J. Pardun, *op. cit.*

42. Ces constatations ressortent d'entretiens conduits par nos soins auprès de 13 spectateurs, entre les mois de janvier et de mars 1999.

43. Laurent Creton, *Cinéma et marché*, Paris, Armand Colin, 1997.

Quand l'alcool fait sa pub
Les publicités en faveur de l'alcool
dans la presse française,
de la loi Roussel à la loi Évin (1873-1998)

Myriam Tsikounas*

Comment s'adapter aux contraintes de la loi ? Cette question, annonceurs et publicitaires sont amenés à se la poser pour nombre de produits circulant sur le marché. Mais, dans le cas de l'alcool, la réponse est d'autant plus délicate à formuler que, pour des raisons de santé publique, la loi évolue dans un sens de plus en plus restrictif. De la loi Théophile Roussel (1873)[1], établie sous la pression du courant hygiéniste et faisant de l'ivresse publique un délit, à la loi Évin (1998), encadrant strictement l'incitation à consommer de l'alcool, les possibilités de promotion et de création publicitaires se resserrent toujours davantage.

C'est précisément cette adaptation aux conditions législatives, mais aussi sociales et morales, de la consommation de boissons alcoolisées qui guide notre réflexion, fondée sur l'analyse des formes, du discours, des slogans, des images publicitaires. En effet, respecter la loi qui s'impose à tous n'écarte pas certaines stratégies de contournement des annonceurs pour séduire le consommateur et le mener à l'acte d'achat[2].

L'alcool, du remède au plaisir : l'annonce publicitaire

Du médicament à la boisson apéritive

Jusqu'aux années 1920, la majorité des réclames en faveur de l'alcool sont des annonces de médicaments qui, outre de multiples ingrédients (lacto-phosphates de chaux, quinine, kola, huile de foie de morue, suc de viande, cacao), contiennent de l'alcool. Ils sont vendus en pharmacie et leur nom est généralement celui de l'apothicaire qui les fabrique et les commercialise, comme le vin Seguin de la pharmacie G. Seguin (1906) ou « Pesqui, le vin d'A. Pesqui, pharmacien à Bordeaux » (1908). Ces vins, « fortifiés », « reconstituants » ou « toniques », ne s'adressent pas à tous mais aux seuls malades, aux femmes en couche, aux vieillards, à tous ceux qui sont de « constitution languissante », souffrent de maux d'es-

---

* Maître de conférences à l'Université Paris I.

tomac et d'intestin, de nervosité excessive, de diabète et de goutte. Durant cette première période, seuls les annonceurs du vin Désiles se préoccupent également des bien portants, comme le confirme le comédien De Feraud dont les propos accompagnent le portrait : « Désiles, un vin délicieux (…) il fait du bien aux faibles et ne fait pas de mal aux solides, au contraire » (1908).

Ces vins fortifiés, dont le plus tardivement arrivé sur le marché, en 1935, est le vin de Frileuse, disparaissent presque tous en 1937[3], au moment où s'affirment les réclames pour les apéritifs à base de gentiane (Suze) et les « vins cuits » (Rossi, Saint Raphaël, Bartissol, etc.). Seules survivent les trois marques — Byrrh, Dubonnet et Cinzano — qui, contrairement aux autres, étaient qualifiées d'« apéritifs » et ne ciblaient aucune population particulière, se limitant à affirmer : « Byrrh on le consomme en famille comme au café » (1912).

Lorsqu'on observe ces premières annonces en faveur des alcools, deux traits retiennent l'attention. D'abord, une absence étonne : alors que sa prohibition n'intervient qu'en mars 1915, l'absinthe, très présente dans les affiches, est inexistante dans la presse. Les fabricants d'absinthe ont-ils tout misé sur l'affiche ou les journaux refusent-ils d'accueillir une boisson mal considérée ? Ensuite, jusqu'à la fin des années 1950, les annonceurs insistent tous sur la nationalité française du produit promu : tous les vins sont dits « de France » et les rares breuvages étrangers cachent leur origine en se proclamant « La grande marque mondiale » (Martini, 1935), « La première marque du monde » (whiskey Guckenheimer, 1895)… Les Pères Chartreux vont même jusqu'à justifier leur délocalisation en Espagne : « Expulsés de France, fabriquent maintenant à Tarragone leur liqueur bien connue » (1904).

L'offensive des bières et des vins

Durant la Grande Guerre, les alcooliers n'hésitent pas à promouvoir leurs produits et à désigner comme destinataires les blessés. Le vin de Vial se dit ainsi « réservé aux Poilus », qu'un dessin présente, le bras en écharpe et la tête bandée, ou appuyés sur une canne, face à une infirmière qui leur offre le reconstituant. La Seconde Guerre mondiale, en revanche, coupe l'élan publicitaire, vraisemblablement en raison de la politique antialcoolique de Vichy, de la pénurie d'alcool dans le pays et de la disette de papier qui réduit considérablement le nombre de pages dans les journaux. Le marché ne redémarre qu'en 1947. C'est alors que la promotion pour la bière s'intensifie. Certes, quelques rares tampons pour des bières (Ferrugine, Pale Ale) avaient déjà été insérés dans la presse dès les années 1890, mais l'offensive des brasseurs ne débute véritablement qu'en 1948, avec la Bière B7 puis le lancement publicitaire de Kronenbourg (1950). Immédiatement, les créatifs cherchent à faire consommer ce produit quotidiennement, « n'im-

Blessés, Anémiés

FORCE
SANTÉ
VIGUEUR

vous seront rendues
par le

VIN de VIAL
au
Quina, Viande
et Lacto-Phosphate de Chaux

Son heureuse composition en fait le
plus puissant des fortifiants et le
meilleur des toniques que doivent
employer toutes personnes débilitées
et affaiblies par les angoisses et les
souffrances de l'heure présente.

DANS TOUTES LES PHARMACIES

Réclame parue dans Le Figaro *du 17 décembre 1918.*

porte où, n'importe quand », car sa « fraîcheur désaltérante » permet d'étancher la soif. Ils tentent aussi d'apparenter ce breuvage à un aliment, voire un médicament. À la fois « apéritive et digestive », la bière est nourrissante par sa « haute tenue en calories » (Oxford Scotch, 1955). « Pasteurisée », « renfermant 11 acides aminés, des minéraux et des vitamines », elle est « bonne pour la santé » (Valstar, 1961). À partir de 1974, les brasseurs, comme s'ils redoutaient une baisse des ventes[4], diversifient leurs produits en créant soudainement de nouvelles marques et de nouvelles gammes[5].

Un simple survol de ces publicités révèle également que, durant les Trente Glorieuses, les fabricants des marques les plus souvent promues rachètent des firmes en difficulté et opèrent des fusions, tel Martini qui absorbe Rossi. Ils se mettent aussi à commercialiser des produits sans rapport avec leur spécialité initiale : la société Paul Ricard rachète ainsi le cognac Bisquit et Byrrh promeut le vin Byrel (1956). En effet, à y regarder un peu plus attentivement, les entreprises les plus compétitives se lancent surtout, à partir des années 1950, dans le négoce du divin nectar — Suze sélectionne le vin Vabé (1954), Saint Raphaël le Rapha (1954) et Martini le vin du Roussillon Manor (1957) —, le marché étant florissant. Certes, les annonces pour les vins existaient depuis 1873 ; mais elles restaient discrètes. Jusqu'en 1910, des tampons proposent des ventes en gros. On y valorise le prix, attractif, et les facilités de paiement. On prévoit même des « échantillons gratis à domicile » de ces vins qui titrent 9 ou 10 degrés alcooliques. À partir de 1920, se distingue un premier infléchissement, les vignerons s'associant en Société de vignobles pour faire connaître le vin d'une région : de Bordeaux, des Corbières… Mais, au lendemain de la Seconde Guerre mondiale, tout change : les marques de vin de table et de provenance différente s'affirment (Postillon, Remillons, Richard, Byrel, des Rochers, etc.). La publicité stagne ensuite pendant une décennie avant de revenir en force, avec l'entrée en lice de nouvelles marques : Berthet, Maîtres Vignoux, Vins de Cahors… Par une sorte de mouvement de balancier, les annonceurs insistent alors, comme un siècle plus tôt, sur l'aspect médicamenteux du produit et n'hésitent pas à convoquer à nouveau Pasteur pour affirmer que « Le vin est la boisson la plus saine et la plus hygiénique » (Champlure et Cramoisay, 1959).

Modifier les habitudes du consommateur

Et puis, les Trente Glorieuses aidant, les publicitaires misent sur une nouvelle stratégie visant à modifier le comportement des consommateurs. Ainsi en est-il pour les alcools dits nobles. Certes, la réclame pour le Cognac existait depuis la Belle Époque (Martell, Otard-Dupuy) ; mais elle restait discrète. Dans les années 1950, pour doper les ventes, les annonceurs proposent subitement au lecteur de déguster ce breuvage autrement, étendu d'eau, non plus en digestif, mais en apéritif. Sur l'image d'un grand verre rempli et d'une paille, Bisquit se décline en « Bisquit alo, for a long Drink » (1950) et Hennessy devient Henco « Pour boire à l'eau » (1952)… Mais, dès 1953, comme si la précédente campagne était restée lettre morte, les cognacs s'offrent dorénavant en cadeaux et le contenant prime le contenu, qui semble difficile à écouler. La bouteille est enrobée (Courvoisier), installée dans un coffret (Rémy Martin, 1953) ou sur un canon (Courvoisier)… Alors que Rémy Martin est idéal « pour les cadeaux d'entreprise » (1953), Courvoisier et Martell sont « Les présents idéaux pour les fêtes

La Grande Chartreuse, Le Figaro, 7 mai 1923.

de famille » (1955). Les annonceurs tentent de convaincre le destinataire qu'offrir un Cognac est une preuve de goût, que Bisquit est un « présent prestigieux » (1954) et Polignac un « cadeau de classe toujours apprécié » (1964). Au mitan des années 1960, la recommandation devient un ordre. « Soyez exigeant. Pour vos cadeaux demandez le cognac Hennessy ! » (Le Figaro, 1964) ; « Vous ne lisez pas n'importe quoi, n'offrez pas n'importe quoi ! » (Le Monde, 1966). Mais cette stratégie, risquée, est rapidement abandonnée au profit de textes minimalistes comme : « Cognac de la tradition » (Otard, 1967). Sur fond de château (Otard), de cave et maître de chai (Hennessy, 1967), de vignoble (Otard, G. de Lagrange, 1968) et de vigneron (Bisquit, 1969) se superpose la photo d'un verre à pied. À partir des années 1970, ce verre s'imprime sur décor de culture classique : livres de Balzac, partitions de Beethoven et de Satie posées sur un piano.

Les apéritifs anisés ont une forte connotation populaire. Tout au long de la période observée, la plupart des fabricants revendiquent cette appartenance, par des slogans comme : « Casanis et fier de l'être ! ». Seule la firme Ricard tente, à partir de 1985, de modifier son image : elle lance une série publicitaire mettant en scène d'élégants personnages, attablés dans des restaurants « étoilés », qui repoussent d'une moue dédaigneuse leur flûte de Champagne et affirment (dans un phylactère) : « Un Ricard sinon rien ! ». À l'opposé de Ricard, qui invite à commander une boisson évoquant la pétanque dans des lieux chics, depuis 1990, plusieurs négociants de Champagne incitent le destinataire à consommer leur produit plus simplement : un verre de Veuve Clicquot peut ainsi se déguster sur un quai de gare ou dans la cabine d'un téléphérique (1997).

La publicité pour le rhum ne cesse d'évoluer, elle aussi. L'alcool est, depuis longtemps déjà, promu dans la presse ; mais les annonceurs ne semblent pas croire à la possibilité de faire acheter usuellement ce breuvage exotique dont ils rappellent, d'une réclame à l'autre, la provenance : « le prestigieux pays des Antilles ». Ils encouragent uniquement le lecteur à servir un punch à ses invités, lors de soirées d'exception et lui donnent la recette de divers cocktails — Le Créole, Le Cardinal…

Comme cette consommation, très occasionnelle, ne suffit pas, les créatifs, à partir de 1930, commencent à apparenter le rhum à un médicament qui prévient et soigne la grippe, se boit en grog, dans du thé ou du lait chauds : « Au premier frisson, au moindre froid ! » (Saint James, 1930). Plus tard, le rhum rehausse la pâtisserie : sur l'image d'un baba détrempé, un texte questionne : « Votre pâtisserie a-t-elle le parfum Négrita ? » *(Marie-Claire,* 1956).

Et puis, au milieu des années 1960, les annonceurs décident de faire du rhum une boisson quotidienne, conviviale, tout en soulignant ses vertus viriles. L'alcool s'invite dans tous les lieux branchés de Paris. Se multiplient aussi les photographies où des maris attentionnés versent un Clément ou Old Nick à leur compagne, où de jeunes gens boivent leur punch à la paille dans un « pot au rhum ». Ailleurs, sur plans de mannequins au look de pirates (anneaux aux oreilles, barbe de trois jours…), les slogans affirment : « Il est viril et vigoureux. Il titre 50 degrés d'alcool » (1968)… Sur plans d'océans et de goélettes venues rappeler que le rhum fut la boisson préférée des corsaires, les textes assènent : « Offrez en le jour où des hommes viendront chez vous ! » (Clément, 1969).

Ménager les enfants, conquérir les femmes

Mais les publicités en faveur du rhum font figure d'exception car, durant ces années 1960 commence à sourdre l'idée de boire léger. Si, de 1873 à la fin des années 1950, les alcools titrant 45 degrés sont de plus en plus présents dans la presse et ne cessent de se diversifier, ultérieurement les degrés alcooliques chutent. Fromy se veut « Un cognac blond, léger pour les hommes modernes… » (1969), « Les connaisseurs préfèrent Kriter, extra léger » (1964). Durant ces mêmes années, il n'est subitement plus question d'inciter les enfants à boire ; mais rien n'empêche de les attacher à la marque par des produits de substitution. Sur une même page consacrée à Postillon, s'opposent un petit garçon et une fillette dégustant du jus de raisin Postillon et leurs parents consommant du vin de la même marque (*L'Humanité*, 1961). La publicité, sous la pression sociale, semble admettre le message sanitaire qu'imposera Michèle Barzach, bien plus tard, en 1987 : « Sachez apprécier et consommer avec modération ». Seuls les brasseurs et les cidriculteurs font de la résistance, continuant de montrer des bambins attablés, levant leur verre rempli de cidre, « boisson jeune et joyeuse de la table familiale » (1961) ou de bière Valstar qui « convient à toute la famille ».

Parallèlement, les annonceurs s'appliquent à gagner une nouvelle clientèle par des publicités ciblées. Si les enfants sont désormais épargnés, les femmes, dès les années 1970 représentent une population intéressante : ainsi la publicité semble-t-elle récupérer à son compte le mouvement d'émancipation féminine. Jusqu'à la Seconde Guerre mondiale, dans les réclames, les buveuses sont majoritairement des grands-mères, malades, qui se requinquent au quinquina (Byrrh) ou à la gentiane (Suze). Les rares jeunes femmes mises en scène ne boivent pas par plaisir, mais consomment chez elles, dans leur cuisine, pour trouver le courage de finir la lessive et le repassage !

Certes, quelques starlettes et élégantes aux cheveux courts et bruns, sans famille ni enfants, sont représentées avec le verre à la main ; mais elles ne paraissent boire qu'occasionnellement, le soir, à la sortie du spectacle, le jour, entre amies. Elles emportent leur bouteille de Négrita lors d'une ballade en tandem (1938), ou consomment un Campari en bord de mer, à l'ombre d'un parasol (1925). À la fin des années 1950, les annonceurs s'adressent encore, très majoritairement, à des acheteuses, non à des consommatrices. Sur le dessin d'une femme qui reçoit des invités s'imprime le slogan : « Pour accueillir vos amis » (*Le Monde*, 1956) ; « Byrel pour la femme de bon goût » (1957). Dix ans plus tard, en revanche, toutes les femmes, et non plus seulement l'artiste ou la citadine emperlée, se mettent à boire, à toute heure, par plaisir, partout et en toute occasion : elles trinquent indifféremment le jour, lors d'une « Partie de campagne » (Ancre Pils, 1969), après un match de tennis (Tuborg, 1983), ou un plongeon dans la piscine (Martini, 1982) ; le soir, chez des amis (Johnny Walker, 1988) ou en discothèque (Tuborg Green,

1982). En outre, elles ne boivent plus seulement des alcools onctueux mais, comme les hommes, des vins, du cognac et de la bière.

Boissons françaises ou étrangères ?

Autre infléchissement remarquable : la percée des produits étrangers, rares dans la publicité jusqu'aux années 1960. Durant plus de trente ans, Bénédictine se présente comme « La grande liqueur française » ; Saint-Raphaël comme « Le grand vin de France ». À l'inverse, à partir de 1966, les publicités pour les alcools d'origine étrangère deviennent presque aussi nombreuses que les annonces pour les boissons françaises. Les Porto portugais et les vins espagnols sont rejoints, en 1970, par les vodkas et eaux de vie de figue. À la fin de la décennie, les bières ne sont plus seulement alsaciennes ou lorraines mais danoises (Carlsberg, Bass, Tuborg), belge (Leffe) et américaine (Busch). Au même moment, les whiskies écossais (Glenfiddich, Ballantine's) et américains (Cutty Sark, Glenn Turner) commencent à faire leur publicité.

Mais dès que les marques étrangères inondent le marché, plusieurs fabricants français contre-attaquent par des annonces déplorant l'obligation d'exporter leurs alcools. Ainsi, sur la photo d'un paquebot qui vogue est inscrite la question-réponse : « Mais où passe donc notre Bénédictine ? 84 % de la production s'en va à l'étranger » (*Marie Claire,* 1971).

L'image, à l'appui d'une stratégie

Identités géométriques

En 1873, à la promulgation de la « loi Théophile Roussel » réprimant l'ivresse publique, les réclames en faveur de l'alcool sont de simples rectangles qui ne se distinguent pas des petites annonces. Ultérieurement, les cadres se diversifient en carrés (Quina Laroche), octogones, losanges (vin Bravais) cercles (Rossi) et ovales (Saint-Raphaël). Des phylactères font leur apparition, pour restituer le rêve du buveur et/ou les propos des personnages (Marie Brizard, 1934). Des vignettes accolées, à la manière des bandes dessinées, permettent de raconter une historiette (Bartissol, Dubonnet). Dès 1890, les créatifs jouent également sur les motifs géométriques : ils tracent dans le cadre des triangles, des étoiles et des trapèzes. Ils posent la bouteille d'alcool dessinée au sommet d'une ligne ou du slogan, écrit verticalement… Mais leur figure préférée reste le cercle ou le demi-cercle (Saint-Raphaël, 1936). Cette figure, omniprésente, rappelle bien sûr le soleil, nécessaire au mûrissement de la vigne. Mais elle semble exprimer aussi les mots du vin et de l'ivresse : « être rond », « être plein »…

Les réclames, le plus souvent insérées horizontalement jusqu'aux années 1930, sont, d'abord, de petite dimension (6x31). Il faut attendre les années 1900 pour que le format double et qu'apparaissent des bandeaux plats, d'abord insérés sur deux colonnes

(Élixir Combier, Byrrh) puis, sur toute la largeur de la page pour mieux canaliser l'attention du lecteur (Byrrh, Fernet Branca). À l'orée des Trente Glorieuses, les demi-pages, jusqu'alors fort rares, s'affirment, deviennent pleines pages en 1960 et doubles pages en 1974 (Mutzig)[6].

Les caractères d'imprimerie restent, à l'origine, rudimentaires. Le slogan est donné en lettres noires sur fond blanc ou, bien plus rarement, en lettres blanches sur bandeau noir (Martini, 1935). Les créatifs expérimentent rapidement les lettres anglaises (1893), les caractères gras et maigres, soulignés et non soulignés, les capitales italiques (1903). En revanche, le gothique s'impose tardivement avec la publicité pour les bières (1950).

Jeux photographiques[7]

Au début, les annonceurs ne connaissent que le dessin et l'utilisent avec parcimonie. Alors que les réclames pour d'autres produits offrent, depuis 1890, des images relativement élaborées d'usagers de machines à coudre (Singer) et de cycles (Peugeot), d'élégantes portant des vêtements vendus à La Belle jardinière, la Samaritaine ou le Louvre. les réclames en faveur de l'alcool se bornent à exhiber une bouteille cachetée ou une amphore. Certes, à partir de 1905, Byrrh présente deux buveuses à la manière de Mucha, mais il faut attendre 1913 pour que les autres fabricants d'apéritifs, comme Dubonnet, l'imitent ou esquissent des soleils ou des pampres. D'ailleurs, alors

que l'affiche emploie de grands noms du crayon, les dessinateurs convoqués dans la presse sont presque tous des inconnus.

Peu audacieux en matière de dessin, les alcooliers le sont, en revanche, dans l'utilisation de la photographie. Dès décembre 1906, le vin Désiles impose des portraits d'artistes, tirés par des photographes célèbres comme Manuel, Reutlinger et Waletz[8]. Si, dans les premiers temps, on ne voit que quelques buveurs pris en gros plan, souriants et le verre à la main, rapidement, les annonceurs mêlent, subtilement, photo et crayon, pour différencier produits et consommateurs ou pour établir des parallèles entre le passé de la marque, dessiné, et le présent, photographié (Marie Brizard, 1938).

Dès que la photo domine, au début des années 1950, les opérateurs, dont le nom est toujours soigneusement signalé sur un bord du cadre, exploitent toutes les potentialités de leur art. Par des prises de vues en très gros plans, les contenants s'offrent en taille réelle au destinataire pour lui donner envie de saisir le verre ou la cannette. Par de savants éclairages, les artistes parviennent à restituer la texture des matériaux : la dureté d'un glaçon, le moelleux de la mousse, l'onctueux d'une liqueur… Ils réussissent également à éveiller les sens du lecteur qui ressent la fraîcheur du verre ou du bock de bière couverts de gouttelettes et dont le regard est attiré par des couleurs sublimes : rubis des vins rouges, topaze des Rivesaltes, or de la Gold. À partir

Réclame reproduite de nombreuses fois dans Le Figaro *et dans* L'Humanité *entre mai et octobre 1937.*

de 1993, quand le décret d'application de la « Loi Évin » ne permet plus de mettre en scène de buveurs, les artistes rusent. Maintenus obligatoirement hors champ, les consommateurs n'en sont pas pour autant inexistants. Dans plusieurs publicités, en effet, l'opérateur se trouve attablé à la place du client. Un point de vue décadré, en oblique, accentue sa présence et nous force à remarquer ce plan subjectif (Martini, Ballantine's). Non seulement le spectateur voit par les yeux du buveur, mais il épouse sa vision, troublée par l'alcool, car une longue focale produit un flou au second plan et permet, parallèlement, de resserrer l'attention sur le comptoir ou sur la table où sont posés les breuvages.

La peinture est beaucoup moins présente dans les annonces presse que dans l'affiche. La réalisation de ces tableaux, rares mais très travaillés, est généralement confiée à des artistes de renom (Camille Hilaire, Bernard Villemot). Mais, le plus souvent, les annonceurs se limitent à reproduire, tout ou partie d'une œuvre célèbre situant son action dans un bar ou une brasserie, comme dans le cas de la bière Bass censée se consommer dans *Le Bar aux Folies Bergères* d'Édouard Manet (1959).

Scènes stéréotypées

Les toutes premières images, sommaires, présentent des bouteilles non débouchées et en gros plan, de telle sorte que le lecteur puisse lire les informations délivrées sur l'étiquette. Dans les années 1930, le flacon, jusqu'alors solitaire, commence à être entouré de verres aux formats variés, chargés d'exprimer les différentes manières de consommer le produit : sec dans un verre à pied, sur glaçons dans un verre à whisky, étendu d'eau dans un tumbler… La bouteille, jusqu'alors bien droite, se met à pencher, comme pour signifier l'ivresse (Suze, 1934). Il lui arrive même de trinquer avec un verre (Bisquit alo, 1950) et de se coucher à la première page du journal, dans le prolongement du titre (Taittinger, 1947, Mercier, 1948). À l'aube des années 1970, la bouteille s'anthropomorphise, devient une femme que l'annonceur habille d'une robe rose

(Kriter, *Lui*, 1970) et déshabille à son gré, arrachant le vêtement de papier pour découvrir la marque (Maillard, 1969, Mumm, 1992, Suze, 1997)… Les slogans confirment au lecteur que « Maintenant les 33 export ont des dessous qui leur font perdre la tête » (1968) ou qu'une « Une blonde sous pression vous attend à la maison » (Pelforth Pale, 1968). À partir de la loi Évin, quand on ne peut plus guère montrer que le contenant, le procédé, très logiquement, se généralise.

Jusqu'aux années 1920, dans leurs rares dessins, les annonceurs ne mettent quasiment en scène que des professionnels : fabricants d'alcool et serveurs. Ils sont, alors, rejoints par les nobles fondateurs de la marque : comtesse Marie Brizard, marquis de Montesquiou, prince Hubert de Polignac. Dans les années 1930, les vignerons, vendangeurs, coupeurs de canne à sucre et maîtres de chais sortent à leur tour des coulisses.

Les buveurs entrent en scène en 1925. Certains sont stéréotypés — tel ce facteur qui se fait offrir une Suze par le cafetier à qui il apporte un mandat (1935) — ; d'autres plus inattendus, comme les sportifs qui apparaissent à la fin des années 1930, au moment même où les annonceurs commencent à persuader le lecteur que l'éthanol améliore les performances physiques. Les tennismen sont, de loin, les plus nombreux. Jusqu'aux années 1950, le buveur a aussi les traits du cavalier (Vin de la Durante, 1932), du chasseur (Dubonnet, *L'Action française*, 1913 ; Suze,

L'Action française, 1938), du randonneur (Pikina, 1936) et de l'alpiniste (Byrrh, 1938).

Puis, dans la seconde moitié du XXᵉ siècle, l'alcool est associé à des sports plus populaires. Le buveur devient alors un cycliste (Kanterbrau) ou un footballeur (Blanquette de Limoux, 1982 ; Bénédictine, 1967). Ricard, « l'ami des sportifs », met en scène des catcheurs et des joueurs de pétanque, tandis que son rival, Pastis 51, photographie des véliplanchistes et des nageurs « Heureux comme un 51 dans l'eau » (1984). Qu'ils appartiennent à l'élite ou soient des « fils du peuple », ces buveurs sportifs, obligés de s'effacer en 1987, aux lendemains de la Loi Barzach, ont tous un point commun ; les moyens de locomotion qu'ils utilisent — marche à pied, cheval, vélo, tandem ou bateau — sont toujours traditionnels. Pas de train, pas d'avion, et de très rares voitures.

Comme les sportifs, les autres consommateurs évoluent au fil des décennies. Au départ, ce sont des bourgeois qui portent le gibus et le monocle et se font apporter leur breuvage par un serviteur ; les couples, en tenue de soirée, sortent de l'Opéra à moins qu'ils ne trinquent sur leur terrasse ouvrant sur la mer (Campari). À partir des Trente Glorieuses, en revanche, le buveur appartient à toutes les couches de la société. Mais alors, comme par souci de maintenir les écarts, les élites, contrairement aux humbles, deviennent les connaisseurs, les gourmets, qui savent déguster. On ne les voit plus porter l'alcool aux lèvres mais regarder ou humer le produit (Cognac Otard, 1955 ; déclinaison Kronenbourg, 1969 ; cognac Bisquit, 1970).

Qu'en est-il des décors ? Les précurseurs de paysages semblent être La Grande Chartreuse qui dessine des monts enneigés (1923) et Bénédictine, qui montre sa distillerie de Fécamp (1926). Mais il faut attendre les années 1950 pour voir se généraliser les panoramas et les espaces traditionnels de consommation : café, brasserie luxueuse et restaurant chic.

À buveur classique, décors hors du temps. Le lieu le plus figuré est le château, souvent médiéval, dont les tours peuvent être constituées par deux bouteilles retournées (cognac Otard, vins Nicolas). La plupart des vins AOC, des Champagnes et les Cognacs font visiter au lecteur leurs manoirs. Quelques-uns ouvrent également les portes de leurs caves, remplies de fûts de chêne ou présentent leurs vignobles qui s'étendent à perte de vue.

Quand ils s'enferment dans des intérieurs, les publicitaires présentent des espaces intemporels : le buveur est assis au coin du feu, le sol du salon est en carreaux de grès émaillés, les seuls accessoires visibles sont le piano ou la table de bois sur laquelle le verre de vin est posé à proximité d'un pain cuit à l'ancienne. Et sur ces images champêtres, les slogans confirment : « Est-ce hier, aujourd'hui ou demain ? Qu'importe » (Kronenbourg, 1979). Lorsqu'ils ne s'attardent pas sur le terroir, les agents de marketing montrent la mer : le lecteur découvre tous les types de bateaux, rentrés au port à l'heure de l'apéritif (Postillon, 1961), ou voguant sous le soleil (Negrita, 1938).

Ainsi, les publicités en faveur de l'alcool connotent-elles le calme, la stase, l'antidote de la civilisation. La ville est quasiment absente, limitée à deux monuments parisiens, l'Opéra et l'Arc de Triomphe (Bisquit). Pour les alcooliers, le véritable raffinement n'est pas de suivre les modes et les usages mais d'être authentique.

Comment toucher le consommateur ?

Qualités et génie de l'alcool : la force du slogan

Jusqu'à la Seconde Guerre mondiale, la grande peur des alcooliers est la contrefaçon. De fait, ils ne cessent de demander au lecteur de se méfier de la fraude : « La société Saint-Raphaël fait savoir à sa clientèle que de nouveaux contrefacteurs vont essayer de la tromper » (1931)… À partir de 1948, la tactique change. Les annonceurs ne s'évertuent plus à démontrer que leurs concurrents les copient mais simplement qu'ils fabriquent de moins bons produits — « Le rhum Saint James, contrairement aux autres, n'est pas un rhum de mélasse » (1951)… Et pour prouver que leur breuvage est le meilleur, ils multiplient les stratégies. Jusqu'à la Grande Guerre, ils signalent les concours remportés, les prix et médailles reçus… Ces récompenses, obtenues dans des circonstances inexpliquées et décernées par de mystérieux jurys, semblent garantir la qualité du produit. En 1873, Riclès se vante d'avoir reçu la médaille de bronze. Mais il est dépassé, dès 1879, par Quina Laroche, qui se prétend médaille d'or et par Wynand Fockink, qui se targue d'avoir été lui même membre du jury à l'exposition de Paris de 1900.

Au départ, pour convaincre le destinataire d'acheter leur alcool, les fabricants s'appuient également sur les chiffres des ventes. La comptabilité peut être spécialement compliquée. Par exemple, Saint-Raphaël annonce successivement, toujours à la Une des quotidiens, que « Les ventes de 1908 étaient doublées en 1914 » et que « Les ventes de 1914 ont à leur tour été doublées en 1921 ». Quant aux ventes de 1923, « elles ont été huit fois supérieures à celles de 1908 » (? ! ?)

Jusqu'aux années 1910, les annonceurs cherchent aussi des cautions médicales : « Tous les médecins sont d'accord sur la valeur du Rhum » (Saint James, 1904). Pour ceux qui ne seraient pas convaincus, des slogans suggèrent : « Interrogez votre pharmacien. Demandez-lui conseil ! » (vin de Frileuse, 1936). Mais si l'alcool est une panacée, tout l'art va consister à persuader le lecteur que ce médicament, contrairement aux autres, est agréable à prendre et procure du plaisir. Le Rhum Saint-James est « La plus exquise gourmandise en même temps que le remède le plus efficace » (1904). « L'anis vert est considéré par l'académie de Médecine comme le plus puissant des digestifs »

mais il est aussi « Le super-dessert apprécié de tous et de toutes » (*Marie-Claire*, 1938)… Un pas supplémentaire est franchi à partir de 1936. L'alcool n'est plus seulement un médicament tonifiant mais un psychotrope : Byrrh permet de « conserver bonne santé et belle humeur » (1936), et le vin des Rochers a « le talent de vous plonger dans l'euphorie » (1957), pour « vous rendre la vie bien plus jolie » (1961).

Si, à l'origine, les publicitaires manquent de pratique et d'audace dans le slogan, à partir de 1935, tout change. Pour séduire le lecteur et l'encourager à acheter, ils ne se limitent plus à vanter les qualités du produit par des discours proches de la vulgarisation scientifique. Ils cherchent, en jouant sur les mots, à accroître la connivence avec le public. Pour y parvenir, ils augmentent la difficulté de compréhension du message et, parallèlement, le plaisir d'avoir réussi, *in fine* à le décrypter. Ils prennent l'habitude de mettre le sens figuré, du slogan, au sens propre, dans l'image. Pour illustrer le texte « Les yeux fermés on peut boire du Rossi », ils montrent un homme aux yeux bandés (1938). Alors qu'une phrase affirme « Four Roses, le whiskey qui se boit coupé », la photo montre un sécateur qui coupe quatre tiges de roses rouges (1994). Afin de s'assurer la complicité du destinataire, ils tentent aussi de partager avec lui une histoire commune. Pour le Quatorze juillet, par exemple, le Postillon tient la hampe d'un drapeau tricolore (1950) et, pour la fête de la musique, le décapsuleur de Kronenbourg a la forme d'une clef de sol (1988).

À partir de 1935, les agents de marketing se font également poètes. Ils jouent sur les allitérations, dans les noms donnés aux produits — « Cognac Prince de Polignac », « Verveine Velay » — comme dans les slogans — « Zano le zèbre vous dit Cinzano se boit glacé », (1951), « Qui boit Vabé va bien » (1954). Ils jouent avec la rime, martelant : « Cognac Salignac », « À week-end printanier, plaisir Courvoisier » (1959), « À bons dîners… Baudinet » (1963)… Ils sont aussi friands de mots à double sens. Ainsi, sur un dessin de pressoir, ils certifient : « De cave en presse, la voilà la jolie presse » (Byrrh, 1937).

Dès les années 1930, les publicitaires vont également chercher à faire comprendre au lecteur, par des images de plus en plus subtiles, que l'alcool permet d'unir les contraires. Dans les dessins comme dans les photos se marient le sec — généralement symbolisé par le soleil — et l'humide — exprimé par des plans d'eau, sous toutes ses formes —, le froid et le chaud, la force et la douceur : la bière Oxford Scotch « réchauffe en désaltérant » (1955) ; Cherry Rocher est « fraîche au palais, chaude au cœur » (1937) ; le Cointreau est « fort et doux à la fois » (1975).

Dès l'aube du XXᵉ siècle, les publicitaires misent aussi sur les effets d'interactivité. Au départ, selon la technique du « before-after », ils proposent au lecteur d'écrire pour présenter son état de santé : avant puis après la prise de vin fortifié. Des fragments de lettres de madame X, jadis anémiée, et de Monsieur Y, autrefois continuellement fatigué, se succèdent. Les agents de marketing prenant soin d'alterner buveurs des villes et buveurs des champs, Paris et la province, cadres supérieurs et ouvriers. À partir des années 1930, la tactique se modifie. Les annonceurs persuadent désormais le destinataire que l'alcool le rend ingénieux. Au début, ils lui permettent de gagner un concours « dont le règlement figure sur chaque bouteille » (Martini et Rossi, 1937). Quinze ans plus tard, ils l'invitent à « jouer à la plus grande partie de belote jamais organisée » et à rimailler pour voir ses œuvres publiées dans la rubrique les « Amis poètes du vin des Rochers » ils lui demandent également d'exercer ses talents picturaux pour le « grand prix Martini de la plus belle affiche » (1964).

À la fin des années 1960, le buveur joue toujours pour gagner, mais l'objectif n'est plus un prix, de l'argent ou l'exposition d'une œuvre ; c'est dorénavant un voyage exotique ou des équipements pour les vacances : « Dix voyages dans le monde à gagner. Premier prix Tahiti » (bière Ancre, 1969) ; « Grand jeu Picardy vacances, premier prix une caravane… » (Télé 7 jours, mai 1971)⁹.

À partir de 1975, les stratégies publicitaires changent à nouveau. Il s'agit désormais de prouver au lecteur que l'alcool, non seulement rend intelligent mais permet une expérience mystique et donne le goût du beau. Les images d'église (Leffe, Pelforth), de vitraux et d'instruments de musique, les plans de pianistes et de peintres dégustant un alcool se multiplient tandis que les slogans assurent, par exemple : « La petite église est vide. Il y fait bon. Bach, Haendel… » (Pelforth, 1975).

Mieux cerner sa cible

À la fin du XIXᵉ siècle, les agents de marketing et les éditeurs ne se soucient nullement de valoriser, ensemble, des gammes de produits compatibles. Il n'est pas rare, dans les journaux, que des réclames pour les vins et les rhums avoisinent avec des tampons vantant les mérites de médicaments comme la Tirosine, la Luperrine ou le « remède Sangou » chargés de « corriger les ivrognes à jamais », de les « guérir à leur insu » (*Le Petit Journal*, 1897, 1899). Il faut attendre les lendemains de la Seconde Guerre mondiale pour que les tactiques s'affinent. Les publicités s'introduisent alors dans des pages sur lesquelles le lecteur est amené à s'attarder : mots croisés, Bourse, feuilleton ou nouvelle, petites annonces dans les quotidiens, programme radio donné en minuscules caractères et courriers des téléspectateurs.

À la fin des années 1970, les emplacements commencent à varier selon les types de produits. Les publicités en faveur des digestifs figurent dans les rubriques « radio » des magazines, car on les associe de plus en plus fréquemment à la musique. Le Champagne et les bières de luxe occupent souvent une pleine page sur papier glacé, en deuxième ou quatrième de couverture. À l'inverse, les vins de table et les bières familiales sont promus dans les colonnes « soirée TV ». Les fabricants d'apéritifs anisés, qui sponsorisent le Tour de France ou la Formule 1, placent bien sûr leurs annonces dans les pages sportives.

Or, plus le temps passe, plus les publicitaires cherchent à cibler finement leur clientèle, jouant sur de multiples critères, l'âge comme la situation sociale ou le positionnement politique. Jusqu'à la Grande Guerre, les journaux accueillent tous les mêmes publicités. Les annonces pour le Rhum Saint James ou pour la Grande Chartreuse figurent indifféremment dans *Le Figaro*, *Le Petit Journal* et *L'Action française*. Ultérieurement, les créatifs commencent à proposer plusieurs déclinaisons pour un même produit. Ainsi, les dessins mettant en scène des ménagères consommant des vins médicamenteux pour être plus vaillantes sont-ils beaucoup plus nombreux dans *L'Action française* que dans les autres journaux. Dans le quotidien de Maurras, et exclusivement là, Suze montre des chasseurs (1938) et des maquignons (1938) ; alors qu'ailleurs, la marque s'appuie plus volontiers sur la figure de vieillards qui ne font pas leur âge. Si Byrrh présente des mondains à gibus dans *Le Figaro*, en revanche, dans *L'Humanité*, il valorise les gens du vin et de la vigne : le tonnelier, le transporteur, le livreur.

De même, à partir les années 1920, chaque journal promeut prioritairement les alcools que ses lecteurs sont censés consommer. *Le Figaro* fait connaître les cognacs, les liqueurs et les grands crus dans une page spéciale intitulée « Gourmandise du *Figaro* » (depuis 1927) ; *Le Monde* consacre, deux ou trois fois l'an, une pleine page à la promotion des Cognacs et une autre aux « liqueurs séculaires ». À l'opposé, *L'Humanité* accueille des publicités pour des vins de table, des vins mousseux et des apéritifs anisés. En outre, tandis que dans les autres journaux les annonceurs s'adressent à un public bourgeois, dans *L'Humanité*, ils parlent aux ouvriers — « Au chantier comme au foyer buvez les vins du Postillon ! » (1956). « Réalisez des économies. Chaque flacon de quintonine permet de faire un litre entier de délicieux vin fortifiant » (1935). Enfin, le lectorat féminin est, lui aussi, très ciblé, puisque *Marie-Claire* est la seule publication à vanter les mérites de la bière sans calorie Diet beer de Kronenbourg (1955) et à offrir essentiellement des réclames pour les alcools sirupeux : les liqueurs et les vins cuits.

On le voit, en parcourant la longue période qui relie l'invention de la réclame en faveur de l'alcool aux publicités contemporaines : les publicitaires savent adapter leur discours tant à la loi qu'aux transformations des représentations sociales. D'abord intégrée au champ pharmaceutique, cette publicité pro-alcool s'autonomise lentement et finit par inonder la presse. Si les annonceurs ont réussi à se maintenir durablement, dans un cadre juridique de plus en plus contraignant, n'est-ce pas parce que, jouant du décalage entre forme et contenu des messages, ils ont fait mine d'accepter la loi et parfois même de la précéder, prônant, par exemple, la modération bien avant les lois Barzach de 1987 ? Pour survivre, les publicitaires ont mis en œuvre des stratégies toujours plus subtiles : agrandissement constant des images, insertions dans les pages où elles ont le plus de chance d'être remarquées ; ciblage très précis des lectorats… Ils se sont assurés la complicité du destinataire par l'humour et les jeux de mots. Ils ont expérimenté toutes les potentialités de la photographie pour détourner la « Loi Évin ». Ils ont également séduit des générations successives par la mise en scène de personnages et de décors suffisamment intemporels pour avoir les couleurs de l'authentique et la saveur des contes de fée.

Notes

1. Il n'existait jusqu'alors qu'une loi de 1845 sur les substances vénéneuses, incluant l'opium et ses dérivés. Cf. débats parlementaires des 12, 13 et 14 novembre 1871 dans *La Gazette des tribunaux*.

2. Cette étude, qui se fonde sur un corpus d'environ 8 400 réclames n'est que l'un des volets d'une enquête collective menée, dans le cadre du Commissariat général du Plan puis de la MILDT sur la publicité en faveur de l'ensemble des substances psychoactives licites. Je remercie ces deux

institutions qui nous ont permis de mener à bien cette recherche. Ma gratitude s'adresse aussi aux étudiants du DEA d'« Histoire sociale et culturelle (XIXᵉ-XXᵉ siècles) » de l'Université Paris I et aux collègues du CREDHESS qui m'ont aidée à recenser les annonces presses.

3. La réclame pour le vin de Frileuse ne cesse pas pour autant. Elle migre simplement vers un nouveau média, la radio.

4. Rappelons que l'année est marquée non seulement par l'affirmation, à l'avènement de Valéry Giscard d'Estaing, d'une liberté quasi totale en matière de publicité mais, après le « choc pétrolier », par la peur d'une régression économique.

5. Les fabricants de Kronenbourg, qui rappelaient continuellement que leur bière était née en 1664, conçoivent, logiquement, la 1664 (1978). La même année, la brune Pelforth (promue en 1977) lance la rousse Georges Killian (1978) et Kanterbrau parraine la Gold. En 1981, Tuborg lance Tuborg Cron puis Tuborg verte. Les brasseurs conçoivent également, au même moment, des bières allégées en alcool (Diet Beer de Kronenbourg) ou en calories (Krony de Kronenbourg) et, inversement, des bières fortes, comme la « 33 extra dry » qualifiée de « belle, blonde et grisante ».

Ils se lancent aussi dans la fabrication de panachés (Chopp, Force 4, 1981).

6. À partir des années trente, les bords des cadres ne sont plus de simples lignes droites : ils forment des vagues, des faux reliefs (Suze, 1938), sont constitués de gros pointillés, imitent les nervures des timbres ou les bords des menus et cartes de restaurant. Quelques-uns rappellent les étiquettes collées sur les bouteilles…

7. Compte tenu des dénaturations diverses subies par les reproductions, la question de la couleur n'a pas été abordée.

8. Se succèdent pour vanter les bienfaits du « meilleur tonique », poète, compositeur et comédiens. Respectivement Max Manrey, Giacomo Fussini, le sociétaire de la Comédie Française de Feraud, les comédiennes Maud Auny et Gilberte Sergy.

9. Comme Bonux, dès l'entre-deux-guerres, les alcooliers offrent aussi, régulièrement, des cadeaux à leurs clients et ceux-ci sont, sans grande originalité, en rapport avec le lieu de consommation ou avec le produit acheté (livres de cuisine, fiches-recettes, verres et carafes, jeux de dés…).

La publicité pour les tabacs en France
Du monopole à la concurrence (1925-2005)

Éric Godeau[*]

« Il est d'une évidence absolue que tout produit commercial, pour se vendre, a besoin actuellement de publicité »[1]. Le père de cette formule simple et lapidaire n'est autre qu'André Citroën, rapporteur en 1925 de la commission chargée d'étudier l'organisation et le fonctionnement des monopoles des tabacs et des allumettes en France. Pour celui qui, cette même année, illumina la Tour Eiffel, l'affaire était entendue : la publicité étant l'une des clés de la réussite commerciale d'une entreprise, la direction générale des Manufactures de l'État devait impérativement accomplir des efforts dans ce domaine[2]. Une telle affirmation appelle deux questions : sur un marché monopolistique contrôlé par l'État jusqu'en 1976, à quoi pouvait bien servir la publicité ? D'autre part, si l'on conçoit que la publicité devint par la suite indispensable sur un marché concurrentiel, comment la SEITA parvint-elle à développer ses activités quand la loi vint limiter ou interdire toute forme de publicité pour les tabacs ? Libre jusqu'au 10 juillet 1977, date d'entrée en vigueur de la loi Veil qui la limitait et la réglementait, la pu-blicité pour les tabacs fut interdite par la loi Évin à partir du 1er janvier 1993. En 2005, l'interdiction s'étendra au sponsoring dans les sports mécaniques, marquant ainsi la fin de quatre-vingts années de publicité de la SEITA en faveur des tabacs.

La publicité du monopole

C'est en 1927 que le monopole se dota d'un budget publicitaire spécifique pour la première fois. Encore modeste avec 280 000 francs, il n'allait cesser de grandir durant les années suivantes, pour passer la barre des dix millions de francs en 1937[3]. Interrompue en 1940 pour cause de rationnement, la publicité reprit progressivement après la guerre, timidement d'abord en 1947, plus sûrement à partir de 1949 quand le monopole fut de nouveau en mesure d'approvisionner le marché en produits nombreux et de qualité satis-faisante[4]. Dès 1950, le niveau des investissements publicitaires d'avant-guerre était retrouvé et, entre 1950 et 1960, les dépenses furent multipliées par 30. Cette croissance spectaculaire, qui comblait en partie le retard du

[*] Agrégé d'histoire, doctorant, PRAG à l'Université Paris I Panthéon Sorbonne.

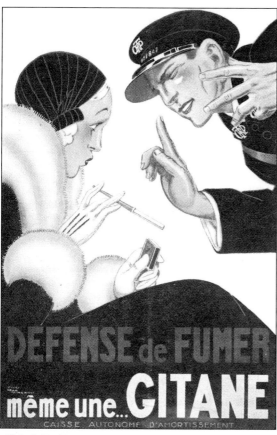

Affiche de René Vincent, 1932.

SEITA dans ce domaine, témoigne également d'un formidable intérêt du monopole pour cette activité.

En situation de monopole, le rôle de la publicité était moins de développer la consommation que de la déporter vers certains produits, ceux qui rapportaient le plus à l'État. Il s'agissait des produits caractérisés par un écart important entre le prix de revient et le prix de vente. Une publicité en faveur d'un produit n'atteignant son objectif qu'aux dépens d'un autre produit, l'entreprise avait tout intérêt à encourager la vente de ceux qui rapportaient le plus. Durant l'entre-deux-guerres, les efforts du monopole consistèrent à faire glisser la consommation française des tabacs à rouler vers les cigarettes « toutes faites », plus lucratives. Les investissements se portèrent en priorité sur les *Gauloises,* privilégiées aux dépens des *Élégantes*, les cigarettes les plus consommées mais les moins chères et les moins rentables du marché. Renouvelée au lendemain de la Seconde Guerre mondiale, l'opération fut une réussite puisque les *Élégantes* furent retirées du marché en 1957, tandis que les *Gauloises* connurent le succès que l'on sait. Entre 1951 et 1976, une quinzaine de campagnes publicitaires vinrent soutenir les *Gitanes*[5]. Un effort qui permit d'accroître les ventes de la marque et de déplacer une part importante de la consommation française des *Gauloises* vers les *Gitanes,* d'un produit devenu bon marché à une cigarette dite « supérieure ». L'écart de prix entre ces deux produits venait renforcer l'opposition d'image entre les marques : la *gauldo* serait une cigarette populaire, *Gitanes* une cigarette raffinée. En 1949, les ventes de *Gitanes* représentaient en quantité 3,2 % des ventes de *Gauloises*, elles s'élevèrent à 17 % en 1959 et 22,8 % en 1975.

Cette stratégie visant à déplacer la consommation des Français fut encore éprouvée en 1967 — sans réussite cette fois — à l'occasion du lancement de la *Française*. Positionnée haut de gamme, cette cigarette devait capter une clientèle de fumeurs de *Gauloises* et de *Gauloises Disque Bleu*[6].

Directeur Général du SEITA entre 1954 et 1967, Pierre Grimanelli insistait sur ce qui représentait à ses yeux l'essentiel de la politique commerciale du monopole : « inciter les consommateurs à se porter vers les produits les plus chers » afin de « vendre de l'impôt en même temps que l'on vend des produits manufacturés qui plaisent aux consommateurs ». Vendre du tabac revenait donc à « commercialiser l'impôt » auprès des « consommateurs contribuables ».[7] Le SEITA agissait bel et bien comme un service du Ministère de l'Économie et des Finances, sa vocation commerciale restant subordonnée à une priorité fiscale.

Mais la publicité du monopole avait également pour but de créer et d'entretenir un climat favorable au tabac en général : « Elle y parvient en se présentant comme un « service ». Elle apprend au fumeur à apprécier les différentes sortes de tabac. Elle cherche à en faire un connaisseur. Elle le tient en haleine en lui présentant des mélanges nouveaux, en soulignant les avantages d'une nouvelle présentation, en habituant le consommateur à de nouveaux emballages, sans cesse techniquement améliorés »[8]. Afin d'entretenir sa popularité, la Régie savait par exemple

profiter de grands événements, ce qu'elle fit en février 1968 à l'occasion de la tenue des Jeux Olympiques d'hiver à Grenoble. Profitant de l'enthousiasme lié à ce rendez-vous hautement médiatique, le SEITA lança *Grenoble* et *Isère*, les cigarettes dites olympiques[9]. *Grenoble* était une blonde de « goût américain », *Isère* une cigarette en tabac noir au « goût français traditionnel ». Ce double lancement était l'occasion de rajeunir les produits du monopole. La contradiction qui pourrait sembler évidente aujourd'hui entre le tabac et le sport n'était absolument pas d'actualité : déjà, en 1949, le SEITA avait couvert le Tour de France, hélicoptères et camions lui permettant de vanter la *Celtique*[10].

Des supports variés

Les affiches furent pendant longtemps le support publicitaire privilégié par le monopole. Pour leur réalisation, le SEITA fit appel aux plus grands affichistes, parmi lesquels Max Ponty, Paul Colin, René Vincent, Savignac, Fix-Masseau, Villemot ou Henri Morvan. Durant les années 1950, âge d'or de la publicité en faveur des tabacs et champ d'étude privilégié en raison de l'abondance des sources qui s'y rapportent, la part accordée à l'affiche se révèle exceptionnellement élevée (voir tableau). Cela s'explique non seulement par le souci du SEITA de donner à ses réalisations un caractère artistique, mais aussi par les interférences anciennes qui existaient entre le monopole et l'agence *Avenir-Publicité*, filiale d'Havas.[11]

La publicité du SEITA se distingue également par l'importance accordée au cinéma. En 1950, affiches et cinéma représentaient 58,1 % des dépenses, contre une moyenne de 8 % pour l'ensemble des annonceurs en France, 29,3 % encore en 1958 contre une moyenne de 13,8 % observée en 1959[12]. Les films publicitaires étaient surtout conçus en fonction de la présence d'une vedette : Saint-Granier, Fernandel ou Michel Simon avant 1940 ; après la guerre ce sera par exemple Jean Gabin. Entre 1949 et 1961, 19 films furent ainsi réalisés pour *Celtique, Balto, Gitanes, Week-End, Gauloises Disque Bleu,* et même pour le cigare *Chiquito*[13]. La publicité au cinéma était déjà moribonde quand la loi Veil vint l'interdire ; l'entreprise ne semblait plus croire depuis plusieurs années à l'efficacité de ce support, comme en témoignent des budgets publicitaires qui diminuent, après, il est vrai, être partis de haut. Signalons que les cigarettiers n'eurent jamais l'autorisation de diffuser de spot publicitaire à la télévision, si bien que l'interdiction de 1976 ne fit qu'entériner une situation de fait.

Initiées en 1928, interrompues par la guerre, les insertions dans la presse reprirent en 1950. Elles ne représentaient alors que 0,5 % des investissements publicitaires du monopole, alors qu'elles constituaient les deux tiers des investissements à l'échelle nationale. Mais à partir de 1954, la publicité dans

la presse connut une ascension foudroyante, pour devenir le premier support du SEITA. Chaque lancement de produit s'accompagnait d'une campagne dans les journaux et les magazines, pour une durée de un à deux mois ; dans les années suivant le lancement, des campagnes de soutien étaient à nouveau l'occasion d'insertions dans la presse nationale ou régionale.

À l'occasion de manifestations culturelles ou sportives, le SEITA achetait parfois des espaces sur les programmes. Les annonces par voie de haut-parleurs dans les stades de football ou de rugby permettaient aussi de toucher un large public, malgré la modestie des sommes investies. La radio était également utilisée pour la publicité des produits du monopole. Ainsi, en 1951, dans le cadre des « Émissions compensées » de la Radiodiffusion française, l'émission d'André Gillois permettait à des auditeurs de gagner dix paquets de cigarettes[14].

En 1927, le monopole participa à 12 foires et expositions, 24 l'année suivante, pour atteindre un sommet historique de 102 manifestations en 1934. Ce support fut à nouveau utilisé après la guerre, par exemple à vingt reprises en 1948 et 64 fois en 1958 ; autant d'occasions de vendre des produits et de donner quelques cigarillos ou cigarettes aux badauds venus admirer les machines à confectionner les cigarettes de la Régie. Ces grandes manifestations, qui avaient connu leur heure de gloire avec l'Exposition Coloniale de 1931 — durant laquelle fut lancée la

Répartition des dépenses publicitaires par poste
entre 1950 et 1958 (en %)[17]

	affiches	cinéma	enseignes vitrines étalages	objets	foires et expo- sitions	divers	presse	TOTAL
1950	42.4	15.7	15	5	16.8	4.6	0.5	100%
1952	38.7	8.1	24.2	-	25.8	2.2	1	100%
1954	19.9	8.4	6	8	6.6	13.3	37.8	100%
1956	20.6	9.2	13.1	6.3	5.4	4.5	40.9	100%
1958	22.3	7	16.9	7.1	7.7	1.6	37.4	100%

cigarette *Congo* —, furent progressive-ment délaissées par le SEITA. Cepen-dant, jamais ne se démentit le succès des actions directes auprès du public : distributions de cigarettes, d'allu-mettes, de crayons, de porte-cartes et autres cendriers, à l'effigie d'une marque ou du SEITA.

Bien que très coûteux, le marketing direct fut utilisé par le SEITA, mais de manière sporadique. Il s'agissait de constituer un fichier de personnes avec lesquelles une correspondance pouvait s'établir. Cette technique fut utilisée en 1954 pour le lancement de la cigarette *Rallye* : le SEITA envoya pour l'occa-sion 190 000 échantillons gratuits à une clientèle féminine spécifiquement visée par la marque[15]. Enfin, le mono-pole offrait la possibilité aux entreprises de faire leur publicité sur des produits destinés à leur personnel et ne pouvant bien sûr être commercialisés. Aussi des cigarettes publicitaires « DIM », « Usi-nor » ou encore « Mobilier de France » virent-elles le jour dans les années 1970. De telles actions promotion-nelles attiraient sans aucun doute un capital sympathie au SEITA[16].

Concentrés dans les débits de tabac, les enseignes, vitrines et étalages étaient certainement les supports permettant de toucher le plus grand nombre de personnes. Les carottes furent généra-lisées comme enseignes à partir de 1951, elles étaient alors 50 000 à indi-quer la présence des débits sur le ter-ritoire national. On en comptait 47 000 en 1976, aujourd'hui guère plus de 30 000. S'il ne s'agit pas là à propre-ment parler de publicité, il n'en de-meure pas moins que ce signe recon-naissable entre tous a permis à l'entre-prise de marquer l'espace de son em-preinte.

S'il est difficile d'appréhender de manière globale l'efficacité de la pu-blicité du monopole, nous pouvons tenter de l'évaluer au cas par cas.

Introduite sur le marché en 1930, la cigarette *Balto* connaissait encore des ventes moribondes après la guerre quand le SEITA décida de la soutenir. Cette blonde devait rivaliser avec les américaines introduites sur le marché en 1950, notamment les *Camel*, *Pall Mall*, *Chesterfield*, *Philip Morris*, *Kent* et *Lucky Strike*. Entre 1950 et 1955, quatre campagnes vinrent donc soutenir la marque, présentée comme la « cigarette américaine » du monopole. Ces campagnes répétées permirent simplement de limiter la baisse des parts de marché de *Balto*, sans parvenir toutefois à freiner l'ascension de ses concurrentes.

Par contre, l'efficacité de quatre campagnes menées en faveur de *Gitanes* entre juin 1957 et octobre 1960 fut révélée par une étude économétrique, qui constatait des accroissements de ventes significatifs successivement à chacune d'entre-elle[18]. En 1963 et 1964, la SEMA effectua de nouveau pour le compte du SEITA une étude sur l'efficacité de la publicité *Gitanes*. Une analyse des ventes avant et après campagne, ainsi que des sondages dans des villes pilotes qui connurent deux vagues de publicité, permettaient de tirer une conclusion cette fois plus mitigée : « L'enquête n'a pas permis de déceler un effet quelconque de la campagne publicitaire (…). S'agissant d'une marque de cigarettes largement diffusée, la publicité ne peut pas transmettre d'information nouvelle et précise susceptible d'inciter à remettre en question radicalement les habitudes et les attitudes. Quant à la présence psychologique de la marque, elle est assurée quotidiennement par des millions de fumeurs qui consomment ostentatoirement les Gitanes. Il est peu probable qu'une publicité puisse la renforcer notablement. »[19]

Si des études de cas peuvent affirmer ou infirmer l'efficacité de la publicité en faveur des tabacs, il ne faut pas négliger les autres paramètres qui entrent en compte pour expliquer la réussite commerciale d'un produit, en priorité son prix et son goût.

Publicité et concurrence

En 1925, le rapport Citroën mettait déjà en garde le monopole contre le danger que pouvait représenter l'introduction de produits étrangers en France : certes le monopole contrôlait les entrées de ces produits, mais ne risquait-il pas d'habituer les consommateurs à leur goût ? De plus, les agents de promotion des marques étrangères étaient très actifs : n'y avait-il pas, à terme, le risque d'une menace majeure pour les produits français ? À l'heure de l'ouverture européenne, ces interrogations devinrent d'une actualité criante. Comment protéger le marché français et retarder la progression des cigarettes blondes aux dépens des produits du monopole, résolument bruns ? Dès 1962, le gouvernement français avait demandé à la Commission de Bruxelles la mise en place d'un dispositif de limitation de la publicité s'appliquant à l'ensemble des pays du Marché commun. Maintes fois répétée au cours de la décennie, cette requête traduisait la crainte du SEITA et de ses ministères de tutelle de ne pouvoir freiner la pénétration des produits étrangers sur le marché[20]. Tout juste le gouvernement réussit-il à faire interdire aux fabricants étrangers la pose de matériel pu-

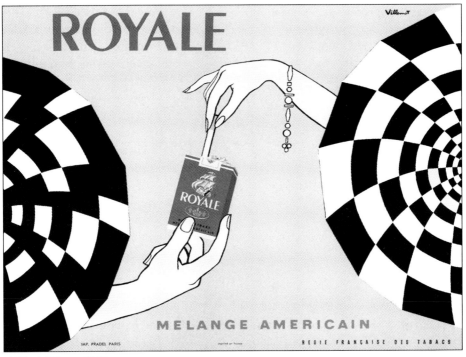

Affiche de Villemot, 1966.

blicitaire dans les vitrines des débits de tabac jusqu'en 1968[21].

À partir de 1976, année qui marque la fin du monopole d'importation et de commercialisation des tabacs en France, la donne en matière de publicité changea : celle-ci avait désormais pour but principal de convaincre les consommateurs d'acheter les produits du SEITA plutôt que ceux des concurrents. Cet impératif valait d'autant plus que les parts de marché de l'entreprise commençaient à diminuer, dangereusement sur certains segments. La consommation française se portait massivement sur les cigarettes blondes, qui ne représentaient que 12,7 % du marché en 1974, mais déjà 20,7 % en

1978 et 47 % en 1984. Or l'entreprise était dépassée sur ce marché, ses parts baissant de 39,4 % en 1974 à 14,6 % au début de l'année 1984. C'est pourquoi un effort financier fut entrepris : entre 1974 et 1978, le montant des dépenses publicitaires cumulées s'éleva à 172 millions de francs, dont 145 pour les seules cigarettes blondes[22]. La marque privilégiée fut *Royale* qui, avec 17,1 millions de francs investis, devançait ses concurrentes *Camel* (15,4 millions), *Marlboro* (12,7) ou *Peter Stuyvesant* (12,5).

Entrée en vigueur en juillet 1977, la loi Veil limitait la publicité dans la presse, interdisait la publicité par radio, télévision, cinéma et autres annonces,

CIGARETTES
GITANES
Vizir
TABACS D'ORIENT
RÉGIE FRANÇAISE

CAISSE   AUTONOME   D'AMORTISSEMENT

Publicité de presse, 1930.

néanmoins que l'entreprise pouvait encore faire une publicité efficace en faveur de ses produits. Ce lancement représente un virage important dans la stratégie publicitaire de l'entreprise, qui avait de plus en plus fréquemment recours à des agences extérieures, *Saatchi & Saatchi* pour l'occasion. C'est également une période marquée par l'essor du recrutement des diplômés des grandes écoles de commerce. Incontestablement, marketing et publicité devenaient des priorités pour l'entreprise, comme en témoignent les budgets publicitaires, qui passèrent de 29 millions de francs en 1978 à 182 millions en 1988[23].

Contourner la loi

Le poids de la publicité par voie de presse fut renforcé par la loi Veil, qui laissait aux fabricants toute liberté d'insertion dans la presse spécialisée s'adressant aux professionnels, et tolérait dans la presse générale la publicité dite *indirecte* en faveur des produits du tabac. Selon l'article L.3511-4 du Code de la santé publique, « est considérée comme publicité indirecte la publicité en faveur d'un organisme, d'un service, d'une activité, d'un produit ou

proscrivait également les affiches, panneaux, réclames, prospectus et enseignes. Ces dispositions ne s'appliquaient pas à la publicité à l'intérieur des débits de tabac, ni aux enseignes et panneaux signalant ces établissements. Le SEITA fut quelque peu gêné par ces restrictions, qui l'empêchèrent de communiquer librement sur ses produits blonds, nouveaux pour la plupart. Or, sur ce marché l'entreprise avait tout à prouver, tant elle restait associée, dans l'esprit des consommateurs, aux tabacs bruns. Le lancement réussi des *Gauloises Blondes*, en 1984, prouve d'un article autre que le tabac ou un produit du tabac lorsque, par son graphisme, sa présentation, l'utilisation d'une marque, d'un emblème publicitaire ou un autre signe distinctif, elle rappelle le tabac ou un produit du tabac ». Cette forme de publicité prit une importance croissante pour l'entreprise et ses concurrents. Les briquets et les boîtes d'allumettes furent abondamment utilisés dans ce sens : entre 1976 et 1978, le SEITA réalisa 92 millions de pochettes d'allumettes *Gitanes* et *Gauloises*, dont le packaging rappelait celui des paquets de cigarettes du même nom.

Dans les années 1980, les fabricants se tournèrent également vers les produits satellites afin d'asseoir la notoriété de leurs marques : *Camel Trophy* pour RJR Reynolds ; prêt-à-porter *Marlboro Classics* et agence de voyage *Marlboro Country Travel* pour Philip Morris, etc. Le SEITA ne fut pas en reste, avec le lancement du *Raid Gauloises* en 1989. Autant de manifestations permettant de multiplier en toute légalité les insertions publicitaires dans la presse. Stimulées par une loi qui n'avait pas prévu leur développement, ces initiatives furent freinées par la loi du 13 janvier 1989, qui interdisait la publicité pour les produits dérivés ou satellites dont le graphisme rappelait celui des produits du tabac. Cependant, les lois autorisaient la publicité pour tout produit mis en vente avant 1990, même s'il portait le nom d'une cigarette. En 1991 et 1992, de nouveaux textes vinrent restreindre la liberté dont jouissaient encore les cigarettiers : toute distribution gratuite de produits du tabac serait dorénavant interdite. La surface consacrée annuellement dans la presse à la publicité fut divisée par trois par rapport aux années de référence 1974 et 1975 ; par ailleurs, le format de la publicité sur le lieu de vente (PLV) fut strictement défini. Enfin, toute publicité, et plus seulement les paquets de cigarettes, devrait désormais s'accompagner de messages à caractère sanitaire. C'est dans un contexte si peu favorable que la SEITA mit sur le marché les cigarettes *Chevignon*.

Ce projet partait d'une idée simple : le champ de l'action publicitaire se réduisant, il paraissait peu réaliste de lancer une nouvelle marque ; par contre, il semblait préférable de capitaliser une marque préexistante. Le choix de la SEITA se porta sur celle de prêt-à-porter *Chevignon*, qui avait construit sa notoriété à partir de références américaines compatibles avec « l'univers des blondes ». Exploitée sous licence, la cigarette fut lancée le 12 février 1991, provoquant aussitôt une vive polémique. La Société Chevignon fut attaquée en justice — par le Comité National contre le Tabagisme notamment —, accusée de contrevenir à l'article 3 de la loi Veil qui stipulait que « la propagande ou la publicité en faveur d'un objet ou produit autre que le tabac ou les produits du tabac ne doit pas, soit par son vocabulaire ou son graphisme, soit par son mode de présentation ou tout autre procédé, constituer une propagande ou publicité indirecte ou clandestine en faveur du tabac ou des produits du tabac. » C'est donc l'exploitation de la marque de prêt-à-porter qui devait être arrêtée, tandis que la cigarette et son fabricant restaient à l'abri des lois. Le ministre des Affaires sociales et de la Solidarité Claude Évin demanda néanmoins le retrait du produit, jugeant son lancement contraire à l'esprit de la loi contre le tabagisme qu'il avait promulguée le 10 janvier. Enfin, l'opinion publique s'empara de l'affaire, reprochant à la SEITA de cibler un public composé en majorité de jeunes. La Société Chevignon mit fin à son contrat avec la SEITA dès le mois d'avril, les cigarettes furent retirées du marché en juillet[24].

« L'affaire *Chevignon* » révèle le poids écrasant de l'environnement juridique et sanitaire de l'entreprise. Elle marque également un tournant dans l'histoire de sa publicité : dorénavant, la discrétion serait de mise pour communiquer sur les marques. La publicité « sauvage » en faveur du tabac s'est développée à mesure que l'arsenal législatif se mettait en place. Les fabricants mènent des opérations dans les écoles d'étudiants, en boîte de nuit ou à l'occasion de manifestations musicales, distribuant des tee-shirts, des casquettes et autres briquets à l'effigie de leurs marques.[25]

Le règne de la promotion et du sponsoring

Entrée en vigueur le 1ᵉʳ janvier 1993, la loi Évin reconnaît deux exceptions à l'interdiction qui frappe désormais toute publicité en faveur des tabacs : l'une intéresse les revues spécialisées, l'autre concerne les débits où la publicité est autorisée sur des affichettes dont le format, la composition et l'implantation sont strictement réglementés. La PLV s'adresse au consommateur, durant les quelques instants qu'il passe chez son débitant. Mais les opérations de promotion s'adressent surtout au débitant. Interface entre producteurs et consommateurs, ce dernier est ardemment courtisé par les agents de promotion des fabricants. Divers objets publicitaires lui sont fournis — ramasses monnaies, tapis de carte, cendriers, briquets, etc. —, des jeux et des loteries lui sont destinés. À la communication en faveur des produits vient s'ajouter la communication institutionnelle, qui vante les performances de l'entreprise et tente de cultiver les liens étroits qui existent depuis longtemps entre la SEITA et les débitants[26].

Le sponsoring s'est progressivement imposé comme un élément à part entière de la stratégie des marques. L'année 1974 marqua les débuts de l'écurie *Matra Gitanes* en course automobile. Avec les pilotes Pescarolo et Larousse, l'écurie remporta d'importants succès, notamment les 24 heures du Mans. À l'occasion de cette course prestigieuse les billets, le programme, les parkings, l'enceinte du village, les points de vente, les restaurants, les stands et les tribunes portaient une publicité *Gitanes*. 2 200 tee-shirts et 1 000 petites voitures furent vendus, 80 000 autocollants distribués. De plus, les retombées télévisuelles de l'un des événements majeur des sports mécaniques furent importantes.[27] Cette expérience concluante fut renouvelée les années suivantes. Forte de ses succès d'audimat, la Formule 1 devint rapidement le sport le plus prisé par les cigarettiers, entraînant une forte inflation des budgets consacrés par la SEITA au sponsoring : 28,6 millions de francs en 1980, 116 millions en 1992[28]. Même si les succès ne furent pas toujours au rendez-vous — pensons au naufrage de l'écurie Prost Grand Prix, soutenue par *Gauloises Blondes* jusqu'en 2000 —, les retombées furent importantes : un bon départ ou une pancarte bien placée à la sortie d'un virage permettent de toucher près de 300 millions de téléspectateurs dans 164 pays. Si la loi Évin a supprimé le parrainage sportif en France, celui-ci n'a pas pour autant disparu, les télévisions françaises continuant de retransmettre les courses se déroulant à l'étranger sur des circuits où cette pratique est légale. Par contre, en 2005, le sponsoring sera définitivement interdit aux cigarettiers.

Quelle est l'efficacité des lois qui, depuis bientôt trente ans, vinrent limiter puis interdire la publicité ? Quelle efficacité également pour les campagnes antitabac présentes à la télévision dès 1976, ou pour les contre-publicités détournant les visuels des marques célèbres ? Ces initiatives partent du postulat selon lequel la publicité doit être proscrite car elle accroît la consommation. Or rien n'est moins sûr. De nombreuses études prouvent au contraire que la publicité n'accroît pas la consommation, mais permet simplement aux fabricants de défendre des marques ou des parts de marché. En novembre 1993, une étude Louis Harris révélait que la publicité pour le tabac avait incité à peine 8 % des fumeurs à fumer, ce qui est peu, mais peut-être déjà trop[29].

Finalement, si la consommation des tabacs baisse en France depuis une quinzaine d'années, c'est avant tout en raison de la hausse importante des prix. Celui des *Gauloises brunes* a été divisé par 1,5 entre 1960 et 1990, mais multiplié par 2,9 entre 1990 et 2002 (en euros constants). La consommation globale des Français a baissé de manière concomitante à cette évolution, passant de 97,1 à 80,5 milliards de cigarettes entre 1991 et 2002. Durant cette période, la consommation moyenne individuelle est passée de 1 706 grammes de tabac à 1 351 grammes.[30] En définitive, la publicité, ainsi que les politiques de restriction ou d'interdiction qui la frappent, ont un impact modéré sur la demande globale de tabac, qui reste avant tout sensible au facteur prix. Les augmentations récentes des prix de vente viennent à nouveau de le démontrer.

Notes

1. *Rapport présenté par M. André Citroën au nom de la Commission chargée d'étudier les questions concernant l'organisation et le fonctionnement des monopoles des tabacs et des allumettes*, Paris, Imprimerie Nationale, 1925, 221 p., p. 75.

2. Cette direction deviendra en 1926 le SEIT, Service d'exploitation industrielle des tabacs, puis le SEITA en 1935 par adjonction du monopole des allumettes ; à partir de 1980, l'entreprise devient la SEITA, Société d'exploitation industrielle des tabacs et des allumettes. Enfin, en 1998, la fusion avec Tabacalera a donné naissance au groupe franco-espagnol Altadis.

3. Marie Collet-Sassere, *Le marché de la cigarette en France dans l'entre-deux-guerres*, mémoire de maîtrise sous la direction de Jacques Marseille, Paris I Panthéon Sorbonne, juin 1999, 125 p. + annexes.

4. SEITA, *Le Monopole des Tabacs en France*, Imprimerie Nationale, décembre 1947, 192 p.

5. SEMA, *Étude régionale des campagnes publicitaires Gitanes et Royales*, octobre 1962, 45 p., p. 9. 6J230. Les cotes en « J » renvoient aux fonds d'archives du groupe Altadis.

6. Commission de vérification des comptes des entreprises publiques, *Rapport particulier sur les comptes et la gestion du SEITA pour les exercices 1966 et 1967*, 11D67 (archives du SAEF).

7. Pierre Grimanelli, « Les raisons d'être du monopole », *Flammes et Fumées* n° 39, été 1963, p. 15-18.

8. G. Martina, « 4 ans de publicité de la Régie Française des Tabacs », *La Revue Publimondial*, n° 88, 1958.

9. 60J189.

10. *Rapports au Comité technique, séance du 26 avril 1949*, 20D131 (SAEF).

11. Maurice Israël, « La publicité du SEITA avant la dernière guerre », *Flammes et Fumées* n° 78, automne 1977, p. 40.

12. Marc Martin, *Trois siècles de publicité en France*, Éditions Odile Jacob, 1992, 430 p., p. 318.

13. SEITA, *Années 30, 40, 50, graphismes et créations*, 167 p., p. 152.

14. M. Dupuy, *Cours d'étude du marché et publicité*, SEITA, novembre 1953, chap. XIV. Fonds Le Berre (Altadis).

15. SEITA, *Rapport annuel 1954.*

16. *Cigarettes publicitaires*, 81J572.

17. *Publicité,* 60J175, et M. Dupuy, *op. cit.*

18. SEMA, *Étude régionale des campagnes publicitaires Gitanes et Royales,* octobre 1962, 45 p., 6J230.

19. SEMA, *Étude expérimentale de l'efficacité de la publicité pour les Gitanes. Rapport de synthèse*, mars 1965, 32 p. + annexes, 6J228.

20. Commission de vérification des comptes des entreprises publiques, *Rapport particulier sur les comptes et la gestion du SEITA pour les exercices* 1962 et 1963, 11D66 (SAEF).

21. Commission de vérification des comptes des entreprises publiques, *Rapport particulier sur les comptes et la gestion du SEITA pour les exercices 1966 et 1967*, 11D67 (SAEF).

22. *Présentation du plan commercial par le collège de direction, 18.11.1986,* 10J52 ; *marketing, brand review*, 1980, 10J49.

23. Chiffres hors sponsoring et hors frais de personnel. 30J36-38 et 212, 29JI71.

24. 36J56.

25. Florence Amalou, *Le livre noir de la pub. Quand la communication va trop loin*, Stock, 2001, 330 p. « Les cigarettiers, contrebandiers publicitaires », p. 165-193.

26. 10J123.

27. J. P. Aujoulet, « Promotion Gitanes et course automobile », *Flammes et Fumées* n° 72, 1974, p. 6-7.

28. *Plan de marque 1980*, 10J48.

29. Sur la base de 350 fumeurs. Louis Harris, *Incidence de la publicité sur la consommation de tabac, présentation de l'étude réalisée pour VSD*, 6J54.

30. Données du Centre de Documentation et d'Information sur le Tabac.

L'histoire dans les spots publicitaires : un mariage antinomique

Agnès Chauveau* et Isabelle Veyrat-Masson**

Le mariage de la publicité et de l'histoire est sans aucun doute celui de la carpe et du lapin. La publicité s'inscrit dans le présent le plus immédiat. Elle est entièrement tournée vers l'avenir, projetée dans le futur, destinée quelle est à provoquer un geste ultérieur, un acte d'achat : elle est intéressée non pas par ce qui a eu lieu mais par ce qui va advenir. Son rythme est la répétition d'un message le plus court possible. Elle n'a aucune contrainte d'exactitude ou de rigueur — ses ultimes objectifs. Faire connaître et faire vendre la libèrent devant l'opinion de toute obligation de sérieux ou de vérité et même, parfois, de crédibilité. La publicité relève d'abord des lois du commerce qui ne connaissent que peu de règles et de limites dans leur désir de persuader et de plaire.

L'histoire, tout au contraire, vit du passé et dans le passé ; comme discipline, elle se méfie du présent et des distorsions qu'il opère sur les regards rétroactifs. Le futur n'intéresse guère les historiens. Ils se sont installés dans cette longue durée qui leur a permis de se dégager de l'anecdote pour atteindre l'essentiel. Le regard de l'historien se porte de plus en plus loin en arrière et, lorsqu'il évoque des thèmes déjà traités par ses prédécesseurs, il craint plus que tout la répétition. Enfin, ce qui, évidemment, éloigne par essence l'histoire de la publicité, c'est son obsession de la vérité et son ardente obligation de fournir des preuves et surtout son désintéressement à l'égard de l'économie de marché.

Bien sûr, on peut se plaire à trouver des points communs — mais ils sont rares — entre l'histoire et la publicité. Les deux sont des récits. Dans certains cas, l'histoire, elle aussi, a été instrumentalisée pour faire croire à un concept, à une idéologie, ou à un chef. La publicité a également eu recours au discours de la preuve pour convaincre de la qualité de ses produits, tandis que l'histoire peut devenir un objet de consommation et de profits lorsqu'elle rencontre un large public de lecteurs ou de téléspectateurs. Enfin, reconnaissons que les questions que la publicité pose au passé sont d'abord celles du présent. Il convient également d'ajouter que la publicité qui tend à

---

*Maître de conférences à l'Université Paris X-Nanterre.
**Chargée de recherche au CNRS. Rédactrice en chef du *Temps des Médias*.

modifier les habitudes d'achat s'adresse au public le moins ancré dans des contraintes anciennes, les jeunes ; ces jeunes pour qui l'histoire est souvent un passe-temps de personnes âgées.

Le choix de faire référence au passé n'est donc pas anodin pour un publicitaire et il n'est pas étonnant que la rencontre entre la publicité et l'histoire soit relativement rare. Le publicitaire prend, en effet, le risque de trouver des difficultés particulières attenantes à cette rencontre contre nature. La carpe et le lapin font rarement de jolis petits…

En étudiant une cinquantaine de spots publicitaires faisant référence au passé[1], nous avons cherché à comprendre ce qui justifiait cet ancrage. Pourquoi et comment les publicités utilisent-elles l'histoire ? L'histoire, telle qu'elle figure dans l'ensemble des publicités, est bien loin d'être le reflet exact de celle enseignée dans nos plus illustres manuels. Très éloignée de la rigueur académique, la publicité a comme objectif premier de toucher le plus grand nombre. Aussi privilégie-t-elle ce que les publicitaires considèrent comme les événements les plus fédérateurs de notre mémoire collective ; car, pour être efficace, le message doit, en quelques secondes, être compris de tous. Les références sont le plus souvent allusives. L'histoire est davantage utilisée comme un décor sur lequel se greffe l'intrigue publicitaire.

L'histoire permet le retour aux origines ; elle est aussi le temps de l'extrême et des exploits mythiques ; enfin, elle cherche à évoquer les grands événements et des grands hommes. Ainsi, la publicité puise dans ces récits « historiques », largement partagés par la mémoire collective, pour installer ses marques dans des situations les plus souvent cocasses, jouant des connaissances communes et du caractère antinomique de la publicité et de l'histoire, de cette rencontre improbable entre un monde disparu et la modernité intrinsèque de son objet.

L'authenticité des origines

Le passé est souvent une garantie d'authenticité. « Il était une fois » correspond au temps de la nostalgie, d'un âge d'or dans lequel les ravages du progrès n'avaient pas encore marqué notre époque imparfaite où cohabitent à la fois une crainte de la science et de la modernité, un rejet des manipulations de toutes sortes (chimiques ou biologiques) et aussi le regret d'une époque où les hommes avaient encore une vraie connaissance des plaisirs simples de la vie : la nourriture, la boisson dont on faisait bombance, la joie et l'insouciance du banquet. Les marques alimentaires aiment à ancrer leurs produits dans ce temps indéterminé, celui de la tradition. Ainsi, *La laitière*, fabricant de produits laitiers, décline ce thème d'une époque dans laquelle les ingrédients qui composent ses productions, le lait, la crème avaient leur goût d'origine. La peinture, celle de l'école hollandaise renforce la sérénité d'un temps que l'on voudrait près de la nature, de la vérité et de la simplicité des produits d'origine, ceux qui servent à fabriquer des yaourts et des crèmes. Il n'est pas dit dans ces messages que les yaourts ou les crèmes soient aussi anciens, mais la publicité fonctionne par association d'idées, par capillarité mentale.

On retrouve de manière plus décalée cette idée d'authenticité dans une publicité pour *Terra*, un nettoyant pour les sols en terre cuite. Sur un mode comique, un esclave apparaît au milieu d'un banquet romain, pour rappeler une question « essentielle » : il doit nettoyer les sols. Ici, la publicité fait référence à l'origine même du produit, en Italie, dans l'Antiquité. La question du ménage se posait alors de manière brûlante, les Romains étant particulièrement sales : ils mangeaient couchés, laissaient forcément tomber de nombreux résidus lors de ces banquets censés durer des jours et des jours et se terminer par des orgies !… *Terra*, dans ces circonstances, avait l'obligation d'être efficace, tout en respectant la qualité de sols qui sont parvenus jusqu'à nous. Le slogan final prononcé par un esclave : « Ils s'amusent. Moi, pendant ce temps, je prends soin des sols », résume la situation. Cette situation permet également d'échapper à cet écueil que connaissent toutes les publicités de produit nettoyant : comment éviter de mettre en scène une femme faisant le ménage — ce qui n'est pas « politiquement correct » — même si cela correspond à la réalité. Bien commodes, en effet, ces temps lointains et

romains où des esclaves mâles lavaient les intérieurs…

Perrier positionne également son produit — non sans humour également — dans des origines mythiques. On y apprend que les hommes préhistoriques ne recherchaient pas que le feu : ils avaient aussi besoin… d'eau. Cette eau est présentée dans un spot assez « sérieux », c'est-à-dire démarqué sur les reconstitutions les plus ambitieuses, comme *La guerre du feu* de Jean-Jacques Annaud. Mais, à l'issue de ce combat pour la vie, les hommes préhistoriques découvrent mieux que l'eau, ils trouvent… *Perrier*, une eau gazeuse, naturelle. La comédie succède alors au « drame ». Dans ce spot, la référence au passé a permis au produit de parler d'authenticité, de naturel et d'accéder à une légitimité, qui va au-delà des modes et des goûts.

On retrouve l'utilisation du passé comme assurance d'authenticité, donc de qualité et de saveurs originelles, dans les publicités pour d'autres produits alimentaires de tradition française. « Le foie gras *Montfort* c'est mon faible » reconnaît un chevalier du Moyen Âge. Dans une autre publicité, des Gaulois forcément braillards et rustiques se réjouissent bruyamment d'entamer le bleu *Marbleu*. En ces temps de grande convivialité et de plaisirs simples, les fromages mûrissaient dans de vraies caves, grâce à des techniques simples mais efficaces. Ces brutes joyeuses ne connaissaient pas encore — on peut en être sûr — ni colorants, ni conservateurs, ils ne cherchaient qu'un franc plaisir que notre époque moderne a oublié.

Les Vikings hurlant « *Skansen* ! *Skansen* » lorsque le tavernier « franchouillard », joué par Gérard Jugnot leur sert de la bière française, authentifient également la qualité de cette boisson, que l'on associe plus immédiatement aux pays du Nord qu'à la France. La force et la vitalité débordent de ces barbares immenses et joyeux. *Skansen* est bien, depuis (presque) toujours, dès lors, « une bière française qui a bien mérité son nom » comme nous l'explique une voix off.

L'association d'un produit à des temps obscurs permet donc d'ancrer la marque dans un univers temporel antérieur à toute idée de progrès et à son cortège de peurs attenantes : manipulations génétiques, frayeurs alimentaires, disparition du goût. Il en est ainsi sous l'Empire Romain. L'anachronisme « rigolard » triomphe : obtenir du vrai blanc peut sembler *a priori* une question triviale, mais, lorsque l'on est sénateur romain et que l'on porte quotidiennement la toge pour discuter des affaires du monde, est-ce que cela ne devient pas une affaire d'État ? C'est ce que postule *Radiola* pour vendre ses machines à laver. Dans cette publicité, apparaît un autre avantage de l'Histoire pour les publicitaires. Celle-ci a eu un certain talent pour créer ou susciter ce que l'on n'appelait pas encore des slogans : « tu quoque, mi fili », « errare humanum est » en sont des exemples. Dans ce même spot où un personnage admire le « travail de Romain » réalisé par la machine à laver, un autre stoppe un de ses camarades par un retentissant « Arrête ton char Ben Hur » ! Quelques références partagées et détournées de leur sens originel rallient le téléspectateur moyen à ces Romains et aux produits qu'ils proposent. On l'aura compris, ce spot pour *Radiola* nous propose une version plus proche de l'imaginaire d'Uderzo et de Goscinny que de celle livrée par les recherches érudites des antiquisants.

Autre exemple d'utilisation des mythes fondateurs détournés : la Classe A de *Mercedes* est accueillie comme une déesse lorsqu'elle apparaît devant les murs de Troie. Et la nuit, une fois entrée dans les murs de la Cité, des dizaines de Grecs en armes sortent de la petite voiture… De même, les Anglais n'hésitent pas non plus à se servir d'un de leurs grands mythes. Pour avoir bu trop de bière *Carling*, des hommes en armures, perdus dans des brumes probablement nordiques, ont des visions et l'un d'eux, particulièrement maladroit enfonce son épée dans une pierre. Quel benêt, cet Arthur ! Une représentation bien éloignée de la complexité médiévale si chère à Jacques Le Goff…

Le temps de l'extrême et de l'exploit

L'histoire représente aussi le temps de l'extrême. Changements extrêmes : révolutions, découvertes et inventions mais aussi violence, grande brutalité, pouvoir absolu. La publicité utilise alors l'histoire pour contrecarrer ses codes habituels d'hédonisme et de joie de vivre. Confrontés aux horreurs de l'histoire, le charme et les qualités du produit ne peuvent qu'en ressortir grandis.

Quel merveilleux produit est-il capable de contrebalancer la force brute et imbécile des barbares du Moyen Âge ? Le cornichon *Maille*, bien sûr. Son pouvoir de conviction ne peut qu'être magnifié par la puissance et la brutalité de ceux que son charme réussit à séduire : dans le spot *Maille*, une jeune femme ne réussit à résister aux assauts teintés d'allusions érotiques de barbares venus du passé qu'en leur offrant des cornichons : « la finesse du goût et la subtilité ouvrent les portes du plaisir », nous explique-t-on. Le plaisir est hors images, mais tout nous laisse imaginer que la force de ces brutes, alliée au raffinement de la jeune-femme-aux-cornichons-*Maille*, ne peut que faire merveille.

Étrange spot que cette publicité américaine dans laquelle un jeune homme ravi reçoit en cadeau un jean *Diesel*. Mais le plaisir et la satisfaction presque magiques qu'il ressent en essayant ce pantalon, sont d'autant plus forts qu'il le fait au cœur de l'enfer, c'est-à-dire au milieu d'une tranchée de la guerre de 1914-1918. Les bombes éclatent, les hommes meurent autour de lui, mais il ne voit rien, tout au bonheur de porter un jean *Diesel*. *Diesel* "*for successfull living*!". Ici, avec l'Histoire, *Diesel* touche aux limites du tabou, comme Benetton l'a fait avec les drames du temps présent.

Rome, ses jeux du cirque et ses complots sanglants marquent eux aussi le degré ultime d'un certain niveau de violence. Est-il possible aujourd'hui de tuer son père parce qu'il vous a pris votre boisson préférée ? Brutus l'a fait. Refuser d'écouter chanter un homme d'État ne mène plus à la mort, mais lorsque Néron était empereur, comme la banque du même nom, ce fut le cas…

Le temps des grandes découvertes est un thème privilégié par les publicitaires. Une marque qui veut prouver la nouveauté de son produit peut chercher à l'associer à des inventeurs de renom. Certes, Gutenberg a inventé l'imprimerie, mais, devant la photocopieuse d'Apple il ne peut que pâlir d'envie et tenter de brancher son imprimerie rudimentaire — et du coup vaguement ridicule — sur une impossible prise électrique. La vraie invention, on l'aura compris grâce à ce spot, n'est pas celle que l'on dit dans les écoles !

Autre grande découverte sur laquelle s'appuient les publicitaires, celle de l'Amérique. Christophe Colomb, magnifique, au cœur d'une tempête ne bouge pas, ne cille pas ; il est imperturbable au milieu des vents et des eaux déchaînés. L'image est grandiose. On la croirait tirée d'un film hollywoodien, alors que Wagner accompagne l'exploit, comme il l'a déjà fait au Vietnam. Mais la vraie raison de l'héroïsme du Génois, nous la découvrons enfin : Colomb porte des *Timberland*, ces chaussures qui ne glissent pas dans les pires conditions. Le slogan qui accompagne ce spot publicitaire retourne de manière amusante l'interprétation spontanée : « *Timberland*, les chaussures qui ont été découvertes par l'Amérique ».

Il faut donc de véritables exploits pour montrer, par « contagion » positive, l'importance du produit et de la marque qui lui sont associés. 33 heures et 30 minutes sans dormir, dans un misérable monoplan, ont été nécessaires à Charles Lindbergh pour traverser l'Atlantique. Cet exploit lui a valu une gloire inouïe, éternelle. *Danone*, nous « révèle » sa véritable motivation : Lindbergh, constatant qu'il n'y a pas de « Folies » de *Danone*, son dessert préféré, dans le buffet qui l'attend, décide de repartir immédiatement d'où il vient. La marque joue également avec le nom du dessert « folies » qu'elle associe aux exploits de ces temps héroïques où les actualités en noir et blanc mettaient l'accent sur le caractère « pas raisonnable » de ces pionniers.

Des grands hommes et de grands événements

La Révolution française, ses cocardes, sa guillotine, ses sans-culottes sont reconnus immédiatement par tous. Et, comme tout grand événement historique, il porte en lui une série de sous-récits, de personnages et de valeurs dont la pub peut s'emparer avec profit. Le publicitaire veut frapper fort. Il dispose de peu de temps et de peu d'images pour ce faire. Or, l'Histoire, comme la mythologie, est une source riche de ces récits universellement partagés qu'il suffit d'évoquer pour faire resurgir un ensemble de références et de significations.

L'image de la Révolution française est multiforme, comme l'événement lui-même, pour les Français. Il évoque la guillotine, avec son cortège de suppliciés et ses mares de sang et, dans le même temps, constitue la matrice de notre identité et le début de la modernité. Avec la grande Révolution, se termine l'obscurantisme des temps anciens et, avec elle, s'ouvre la porte de tous les rêves et de tous les espoirs. Ses excès et les déviations d'autres révolutions ultérieures n'ont pas retiré à ce mot ce qu'il contient de positif et d'utopiste depuis 1789.

Pour les publicitaires, le terme « révolutionnaire » demeure une hyperbole de l'idée de nouveauté. Toutefois, les messages autour de la Révolution sont souvent ambigus, parce qu'ils jouent avec prudence de la polysémie du mot et de l'événement. Ainsi de la publicité pour le ticket de métro « Ticket-chic, ticket-choc ». Robespierre et d'autres membres du Comité de salut public écoutent un orchestre de chambre entonner une musique étrange qualifiée de « révolutionnaire ». On reconnaît, malgré le clavecin, l'air popularisé par la répétition du message de la RATP « t'as le ticket-chic, t'as le ticket choc ». Robespierre semble mécontent, et Saint-Just passe une main tranchante et menaçante devant son cou. Le chef d'orchestre, terrorisé, joue alors la *Marseillaise* ; ce qui réjouit le public. « Heureusement les bonnes idées finissent toujours par triompher », nous explique alors la publicité, embrassant avec ce message, à la fois la démocratie, la RATP et la *Marseillaise* dans un jeu complexe de correspondances.

Il n'en est pas moins surprenant de retrouver la marque *La laitière*, très liée, on l'a dit, à ce qui touche la tradition, au milieu d'événements révolutionnaires. En fait, dans ce spot, la Révolution est envisagée, non pas comme le symbole du changement et de la modernité, mais comme un courant impétueux que rien ni personne ne peut détourner de son cours ; rien… si ce n'est la crème au caramel *La Laitière*. La Bastille attendra que le peuple ait goûté de ce dessert pour être prise. Force de l'événement historique, plaisir de dévier une intrigue dont chacun connaît la fin expliquent ici le recours à l'histoire. Le camembert *Président* situe également son « historiette » le 13 juillet 1789, dans cet entre-deux mondes où tout va basculer. Lorsqu'on annonce à Louis XVI l'arrivée d'un Président « révolutionnaire », il s'exclame (avec nous) « Déjà ! ». Mais il se rassure lorsqu'on lui présente le camembert *Président* : « le roi des camemberts ». Le message publicitaire se situe donc à l'intérieur de deux connivences : celle que nous avons avec la royauté, gage de la puissance sereine, de la tradition et du bon goût, et l'autre qui appartient à tout ce que le mot ré-

volution contient de positif, gage de changements et de nouveautés. La marque de camembert se sert de l'histoire pour faire le grand écart absolu : lier les avantages de la tradition à ceux de la révolution.

Les grands hommes, leurs talents, leurs habitudes et leurs travers — lorsqu'ils sont suffisamment célèbres — inspirent les publicitaires, leur permettant de faire des rapprochements plus ou moins hasardeux entre les caractéristiques de leurs produits et ce qui, dans l'esprit collectif, est lié au personnage en question. Leur panthéon français est très réduit : Napoléon, hors classe, Louis XIV, Louis XVI, d'Artagnan. La période moderne est surtout présente — avec ses décors et ses costumes — à travers Louis XIV, auquel sont associés le pouvoir absolu et la chaleur rayonnante du soleil. Ce sera donc une réclame pour l'*EDF*. Dans ce spot, le roi Soleil est mécontent de tout ce que lui propose Colbert pour l'aménagement de sa nouvelle construction — qui semble pourtant de bon « standing » — : trop froid, trop cher, trop encombrant… Il demande alors l'impossible en 1672, mais c'est la seule chose qui corresponde à son niveau d'exigence : *Promotelec*. Absolutisme de la demande, chaleur du soleil, raffinement du maître d'œuvre, énorme perruque, forment un assemblage puissant immédiatement parlant à un public Français.

Napoléon, sans doute le seul grand homme de l'Histoire à être universellement connu, a le mérite assez rare de

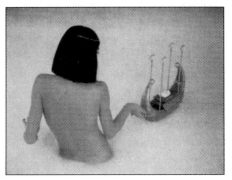

Spot publicitaire pour le savon Cléopatra.

réunir sur sa personne des traits ridicules et d'autres forçant l'admiration. Même s'il est représenté par le message — ici publicitaire — sous des traits caricaturaux, il demeure autour de lui un halo de force, de violence et de puissance sexuelle dont peut profiter une marque. Que retient donc la publicité de l'épopée napoléonienne ? La fameuse habitude de l'Empereur de mettre la main dans son gilet qui trouve dans ce monde de la réclame des explications surprenantes. Ainsi, pour *Fruit of the loom*, marque de sous-vêtements masculins, il était martyrisé par son slip ; mais, une fois qu'il en a changé, il a pu repartir pour toutes sortes de conquêtes… L'association de

petits problèmes à un grand caractère est ici rendue possible par la référence à l'Histoire. Les guerres napoléoniennes sont un autre élément de la légende. Un soldat, dans son bivouac à peine éclairé par la lune, à la veille d'une grande bataille qui sera — forcément — meurtrière, croque dans sa tablette de *Crunch*, ce qui déclenche une terrible tempête. Il croise alors Napoléon, la main dans son gilet, et ces deux hommes capables de bouleverser l'ordre des choses ne peuvent qu'échanger des regards de connivence. Minuscules événements, grande Histoire…

D'autres grands hommes, immédiatement identifiables par un large public, appartiennent au panthéon des publicitaires. Il paraissait logique, dès lors, que Jésus y figurât. Ainsi, cette publicité pour les buggies d'*Éram* qui permettent à Jésus et à ses compagnons, « relookés » pour l'occasion sous l'aspect de ces beaux jeunes gens, sorte de hippies généreux qui, peuvent aisément marcher sur l'eau. De même, Jésus parvient-il, avec ses apôtres, à fabriquer son pain à l'aide de *Bonne fournée*-le-pain-à-faire-soi-même ? « Miraculeux non ? », s'émerveille la réclame.

Les femmes célèbres sont moins présentes. Néanmoins la figure de Cléopâtre s'impose. À notre époque au rationalisme rigoureux et austère, la place que certaines périodes accordaient au mystère, à la magie, à l'irrationnel en définitive, constitue un des charmes du passé. Le mystère est source de rêves et d'évasion, deux composantes essentielles de la publicité, en particulier dans le domaine des cosmétiques et de la beauté. L'origine du succès de l'Égypte pharaonique réside en grande partie dans l'attrait de cette civilisation pour la magie et dans les aspects longtemps restés incompris de sa culture. La marque de savon *Cléopatra* fait son miel en quelques minutes de tous les clichés sur l'Égypte ancienne. Dans un décor magnifique apparaît Cléopâtre somptueuse entourée d'esclaves. C'est « la femme éternelle, détentrice de tous les secrets » et, en particulier, « d'un secret de beauté »… le savon *Cléopatra*.

Quoi de plus attendu que de retrouver les deux grandes figures du marxisme, Marx et Engels, dans cette publicité allemande. Alors que les deux grands hommes écrivent le *Kapital*, on nous montre que l'idée du partage des ressources leur est venue d'une envie de se partager des bonbons. Dans cette pub, la fin de l'Histoire est déjà annoncée, puisque, malgré ces grandes théories dont on vient de voir la naissance, l'un d'eux essaye de voler quelques bonbons de plus à l'autre !!!

Enfin, la publicité a recours, avec plus de prudence — elle se doit par nature d'être consensuelle, ce qui n'est pas facile en la matière — à l'histoire du temps présent. Le rappel que fait *Citroën* des performances de la DS au moment de l'attentat du Petit-Clamart contre le général de Gaulle en juin 1962 est de l'ordre de l'opportunisme : « Ce que cette marque a pu faire pour un général, elle peut le faire pour tout le monde », rappelle-t-elle.

Plus intéressant, et tout à fait exceptionnel, est le fait qu'un grand acteur de la vie politique internationale joue dans une publicité. Ainsi Gorbatchev entrant dans une *Pizza Hut* en Russie provoque un débat sur les mérites de la Perestroïka entre les membres d'une famille attablée. Le bonheur de manger une *pizza Hut*, leurs discussions et la bonhomie de l'ancien chef d'État mènent vers une conclusion évidente à laquelle toute la famille se rallie : Gorbatchev a bien fait ! N'y a-t-il pas là dans cette publicité, ce que les économistes appellent un effet d'aubaine ? Pouvoir disposer d'un tel acteur ! L'histoire se construit autour de lui… Cela correspond bien-sûr à une évolution historique dont se sert la marque américaine : la fin de la guerre froide, l'accession de l'URSS à la démocratie et à la *pizza Hut* ici mises ici sur le même plan. En associant à une marque un homme ou un événement important et prestigieux, une parcelle de leur gloire rejaillit sur elle et lui confère une qualité qu'elle est très loin de posséder intrinsèquement.

Au total, l'histoire que l'on retrouve dans les publicités est plus proche de celle des films grand public, tels *Les Visiteurs,* ou encore des bandes dessinées que de celle enseignée dans les écoles et dans les universités. Car tous, producteurs, dessinateurs et publicitaires poursuivent le même objectif : rassembler un vaste public autour de références partagées le plus largement possible, faire réagir, par la rupture, par le rire ou par l'émotion. Aussi ne retiennent-ils de l'histoire que ses épisodes les plus caricaturaux qui s'apparentent le plus souvent d'avantage à la mémoire qu'à l'histoire. Sans souci d'une quelconque vérité historique, ils puisent dans cette source une inspiration qui, en définitive, renvoie essentiellement à des stéréotypes et à des légendes.

Notes

1. Ces cinquante messages publicitaires ont été sélectionnés par Vladimir Donn, rédacteur en chef de Culture Pub, dans le cadre d'une émission réalisée pour la chaîne Histoire. Nous le remercions pour nous avoir transmis les publicités qu'il avait sélectionnées.

L'enseignement de la publicité en France au XXᵉ siècle

Marie-Emmanuelle Chessel*

Tenter de reconstituer la généalogie des formations consacrées à la publicité représente au moins un double intérêt. Le premier consiste à comprendre comment une activité particulière se constitue tout au long du XXᵉ siècle en profession et par quels canaux elle diffuse de nouvelles méthodes et réfléchit sur sa pratique. À côté des revues professionnelles, des manuels français et étrangers, des organisations syndicales de la publicité, des instances de promotion de la rationalisation, la formation constitue l'un des canaux de la professionnalisation de la publicité au XXᵉ siècle[1]. C'est dans les années 1920 que se construit la figure du « chef de publicité chef d'orchestre » qui coordonne tous les autres métiers de la publicité, et cette construction se fait notamment via l'enseignement. La formation est aussi une réponse aux critiques qui visent cette activité tout au long du XXᵉ siècle, soit que la publicité soit considérée comme inefficace (surtout au début du siècle lorsqu'on ne comprend pas son rôle), soit qu'elle soit considérée comme trop efficace et manipulatrice (dans les années 1960 no-

tamment). Cet enseignement — comme la pratique publicitaire — est nourri d'exemples étrangers (en particulier américains), ce qui permet de voir le rôle de l'enseignement dans l'introduction d'éléments venus d'ailleurs.

Deuxième intérêt de l'étude des formations à la publicité, l'indéniable évolution de l'enseignement de la publicité au XXᵉ siècle traduit une mutation : le rapprochement entre le monde de la formation, et plus particulièrement de l'enseignement supérieur, et celui de l'entreprise[2]. Le parcours de Marcel Bleustein-Blanchet symbolise cette évolution. Autodidacte complet, formé sur le tas pendant l'entre-deux-guerres, il participe en 1964 à la création du CELSA (Centre d'études littéraires supérieures appliquées) à la faculté des lettres de l'Université de Paris, le premier centre universitaire voulant faire entrer les littéraires dans l'entreprise avec leurs qualités propres (et non pas en tant que littéraires reconvertis en gestionnaires). Cela se passe au milieu des années 1960, à un moment où de jeunes diplômés commencent à affluer chez Publicis : en

---

* Chercheure au Centre de recherches historiques, CNRS-EHESS.

1962, 36 % des cadres de cette agence sont diplômés de l'enseignement supérieur, et ils sont quasiment tous âgés de moins de 40 ans[3].

Pour rendre compte de cette évolution, nous établirons un panorama sommaire de l'évolution de l'enseignement de la publicité du début du XXe siècle jusqu'au milieu des années 1970[4], dégageant deux temps : d'abord, les années de fondation, où les publicitaires jouent un rôle majeur (1900-1940) ; puis le temps des réformes, où les enseignants professionnels du marketing et de la publicité prennent partiellement le relais (1945-1975). Plusieurs questions se posent, alors : qui favorise la naissance de cet enseignement et qui enseigne ? Quelle est la nature de cet enseignement (continu ou initial) ? Quel est le degré d'ouverture à d'autres pays ?

L'initiative des publicitaires (1900-1940)

Ce sont des publicitaires praticiens qui fondent les premiers cours de publicité dans les écoles de commerce avant la Première Guerre mondiale. Cette création ne permet pas encore de former des publicitaires, mais elle a pour objectif préalable d'informer les futurs commerçants — leurs futurs clients — sur une nouvelle méthode : la publicité rationnelle[5]. S'inspirant des ingénieurs qui prônent la rationalisation des méthodes de production, les publicitaires tentent en effet de convaincre les futurs commerçants,

leurs futurs clients, de la nécessité de rationaliser les méthodes commerciales. Dans ce cadre, se définissent les premiers cours de publicité : à l'ESSEC (École supérieure des sciences économiques et commerciales), en 1908 ; à HEC (Hautes études commerciales), en 1911 ; à l'ESCP (École supérieure de commerce de Paris), en 1917[6]. Leurs animateurs ont souvent fondé leur propre agence de publicité ; l'enseignement est l'occasion d'en faire la promotion. Ainsi, Désiré-Constant-Albert Hémet, de l'agence pionnière Hémet, Jep et Carré, s'occupe du premier cours de « publicité et psychologie commerciale » à l'ESSEC[7]. De même, Arnaud de Masquard inaugure le cours de publicité à HEC. Fils d'un préfet et lui-même futur sous-préfet, il est licencié de droit, ancien élève d'un institut d'agronomie et d'HEC (1896). Il a suivi des cours à l'école Page Davis de publicité de Chicago ; il en dirige la branche française à sa création en 1910, tout en fondant sa propre agence de publicité directe en 1910[8]. C'est, enfin le cas de Louis Angé, vulgarisateur actif de la publicité, mieux connu sous le pseudonyme de Comfort, qui assure les cours par correspondance de l'agence Hémet, Jep et Carré, avant d'être chargé de cours à l'ESCP (1917-1930)[9].

Des publicitaires — organisés en association cette fois-ci —, créent également, en 1927, la première école destinée à former des techniciens spécialisés dans la publicité, dite École technique de publicité (ETP). Comme l'explique plus tard Francis Elvinger : « De par la curiosité de certains professeurs, l'enseignement ayant trait à des professions longuement établies [les commerçants] s'est intéressé de bonne heure à certains aspects de la publicité, alors que la consécration des écoles professionnelles de publicité devait attendre la formation et la consécration d'une profession de publicitaires, ainsi que d'un mouvement corporatif de la publicité »[10]. L'ETP est fondée à l'initiative d'une association professionnelle, la Corporation des techniciens de la publicité (CTP), créée en 1913, et représentant principalement des chefs de publicité d'annonceurs et des agences de publicité se mettant au service des annonceurs (le Groupement des chefs de publicité est la sous-branche la plus active de cette association). Son corps enseignant comprend un certain nombre de chefs de publicité, d'annonceurs et de représentants d'agences. Son président-fondateur en est Henri Ruzé. Président du Groupement des chefs de publicité et inspecteur départemental de l'enseignement technique, il est aussi chef de publicité du Printemps. Il est entouré, dans l'entre-deux-guerres, de publicitaires par ailleurs actifs vulgarisateurs de la publicité, comme Albert Marcellin ou Paul Nicolas, ancien employé de l'agence Damour et rédacteur en chef de la revue *Vendre*[11].

Ce sont enfin toujours des publicitaires qui enseignent la publicité et le marketing au Centre de préparation aux affaires (CPA), une école de formation des cadres et dirigeants d'entreprises fondée en 1930 par la Chambre de commerce de Paris. Les enseignants, Léon Jonès et Henri de Boissac, qui ont tous deux travaillé dans l'agence de publicité Damour, ne sont certes pas à l'origine de la création du CPA. Mais ils connaissent le marketing américain et tentent de l'acclimater aux conditions spécifiques françaises, dans le cadre de la méthode des cas, introduite à cette occasion en France[12].

Qu'il s'agisse de la formation des commerçants, des cadres et dirigeants d'entreprise (dans les écoles de commerce) ou des techniciens de la publicité (à l'École technique de publicité), les publicitaires font figures de moteurs dans l'effort scolaire ; attitude qui va de pair avec une autre grande caractéristique de ces enseignements : l'importance de la formation continue.

Priorité à la formation continue

De part et d'autre de la Première Guerre mondiale, alors que les premiers cours dans les écoles de commerce sont encore marginaux, les initiatives les plus importantes sont, on vient de le voir, des cours du soir, que ce soit pour former des publicitaires à l'ETP, ou des cadres dirigeants et chefs d'entreprises, au CPA. Pour cette raison, les effectifs sont faibles et concernent des personnes ayant déjà de l'expérience.

L'ETP — hébergée par le CNAM, puis une école de la Chambre de commerce de Paris, enfin un lycée —, offre environ 55 heures de cours par an (pour moitié des cours généraux et pour moitié des cours techniques) à un petit nombre d'élèves ; elle délivre entre 30 et 40 diplômes de fin d'études (après un an) entre 1927 et 1933. En 1931, s'ajoute une deuxième année pratique, débouchant, en 1933, sur un Brevet professionnel qu'obtiennent environ 15 % des auditeurs[13].Vers 1950, l'école accueille chaque année une centaine d'élèves : la plupart sortent, au bout de deux ans, avec un « brevet d'études professionnelles de technicien en publicité ». Entre 1927 et 1957, l'école a ainsi formé plus de 3 500 élèves[14]. En 1939, avec des effectifs inférieurs à cinquante, le CPA, lui, s'adresse à des personnes dont la moyenne d'âge est de 27 ans.

Ce cadre restreint permet néanmoins aux publicitaires de s'exprimer et de commencer à définir leur profession. En effet, ces publicitaires répondent aux critiques assez fortes de la publicité depuis le début du XXᵉ siècle, et en particulier à celles des annonceurs, sceptiques sur son utilité. Aussi tentent-ils de justifier leur rôle, expliquant notamment qu'il existe une pratique distincte du charlatanisme, une pratique « morale » et « professionnelle », distincte des métiers du commerce et de la presse. L'enseignement constitue alors un outil dans la quête de légitimité des publicitaires. Comme l'exprime l'un des promoteurs de la profession en 1934, Octave-Jacques Gérin : « Nous voulions des publicitaires qualifiés et dont le savoir fût enfin mesuré, étalonné. Nous l'avons voulu pour le prestige de notre profession. Il fallait abolir les temps où l'on nous considérait, pour le moins, comme des pique-assiettes sociaux[15]. » La profession, sur ce plan, sert souvent de référence dans d'autres pays.

Les modèles : l'Allemagne avant les États-Unis

Il faut ici insister sur l'ouverture internationale précoce de ces publicitaires et de cet enseignement, d'abord sur l'Allemagne puis sur les États-Unis. Selon les publicitaires français, la publicité y est plus développée et ils utilisent souvent la rhétorique du « retard français » pour essayer de promouvoir une activité qu'ils jugent trop peu développée chez eux. Si ce retard n'est pas certain, l'ouverture internationale constitue bel et bien une ressource pour des publicitaires en quête de légitimation.

L'influence de l'Allemagne est bien présente avant et après la Première Guerre mondiale. Citons le cas déjà évoqué de Louis Angé, enseignant à l'ESCP et responsable des cours par correspondance de l'agence Jep et Carré. Ancien professeur d'allemand, il a vécu en Allemagne avant 1914 ; il est aussi le traducteur d'une vingtaine de romans en langue allemande, notamment ceux de Stephan Zweig. Il traduit aussi des manuels de publicité allemands et américains[16]. Autrement dit, ce publicitaire est un médiateur culturel entre l'Allemagne et la France, ce qui n'est pas très original avant la Première Guerre mondiale (l'Allemagne est alors un modèle industriel et commercial qui fascine ou fait peur), mais qui l'est un peu plus dans les années 1920, après trois ans passés au front. Louis Angé fait partie d'une élite culturelle d'avant-garde, persuadée que la littérature peut rapprocher la France et l'Allemagne et en faire le cœur d'une Europe pacifique[17].

Dans les années 1920 et 1930, l'influence américaine dépasse cependant l'influence allemande, comme le montre l'arrivée d'agences de publicité américaines en France, comme la J. Walter Thomson[18]. La création du Centre de préparation aux affaires, qui s'inspire d'Harvard, témoigne de cette influence sur l'enseignement commercial. Mais il faut nuancer ce qu'on aurait tendance à appeler « américanisation » : l'enseignement du CPA prend fortement en compte la réalité des marchés français. Les enseignants connaissent ce qu'ils appellent le « *high pressure marketing* », mais expliquent qu'il n'est pas nécessairement adapté à des marchés socialement et géographiquement cloisonnés[19]. Cette influence américaine sera prépondérante à partir des années 1950.

Si l'entre-deux-guerres a permis des transformations significatives, les années 1940 ne semblent n'avoir été, ni des années de stagnation, ni des années de franche rupture dans l'histoire de l'enseignement commercial et des formations à la publicité. Si l'on en croit les travaux existants, l'enseignement et

la formation professionnelle restent une des grandes priorités de la Chambre de commerce de Paris durant cette période[20]. HEC innove même en organisant sa troisième année d'études, année supplémentaire, décidée en 1938 ; les cours, bien que perturbés, ne subissent ensuite que des changements de détails jusque dans les années 1950[21]. De même, les années de guerre sont essentielles pour le Centre de préparation aux affaires (CPA) qui renforce sa spécificité : à partir de 1942, il accueille des cadres forts d'au moins dix ans d'expérience et change de nom pour s'appeler Centre de perfectionnement dans l'administration des affaires (CPA)[22]. Mais c'est véritablement dans les années 1950 et surtout dans les années 1960 que s'effectuent les grandes ruptures dans l'enseignement supérieur de gestion, dans lequel s'inscrivent le marketing et la publicité. Ces ruptures constituent une réponse à ce qui est perçu comme une crise dans la formation des cadres.

Sous le signe du marketing (1945-1975)

Dès les années 1950 et au début des années 1960, les experts nationaux et internationaux font un diagnostic de crise : les cadres ne sont pas suffisamment formés. À l'heure d'une nouvelle donne économique, où les entreprises sont appelées à se concentrer et où la concurrence européenne s'annonce franchement, l'absence de formation apparaît dangereuse. L'essor de l'enseignement du marketing, qui accompagne le développement de l'enseignement de gestion, constitue une réponse (parmi d'autres) à ce diagnostic[23]. Du coup, les publicitaires praticiens s'effacent progressivement devant des enseignants professionnels et la formation continue n'est plus la seule motrice. Mais le mouvement de réforme est complexe et multiforme : les praticiens ne disparaissent pas totalement de toutes les écoles pour être remplacés par des professeurs permanents. Plusieurs profils d'enseignants apparaissent, et cohabitent dans les écoles et les universités. Dans ce cadre, l'influence américaine reste présente, favorisant une continuité entre les deux périodes.

La professionnalisation des enseignements de gestion

Pendant les Trente Glorieuses, les publicitaires français — comme les comptables ou les chefs d'entreprise — sont progressivement remplacés dans les écoles par des enseignants professionnels (de marketing). Cette évolution s'inscrit dans le cadre plus général de la genèse d'une nouvelle discipline dans l'enseignement supérieur, la gestion, sous l'incitation de technocrates, de patrons et d'enseignants. Pendant que la gestion entre prudemment à l'université — via la création des Instituts d'administration des entreprises (IAE) en 1955 —, les écoles de commerce enclenchent un mouvement de réforme pour entrer dans l'enseigne-

ment supérieur. Cette réforme implique le remplacement des praticiens enseignants, et des professeurs de disciplines traditionnelles (comme le droit ou les langues), par des enseignants professionnels de gestion, faisant aussi le plus souvent de la recherche[24].

Caractéristique du mouvement, la réforme d'HEC est préparée par un rapport des anciens élèves de 1952 qui réclame une refonte des enseignements et une spécificité plus marquée : « Il nous est apparu essentiel de développer l'enseignement des "techniques" de l'administration des entreprises, de l'organisation, du contrôle, de la vente, de la publicité qui sont appelées à devenir l'arme propre de HEC »[25]. La réforme commence en 1958, date de l'arrivée d'un nouveau directeur chargé de favoriser l'évolution pédagogique et le transfert de HEC sur un campus hors de Paris, à Jouy-en-Josas. Cette première phase de la mutation prend fin en 1969, avec la création de l'Institut supérieur des affaires (ISA) au sein d'HEC[26]. Le bouleversement est profond. En 1968, presque tous les professeurs en place dix ans auparavant ont quitté l'école ; les contenus des cours et les méthodes pédagogiques ont été renouvelés. Dans ce cadre, le corps enseignant permanent d'HEC passe de 5 personnes en 1963 à 74 en 1968[27], le département marketing, à lui seul, regroupant une douzaine de membres, en 1970[28]. Autrement dit, si en 1957 la publicité apparaît — avec l'organisation commerciale, les « problèmes internationaux du commerce » et la « formation du chef d'entreprise » — dans les cours communs de 3ᵉ année, au même titre que la comptabilité ou les langues étrangères, elle prend une importance accrue en 1966, en devenant l'une des techniques de marketing enseignées dès la deuxième année. S'y ajoute en 1972-1973 une option de troisième année de marketing intitulée « stratégie publicitaire »[29]. Cette réforme est globalement marquée par un « tournant académique », qui se traduit par la création d'un programme doctoral en 1975.

L'École supérieure de commerce de Lyon (alors appelée ESCAE), quant à elle, fonde sa rénovation — tout au moins jusqu'au début des années 1970 —, sur l'établissement de liens étroits avec les entreprises de la région et la chambre de commerce. Autrement dit, elle valorise son atout particulier : la puissance industrielle et commerciale de la région lyonnaise. Un département marketing est créé en 1969 ; l'enseignement de la publicité s'affirme (devenant une spécialisation de deuxième année), avec d'anciens élèves de l'École — jeunes moniteurs passés par l'entreprise (Éric Blache, Paul Geay et Gilles Marion) —, et l'appel à des professionnels de l'Adetem (Association pour le développement des études de marché) ou à des diplômés d'HEC, parfois anciens publicitaires. Il est intéressant de noter qu'au moment où HEC transforme son enseignement, c'est un manuel rédigé (avant la réforme) par un praticien enseignant d'HEC qui sert de base aux enseignements à l'ESCL[30].

Enfin, dans les universités, il faut signaler la création déjà évoquée, en 1964, du CELSA (Centre d'études littéraires supérieures appliquées). Dépendant de l'université de Paris, il souhaite faire le pont entre les formations littéraires et de sciences humaines de l'enseignement supérieur et les métiers de la publicité. L'initiative est soutenue par des technocrates et des patrons, soucieux de nouer des liens entre les enseignements supérieurs et les entreprises : Pierre Bize, chargé de mission au Commissariat général à la productivité, Gaston Berger et Pierre Laurent au ministère de l'Éducation nationale ; Alfred Landucci, PDG de Kodak et, on l'a vu, Marcel Bleustein-Blanchet[31]. Une section expérimentale de lettres et sciences humaines appliquées à l'entreprise, débutant en 1957 et officialisée en 1960, constitue le noyau du CELSA dirigé par Charles-Pierre Guillebeau à partir de 1965. Est ensuite défini un troisième cycle destiné aux diplômés de Sciences Po, d'HEC ou de lettres qui reçoivent un « complément d'enseignement supérieur orienté vers l'application et la recherche dans le domaine de la communication »[32].

L'histoire de la *Revue française du marketing*, lancée en 1964 par l'Adetem, témoigne bien des conséquences de cette évolution dans le milieu du marketing et de la publicité. Certes, la continuité l'emporte d'abord : la revue, à l'origine, rassemble des praticiens et des représentants des organisations publicitaires. Le comité de patronage de l'association est ainsi composé de ceux qui, dans les années 1930, tel Paul Nicolas, prônaient la rationalisation commerciale. Mais très vite, cette « publication savante faite par des praticiens » devient une « revue professionnelle réalisée par des professeurs » souhaitant publier leurs recherches et puiser dans la revue de la légitimité académique[33].

Ces changements induisent des transformations dans le paysage de l'enseignement de la publicité. D'abord, la formation initiale s'affirme aux dépens de la formation ; ensuite, la concurrence est désormais rude sur un marché de la formation continue en plein renouvellement. Le CPA doit ainsi s'adapter, à la fin des années 1950 puis durant les années 1967-1973 : il s'ouvre sur l'extérieur en réglementant la communication de ses « cas » à d'autres établissements, redéfinit ses méthodes d'enseignement et essaime en province[34]. La crise que subit l'école des publicitaires (l'ETP) est symptomatique de cette évolution : mise en concurrence avec les écoles de commerce et, à partir de 1955, avec les IAE, l'ETP cherche alors à étendre son offre et à développer la formation continue des cadres à la publicité. Elle crée notamment, en 1953, un cours de publicité par correspondance, puis installe une annexe dans les locaux de l'École supérieure de commerce de Lyon (1956). En 1958, elle ajoute une année à son cursus (désormais porté à trois ans) et se transforme en École supérieure de publicité ; en 1962, elle prépare au BTS[35]. L'établissement reste, jusqu'à nos jours, très proche des associations de publicitaires, à l'image de son directeur, nommé en 1961, Claude Chauvet. Publicitaire diplômé de l'ESP et de la Chambre de commerce britannique, il fut aussi vice-président de la Société des publicitaires diplômés par l'État (1956-1960), président du Groupement des directeurs publicitaires de France (1957-1989), vice-président de la Fédération française de la publicité (1958-1972). Il occupe, en outre, diverses fonctions au sein de l'International Advertising Association[36].

Les publicitaires continuent, certes, à se préoccuper de formation. En 1963 est ainsi mis en place un Institut des Hautes Études publicitaires, sous le double patronage de l'Union des annonceurs et de la Fédération française de la publicité[37]. Mais, désormais, se distinguent les initiatives du milieu de la formation, dans le cadre d'une double professionnalisation (celle des publicitaires ; celle des professionnels de l'enseignement de gestion).

La forte influence américaine

L'évolution est marquée par le poids du modèle américain : au cours des années 1950, dans le contexte de la course à la productivité, puis durant les années 1960, dans le contexte du « défi américain », mis en évidence par Jean-Jacques Servan-Schreiber. L'enseignement du marketing et de la publicité, outre-Atlantique, se réforme pendant cette période dans certaines *business schools* et sous l'influence de la fondation Ford[38]. Ce mouvement finit par toucher l'Europe.

Comme dans l'entre-deux-guerres, les publicitaires continuent « d'aller voir » ce qui se passe aux États-Unis et d'y recueillir des idées. Une mission de productivité « Publicité-Études de marché » est ainsi organisée en 1953[39]. De son côté, Marcel Bleustein-Blanchet rapporte d'Amérique le principe du drugstore ou le soutien des études de motivation[40]. Mais, fait nouveau, les futurs enseignants professionnels vont maintenant se former plus longuement et plus sérieusement dans les universités américaines, notamment avec l'aide de la FNEGE (Fondation nationale de l'enseignement de la gestion des entreprises). Immergés dans des *business schools* qui réforment leur enseignement et leur recherche en marketing, à Northwestern (près de Chicago), Austin (Texas) ou Harvard (Cambridge, Mass.), ils vont participer à la constitution de la première génération française d'enseignants « professionnels » de marketing, parfois spécialistes de publicité[41].

En pleine réforme, HEC accueille des Américains dans les années 1960 pour former ses nouveaux professeurs. Dans le même temps, aidée par la fondation Ford, la Chambre de commerce de Paris ou la FNEGE, elle envoie ses enseignants se perfectionner aux États-Unis. Certains ont un profil « entrepreneurial », tel Jacques Lendrevie.

Marqué, comme ses prédécesseurs à HEC, par une forte pratique de l'entreprise, il s'affirme plus intéressé par l'innovation pédagogique que par la recherche académique. Titulaire d'un DES d'économie, devenu assistant à sa sortie d'HEC en 1964, il participe à la réforme de l'enseignement du marketing et de la publicité à HEC ; il est aussi le co-auteur de plusieurs manuels de base. Il bénéficie enfin, comme plusieurs de ses collègues, d'un financement pour les États-Unis, où, durant un an, il participe au programme ITP (International Teachers Program) d'Harvard. Dans le cadre de la mise en place du département de marketing à HEC, il met à l'épreuve son expérience, parallèle, de consultant pour écrire un grand nombre d'études de cas. Il s'investit ensuite dans les innovations pédagogiques, en créant le Groupe de recherche et d'action pédagogique (Grap) à HEC, et, en 1986, contribue à la création d'une école de publicité : l'Institut supérieur de publicité et de communication d'entreprise (1986)[42].

Jacques Lendrevie explique que, dans les années 1970, il commençait ses cours de marketing par les droits du consommateur, afin de désamorcer la critique persistante de sa discipline[43]… Nombreux, en effet, demeurent les motifs d'indignation suscités par le marketing et la publicité, durant les années 1960 : la manipulation des consommateurs et la création de besoins artificiels, l'illusion du spectacle publicitaire, le manque d'authenticité de la vie moderne sont autant de charges portées par Roland Barthes, les situationnistes ou Jean Baudrillard en France. Les critiques consuméristes s'inspirent aussi de commentateurs américains comme John Galbraith, Vance Packard ou Ernest Dichter[44].

La première réponse, on vient de le voir, est de proposer un enseignement concret, axé sur la pratique et sur l'innovation pédagogique. La seconde est formulée par des enseignants au profil plus « académique ». Elle prend de la distance avec le discours des « marketers » et réfléchit à la manière dont le marketing tente de construire sa légitimité. C'est la ligne que tient, par exemple, à HEC Romain Laufer, titulaire d'un PhD américain dans le cadre d'une formation outre-Atlantique et auteur d'un livre sur la question de la légitimité dans le marketing[45]. C'est aussi la position de Gilles Marion à l'École de management de Lyon (ex-École de commerce). S'il n'a pas été formé aux États-Unis, il dispose d'une expérience de l'entreprise. Il s'en est éloigné pour un parcours plus « académique », marqué par un poste de professeur et un fort investissement dans la recherche. Il se démarque, notamment, des discours rationalisateurs hérités de l'entre-deux-guerres : « Nous souhaitons "balayer devant notre porte" plutôt que de laisser à d'autres disciplines le soin de faire le ménage », écrit-il.[46]

L'histoire de l'enseignement de la publicité est donc marquée par une double professionnalisation : celle des publicitaires, d'abord, qui se transforment en enseignants pour mieux convaincre les annonceurs et la société de la légitimité de leur profession ; celle des enseignants professionnels du marketing et de la publicité, ensuite, qui prennent le relais et font, partiellement et depuis très récemment en France, de la recherche. Publicitaires reconvertis en communicateurs et spécialistes de marketing continuent à produire des discours, afin de justifier une pratique en permanence critiquée, qu'elle soit jugée inutile (par certains annonceurs) ou au contraire trop puissante (par certains opposants toujours actifs). Cette double professionnalisation contribue à légitimer (partiellement) une profession qui doit se construire face aux critiques. Les discours ne sont pas exclusivement produits et diffusés dans le cadre d'un enseignement : ils prennent place dans des ouvrages ou revues qui sont autant de traits d'union entre praticiens, enseignants et étudiants.

L'enseignement de la publicité n'est pas simplement un reflet de l'état de la publicité en France. Certes, il en dépend en partie : les années 1960 sont aussi des années de bouleversement de l'économie de la publicité et de création de nouvelles agences. Mais l'enseignement est aussi un élément moteur, dont le rôle reste spécifique dans l'histoire de la publicité. Faute d'informations sur la réception de cet enseignement par les étudiants, l'impact de cet enseignement sur les milieux de la publicité ou les pratiques des anciens élèves, on ne peut l'évaluer plus finement. Sans doute dans l'avenir, des recherches éclaireront-elles ces questions fondamentales. En attendant, constatons tout de même ce que l'enseignement n'est pas. La formation « scolaire » débouche encore rarement sur un emploi. Le futur publicitaire n'échappe pas à la chasse au stage, et, aujourd'hui encore, l'« école de la pratique » reste le gage de la réussite.

Notes

1. Marie-Emmanuelle Chessel, *La Publicité. Naissance d'une profession (1900-1939),* Paris, CNRS Éditions, 1998.

2. Il existe un lien de longue date entre l'École et l'entreprise autour des formations professionnelles : cf. *Les formations professionnelles entre l'École et l'Entreprise, Revue française de pédagogie,* n° 131, 2000. Nous insisterons ici sur l'enseignement supérieur, notamment dans la deuxième moitié du xxᵉ siècle.

3. Denis Boutelier, Dilip Subramanian, *Le grand bluff : pouvoir et argent dans la publicité,* Paris, Denoël, 1991, p. 26 ; Clark Eric Hultkuist, *The Price of dream. History of advertising. 1927-1968,* PhD Histoire, Ohio State University, 1995, p. 188 et 191.

4. La crise économique a ensuite un effet sur le marché publicitaire, et les mutations dans l'enseignement supérieur de gestion se ralentissent à partir de 1975 environ.

5. Ces deux objectifs (former les publicitaires, former les commerçants) sont souvent présentés comme complémentaires. Cf. la position d'Arnaud de Masquard in *Bulletin de l'Institut international pour l'étude du problème des classes moyennes,* Bruxelles, février-mars 1911, p. 135.

6. Marie-Emmanuelle Chessel, *L'émergence de la publicité. Publicitaires, annonceurs et affichistes dans la France de l'entre-deux-guerres,* thèse de doctorat, Histoire et civilisation, Florence, Institut universitaire européen, 1995, vol. 1, p. 119-181.

7. *La Publicité,* novembre 1910, p. 532-533 et *La Publicité,* février 1919, p. 3-5. Voir aussi Valérie Languille, *Histoire de l'École supérieure des sciences économiques et commerciales (1913-1990),* mémoire de DEA, Histoire, EHESS, 1995, p. 43.

8. *La publicité,* mai 1910, p. 193 ; *La publicité de France,* octobre 1923, p. 2, 6 et mars 1924, p. 61 ; *Bulletin officiel de la Chambre syndicale de la publicité,* juin-juillet 1928, p. 45. Voir aussi Philippe Maffre, *Les origines de l'enseignement commercial supérieur au xixᵉ siècle, 1820-1914,* thèse de 3e cycle, Histoire, Université Paris I, 1983, p. 547-48, 617, 628.

9. Archives de la Chambre de commerce et d'industrie de Paris (CCIP), Archives de l'École supérieure de commerce de Paris (ESCP), dossier personnel de Louis Angé.

10. Chambre de commerce international, *L'enseignement de la publicité et la formation publicitaire,* rapport établi par Francis Elvinger, Paris, 1959, p. 14-15. Cf. aussi l'intervention d'A. Lepoivre au Congrès international de l'enseignement technique à Paris les 24-27 septembre 1931, reprise in Julien Fontegne, *École technique de publicité,* 1936, p. 6-7 et *Miroir du Monde,* 21 mars 1936, p. 55.

11. Archives de l'ETP, conservées à l'École supérieure de publicité, Paris.

12. CCIP, Archives du Centre de Préparation aux Affaires (CPA), Léon Jonès, *Questions de vente et de publicité. Introduction au cours d'organisation commerciale,* s.d. Sur le marketing au CPA : voir Marie-Emmanuelle Chessel, *La publicité, op. cit.,* p. 60-71.

13. *La publicité,* octobre 1933, p. 790. L'école continue à revendiquer cette filiation et ce lien avec le monde des annonceurs et des agences. La Corporation des techniciens de la publicité devient en 1965 le Groupement des directeurs publicitaires de France peu après que l'ETP soit devenue, en 1962, École supérieure de publicité. Claude Chauvet, « Expansion et modernisation de l'école supérieure de publicité », in *Annuaire*

du Groupement des directeurs publicitaires de France. Études et recherches commerciales, publicité, promotion des ventes, propagande, information et relations générales, Paris, Les Nouvelles Éditions de la publicité, 1965, p. 93. Je remercie Mme Greugnet, de l'École supérieure de publicité, pour les informations qu'elle a bien voulu me communiquer.

14. Michel Janin, « L'École technique de publicité existe, elle aussi, depuis 1927 », *Annuaire du groupement des chefs de publicité de France, 1927-1957,* Paris, Les Nouvelles Éditions de la publicité, 1957, p. 32.

15. *Officiel de la publicité,* 28-5, mai 1934, p. 39.

16. Marie-Emmanuelle Chessel, « L'enseignant, le journaliste et le traducteur : Louis Angé (1885-1931) », in *Market management, revue internationale des sciences commerciales,* numéro consacré aux publicitaires, à paraître.

17. Robert Frank, Laurent Gervereau, H. J. Neyer (dir.), *La course au moderne. France et Allemagne dans la France des années vingt, 1919-1933,* Paris, Musée d'histoire contemporaine de la BDIC, 1992 ; Michel Espagne, *Les transferts culturels franco-allemands,* Paris, PUF, 1999.

18. Clark Eric Hultkuist, « Americans in Paris : The J. Walter Thomson Company in France, 1927-1968 », *Enterprise & Society : The International Journal of Business History,* vol. 4, n° 3, 2003, p. 471-501.

19. Marie-Emmanuelle Chessel, *La publicité, op. cit.,* p. 71-80. Sur l'américanisation, cf. : Dominique Barjot, Isabelle Lescent-Giles et Marc de Ferrière Le Vayer (dir.), *L'américanisation en Europe au XX*e *siècle : économie, culture, politique,* vol. 1, Lille, Centre de recherche sur l'histoire de l'Europe du Nord-Ouest. Université Charles-de-Gaulle Lille 3, 2002 et Matthias Kipping, Nick Tiratsoo (dir.), *L'américanisation en Europe au XX*e *siècle : économie, culture, politique,* vol. 2, *ibid.,* 2002.

20. Mathilde Rol-Tanguy, *La CCIP sous l'occupation,* mémoire de DEA, Université Paris I, 2002 et Robert Frank, « L'épreuve de la guerre (1939-1945) », in *La Chambre de commerce et d'industrie de Paris 1803-2003,* Paris, Droz, 2003, p. 215-238. CCIP, 3 Mi 34 et 35, Travaux de la commission d'enseignement commercial ; rapports annuels de l'École supérieure de commerce, de l'École de Haut enseignement commercial pour jeunes filles, de l'École supérieure de commerce et école

secondaire annexée, 1940-1945 (documents aimablement transmis par Lucie Paquy que je remercie).

21. Marc Meuleau, *Les HEC et l'évolution du management en France (1881-années 1980),* vol. 1, *Une grande école et 20 000 diplômés,* thèse d'État d'histoire, Université Paris X-Nanterre, 1992, p. 175-176.

22. Odile Van Hoecke, *Une histoire du CPA,* mémoire de maîtrise d'histoire, Lille, Université Charles de Gaulle-Lille 3, 1990, p. 41-42.

23. André Grelon, « La question des besoins en ingénieurs de l'économie française. Essai de repérage historique », *Technologies, idéologies, pratiques,* VI-4, VII-1, 1987, p. 3-23 ; Luc Boltanski, « Cadres et ingénieurs autodidactes », in André Thépot (dir.), *L'ingénieur dans la société française,* Paris, Éditions ouvrières, 1985, p. 127-134 ; Claude Dubar, *La formation professionnelle continue,* Paris, La Découverte, 1996, p. 20-21 et Patrick Massa, *La connaissance sociologique de la mobilité sociale dans la France des « Trente Glorieuses » : dimension politique et enjeux idéologiques,* thèse de doctorat, Histoire, IEP de Paris, 1999, p. 114-123.

24. Marie-Emmanuelle Chessel, Fabienne Pavis, *Le technocrate, le patron et le professeur. Une histoire de l'enseignement supérieur de gestion,* Paris, Belin, 2001.

25. Marc Meuleau, *Les HEC et l'évolution du management en France (1881-années 1980)…, op. cit.,* p. 181.

26. Thierry Domas, *Génération ISA,* Strasbourg, Éditions Ronald Hirle, 1992, p. 13-20 ; Marc Nouschi, *HEC. Histoire et pouvoir d'une grande école,* Paris, Éditions Robert Laffont, 1988 et Marc Meuleau, *HEC 100 : 1881-1981. Histoire d'une grande école,* Jouy-en-Josas, HEC, 1981, p. 74. Voir aussi Patrick Fridenson, Lucie Paquy, « La Chambre et l'enseignement supérieur de gestion », communication au colloque du bicentenaire de la Chambre de commerce et d'industrie de Paris, *1803-2003. 200 ans d'histoire entre changement et continuité,* 13 et 14 novembre 2003.

27. Marc Nouschi, « HEC. Un miroir des évolutions de la société française de 1881 à nos jours », et le commentaire de Roland Reitter (qui fut actif dans cette réforme), in Monique de Saint Martin, Mihai Dinu Gheorghiu (dir.), *Actes du colloque Les écoles de gestion et la formation des élites,* Maison

Suger, 10-11 octobre 1996, p. 59-74 ; Olivier Thoral, *Pourquoi un corps permanent a-t-il été créé à HEC à la fin des années 60 ?*, HEC, mémoire de majeure « Contrôle de gestion et conseil en organisation », 1994 et Marc Meuleau, *HEC 100…, op. cit.*, p. 82-83.

28. Brochure du CESA, 1970-71.

29. CCIP, I. 2. 74 (4), Programmes de HEC, 1956-57, 1966-67, 1967-68 et 1972-73 (documents aimablement transmis par Lucie Paquy).

30. Entretien avec Gilles Marion, 4 février 2002. Il s'agit d'Henri Joannis, *De l'étude de motivation à la création publicitaire et à la promotion des ventes,* Paris, Dunod, 1965. Sur la réforme de l'ESCL : Fabienne Pavis, « L'ESC Lyon : une orientation entrepreneuriale », in Marie-Emmanuelle Chessel, Fabienne Pavis, *op. cit.,* p. 177-179 ; Philippe Albert, « Le département marketing de l'ES-CAEL », *Lyon commercial,* n° 430, novembre 1969, p. 4 et Pierre-Henri Haas, *Histoire de l'École supérieure de commerce de Lyon, 1872-1972,* DEA d'Histoire, Université Paris IV, 1993, p. 189-190.

31. Cf. les témoignages de Charles-Pierre Guillebeau et Marcel Bleustein-Blanchet in Marcel Bleustein-Blanchet, *La rage de convaincre,* Paris, Robert-Laffont, 1960, p. 337-342. Voir aussi Marie-Emmanuelle Chessel, Fabienne Pavis, *op. cit.,* sur le rôle de Pierre Bize, Gaston Berger, Pierre Laurent et Alfred Landucci dans la réforme de l'enseignement supérieur de gestion.

32. Giuliana Gemelli, « Les écoles de gestion en France et les fondations américaines (1930-1975). Un modèle d'appropriation créative et ses tournants historiques », *Entreprises et Histoire,* n° 14-15, juin 1997, p. 16 ; Serge Barret, *op. cit.,* p. 86-88.

33. Fabienne Pavis, *Sociologie d'une discipline hétéronome. Le monde des formations en gestion entre universités et entreprises en France. Années 1960-1990,* thèse de doctorat de sociologie, Université Paris I, 2003, p. 386-397.

34. Odile Van Hoecke, *Une histoire du CPA, op. cit.,* p. 55-72 et p. 76-81.

35. Michel Janin, « L'École technique de publicité et sa place dans la formation professionnelle », *Annuaire du Groupement des chefs de publicité de France,* 1958. Elle propose ces cours du soir jusqu'à la loi de 1971 sur la formation continue : elle devient alors une école privée de jour qui prépare au BTS, ce qu'elle est aujourd'hui.

36. *Who's Who in France, 1989-90*, Paris, Laffitte, p. 426.

37. Marc Martin, *op. cit.,* p. 295.

38. Franck Cochoy, *Une histoire du marketing, Discipliner l'économie de marché*, Paris, La Découverte, 1999.

39. « Rapport officiel de la mission publicité-étude du marché aux USA du 10 juin au 21 juillet 1953 », *Vente et publicité*, numéro exceptionnel, 1954, p. 4-32 et A. Cuisinier, « Quelques réflexions au retour de la mission DCF de productivité aux États-Unis », *Vente et publicité,* avril 1955.

40. Marcel Bleustein-Blanchet, *La rage de convaincre, op. cit.*

41. Cf. les analyses de Fabienne Pavis, in M.-E. Chessel, F. Pavis, *op. cit.,* p. 149-214 et sa thèse : Fabienne Pavis, *Sociologie d'une discipline hétéronome…, op. cit.*

42. Voir ses manuels : (avec Romain Laufer et Denis Lindon), *Mercator. Théorie et pratique du marketing*, Paris, Dalloz, 1974 et (avec Bernard Brochant), *Publicitor*, Paris, Dalloz, 1ʳᵉ édition 1983. Ces ouvrages ont été constamment réédités depuis. Denis Lindon, praticien intellectuel, né en 1927, est une figure importante, qui favorise pour ainsi dire la « transition » entre les praticiens rationalisateurs des années 1930 et les enseignants professionnels des années 1970. Licencié en droit et diplômé de Sciences Po, il est aussi diplômé de l'université de Cambridge et de la Business School de Dartmouth College. Il fut fondateur et PDG (1953-1960) de l'Organisation rationnelle de l'industrie et du commerce (Oric) puis directeur adjoint de la Société d'économie et de mathématiques appliquées (Sema) (1960-1969). *Who's Who in France, 1989-90,* Paris, Laffitte, p. 1038. Je remercie Fabienne Pavis et Gilles Marion d'avoir attiré mon attention sur ce point.

43. Entretien du 4 février 2002.

44. Gilles Marion, « Idéologie et dynamique du marketing : quelles responsabilités ? », *Décisions Marketing,* n° 31, 2003, p. 52-54.

45. Romain Laufer, Catherine Paradeise, *Le Prince bureaucrate. Machiavel au pays du marketing*, Paris, Flammarion, 1981.

46. Gilles Marion, *art. cit.,* p. 52.

Les documenteurs des ANNÉES NOIRES

Préface de Marc Ferro

Les documentaires de propagande, France 1940-1944

OFFERT AVEC L'OUVRAGE, un **DVD Vidéo** propose une sélection de ces documentaires d'époque les plus caractéristiques. (2 heures)

Dans la France occupée, le genre documentaire compta parmi les instruments de propagande récupérés par le gouvernement de Vichy, les collaborationnistes et l'occupant nazi. Une guerre de propagandes par images interposées s'installe dès juin 1940. Censées refléter la réalité, ces images renvoient aux luttes d'influence entre les protagonistes. Elles relèvent de styles bien spécifiques selon les visées de chacun. À partir de 178 documentaires restaurés par les Archives françaises du film, l'historien Jean-Pierre Bertin-Maghit analyse ces propagandes sous l'Occupation en nous invitant à les considérer comme le résultat d'une politique qui fut loin d'être homogène et figée de 1940 à 1944. Il n'a pas hésité, chaque fois qu'il était nécessaire à la compréhension du discours, de confronter ces documentaires aux autres formes de propagande par l'image, celle des actualités ou des affiches.

COLLECTION CULTURE/MÉDIAS

Jean-Pierre Bertin-Maghit, docteur d'État en Histoire, est professeur d'études cinématographiques à Bordeaux III. Ce livre complète le triptyque qu'il consacre au cinéma français sous l'Occupation. Il est également auteur des documentaires, Le cinéma de l'ombre, On tournait pendant l'Occupation et Les Documenteurs des années noires.

34 € - 288 pages
ISBN 2-84736-044-1

nouveau monde
éditions

Avec le concours des Archives des Archives françaises du film

archives françaises du film

[CNC]

La « mauvaise publicité »
Sens et contresens d'une censure

Laurent Martin*

La publicité, aujourd'hui, en France, est un secteur placé sous haute surveillance. Les publicitaires, et les annonceurs qu'ils représentent, ne peuvent pas s'exprimer librement, ils ont l'obligation de respecter certaines contraintes et limites dans l'exercice de leur profession qui peuvent s'apparenter à une forme de censure sur le contenu des messages publicitaires. Cette censure est héritée d'un siècle et plus de combats menés contre les abus et les excès de toutes sortes de la publicité. En effet, la méfiance à l'encontre de la publicité qui s'est, plus que dans d'autres pays de niveau comparable de développement, manifestée en France depuis le XIX⁰ siècle[1] ne s'explique pas seulement par le fait que la publicité heurtait un certain nombre de pratiques commerciales, de réflexes idéologiques et d'habitudes de consommation ; la publicité comme profession a une grande part de responsabilité dans la publiphobie qu'elle a dû affronter.

C'est l'examen de cette responsabilité auquel nous procéderons d'abord en reprenant les pièces essentielles du procès à charge instruit contre la publicité. Non contre la publicité en bloc (encore que ce type de position existe) mais contre ses débordements, ses dérèglements, ou plutôt son absence de réglementation. Nous cantonnerons notre étude à la presse écrite française mais beaucoup des remarques que nous ferons peuvent s'appliquer aux autres types de support et de marché. Trois types de publicité ont fait l'objet de condamnations morales : 1) la publicité « perverse », « vicieuse », qui inciterait à des comportements moralement et socialement répréhensibles 2) la publicité mensongère et trompeuse 3) la publicité cachée, clandestine, qui se dissimule pour mieux influencer les esprits.

Contre ces abus supposés ou réels, plusieurs instances de régulation ont mis en place cet ensemble de prescriptions et d'interdictions que nous avons évoqué. Schématiquement, ces instances sont au nombre de trois : l'État, par la voie de la loi et du règlement, sans oublier la jurisprudence des tribunaux ; les professionnels concernés, annonceurs, publicitaires et supports, par la voie de l'autodiscipline ; les

* Agrégé et docteur en histoire. Membre du Centre d'histoire culturelle des sociétés contemporaines (UVSQ). Membre du comité de rédaction du *Temps des Médias*.

consommateurs, par le biais d'associations plus ou moins militantes. Le débat, jamais définitivement tranché, qui entoure les règles à appliquer et les principes qui doivent les inspirer indique que le contenu des messages publicitaires constitue un enjeu majeur des sociétés contemporaines.

Qu'est-ce que la « mauvaise publicité » ?

La « mauvaise publicité », c'est d'abord la publicité considérée par des groupes plus ou moins larges et influents comme moralement ou socialement malsaine, voire perverse ou vicieuse. L'Église catholique, par exemple, a mené un long combat contre une publicité accusée de « déflorer les âmes innocentes » et d'entretenir les autres dans la voie du péché. On cite souvent le livre de l'abbé Bethléem *Romans à lire, romans à proscrire* qui constitue, il est vrai, une belle pièce de censure cléricale ; mais cet abbé aussi irascible que prolixe est aussi l'auteur d'un traité de la presse et d'un autre sur *les Annonces, les dangers qu'elles présentent, surtout pour la clientèle féminine*[2]. Il ressort de ce type de littérature que l'entretien d'une certaine frivolité naturelle est bien le moindre des dangers qui guettent les femmes, si facilement abusées ; les prestiges illusoires du luxe et de la séduction ne sont rien à côté des conseils vénéneux en faveur de médicaments destinés à lutter contre les « maladies des femmes » voire de la publicité clandestine pour

les filières d'avortement ou les moyens de contraception. Bel exemple de continuité puisque, parmi les « méfaits moraux et culturels » dénoncés récemment par le Conseil pontifical pour les communications sociales figurait « la publicité en faveur des contraceptifs, de tout ce qui provoque l'avortement, des produits dangereux pour la santé et des campagnes de publicité financées par les gouvernements en faveur du contrôle artificiel des naissances, (…) du soi-disant préservatif et d'autres opérations semblables »[3].

La publicité malsaine, c'est également la publicité qui stigmatise et caricature certains groupes sociaux, les cantonnant à des rôles subalternes, les réduisant à des attitudes de soumission. Ce type d'accusation est plus récent ; les campagnes contre la publicité sexiste et, plus largement, contre la discrimination entre les sexes[4], les protestations contre les caricatures de la population âgée ou issue de l'immigration par la publicité ne remontent guère au-delà des années 1960. Quant à l'utilisation des enfants par la publicité, elle n'a commencé véritablement à poser problème que depuis la révélation, dans les dix à quinze dernières années, de manière beaucoup plus ouverte qu'autrefois, d'affaires de pédophilie ; significativement, c'est la nudité des enfants qui a surtout alimenté la controverse, bien davantage que la manipulation de l'enfant-roi par les médias au profit de la société de surconsommation[5].

Publicité de presse, décembre 1897.

menti au moins par omission en cachant certaines propriétés (celles qui provoquent la dépendance) de leurs produits. Aux États-Unis, où le respect des droits du consommateur passe nécessairement par les tribunaux, des procédures judiciaires engagées sur ce grief ont abouti à des condamnations et à des amendes se chiffrant en millions de dollars.

La publicité mensongère ou trompeuse est donc une deuxième catégorie de « mauvaise publicité ». C'est le vaste domaine du charlatanisme, vieux comme le monde mais qui a su admirablement négocier le tournant de la consommation et de la communication de masse, comme le déplorent un certain nombre d'universitaires dans la première moitié du XXᵉ siècle[6]. Les innombrables et savoureuses annonces pour des objets ou des méthodes garantissant le succès, la santé, l'amour qui parsèment la presse du XVIIIᵉ siècle à nos jours témoignent, sous des évolutions de surface, de la permanence des désirs et des angoisses des sociétés occidentales.

Enfin, il faut ranger dans cette catégorie de la publicité malsaine celle qui incite à des conduites considérées par les précepteurs de la morale publique comme moralement et socialement condamnables (tabac, alcool, médicaments). Il y a là tout un discours de la part des associations familiales ou religieuses, des partis politiques, des mouvements de consommateurs, des agences gouvernementales pour stigmatiser ces comportements et donc la publicité qui y invite. Ce discours emprunte beaucoup à celui qui condamne la publicité mensongère : les fabricants de tabac, pour ne prendre que cet exemple, ont été accusés d'avoir

Certaines de ces publicités avaient des ambitions modestes. Ainsi cette annonce-affiche pour une « poudre à faire pondre » parue dans plusieurs journaux des années 1880 : sous la forme d'une bande dessinée, voici une historiette qui n'oublie pas d'édifier les esprits en même temps qu'elle pousse à l'achat. Une mère de famille est désespérée : le médecin lui a conseillé de nourrir ses enfants d'œufs à la coque afin de les fortifier ; mais où en trouver en novembre ? Elle s'en ouvre au « bon curé » qui a justement des poules qui pondent. Son secret ? La poudre à faire pondre qui, mélangée à leur nourriture habituelle, force ses poules à pondre même en plein hiver. « Ces œufs sont pour moi une manne céleste » dit la mère de famille, à quoi le « bon curé » répond : « C'est le progrès de la science », ce que confirme l'encadré central où sont expliqués les principes « scientifiques » mis en œuvre. On y apprend aussi que la poudre à faire pondre a été inventée en 1879 par M. Fanfillon, « professeur diplômé », lequel a obtenu pour prix de ses talents, outre « plus de cent mille attestations » de ses heureux clients, « dix-sept grandes médailles d'or et dix-sept grands diplômes d'honneur avec les félicitations unanimes du jury Paris-Londres[7] » !

Cette façon d'invoquer la science (qui réussit à convaincre même ses plus farouches adversaires, les ecclésiastiques), d'accumuler les formules de véridicité, les cautions des plus éminents savants et institutions, les témoignages de clients satisfaits, les promesses de remboursement, les mises en garde contre les contrefaçons, etc. est typique d'une époque où, d'une part, le texte l'emporte encore sur l'image (ces publicités donnent plus à lire qu'à

voir) et qui, d'autre part, a fait de la science la mesure et le garant de toute chose. De ce point de vue, et malgré les sourires que provoque l'emphase naïve et désuète de ces publicités, il n'est pas sûr que nous ayons beaucoup progressé. Combien de publicités pour des méthodes de musculation ou pour des cures amincissantes ultra-rapides trouvons-nous encore dans nos journaux, comme ce bracelet suisse qu'il suffit de « porter la nuit en dormant pour perdre en douze jours de trois à cinq kilos sans aucun effort[8]. »

Le domaine de la santé ou du corps au sens large est de longue date le terrain d'élection des charlatans. La presse de la fin du XIXe siècle regorge d'annonces promettant la guérison rapide des maladies les plus graves ou la correction des disgrâces physiques les plus désespérées ; les pilules Pink, souveraines contre les rhumatismes, la pâte de Regnauld, idéale contre toutes les affections pulmonaires, et autres pommades, lotions, emplâtres, baumes, purgatifs et dépuratifs, dont les meilleurs ne faisaient pas de mal, étant souvent composés d'eau et de quelques éléments inoffensifs quoique chèrement tarifés mais dont les pires pouvaient aggraver encore l'état du malade[9].

Le dernier mot de la science et du progrès à la fin du XIXe siècle, c'était l'électricité associée au « rayonnement magnétique » : « le fluide électro-vital de la ceinture Herculex constitue une source de mâle énergie et de vitalité nouvelle si puissante que quelques applications suffisent à rajeunir un homme de 60 ans et à lui rendre toute la force de ses 40 ans », le « talisman du bonheur renforce par sa radio-activité odo-électroïde le dynamisme humain » tandis que les « rayons violets Salvalux, produits par un appareil très simple relié par une prise de courant à la lumière électrique » se font fort de réduire à néant tous les rhumatismes.

Dans un autre domaine, celui de la publicité financière, le mensonge éhonté s'est également très bien porté. Les journaux du XIXᵉ et du XXᵉ siècle abondent en publicités pour des établissements bancaires, des émissions d'actions, des souscriptions à des emprunts qui, loin de traduire la réalité financière des opérations proposées, induisaient en erreur les lecteurs. Ce qui alimenta en retour une littérature très critique, de l'enquête de la Revue bleue en 1897-1898 à l'étude publiée par Georges Boris dans les Cahiers des droits de l'homme sous le titre « les Puissances d'argent et la presse »[10]. Cette publicité mensongère était le plus souvent clandestine, prenant par exemple la forme d'une chronique boursière impartiale alors qu'elle était payée par les principaux intéressés. C'est ainsi que Bienvenu Martin cite, à titre d'exemple, un article paru en première page du Figaro, le 1ᵉʳ août 1886, dans lequel les lecteurs étaient invités à souscrire à l'emprunt de la Compagnie de Panama pour des raisons à la fois patriotiques et financières. Ce contrat, affirme Bienvenu Martin, rapporta 6 000 francs au journal et 2 500 francs à son rédacteur[11].

Cette publicité qui se déguise en article, c'est la troisième forme de la « mauvaise publicité » c'est la « réclame » ou le « fait-divers » dont les années 1830 voient le prodigieux développement. La réclame entraîne l'annonce dans le discrédit qui la frappe comme l'écrit Félix Verneuil dans son Histoire impartiale de l'annonce et de la réclame en 1838 :

« On verra alors celle-ci [l'annonce] afficher une épouvantable licence. Reine aussi corrompue que Messaline, les courtiers d'annonces, ses ministres, flatteront ses caprices et favoriseront ses passions. Elle dépouillera toute honte et se prostituera sans rougir. Sa fille, Réclame, plus adroite, plus rusée, mais plus hypocrite, cachant tous ses vices sous le manteau de la vertu, fera plus de mal encore, et surtout plus de dupes. Son beau langage, sa figure de sainte, ses protestations de loyauté, son air décent séduiront ceux que la voix rude et le style bouffi de l'annonce avaient mis en garde. »

La réclame était très employée dans la rubrique boursière et financière mais aussi dans la critique des livres et des spectacles, dans les chroniques consacrées à la mode. Quatre à cinq fois plus chère que l'annonce, rédigée dans le corps du journal et usant de sa typographie, elle gagna avant elle les premières pages des journaux et fut jugée d'une efficacité bien supérieure à l'annonce puisque, comme le remarque le rédacteur d'un journal professionnel en 1937, « le lecteur des premières pages est un peu en état de

Publicité de presse, Lectures pour tous, *janvier 1908.*

grâce : il n'a aucune réaction défensive et considère tout ce qu'il lit comme l'expression de la plus stricte vérité. » On comprend dès lors, comme l'écrit encore ce journaliste, « la ruée des annonceurs vers la publicité rédactionnelle lorsqu'on se rend compte de l'influence de la presse et de ses articles sur l'opinion[12]. »

Dès cette époque, on ne parle plus de réclame ou de fait-divers, mais de publicité rédactionnelle. Des règles de bonne conduite ont été fixées pour son usage : celle-ci, en principe, se distingue aujourd'hui des articles normaux par une mention explicite, une typographie spéciale. Mais cette règle souffre de beaucoup d'exceptions, ou plutôt

elle est l'exception dans de nombreux journaux, en particulier dans les journaux spécialisés et dans la presse féminine[13]. La publi-information touche même la presse quotidienne de qualité ; les rubriques « tourisme », « tendances », « mode » sans compter les nombreux suppléments qui leur sont liés sont autant d'occasions de faire de la publicité plus ou moins avouée.

Les acteurs de la moralisation

Si des progrès ont été réalisés dans certains domaines, si les abus les plus criants ont pu être supprimés, c'est à l'intervention de trois instances qu'on le doit.

La première d'entre elles, c'est l'État, à travers les lois votées, les règlements adoptés, la jurisprudence des tribunaux. Tâchons d'en marquer les étapes essentielles, au moins pour ce qui concerne la publicité mensongère, la plus souvent dénoncée. Il faut attendre 1963 pour que l'État fasse pour la première fois de la publicité mensongère un délit. Encore n'était-ce pas l'objet principal de la loi du 2 juillet, qui était une loi de finances rectificative concernant la concurrence. Était interdite, selon son article 5, « toute publicité faite de mauvaise foi comportant des allégations fausses ou induisant en erreur lorsque ces allégations sont précises et portent sur un ou plusieurs des éléments ci-après… ». Cette loi imprécise, souvent tournée, n'aboutissant qu'à très peu de condamnations, fut sévèrement critiquée.

C'est en partie pour répondre à ces critiques que fut votée la loi du 27 décembre 1973 dite loi Royer, du nom du ministre du commerce et de l'artisanat, renforcée encore en 1978 et intégrée au code de la consommation[14]. Par rapport à la loi de 1963, l'élément intentionnel n'est plus retenu dans l'appréciation de la faute au sens de la recherche de la mauvaise foi, les faits sont réprimés en dehors de l'existence d'un préjudice et l'affirmation précise n'est plus seule condamnable : c'est au juge qu'il appartiendra de décider de l'impression rendue par la publicité et ressentie par le consommateur[15].

Depuis 1984, dernière étape, ces dispositions sont appliquées dans le cadre européen. La directive sur la publicité mensongère (84/450) a été adoptée le 10 septembre 1984 et les États membres l'ont transposée dans leurs droits nationaux en 1986. Les rédacteurs du texte de la directive européenne se sont inspirés de la loi française du 27 décembre 1973, après que les idées d'y inclure des dispositions concernant la publicité déloyale et la publicité comparative eurent été abandonnées. On retrouvera donc les éléments essentiels de la loi Royer et en particulier la définition de la publicité mensongère.

Nous ne pouvons ici entrer dans le détail de ces lois ni dans la jurisprudence ou les critiques qu'elles ont suscitées[16] ; relevons simplement que l'intervention de l'État dans le domaine de la publicité a toujours rencontré une résistance ou au moins une méfiance prononcées de la part des porte-parole des professionnels, quels qu'ils soient. Ceux-ci ont préféré pratiquer l'autodiscipline en s'appuyant sur une réflexion de nature déontologique encadrée par des structures de nature corporatiste. L'autodiscipline procède d'un calcul rationnel plutôt que d'une réaction morale : plutôt que de laisser les escrocs de la publicité tuer la poule aux œufs d'or par un excès de tricheries et plutôt que de laisser l'État étouffer ladite poule par un excès de réglementation, faisons en sorte de tenir les uns et les autres loin du poulailler.

Historiquement, ce sont les journaux qui, les premiers, ont pris des initiatives pour lutter contre la mauvaise publicité. Les journaux imprégnés de valeurs catholiques ont refusé la publicité qu'ils estimaient moralement malsaine[17] ; d'autres journaux, comme *L'Illustration* puis *Paris-Soir* ont banni la « réclame » de leurs colonnes et, à l'exemple souvent cité des journaux américains (c'est une autre manifestation de l'influence de la presse américaine au début du XXe siècle) ont tenu à vérifier le sérieux des annonces qui leur étaient soumises[18]. Mais c'est dès 1845 qu'Émile de Girardin, parfois considéré comme l'introducteur de la « mauvaise publicité » dans la presse, mettait en garde contre « l'abus des annonces déguisées » :

« Beaucoup de commerçans (*sic*), abusés par d'insinuans (*sic*) personnages, croient faire à la fois acte d'habilité et de convenance en déguisant tant bien que mal les annonces de leurs maisons et en présentant au public ces annonces délayées sous forme d'articles, écrits on ne sait en quelle langue et portant prétentieusement des titres comme ceux-ci : *Bulletin de modes, Revue de l'Industrie,* etc. »[19]

Cependant, c'est surtout dans le milieu des publicitaires, les premiers concernés, que l'on voit apparaître les premières tentatives organisées d'auto-discipline (ce n'est pas un hasard : c'est à partir du moment où la publicité s'organise et se professionnalise qu'elle éprouve le besoin de faire le ménage dans ses rangs). Dans les années 1920, la campagne pour « La vérité en publicité », orchestrée par les publicitaires eux-mêmes (à travers les publications professionnelles, comme la revue *Vendre*) fut pionnière en la matière, du moins en France. En 1937, la Chambre de commerce internationale prit l'initiative de rédiger un Code de pratiques loyales en matière de publicité, et ce avec l'appui des organisations représentant les trois parties intéressées — annonceurs, agences de publicité et supports. « À l'époque, le Code reflétait une approche nouvelle. En effet, au lieu d'être exclusivement concentré sur les rapports entre concurrents, le Code formulait des règles en vue de sauvegarder les intérêts légitimes des consommateurs, démontrant ainsi que les entreprises étaient conscientes de leurs responsabilités sociales[20]. » Ce Code, mis à jour à diverses reprises (1949, 1955, 1966) et utilisé par les tribunaux contribua à élever le niveau de moralité du secteur de la publicité et influa sur le contenu de la législation.

Le Bureau de vérification de la publicité (qui prit le relais, en 1953, de l'Office de contrôle des annonces créé dans les années 1930) s'inspira de ce code[21]. Cette association régie par la loi de 1901 réunit des représentants d'organismes professionnels spécialisés et se fixe pour tâche ambitieuse d'assurer « la sincérité de la publicité ». Pour ce faire, elle renseigne les organes de presse sur la légalité et la moralité des projets d'annonce qui leur sont soumis, peut se porter partie civile dans les procès engagés en matière de consommation et édite, depuis 1977, des « recommandations » qui définissent les règles à suivre pour tous les professionnels intervenant dans le champ de la publicité. Ces recommandations sont souvent critiquées ; par les publicitaires mis en cause, qui font remarquer qu'elles outrepassent le cadre fixé par la loi ou la jurisprudence, mais aussi par les associations de consommateurs, qui leur reprochent leur indulgence à l'égard de ces mêmes publicitaires. Organe professionnel dans lequel les publicitaires et les annonceurs sont majoritaires, le BVP ne dispose pas des ressources qui lui permettraient de mener à bien les expertises parfois complexes que nécessite l'examen de tel ou tel produit.

Le mouvement de défense des consommateurs, en France, troisième instance de contrôle et de lutte contre la mauvaise publicité, acquiert visibilité et légitimité dans les années 1970, à la confluence de la contestation de la société de consommation et du *consumerism* américain. Certaines associations sont anciennes, comme la Fédération nationale des coopératives de consommateurs, fondée en 1912, d'autres récentes, telles l'Union fédérale des consommateurs, fondée en 1951, ou l'Organisation générale des consommateurs, fondée en 1959 ; si celles que nous venons de nommer sont spécialisées dans la défense des consommateurs, d'autres sont plus générales mais développent une activité du même type (c'est le cas de toutes les associations familiales, d'obédiences diverses, ainsi que des organisations féministes[22]). Ces associations mènent des actions de propagande et de lobbying, à travers des bulletins, des campagnes de presse et d'affichage, le dialogue avec les pouvoirs publics et les professionnels de la publicité, et certaines d'entre elles ont même la possibilité de se porter partie civile dans des procédures judiciaires.

Que la régulation de la publicité ait répondu en partie à des objectifs économiques, cela ne fait aucun doute, en particulier pour les professionnels qui avaient intérêt à éliminer de leurs rangs les moutons noirs pour renforcer leur crédibilité et donc leur prospérité. Mais il ne fait pas de doute non plus que cette régulation ait été menée également au nom d'un certain nombre de valeurs telles que la vérité, la loyauté, l'honnêteté, la décence, etc. Et c'est là ce qui pose problème. Qu'est-ce que la vérité en matière de com-

munication de masse ? Et si une telle notion est pertinente, la publicité y est-elle astreinte ? Oui, sans aucun doute, quand il s'agit de la réalité des qualités vantées par la publicité, mais au-delà ? Peut-on reprocher à la publicité de n'être pas le reflet fidèle de la réalité sociale ? Même si elle s'appuie parfois sur des études de marché, la publicité n'est pas une science et sa valeur se mesure à son efficacité, si tant est que celle-ci peut être rigoureusement établie, non à celle de sa bienfaisance sociale.

Un exemple montrera les implications de ce fait d'évidence. Si l'on considère que la loi de 1973 a étendu la répression aux allégations de nature à induire en erreur (et donc que l'affirmation précise n'est plus seule condamnable), c'est au juge qu'il appartient de décider de l'impression rendue par la publicité et ressentie par le consommateur. Aucun repère n'est donné à l'annonceur pour savoir comment le public ou le juge interprétera le message. Or le langage publicitaire fait très souvent appel à des procédés de rhétorique tels que l'hyperbole, qu'il est parfois difficile de distinguer du mensonge caractérisé. D'où une série de mises en cause, pouvant aller jusqu'au procès pour publicité mensongère. La jurisprudence a tranché en faveur de la création publicitaire : en vertu du droit à la fantaisie et à l'exagération, la publicité, même si elle contient des indications objectivement fausses n'est désormais sanctionnée que lorsqu'elle induit en erreur le « consommateur moyen, normalement intelligent, instruit et attentif », « la loi n'étant pas destinée à protéger les faibles d'esprit[23]. »

Mais la critique des abus de la publicité s'inscrit souvent dans une dénonciation plus large et plus radicale de la publicité dans son ensemble, accusée de susciter des besoins non nécessaires, d'inciter à des habitudes néfastes, de véhiculer des stéréotypes et modèles sociaux contestables, d'abuser de la crédulité publique[24]. Outre une publiphobie qui pèche par son caractère systématique, certaines de ces critiques révèlent une croyance peut-être excessive dans la force de manipulation de la publicité et dans la faiblesse d'esprit du public.

Où s'arrête la nécessaire défense de la dignité du modèle et du groupe qu'il représente, le respect du lecteur ou du spectateur et où commence l'ordre moral ? Où passe la limite entre ce qui choque la pudeur et ce qui amuse l'esprit, entre ce qui magnifie et ce qui dégrade ? Et si une telle limite a un sens, qui peut la tracer ? Dès que l'on veut légiférer ou même simplement encadrer la publicité, on bute sur le problème du relativisme des « mœurs », de la « morale », de la « pudeur ». Chacun a son idée de ce que ces notions recouvrent et la frontière entre le tolérable et l'intolérable est aussi imprécise que mouvante, variant selon les individus, les sociétés et les époques considérés.

Notes

1. Voir Marc Martin, *Trois siècles de publicité en France*, Paris, Odile Jacob, 1992 et «Structures de société et consciences rebelles : les résistances à la publicité dans la France de l'Entre-deux-guerres» dans *Le Mouvement social* n° 146, janvier–mars 1989.

2. s.d. ni mention d'édition, brochure de 11 pages.

269 Pierre Téqui éd, Paris, 1997, p. 23-24. L'Eglise catholique s'élève aussi, très régulièrement, contre les publicités qui utilisent les symboles dont elle s'estime seule dépositaire (cf. ses réactions au moment de la campagne Benetton montrant un prêtre et une nonne s'embrassant).

3. Dont peuvent éventuellement être victimes les hommes, comme dans ces publicités récentes pour la marque Kookaï où on les voit réduits à l'état d'esclaves, d'objets ou de rebuts entre les mains des femmes. Selon la journaliste féministe Florence Montreynaud, « cette représentation féminine est caricaturale, avec cette vague du grand chic sado, on nage en plein fantasme. Ce miroir inversé esthétisant est terrifiant, on esthétise la douleur, la torture, ça manque cruellement de dignité. Ça en dit long sur la mentalité des hommes. Ils fonctionnent comme cela depuis des siècles, nous sommes cantonnées soit au rôle de la mère, soit à celui de la putain. » (Citée par *Le Monde* 16 septembre 1999.).

4. L'article 6 du décret du 6 avril 1987 (en application de la loi du 30 septembre 1986 relative à la liberté de communication) prévoit que « les enfants ou les adolescents ne peuvent être les prescripteurs du produit ou du service faisant l'objet de la publicité. » Cet article précise qu'« ils ne peuvent être les acteurs principaux que s'il existe un rapport direct entre eux et le produit ou le service concerné ».

5. Voir Henri Vathelet, *la Publicité dans le journalisme*, thèse de droit 1911, Albin Michel s.d. ; Henri Loustalan *la Publicité dans la presse française*, Pau, Lescher-Moutoué, 1933 ; Roger Mauduit, *la Réclame. Étude de sociologie économique*, Paris, Alcan, 1933.

6. Reproduit dans *Petits pavés, grands bonheurs,*

l'univers fabuleux des petites annonces, Paris, éd.Vitamine, 1984, p. 123.

7. *Création* n° 73, décembre/janvier 1992.

8. Lire Roger Mauduit, *op. cit.*, p. 43-48.

9. *Cahiers des droits de l'homme*, 25-30 mai 1933.

10. Rapport spécial présenté par Bienvenu Martin au nom de la commission parlementaire d'enquête sur l'affaire de Panama (Chambre des députés, session extraordinaire de 1897. Rapport n° 2927, annexes), cité par G. Boris dans son rapport au Congrès de la Ligue des droits de l'homme et repris par Jacques Kayser dans *Mort d'une liberté* (1955). Selon Martin, «la presse a eu une action considérable. Par l'appui persévérant qu'elle a donné à la Compagnie jusqu'à sa chute, elle a été l'un des principaux facteurs de son crédit.» Cette publicité s'exerçait sous la forme d'articles dont un esprit non averti ne pouvait percevoir l'origine rétribuée. Lire Pierre Albert dans le tome 3 *l'Histoire générale de la presse française*, (Paris, PUF, 1972) complété par Jean-Noël Jeanneney (*L'Argent caché. Milieux d'affaires et pouvoir politique dans la France du XXe siècle*, Paris, Fayard, 1981), pour l'entre-deux-guerres et nuancée voire contredite par Patrick Eveno (*L'Argent de la presse française des années 1820 à nos jours*, Paris, Éditions du CTHS, 2003, 231 p.) Voir également Christian Pradié, *La Presse, le capitalisme et le lecteur : contribution à l'histoire économique d'une industrie culturelle*, thèse pour le doctorat en Sciences de l'information et de la communication, Grenoble III, 1994 et Jean-Yves Mollier, *le Scandale de Panama*, Paris, Fayard, 1991, 564 p.

11. *Presse-Publicité*, 7 février 1939. Plus loin : «La chronique qui veut profiter de la crédibilité accordée aux pages rédactionnelles devra donc avoir pour but essentiel de ressembler d'aussi près que possible à un article ordinaire. Si on peut la distinguer au premier coup d'œil du contexte, c'est qu'elle est mal conçue. (…) Il va sans dire que cette ressemblance n'est pas seulement une question de forme mais aussi de fond. De même qu'un article ne fait jamais de publicité trop ouverte pour quelque produit que ce soit, la chronique devra s'évertuer à faire sa propagande sous une forme aussi discrète que possible.»

12. *Les Dossiers du Canard*, n° 31, mars-avril 1989 : «Dans les magazines féminins, la régie envoie régulièrement aux rédacteurs de mode et de beauté la liste des annonceurs, par ordre d'importance. Histoire de stimuler leur inspiration dans la recherche de sujets… Elle peut aussi suggérer directement des idées d'articles ou de cahiers (minceur, lingerie etc.)» p. 89.

13. Selon l'article L.121-1 du Code de la consommation, «est interdite toute publicité comportant sous quelque forme que ce soit des allégations, indications ou présentations fausses ou de nature à induire en erreur lorsque celles-ci portent sur un ou plusieurs des éléments ci-après : existence, nature, composition, qualités substantielles, teneur en principes utiles, espèce, origine, quantité, mode et date de fabrication, propriété, prix et conditions de vente des biens ou services qui font l'objet de la publicité, conditions de leur utilisation, résultats qui peuvent être attendus de leur utilisation, motifs ou procédés de la vente ou de la prestation de services, portée des engagements pris par l'annonceur, identité, qualités ou aptitudes du fabricant, des revendeurs, des promoteurs ou des prestataires.»

14. Mais cette loi s'est montrée peu efficace car son texte en limitait la portée. De plus, les sanctions prévues (une amende dont le montant maximal était fixé à 23 000 francs) étaient trop faibles pour être réellement dissuasives. Aujourd'hui encore, la législation est mal appliquée, comme l'indique le faible nombre de plaintes débouchant sur des condamnations.

15. Les délais accordés aux publicitaires et annonceurs accusés de publicité mensongère sont l'un des principaux sujets de critiques. S'il s'agit d'annonces vantant des médicaments déguisés ou des produits dangereux, l'interdiction intervient en général rapidement. S'il s'agit de produits dont seule l'efficacité est en cause, la sanction est beaucoup plus aléatoire. Il faudra alors attaquer le fabricant ou l'importateur pour publicité mensongère. Donc parvenir à évaluer les qualités du produit. L'UFCS réclamait en 1997 «la suppression du délai d'un mois qui permet aux auteurs de publicité pour des produits présentés comme bénéfiques pour la santé de les arrêter ou de les modifier sans être condamnés, la mise en place d'un contrôle *a priori* pour les publicités des objets, appareils et méthodes présentés comme bénéfiques pour la santé, des poursuites pénales à l'encontre des entreprises qui font de la publicité sans avoir demandé ou obtenu de visa.» (*Libération*, 4 décembre 1997). Autres difficultés souvent soulignées : le manque de personnel

des administrations concernées et le manque d'intérêt des tribunaux pour ce type d'affaire.

16. Ainsi, «*Le Petit Écho de la mode* se distingue par son refus d'insérer des annonces qu'il considère comme immorales et dangereuses pour ses jeunes lectrices ou tout simplement mensongères. Jusque dans sa publicité, il entend rester fidèle à son moralisme catholique.» (Marc Martin, *Trois siècles de publicité*, *op. cit.*, p. 97).

17. *L'Illustration*, sous la direction de Lucien Marc, dès les années 1880, est l'un des premiers journaux français qui renoncent à la publicité rédactionnelle pour mieux assurer la crédibilité des annonces «honnêtes». *Paris-Soir*, journal boursier fondé par un représentant notoire de la presse de chantage et adepte de la «mauvaise publicité» (Eugène Merle) se présentera comme un champion de la vertu après sa reprise par Jean Prouvost en 1930, qui fera la chasse aux charlatans de la médecine et de la finance. En sens inverse, *le Quotidien* s'engage en 1923 à surveiller sa publicité et à ne vivre que de ressources honnêtes avant d'accepter secrètement des fonds d'intérêts privés qui le mèneront à sa perte.

18. *La Presse*, 29 avril 1845. La suite de l'article n'est pas moins intéressante : «C'est là une erreur profonde. Le moindre défaut de ces articles est de coûter fort cher, en raison des développements par lesquels ils s'efforcent de cacher leur origine. Ils ne trompent personne. Ou ils ne sont pas lus, ou ils sont tournés en dérision.» Pour conclure, Émile de Girardin énonce les qualités de l'annonce qui inspire confiance, loin de tout charlatanisme (« concise, simple, franche… »).

19. Codes internationaux des pratiques loyales dans le domaine du marketing, 20 mai 1973.

20. En particulier depuis la refonte de ses statuts, en 1972. Aux termes de l'article 1 de ces statuts, le BVP, «s'inspirant du Code international des pratiques loyales en matière de publicité de la Chambre de commerce internationale et de tous usages et règles de déontologie des professions in-téressées, a pour but de mener, dans l'intérêt et le respect du public une action en faveur d'une publicité loyale, véridique et saine (…) notamment en répondant aux demandes d'avis qui lui sont adressées à l'effet de savoir si une publicité faite ou en projet est en conformité avec les réglementations en vigueur, en prenant toutes les mesures qui lui paraissent propres à faire cesser les manquements soit aux réglementations soit aux règles professionnelles visées ci-dessus.» (BVP, recueil des recommandations, 4ᵉ édition, 1983).

21. Cf. le réseau des Chiennes de garde, qui attribue chaque année avec l'Association des femmes journalistes, le prix de la publicité la moins sexiste. C'est en partie sous la pression des organisations féministes que le BVP a opéré un toilettage de sa charte déontologique : «Nous allons, avec l'ensemble de la profession, réactualiser le chapitre consacré à l'image de la femme, en introduisant les notions de violence, de soumission et de dépendance.» Il suivait également en cela les recommandations du rapport remis le 11 juillet 2001 à la secrétaire d'État aux droits des femmes et à la formation professionnelle. Ce rapport, rédigé par un groupe de travail constitué d'une dizaine d'experts appartenant au BVP, à l'Observatoire de la parité, aux services gouvernementaux ayant en charge les droits des femmes, suggérait «d'endiguer les dérives récentes» en matière d'utilisation de l'image de la femme par la publicité. «Depuis quelques années et avec une fréquence accrue au cours des derniers mois, la publicité a présenté des images de femmes jugées par beaucoup comme humiliantes et dégradantes.» (*Le Monde*, 12 juillet 2001). Mais s'agissait-il d'une recrudescence ou d'une prise de conscience, d'une réalité empiriquement observable ou d'une représentation sociale ?

22. Cour d'appel de Paris, 13e chambre, 31 janvier 1985, Gazette du Palais 1985, 2, somm. p. 221.

23. Voir Marie-Hélène Chessel, *la Publicité, naissance d'une profession*, CNRS Éditions, 2000, p. 31-34.

TERRITOIRES D'ÉTUDES

Renaudot et les lecteurs de la *Gazette*, les « mystères de l'État » et la « voix publique », au cours des années 1630

Gilles Feyel[*]

Alors qu'il venait tout juste de lancer la *Gazette*, Théophraste Renaudot a fondé le journalisme français en énonçant dans les « préfaces » de ses *Relations* une véritable éthique de vérité, qui lui a permis d'afficher une posture de liberté, une distance vis-à-vis des « puissances », mais aussi de ses lecteurs.[1] Qu'une telle distance ait existé ou non, n'était pas l'important. Il fallait sembler y croire et s'efforcer de le faire croire. De ce début en fanfare, de toutes ces proclamations de vérité et d'impartialité, Renaudot a tiré une autorité, certes contestée, une autorité néanmoins face au pouvoir d'État et à ses « mystères », face aussi à ses lecteurs, dont les « jugements » et les « censures » participaient à la formation de la « voix publique », peut-être déjà à une opinion publique.

Les « mystères de l'État »

Parmi toutes ces « censures », il faut laisser de côté les menues critiques de tel ou tel lecteur s'estimant maltraité par la *Gazette* : reproches constants pendant ces années où l'honneur et la représentation étaient des valeurs fondamentales dans une société où la noblesse donnait le ton. Dans la *Préface* de 1631, Renaudot résume bien tout cela, mais note qu'il lui était aussi reproché de ne point donner d'information sur les « mystères de la Cour ». Écho de la vie mondaine des courtisans et des souverains ? Allusion aux délibérations gouvernementales, aux « mystères de l'État » ?

Les capitaines y voudraient rencontrer tous les jours des batailles et des sièges levés ou des villes prises. Les plaideurs, des arrêts

---

[*] Professeur d'histoire moderne à l'université de Paris II Panthéon-Assas, Institut français de presse. Membre du comité de rédaction du *Temps des Médias*.

en pareil cas. Les personnes dévotieuses y cherchent les noms des prédicateurs […]. Ceux qui n'entendent rien aux mystères de la Cour, les y voudraient trouver en grosse lettre. Tel qui a porté un paquet en Cour, ou mené une compagnie d'un village à l'autre sans perte d'homme, ou payé le quart dernier de quelque médiocre office, se fâche si le Roi ne voit son nom dedans la Gazette.

Depuis toujours, étaient affirmés les « mystères de l'État », que le « public » ne devait pas connaître ni s'efforcer de découvrir. À la fin de 1413 déjà, réfléchissant sur le mouvement avorté de la réforme cabochienne, le chroniqueur du règne de Charles VI (1380-1422) se fait l'écho des « personnes sages » qui participent au gouvernement, et regrette que l'Université et les bourgeois de Paris aient voulu « se mêler d'affaires aussi difficiles qui ne devaient être traitées que dans les conseils secrets du roi par les princes des lis. »[2] En 1593 et 1594, avec l'abjuration et le sacre du roi Henri IV — le « roi de la raison » selon Denis Crouzet —, l'État et la raison d'État s'affirment, pour s'imposer au temps de Richelieu.[3]

Faut-il détailler les réflexions des bons esprits, qui après Giovanni Botero et son traité *Della Ragion di Stato* (1589, trad. française en 1599), se sont efforcés de penser l'art de gouverner pour « conserver » l'État et assurer le bonheur des peuples par la paix civile ? Pour ou contre Tacite et Machiavel, ces théoriciens mettent en évidence que l'État et les princes agissent ou réagissent en fonction de leurs intérêts bien

compris. En 1634, le duc Henri de Rohan formule tout cela : « Les princes commandent aux peuples, et l'intérêt commande aux princes. La connaissance de cet intérêt est d'autant plus relevée par-dessus celle des actions des princes qu'eux-mêmes le sont par-dessus les peuples… »[4] D'un côté, observe Marcel Gauchet, les princes sont dégagés des contraintes de la morale au nom des suprêmes intérêts qu'ils ont à servir, « ce qui fonde l'exception mystérieuse des voies de l'État », ces *arcana imperii* de Tacite, ces « mystères de l'État » interdits au « vulgaire », au commun des mortels. De l'autre, les intérêts d'État pouvant être rigoureusement analysés, l'action du Prince devient « prévisible et déchiffrable, exposée à l'appréciation du public ». Étrange paradoxe d'un voilé / dévoilé, qui conduit les partisans des « mystères de l'État » — Richelieu et ses gens de plume — à se lancer dans un appel systématique au public pour justifier les raisons qui font agir le Prince. Et, remarque toujours Marcel Gauchet, « le paradoxe est à son comble quand on entreprend de convaincre ledit public qu'il n'a pas à connaître de ce à propos de quoi on le convoque. » Les « mystères de l'État » sont de faux mystères, dont le secret « n'est pas seulement fait pour être décrypté du dehors » par les bons esprits, mais « est fait pour être divulgué du dedans »[5] par les diverses plumes du pouvoir, dans le but de faire savoir — c'est l'information — ou de faire croire — il s'agit alors de propagande. Information et propagande n'étant alors pas bien loin l'une de l'autre.

S'il est admis que de tels « mystères » puissent être pénétrés par les « beaux esprits », il est peu convenable, voire interdit, d'en débattre en « public ». Renaudot le note, alors qu'il vante le « divertissement honnête » des *Conférences* réunies à Paris tous les lundis, à partir de l'automne 1632, dans la « grande salle du Bureau d'adresse » de la maison du Grand Coq, rue de la Calandre.[6] Ces *Conférences* sont un véritable espace public, une « assemblée » — Renaudot emploie trois fois ce mot — où des « milliers de personnes d'honneur »[7], soit peut-être quarante ou cinquante chaque semaine, viennent exprimer leur « opinion », raisonner sur des « questions de physique et de morale » :

L'innocence de cet exercice est surtout remarquable : car la médisance n'en est pas seulement bannie, mais de peur d'irriter les esprits aisés à échauffer sur le fait de la religion, on renvoie en Sorbonne tout ce qui la concerne. Les mystères des affaires d'État tenant de la nature des choses divines, desquelles ceux-là parlent le mieux qui parlent le moins, nous en faisons le renvoi au Conseil, d'où elles procèdent. Tout le reste se présente ici à vous pour servir d'une spacieuse carrière à vos esprits.[8]

Si la religion et les « mystères des affaires d'État » sont bannis des *Conférences*, « tout le reste » est accessible au « jugement » de ce « public », réuni en « un lieu dont l'accès est libre à tout le monde ».[9] Il n'y a pas vraiment discussion, puisque chaque intervenant donne à son tour un « avis » sur la question proposée à l'examen de tous. Renaudot insiste beaucoup sur la grande « diversité » de tous ces avis, de toutes ces « opinions », et sur « cette liberté publique donnée à tout homme d'honneur, de se produire et dire ce qu'il pense en ces Conférences réglées dans les bornes qu'elles se sont elles-mêmes prescrites ».[10] Premier essai de « sphère publique bourgeoise », alors que domine encore une « sphère publique structurée par la représentation », pour reprendre les expressions et les analyses de Jürgen Habermas[11], les Conférences du Bureau d'adresse ne sont pas l'une de ces réunions d'hommes de culture ou de savants, restées dans la sphère privée comme le cabinet Dupuy ou le cercle Mersenne, ni non plus ces assemblées de salon des précieux et précieuses : on n'y converse pas, on s'y contente d'émettre des opinions sans les opposer dans la véhémence de la discussion. Les participants font un usage public de leur raison, mais restent cachés vis-à-vis de l'extérieur, puisque leur nom n'est jamais publié : les avis entrent dans le domaine public — ils sont émis en public, puis publiés dans la feuille hebdomadaire des *Conférences* —, les personnes restent dans une sphère privée garantie par l'anonymat.[12] « Avis », « opinion », « public », ces mots reviennent dix, cinq, huit fois. Renaudot évoque aussi le « bien public », la « liberté publique », la « faveur publique ».

Est-ce à dire qu'il pouvait alors exister une « opinion publique » ?

« Public » et « voix publique »

Christian Jouhaud en doute, « pour peu qu'on veuille donner une définition rigoureuse de cette notion ». On parlait alors « tout au plus de "bruit commun" ». Les lieux de la discussion active, ceux dans lesquels on « opine », ne sont pas publics. Et, quant à ceux où se tenaient des discussions publiques, on ne saurait leur reconnaître la capacité de transformer des « bruits » en opinions. Une opinion publique qui n'aurait pas conscience de son existence, cela peut-il exister ?[13] Il existe certes un « public », celui des représentations théâtrales. Ce « public », réunissant des hommes et des femmes de toutes conditions, n'est constitué que par le spectacle. Il est souvent manipulé par ce qu'on lui donne à voir, à savoir ou à croire. Les mazarinades de la Fronde furent lancées par les chefs de parti, afin d'agir politiquement sur le public du « théâtre du monde », un public incapable de comprendre qu'il était manipulé, condamné à la passivité, « agi » et non acteur. Pour qu'il existe une opinion publique, ne faut-il pas que les débats soient transparents, au moins dans les intentions de ceux qui y participent ?[14]

N'est-ce pas faire un peu l'histoire de l'*avant* à partir de l'*après* ? Et décider que l'opinion publique s'étant épanouie au XVIIIe siècle — alors que l'expression est employée et que se constitue le « tribunal de l'opinion publique », ce nouveau principe d'autorité émergé des conflits politiques et religieux des années 1750 —,[15] elle ne pouvait exister avant le règne du Grand Roi ? Les historiens du Moyen Âge n'hésitent pas à reconnaître sa présence au temps des rois Valois. Raymond Cazelles découvre « l'opinion publique et ses préoccupations » sous Jean le Bon et Charles V.[16] Et Bernard Guenée veut voir dans l'extrême attention du chroniqueur du règne de Charles VI aux opinions des individus mais aussi des groupes sociaux qui peuplaient Paris, la présence d'une véritable « opinion publique », voire même de réelles « campagnes de propagande », même s'il convient volontiers que les deux expressions n'existent pas alors dans la langue. Le chroniqueur de Saint-Denis se méfie de la « *vulgalis oppinio* » — ce que pense le peuple. En revanche, il approuve fort le « *circumspectorum judicio* », le jugement, l'opinion des sages, ces gens qui participent au Conseil du roi et assurent la bonne marche de l'État.[17]

Étudiant l'évolution du public de théâtre au XVIIe siècle, Hélène Merlin préfère mettre de côté la succession des « sphères publiques » habermassiennes.[18] Bénéficiant ainsi d'une « espèce d'amnésie », elle se livre à une « archéologie de la notion de public ». Résumons ses observations, sans trop les biaiser. Au début du XVIe siècle, le « public » est un corps mystique, hiérarchisé, réunissant le peuple et le roi. Les processions bien ordonnées, où chacun est à sa place, manifestent l'existence de ce corps politique. Les guerres de religion le déchirent, le roi devient lui-même « partie » et ne peut plus l'incarner. Le « public » n'est plus que la collusion des intérêts particuliers et de la passion collective ; il est devenu mémoire nostalgique d'un ordre révolu. La crise prend fin sur l'affirmation de la raison d'État, un État dont les particuliers ne sont plus le corps mystique. Par une véritable scission du public et du particulier, l'État se réserve la scène publique où il agit et se met en représentation, où il interdit tout débat politique, tout en laissant les « particuliers » libres de tout jugement, dans la seule sphère privée de leurs cabinets. Cette répartition des rôles entre for externe et for interne empêcherait toute expression publique des opinions particulières ; il ne pourrait exister d'« opinion publique ». Même cantonnés dans le secret de leurs cabinets, les particuliers ne peuvent s'empêcher d'opiner sur la conduite de l'État, ainsi que le note un contemporain, Jean-Pierre Camus, en un texte publié en 1630. Dans la bibliothèque d'un riche particulier, quelques amis discutent de belles-lettres pour « détourner leurs esprits » des affaires du temps. Mais rien n'y fait, le siège de La Rochelle ne peut s'éloigner de leurs préoccupations :

Les pauses et les intermèdes étaient les nouvelles du monde qui donnaient encore lieu aux divers jugements, chacun prenant part aux intérêts du public comme faisant partie du tout et un des membres du corps de la République. C'est une passion si générale et si commune que même les plus stupides esprits en sont touchés, et ceux qui ont renoncé à toutes les prétentions et les vanités du siècle se laissent encore aller au branle et mouvement de l'État, comme étant embarqués dans un vaisseau où, bien que chacun ne gouverne pas, chacun pourtant a soin de sa bonne conduite et a sujet d'en appréhender le débris et le naufrage.[19]

On ne peut mieux dire que la politique du Roi et du Cardinal était l'objet de jugements divers, voire de débats passionnés. Certes ces opinions s'opposent dans le confort d'une bibliothèque particulière, dans le secret d'un espace privé. Mais tous ces débats privés auxquels participent les élites socioculturelles, ne finissent-ils pas par former telle ou telle opinion commune, tel ou tel mouvement d'opinion ? Ne peuvent-ils pas déborder dans l'espace public ?

Il est inutile de revenir ici sur « la gestion, grâce aux lettres de la scission du public et des particuliers », ni sur le refoulement du débat politique dans la réflexion littéraire. En revanche, il est impossible de passer sous silence la querelle du *Cid*, qui s'épanouit dans « un espace encore intermédiaire entre public et particulier », en un moment où rien n'est encore figé par la victoire définitive de l'absolutisme.[20] La querelle dure environ un an, et débute en février 1637, peu de temps après la représentation du *Cid*, qui fut un grand succès. Cette guerre de pamphlets, publiés et distribués dans l'espace public de la ville, oppose Scudéry et ses amis à Corneille et à ses partisans, cependant qu'un tiers parti compte les coups et distribue blâmes ou éloges. Comme la *Gazette*, les diverses brochures sont diffusées par des « crieurs », dont les « voix éclatantes devraient être seulement employées à publier les volontés du Prince et les actions des grands hommes. »[21] L'une des feuilles du tiers parti affecte d'être scandalisée par une telle confusion des genres :

> M'étant de fortune trouvé devant l'horloge du Palais, où un vendeur de denrée criait à gorge déployée l'accommodement du *Cid* ; un honnête homme assez âgé ayant entendu l'accommodement de notre Sire, et croyant que c'était quelque affaire d'État, le voulut acheter, mais ne pouvant seulement comprendre le mot *Cid*, le crieur le reprit.[22]

Cette querelle de particuliers envahit l'espace public. Scudéry sort du silence du cabinet pour se faire le porte-parole de la « cause commune » de la république des lettres. Écartant les applaudissements d'un « peuple qui porte le jugement dans les yeux », il en appelle au « jugement » des « honnêtes gens ». L'autorité rationnelle du cabinet s'oppose à l'acclamation populaire du théâtre, revendiquée par Corneille. Les arguments des uns et des autres visent à se ruiner mutuellement, dans un espace public pris à témoin. Et Hélène Merlin d'observer que « le public n'est d'abord, rien ni personne que cet espace de manifestation et cet horizon d'autorité, allégué comme argument

sous différentes figures par les uns et par les autres, et surtout investi (ursurpé ?) pratiquement par les uns et par les autres à égalité. »[23] N'est-ce pas ce qu'on pourra appeler bien plus tard l'opinion publique ? On peut d'autant mieux s'en persuader que les combattants invoquent l'autorité de la « voix publique ». L'une des pièces favorables à Corneille, *La voix publique à Monsieur de Scudéry*, suggère à ce dernier : « Suivez le conseil de la voix publique qui vous impose silence. » Aussitôt, une feuille du tiers parti se prétend « la véritable voix publique » et enjoint aux uns et aux autres de cesser les hostilités. Ainsi s'énonce une « opinion commune ».[24]

Les « jugements » et les « censures » des lecteurs de la Gazette

Comme le suggèrent ces quelques pièces de la querelle, la *Gazette* s'insère dans la sphère publique. Ne publie-t-elle pas les « volontés du Prince et les actions des grands hommes », grâce aux colporteurs qui la crient dans l'espace public de la rue ? À lire ses préfaces, il apparaît que Renaudot a parfaitement saisi la scission public/particulier. Par deux fois, il juxtapose les deux termes. Il évoque le corps politique, ce « public » bénéficiant du service de gazettes empêchant « plusieurs faux bruits qui servent souvent d'allumettes aux mouvements et séditions intestines », cependant que les « particuliers » s'organisent selon le « modèle du temps », le marchand évitant les pays en guerre, alors que les soldats tout au contraire les recherchent (*Préface* de 1631). Une autre fois, il mentionne les « particuliers », mais c'est pour observer qu'ils lui envoient « des mémoires partiaux et passionnés », alors qu'il préfère, lui, « le service du public » à sa peine et à sa dépense (*Relation* de janvier 1633). Opposition éclairante : le particulier ne peut qu'être mû par la sauvegarde de ses propres intérêts et de ses passions politiques, alors que la *Gazette* se situe dans l'au-delà du bien commun, du bien public, de la sphère politique d'État. Deux autres expressions renvoient encore à l'espace politique : le « bien public » que doivent servir les éventuels correspondants appelés à collaborer à la *Gazette*, « la plus grande commodité publique » qui justifie les « quatre feuillets » de l'hebdomadaire.[25] Si Renaudot ne parle jamais ailleurs des « particuliers », il est plus bavard à propos du « public », mentionné encore sept fois[26] : il s'agit alors, sans équivoque aucune, de l'ensemble de ses lecteurs. Comme le théâtre, la *Gazette* a un « public », impatient et curieux, qu'il faut satisfaire en lui donnant les nouvelles les plus « véritables », le plus rapidement possible.

Dans ce « public » indifférencié, Renaudot ne s'adresse pas plus particulièrement à la noblesse, au monde parlementaire, à la petite robe des clercs de justice ou d'Église. Il affecte de conduire un dialogue singulier et personnel avec son lecteur — « mon lecteur » —, six fois convoqué en témoin de tous ses efforts pour le contenter.[27] Ce lecteur inconnu, mais infiniment présent, est très réactif. En toute liberté, il est capable de juger et de censurer :

Mais non, je me trompe estimant par mes remontrances tenir la bride à votre *censure*.[28] Je ne le puis, et si je le pouvais *(mon lecteur)* je ne le dois pas faire : cette *liberté* de reprendre n'étant pas le moindre plaisir de ce genre de lecture, et votre plaisir et divertissement comme j'ai dit, étant l'une des causes pour lesquelles cette nouveauté a été inventée. Jouissez donc à votre aise de cette *liberté* française. Et que chacun dise hardiment qu'il eût ôté ceci, ou changé cela, qu'il aurait bien mieux fait : je le confesse. (*Préface* de 1631)

Bref qu'il n'y ait si petit clerc qui ne se croie mieux fourni que moi de *jugement* au choix, et de promptitude en la disposition de ces nouvelles. Le désir que j'ai de vous plaire, *mon lecteur*, fera que je vous en passerai plutôt condamnation, que d'interrompre par une contestation importune le cours de notre *liberté* française, à *juger de tout à notre mode*. (*Relation* de février 1632)

Comme les *jugements des hommes sont divers*, il est croyable que plusieurs au contraire loueront en mes Relations cette naïveté, et leur tourneront à gloire la *liberté* qu'elles prennent de se dédire quand le cas y échet. (*Relation* de mars 1632)

Je laisse donc ces objections gaillardes pour remettre la *censure* de ce que je dis au *jugement* de ceux qui prendront la peine de le conférer avec les mémoires qu'ils reçoivent des lieux mêmes. (*Relation* d'avril 1632)

Que les autres soutiennent au contraire que je n'y dois rien ajouter du mien, mais déduire simplement les choses en la même naïveté qu'elles me sont écrites, afin de laisser *le jugement libre à un chacun* de la grossière erreur de ce marchand, du bon raisonnement de cet homme d'État, de l'ingénuité de cettui-ci, de la factieuse partialité de cettui-là ; n'y ayant rien dans cette grande variété, dont quelque chose ne puisse plaire. (Relation de décembre 1632)

Autant de lecteurs, autant de « jugements » qui conduisent à la « censure », c'est-à-dire à une appréciation critique du contenu de la *Gazette*. Renaudot emploie huit et sept fois[29] ces termes de « jugement » et de « censure », mais il n'utilise qu'une fois celui d'« opinion », alors qu'il est clair que le jugement conduit à une opinion qui s'exprime par la censure. Il s'étonne que l'un de ses confrères, le gazetier d'Anvers, puisse déplorer que les correspondants de la *Gazette* « qui écrivent de tous les endroits du monde ne s'accordent pas » et remarque : « Il y aurait bien plus d'apparence d'imposture en ceux qui feraient cadrer tant de nations, d'intérêts et d'opinions ensemble. » (*Relation* d'avril 1632)

Renaudot est peu soucieux d'exprimer dans quel espace ses lecteurs jugent sa *Gazette*, probablement parce qu'il lui est difficile de dire que l'on en juge en public, dans la rue, sur les places ou ailleurs. La lecture est souvent collective, ainsi qu'il le suggère à propos de la distribution de sa gazette en deux « cahiers » :

J'avais fait sans la curiosité de quelques-uns, qui voyant le partage que je fais de mes récits en la Gazette et ès Nouvelles ordinaires, bien que la signification des mots soit pareille, en ont désiré la raison, fondée non seulement sur la commodité de *la lecture, qui est plus facile à diverses personnes*, étant en deux cahiers dont le sens est parfait, que si *les uns étaient obligés d'entendre ou d'attendre les autres* ; et moins ennuyeuse étant distinguée comme en chapitres, outre les sections et articles. (*Relation* d'août 1632)

Jamais il ne parle de la lecture dans le « cabinet » d'un particulier. Ce dernier terme n'est employé qu'une fois, en manière de métaphore :

Comme ceux qui veulent bien ordonner les tableaux d'un *cabinet*, entrelacent de paysages et autres divertissements, les déluges, les embrasements, les sièges et les batailles : cette diversité récréant davantage la vue. Je propose à la vôtre pour entremets et pour tempérer l'humeur austère qu'entretient le récit des guerres, celui des noces solennisées avec trop d'applaudissement des présents, pour ne faire point part aux absents d'une telle réjouissance. (*Extraordinaire* du 30 novembre 1634)

En revanche, par deux fois, le gazetier évoque les « compagnies », qui « s'entretiennent » pour « conserver la mémoire » des grandes actions du roi (*Adresse au roi*, 1631) ou qui se divertissent du contenu des gazettes :

Encore que le seul contentement que leur variété produit ainsi fréquemment, et qui sert d'un [si] agréable divertissement ès *compagnies* qu'elle empêche les médisances et autres vices que l'oisiveté produit, dût suffire pour les rendre recommandables. (*Préface* de 1631)

Dans son contenu et dans sa distribution, la *Gazette* est tout entière insérée dans l'espace public, elle s'adresse au corps politique. N'est-elle pas lue par le Roi et le Cardinal, n'est-elle pas souvent rédigée par le Roi lui-même ?[30] En revanche, sa lecture, jamais indifférente, concerne tout autant la sphère publique que l'espace privé du lecteur particulier — peu évoqué — ou semi-privé des lecteurs réunis en « compagnies » ou dans tous autres groupes de lecture. Particulière ou publique, la lecture de la *Gazette* conduit à se forger un « jugement », à émettre une « censure » sur le travail du gazetier, mais aussi sur les actions des rois et des princes. À partir de là se constitue la « voix publique », deux fois mentionnée :

C'est de quoi je vous entretiendrai pour l'heure, puisque le temps a dû suffisamment informer un chacun de la fin de ces miennes Relations de chacun mois, qui servent de lumière et d'abrégé à celles des semaines : et que les suffrages de *la voix publique* m'épargnent désormais la peine de répondre aux objections, auxquelles l'introduction que j'ai faite en France des Gazettes donnait lieu lorsqu'elle était encore nouvelle. (*Relation* de janvier 1633)

Mon travail s'adoucit avec les esprits de ceux qui me lisent. Et comme je le sentais

grief, tandis que sa nouveauté l'exposait à autant de *censures* que de *sentiments* et de *sentiments* que de *têtes*, je confesse qu'il m'est à présent supportable depuis que *la voix publique* me reconnaît dénué de toute autre passion que de celle de l'ingénuité, et me prend pour le rapporteur et non pour la partie. (*Relation* d'avril 1633)

La « voix publique » n'est-elle pas le fruit des jugements et des sentiments, des censures aussi nombreux qu'il y a de « têtes » ?[31] N'est-ce pas déjà l'« opinion publique » ? Si Renaudot emploie très rarement le mot « opinion », il connaît déjà très exactement les effets de ces « jugements » individuels qui s'additionnant collectivement, finissent par contribuer à la formation de la « voix publique », une expression présente dans la querelle du *Cid*.

Cette querelle prouve combien il était encore malaisé à la monarchie de faire complètement prévaloir ses vues. S'efforçant de monopoliser l'action politique en interdisant tout débat dans la sphère publique, confinant dans la sphère privée du secret des cabinets la liberté de jugement des particuliers, le Roi et le Cardinal ne sont pas encore parvenus à réduire au silence la « voix publique » ou l'« opinion commune ». C'est ce qui légitime les campagnes pamphlétaires de la régence de Marie de Médicis ou plus tard les efforts de propagande du cardinal de Richelieu, c'est enfin ce qui explique le lancement de la *Gazette*. Pourquoi tant d'efforts de propagande ou d'information, s'il n'existe pas une ou des opinions, des « jugements » et des « censures » à convaincre ou informer ? Par la suite, l'État absolutiste affirma sa domination. Au temps du Roi-Soleil, au moins jusqu'à la crise de la bulle *Unigenitus*, tous ces libelles politiques disparurent et la *Gazette*, tout entière consacrée à la célébration de la gloire royale, devint bien insipide, désormais rédigée dans une langue belle et lisse, pour mieux faire oublier une certaine vacuité de son contenu.

« Jugement, censure » ou « opinion », « voix publique », « opinion commune » ou « opinion publique », est-il utile de continuer ces querelles de mots ? Hélène Duccini estime qu'il exista bien une « opinion publique » pendant la crise des années 1614-1617 qui déboucha sur l'assassinat de Concini. Dénombrant les 1 107 pamphlets et libelles publiés pendant la régence de Marie de Médicis, elle remarque : « Il existe donc une opinion publique ou plutôt un milieu culturel réceptif au débat politique, qui polémique sur les options du pouvoir. » La même expression d'« opinion publique » revient sous sa plume à propos du « voyage de propagande » du jeune Louis XIII dans l'Ouest, pendant l'été 1614.[32] De son côté, J. Sawyer observe qu'il existait alors en France « une sphère largement accessible de communications pu-bliques de tournure politique ».[33] Les guerres de plume entourant le « grand orage » de 1630 ne prouvent-elles pas l'existence d'une opinion qu'il fallait persuader de la justesse ou de l'injustice des choix politiques du Roi et du Cardinal ? Ne peut-on penser que le monde parlementaire et les familles, nobles ou non qui lui étaient alliées, étaient alors le lieu d'une véritable opinion publique ?[34] Les lettres d'Henri Arnauld, abbé de Saint-Nicolas, à l'épouse du président Barillon, alors exilé de Paris, montrent que dans les cercles de leurs connaissances, les « spéculatifs » et autres esprits « déliés » ne se gênaient pas pour débattre de politique, pour émettre des opinions sur les « affaires du temps ». Arnauld lui-même était tout prêt à commenter certains grands événements, mais il n'était pas prudent d'écrire ce qui aurait pu être lu par d'autres personnes que ses amis — « Il y a longtemps qu'il n'est rien arrivé de si considérable et il y aurait sur cela beaucoup de réflexions à faire, mais une lettre ne les souffre pas, il se faudrait entretenir. » (10 juillet 1641).[35] En définitive, de la domination des esprits par un pouvoir de plus en plus impérieux, et du manque de l'expression « opinion publique », on ne peut déduire son absence, ni son défaut d'autonomie, en ces premières décennies du XVIIe siècle.

Notes

1. Voir notre précédent article, « Aux origines de l'éthique des journalistes : Théophraste Renaudot et ses premiers discours éditoriaux (1631-1633). »

2. B. Guenée, *L'opinion publique à la fin du Moyen Âge, d'après la « Chronique de Charles VI » du Religieux de Saint-Denis*, Paris, Perrin, 2002, p. 141 et 172 ; le chroniqueur relit en fin d'année ce qu'il a écrit du mouvement cabochien quelques mois auparavant et il note : « Au moment où j'écrivais ceci, j'ignorais complètement où allaient nous mener les initiatives de l'Université et des bourgeois. Mais, dès ce moment-là, j'ai entendu plusieurs personnes sages, sérieuses et pondérées juger tout à fait inadmissible que ces gens-là osassent se mêler d'affaires aussi difficiles qui ne devaient être traitées que dans les conseils secrets du roi par les princes des lis. Il est absurde, disaient-ils, que des gens noyés dans les livres et la méditation, et des marchands avides de gains, et des artisans prétendent gouverner le royaume et soumettre à leurs lois la magnificence des princes et l'état du roi. » (trad. du latin par B. Guenée).

3. Nous suivons ici les analyses de Marcel Gauchet, « L'État au miroir de la raison d'État : la France et la chrétienté », *Raison et déraison d'État. Théoriciens et théories de la raison d'État aux XVIᵉ et XVIIᵉ siècles*, Y. C. Zarka, dir., Paris, PUF, 1994, p. 193-244, note p. 198-215 ; D. Crouzet, *Les guerriers de Dieu. La violence au temps des troubles de religion (vers 1525-vers 1610),* Seyssel, Champ Vallon, 1990.

4. H. de Rohan, *De l'intérêt des princes et des Estats de la chrétienté*, Paris, 1638, p. 1 (l'ouvrage a été écrit en 1634) ; extrait cité par Marcel Gauchet, « L'État au miroir de la raison d'État : la France et la chrétienté », *op. cit.*, p. 218.

5. Pour toutes les citations de ce passage, voir Marcel Gauchet, *ibid.*, p. 235, 237, 241, 242. À propos du voilé / dévoilé, lire aussi Joël Cornette, « "Deux Soleils en la France". L'événement dans la théorie de l'État royal au temps de Pierre de Bérulle et de Gabriel Naudé », *Axes et méthodes de l'histoire politique*, S. Berstein et P. Milza, dir., Paris, PUF, 1998, p. 163-200. Sur ce qu'il appelle l'« inconséquence des étatistes », lire les remarques d'Étienne Thuau, *Raison d'État et pensée politique à l'époque de Richelieu,* Paris, Armand Colin, 1966, p. 390.

6. Outre G. Feyel, *L'Annonce et la nouvelle. La presse d'information en France sous l'Ancien Régime (1630-1788),* Oxford, Voltaire Foundation, 2000, p. 78-130, lire S. Mazauric, *Savoirs et philosophie à Paris dans la première moitié du XVIIᵉ siècle. Les conférences du bureau d'adresse de Théophraste Renaudot (1633-1642),* Paris, Publications de la Sorbonne, 1997. Ouvertes à l'automne 1632, les *Conférences* sont l'objet d'une feuille publiée chaque semaine à partir du 22 août 1633. Renaudot en publie un premier recueil, ou « centurie », parce que cent questions ont été traitées pendant les cinquante *Conférences* tenues jusqu'au 31 juillet 1634. Sont ensuite éditées trois autres « Centuries ». La cinquième est incomplète.

7. *Deuxième Centurie. Ouverture des Conférences.* 50 personnes pour chacune des 50 *Conférences,* cela donne un total de 2 500 participants.

8. *Première Centurie. Préface sur les Conférences.* Renaudot s'est longuement expliqué à propos des *Conférences.* La première « centurie » présente une *Dédicace* au cardinal de Richelieu datée du 18 août 1634, un *Avis au lecteur* rédigé en ce même mois d'août, enfin une *Préface sur les Conférences,* publiée avec le premier numéro imprimé des *Conférences,* le 22 août 1633, mais remaniée, au moins sur sa fin, en août 1634. La deuxième « centurie » est précédée d'un quatrième texte, l'*Ouverture des Conférences,* daté du 3 novembre 1634.

9. *Première Centurie. Avis au lecteur.* « Quelques-uns ont aussi trouvé à dire qu'on n'y admettait point toutes sortes de personnes, comme il semblait se devoir faire, en un lieu dont l'accès est libre à tout le monde. Mais ceux qui considéreront que les Académies ne sont pas pour le vulgaire ne trouveront pas étrange qu'on y ait apporté quelque distinction. Et si toutes les personnes de la qualité requise n'y ont pu trouver place, les plus diligents peuvent témoigner aux autres qu'il l'a fallu imputer au lieu, lequel, tout spacieux qu'il est, ne pouvait suffire à tous les survenants. Tant y a que n'y ayant trouvé, et n'en espérant autre intérêt que celui de profiter au public, l'incommodité de ceux qui ont été souvent contraints de s'en retourner ne me peut être imputée. »

10. *Deuxième Centurie. Ouverture des Conférences.* Renaudot attribue cette liberté à « la généreuse façon d'agir de ceux qui gouvernent, diamétralement opposée à l'esclavage tyrannique de quelques autres. »

11. J. Habermas, *L'espace public. Archéologie de la publicité comme dimension constitutive de la société bourgeoise*, trad. française, Paris, Payot, 1978 ; Habermas distingue une « sphère publique structurée par la représentation », où la noblesse est la mesure de tout, couvrant le Moyen Âge, la Renaissance et une grande partie de l'âge « classique » et coexistant avec une « sphère publique bourgeoise » progressivement constituée à partir de la fin du XVIIe siècle, grâce à l'autonomisation d'une « sphère publique littéraire » où s'épanouit une certaine liberté d'opinion, fondement de l'opinion publique.

12. Renaudot justifie ainsi cette prudence : « Plusieurs pour laisser libre à un chacun le jugement de leurs opinions, que la connaissance des personnes préoccupe volontiers : d'autres pour essayer à couvert quel sentiment le public avait d'eux. […] Mais tous par une modestie autant louable à leur regard, qu'injurieuse au public. » (*Première Centurie. Avis au lecteur*)

13. C. Jouhaud, *Mazarinades : la Fronde des mots*, Paris, Aubier, 1985, p. 240-241.

14. C. Jouhaud, « Propagande et action au temps de la Fronde », *Culture et idéologie dans la genèse de l'État moderne*, École Française de Rome, Palais Farnèse, 1985, p. 337-352, not. p. 337-342 ; R. Chartier, *Les origines culturelles de la Révolution française*, Paris, Le Seuil, 1990, p. 32-52.

15. Lire à ce sujet K. M. Baker, *Au tribunal de l'opinion. Essais sur l'imaginaire politique au XVIIIe siècle*, Paris, Payot, 1993, notamment, le chap. VI, p. 219-265, « L'opinion publique comme invention politique » ; lire aussi M. Ozouf, *L'homme régénéré. Essais sur la Révolution française*, Paris, Gallimard, 1989, « Le concept d'opinion publique au XVIIIe siècle », p. 21-53.

16. R. Cazelles, *Société politique, noblesse et couronne sous Jean le Bon et Charles V*, Paris et Genève, Droz, 1982.

17. B. Guenée, *L'opinion publique à la fin du Moyen Âge, op. cit.*, p. 108 et 154 ; voir aussi C. Gauvard, « Le roi de France et l'opinion publique à l'époque de Charles VI », *Culture et idéologie dans la genèse de l'État moderne, op. cit.*, p. 353-366. À ce Congrès de Rome de 1984, les historiens médiévistes et modernistes se sont opposés à propos de l'opinion publique, les premiers reprochant aux seconds d'« enfermer les choses dans la mu-

raille des mots » ; voir les remarques de Michèle Fogel, *Les cérémonies de l'information dans la France du XVIe au XVIIIe siècle*, Paris, Fayard, 1989, p. 12-13, et sa communication au même colloque, « Propagande, communication, publication : points de vue et demande d'enquête pour la France des XVIe-XVIIe siècles », *Culture et idéologie dans la genèse de l'État moderne, op. cit.*, p. 325-336.

18. H. Merlin, *Public et littérature en France au XVIIe siècle*, Paris, Les Belles Lettres, 1994, introduction, p. 24-32.

19. *Ibid.*, p. 110-111, extrait de J.-P. Camus, *Conférence académique sur le différend des belles-lettres de Narcisse et de Phyllarque, par le sieur de Mussac*, Paris, Joseph Cottereau, 1630, p. 20.

20. *Ibid.*, p. 150-151.

21. *Ibid.*, p. 201, extrait de la *Lettre du sieur Claveret au sieur Corneille, soi-disant auteur du Cid* : « Songez que votre apologie fait autant de bruit dans les rues que la gazette, que les voix éclatantes de ces crieurs devraient être seulement employées à publier les volontés du Prince et les actions des grands hommes. »

22. *Ibid.*, p. 201, extrait de *La victoire du sieur Corneille, Scudéry et Claveret, avec une remontrance par laquelle on les prie instamment de n'exposer ainsi leur renommée à la risée publique.*

23. *Ibid.*, p. 202.

24. *Ibid.*, p. 204-210 ; le terme est employé deux ans plus tôt par Scudéry, dans l'épître dédicatoire de sa pièce *Le Trompeur puni*, à Mme de Combalet, la nièce de Richelieu : « Je ne me laisse point emporter à l'opinion commune, et quelque applaudissement universel qu'ait rencontré ce poème, peu s'en faut que je ne le méprise, parce que je crains que vous ne l'estimiez pas. », *ibid.*, p. 174.

25. *Relations* de septembre 1632 (le « bien public ») et d'octobre 1633 (la « commodité publique »).

26. *Préface* de 1631, *Relation* de février 1632, *Relation envoyée au roi* (septembre 1632), *Nouvelles ordinaires*, 24 septembre 1632 (supplément), *Relation* de septembre 1632, *Relation* de mars 1633, *Extraordinaire* du 29 décembre 1634).

27. *Préface* de 1631 (trois occurrences), *Relations* de février et de décembre 1632 (deux et une).

28. C'est nous qui soulignons les termes mis en italiques.

29. « Jugement » : *Relations* de janvier, février (deux fois), mars, avril, décembre 1632 (deux fois), décembre 1633 ; « censure » : *Préface* de 1631, *Relations* d'avril, mai, septembre, décembre 1632, avril 1633, *Extraordinaire* du 29 décembre 1634.

30. G. Feyel, *L'Annonce et la nouvelle, op. cit.,* p. 172-177.

31. On distinguera cette « voix publique » de la « renommée », évoquée une fois par Renaudot à la suite de Virgile (*Relation* d'août 1632). Une « renommée » qui donne la « gloire » aux actions des princes, aussi bien qu'à celles des héros de Corneille.

32. H. Duccini, *Concini. Grandeur et misère du favori de Marie de Médicis*, Paris, Albin Michel, 1991, p. 142 et 159.

33. J. Sawyer, *Printed Poison. Pamphlet Propaganda and the Public Sphere in Early Seventeenth France*, Berkeley, 1990, p. 10 ; citation faite par Marcel Gauchet, « L'État au miroir de la raison d'État : la France et la chrétienté », *Raison et déraison d'État. Théoriciens et théories de la raison d'État aux XVIe et XVIIe siècles,* Y. C. Zarka, dir., Paris, PUF, 1994,

p. 193-244, plus précisément p. 238 ; lire aussi Annie Duprat, *Les rois de papier. La caricature de Henri III à Louis XVI,* Paris, Belin, 2002, p. 10-16, 124-126.

34. Dans son discours de réception à l'Académie française, Malesherbes situe l'origine du « tribunal du public », « cette révolution qui s'est faite dans nos mœurs », dans ces années 1630, qui virent la fondation de l'Académie ; voir C.-G. Lamoignon de Malesherbes, *Discours prononcé dans l'Académie française le 16 février 1775*, Paris, 1775, mentionné par Mona Ozouf, *op. cit.*, p. 29.

35. G. Feyel, « "Je suis tout à Bonne et embrasse l'amy." Lettres de l'abbé de Saint-Nicolas à la présidente de Chastillon », *Correspondre jadis et naguère, 120e Congrès national des sociétés savantes, Aix-en-Provence, 1995, Section d'histoire moderne et contemporaine*, Paris, 1997, p. 569-586 ; notons qu'Henri Arnauld se fait l'écho du moindre « bruit » courant Paris, « on tient dans le bruit de Paris que… » et qu'il emploie lui aussi l'expression « opinion commune », « l'opinion commune est que… », p. 583.

Shakespeare, Dallas et le commissaire
Pour une histoire de la fiction télévisée européenne

Jérôme Bourdon[*]

Le terme de « fiction » s'est imposé dans les années 1980, pour désigner un ensemble de programmes télévisés regroupant téléfilms, mini-séries, séries et feuilletons, recourant à des comédiens, un scénario, une mise en scène. La « fiction télévisée » est-elle pour autant un objet historique allant de soi ? Dilemme de l'histoire des genres, et dilemme classique de l'historien : pour la synthèse, il nous faut beaucoup d'analyses, mais pour commencer l'analyse, il faut déjà une synthèse : « aucune analyse vraiment historique n'est possible sans une continuelle interprétation. Pour que l'analyse puisse commencer, il faut qu'une synthèse soit déjà disponible dans l'esprit du chercheur[1] ».

« Fiction » est venu de la poétique et de la théorie des genres, renouvelées par le structuralisme et par la théorie du récit ou narratalogie[2]. Cependant, la narratalogie s'est consacrée surtout à des récits nobles : la fiction littéraire ou cinématographique, voire le récit historique, et beaucoup plus rarement les récits populaires, qu'ils soient fictionnels ou non, comme l'a noté Gérard Genette[3]. Dans le champ télévisuel, jusqu'aux années 1980, on n'utilise pas le mot fiction mais une variété de termes, issus du théâtre (français, « dramatique », anglais, « drama », allemand, « Fernsehspiel »), de la radio et de la presse (« feuilletons »), mais aussi des anglicismes tels que « séries » qui sera suivi par « téléfilms ». Lorsque le mot de « fiction » commence à être employé par des analystes de la télévision, économistes, sociologues, et aussi par des juristes, pour caractériser cet ensemble de récits, il n'englobe pas le cinéma qui constitue pourtant, selon la théorie des genres, un récit éminemment fictionnel.

Pour des raisons de poétique et pour des raisons sociales[4], cet article traite de la fiction télévisée en incluant le cinéma, sans se limiter à la fiction faite pour la télévision. Malgré les débats anciens sur la spécificité respective des deux formes de récits, cinéma et fiction de la télévision emploient des ressources communes et, surtout, sont pris dans des débats sur le rôle de la fiction dans la culture nationale, débats qui ont

[*] Maître de conférences à l'université de Tel Aviv. Membre du groupe Temps, Médias et Société (Fondation nationale des Sciences politiques).

convergé depuis les débuts de l'histoire de la télévision. Comme le cinéma, la télévision (et singulièrement la fiction télévisuelle) a été volontiers jugée comme un site crucial d'expression de « l'identité nationale ». Les médias audiovisuels sont ici héritiers d'une longue histoire. La fiction moderne est née avec le roman[5], s'est prolongée dans le cinéma et la télévision : il s'agit toujours d'histoires imaginaires (même si elles s'appuient sur un arrière-plan réel), s'adressant à un large public, écrites (ou diffusées) dans des langues nationales, investies d'une valeur spécifique dans la culture des nations, et contribuant à la formation de « communautés imaginées » (Anderson).

C'est dans ce contexte politique et culturel que l'on s'attache ici à retracer une histoire de la fiction télévisée en Europe de l'Ouest, à partir d'exemples empruntés aux cinq grands pays. Comment la fiction télévisée a-t-elle été insérée dans les débats sur la culture dans chaque nation ? Ces débats ont été multiples : réclamant le titre de « neuvième art », la fiction télévisée a été prise dans une rivalité ancienne avec le cinéma, avec des prétentions sans cesse réaffirmées[6] ; la fiction a aussi été perçue comme moyen de diffuser la culture lettrée auprès d'un large public ; le cinéma, comme la télévision, ont été compris comme des formes de culture nationale en lutte (ou en coopération) avec d'autres nations, entre Europe et Amérique ; enfin, avec la croissance de la télévision, la fiction est devenue un enjeu économique et industriel, mais toujours porteur d'une forte charge symbolique.

Résumons d'un trait : cherchant d'abord à diffuser Shakespeare (ou les Shakespeare nationaux) auprès du peuple, la fiction télévisée prétend aussi être une forme d'art et utilise le cinéma comme bouche-trou. Puis la spécificité technique ou esthétique se perd, la télévision croît, l'Amérique affirme sa force concurrentielle, en termes de coûts et de pouvoir d'attraction (*Dallas*). Il faut produire plus populaire, plus vite, et c'est l'âge des commissaires (*Navarro* ou ses confrères européens), qui héritent de tentatives anciennes pour produire une fiction populaire. En même temps, la télévision en vient à absorber ou à contrôler un cinéma qui a perdu de son lustre artistique (inégal selon les pays) mais gagné force deniers de la télévision. Telle est la ligne principale de notre récit, qui ne doit pas faire oublier des épisodes quantitativement mineurs mais significatifs : dans les années 1970, les essais de fiction sociale, populaire, critique, neuve au plan de la forme (en Angleterre, *Cathy Come Home* de Kenneth Loach) ; dans les années 1980, les tentatives pour produire d'une fiction qui refléterait une culture européenne.

Le service public comme temple de la fiction littéraire et historique

Jusque dans les années 1960, à l'inverse de l'idéologie actuelle qui met en avant la production privée (baptisée désormais « indépendante »), les grandes télévisions européennes valorisent la production interne. En France, ce monopole de production, comme on dira plus tard, est de droit jusqu'en 1964. Ailleurs, il n'a pas besoin du droit. Il est « naturel » pour les grands services publics d'avoir des personnels abondants travaillant dans tous les genres télévisuels. La technique, et les choix techniques, y contribuent : la grande majorité des émissions est produite en direct, ce qui contribue à l'intégration du travail et des métiers dans les vastes bâtiments où les programmes sont simultanément tournés et diffusés. Buttes-Chaumont à Paris (inauguré en 1957), nouveau Television Centre de la BBC à l'Ouest de Londres (inauguré en 1960), Studios du Prado del Rey à Madrid (inauguré en 1964), ces bâtiments sont aussi des symboles qui manifestent le pouvoir de la télévision comme institution, et, sauf en Allemagne, son caractère étroitement centralisé.

Plusieurs facteurs font de la fiction télévisée le genre roi. Au plan de la politique des programmes, elle répond à la mission éducative et culturelle centrale pour le service public. Même si, dans la fameuse trilogie des missions inscrite dans la Charte Royale de la BBC (alors radio seulement) de 1926 (« information, education and entertainment ») et dans ses variations continentales, l'information vient en tête, elle est un objet de polémiques, délicat pour les dirigeants, frustrant pour les journalistes qui ne bénéficient pas encore de la notoriété des années 1970 et souffrent des soupçons de censure. Lorsqu'elle s'attache au patrimoine littéraire et théâtral, la fiction répond pleinement aux ambitions du service public, tout en échappant aux polémiques politiques. Elle fait l'objet d'un consensus entre droite et gauche. À travers les pièces écrites pour la télévision (en France, *La Caméra explore le temps*), les adaptations de romans historiques et de pièces, elle transmet (ou du moins on le croit) à la fois l'histoire du pays et son histoire littéraire. Aussi bien, parce qu'elle prend forme narrative, elle a un réel pouvoir d'attraction sur le public, sauf pour les textes les plus anciens (Eschyle) ou les plus modernes (Beckett, monté en France, dans l'Espagne de Franco, et en Allemagne). Ceux-ci recueillent au moins les faveurs de la critique. À l'époque où l'on mesure peu l'audience (sauf en Grande-Bretagne après les débuts de ITV en 1955), le succès des classiques paraît assuré. Tout juste promu ministre de la Culture, Malraux s'émerveillera qu'en un soir Racine ait plus d'audience qu'en plusieurs siècles ; à la même époque, un producteur de la BBC fait la même remarque pour Shakespeare[7] : ceci deviendra un pont aux ânes des enthousiastes de la télévision comme outil de culture. Enfin, les prétentions artistiques de la télévision sont plus faciles à défendre jusqu'aux débuts des années 1960, car le cinéma européen d'après-guerre, à l'exception du néo-réalisme italien, est globalement de médiocre qualité artistique[8].

Chaque télévision nationale combine ainsi littérature « universelle » (c'est-à-dire européenne, avec un rare ajout américain) et littérature nationale. Goethe est plus important pour la télévision allemande, Shakespeare pour l'anglaise, Molière pour la française, mais chacun de ces auteurs est adapté dans les pays voisins. Dans tous les pays, le pourcentage d'adaptations non nationales est important, jusqu'à 45 % pour le théâtre télévisé italien entre 1954 et 1961[9]. L'exception est britannique : dans un relevé de toutes les pièces diffusées par la télévision britannique entre mars 1954 et décembre 1956[10], on ne trouve que trois auteurs non britanniques, dont deux des « classiques télévisés européens » du temps : Dumas et Tchekhov. Enfin, les pays où le réveil national et culturel a été plus tardif que les trois cités ont leurs propres classiques de télévision, qui ne s'exportent pas : signe discret d'inégalité entre cultures nationales. En Italie, en 1967, l'adaptation du roman national par excellence, *I promessi Sposi* (Les fiancés) de Manzoni (publié en 1827), est pour la RAI l'entreprise majeure de l'année[22], et une seconde adaptation est proposée en 1989.

De tous les grands « auteurs de télévision » de l'époque, Shakespeare mérite une mention spéciale. Le cinéma a, de longue date, contribué à confirmer son statut, né au XIXe siècle, d'auteur (sinon de l'auteur par excellence) de la littérature universelle ; la télévision lui emboîte le pas[12]. Quelques exemples. Parmi les premières réalisations ma-

jeures de la RAI, un *Roméo et Juliette* en direct[13]. En France, pour les fêtes de fin d'années 1964, une *Mégère Apprivoisée*. Selon critiques et historiens, une des meilleures réalisations de la télévision espagnole fut un *Richard III* en 1967[14]. Au-delà de ces contenus littéraires, cette télévision théâtrale qui sera facilement réduite par les critiques de cinéma à un style pompier et maladroit, réserve des surprises à ceux qui veulent bien l'examiner de près. Le pouvoir des réalisateurs (en France et en Espagne notamment) entraîne une variété de styles et d'expérimentations, qui interdisent l'emploi, d'ailleurs anachronique, du terme « format »[15]. Si la pièce unique (la « single play » britannique) domine, des adaptations littéraires en quelques épisodes ne sont pas rares, ainsi en Espagne ; elles sont systématiquement pratiquées en Italie où elles reçoivent le nom de « scenegiatto ». Cinquante ans après, la télévision italienne pratiquera encore ces « séries all-italiana, dont les principaux traits sont le nombre d'épisodes (de quatre à huit), la durée (plus d'une heure) de chaque épisode et la production très soignée »[16].

La dramatique littéraire et théâtrale, en costumes, fut peut-être le genre-roi, mais pas le genre dominant la fiction en quantité. De ce point de vue, il faut rompre avec une image d'Épinal du service public tout entier voué à la culture. La nécessité de produire, de « nourrir la bête », a entraîné très tôt une diversification des genres et des registres. On puise dans un répertoire théâtral très varié, y compris un répertoire contemporain oublié, un théâtre peu aimé de la critique mais populaire. Ainsi en Italie : malgré la référence au patrimoine, entre 1954 et 1961, 49,6 % des pièces montées sont des adaptations ou des textes de la période 1900-1945, et 34,7 % sont postérieurs à 1945[17]. Comme en d'autres domaines de réussite populaire (les jeux), l'ampleur du succès surprend parfois mais s'impose au directeur de programmes soucieux de culture mais en mal de succès. Ainsi, la série de boulevard *Au théâtre ce soir* naît-elle en 1966, du succès inattendu d'une pièce comique qui ne plaît pas aux critiques. Elle durera jusqu'aux années 1980.

Le déclin du théâtre télévisé

Dans les années 1960, le genre du théâtre télévisé perd de son lustre. Même au Royaume-Uni, facilement idéalisé par les professionnels (et les historiens) de la communication, le *Journal of the Society of Film and Television Art* note, en 1966 : « Le théâtre télévisé (television drama) n'existe pas. Il n'a jamais existé (...). Le monde de la télévision a poursuivi un mirage »[18]. La petite avant-garde de critiques et de réalisateurs renonce à son effort de promotion d'un art nouveau, faute d'alliés. La pression est trop forte : il faut produire et séduire en nombre, et la recherche du succès populaire se concilie mal avec une entreprise de distinction.

La spécificité technique se perd aussi. Le théâtre en direct disparaît. Il

n'avait pas que des partisans. « Le vieux studio avec ses quatre caméras au sol (ou plus) avait quelques avantages, ainsi la vitesse de production et le jeu de l'acteur en continu, mais l'éclairage toujours insatisfaisant, le cadrage et le montage souvent approximatifs, en faisait une technique moins précise et plus brouillonne que celle du cinéma classique »[19]. À nouveau, nous choisissons de citer le Royaume-Uni où la technique a été la plus poussée : et pourtant, là aussi, on doute. Les critiques se retrouvent, plus vives encore, ailleurs[20].

Plusieurs formes d'enregistrement s'offrent. Inventé en 1955 aux États-Unis, le premier magnétoscope de marque Ampex arrive en Europe à la station de Granada, en Grande-Bretagne, en 1958. En l'espace de deux ans, la plupart des télévisions européennes acquièrent un « Ampex ». Les ingénieurs sont enthousiastes, les réalisateurs moins, qui rêvent de film, et cherchent, avant l'âge du montage électronique, à monter les premières bandes vidéo deux pouces, ce qui suppose l'usage de colle, de rasoirs et de microscopes. Mais le film devient disponible. Le 16 mm professionnel, développé pour le documentaire et l'information, est bientôt d'assez bonne qualité pour la fiction, et beaucoup moins cher que le 35 mm. Les producteurs privés en sont d'avides utilisateurs.

D'où un double déclin. D'abord, la fiction en direct disparaît, aux alentours de 1961-1962. En Italie, pour la période 1954-1961, 56 % des pièces de théâtre télévisées sont diffusées en direct d'un studio, 22 % en direct de théâtres, 18 % en différé d'un studio. Puis, entre 1962-1967, 90 % sont enregistrées en studio, et 6 % enregistrées dans des salles de théâtre[21]. En France, le dernier exemple majeur de dramatique en direct date de 1961 : il s'agit des *Perses* d'Eschyle qui enthousiasme une partie de la critique (moins le grand public)[22]. Puis, la dramatique vidéo décline au profit du film. Aux ambitions esthétiques des réalisateurs s'ajoutent les pressions économiques qui vont pousser aussi à sortir des décors du studio au profit de drames contemporains plus simples à tourner. Les directeurs de programmes, les gestionnaires qui deviennent des figures-clef dans la télévision des années 1970, se rendent compte que la dramatique vidéo-fixe est loin d'être le plus populaire des programmes. Dans certains pays, la concurrence des séries américaines commence à peser, notamment en Espagne, télévision faible en ressources et assoiffée de popularité car très tôt financée par la seule publicité.

Le lexique reflète ces changements. Les néologismes propres au théâtre télévisuel reculent et l'on sent bien que la réalité se dérobe à la spécificité qu'ils étaient censés décrire[23]. Des termes dérivés du cinéma (comme industrie et comme technique) s'imposent. En France, « téléfilm » commence à le disputer à « dramatique », en Allemagne, « Fernsehfilm » à « Fernsehspiel ». En italien, un « telefilm » est aussi une série

télévisée, car les séries télévisées sont arrivées d'Amérique, tournées sur film, et donc été associées à ce support et à l'esthétique qu'il implique.

À la recherche du populaire : des créneaux thématiques aux séries

Parallèlement aux créations dramatiques, la télévision a, de longue date, cherché à élaborer une fiction populaire capable de retenir, semaine après semaine, voire jour après jour, l'attention d'un large public. Cet effort précoce, relativement négligé par la critique, est central pour comprendre les développements consécutifs à la déréglementation. Le chemin vers la sérialité fut long. Dans les télévisions américaine puis anglaise, beaucoup d'émissions dramatiques sont intégrées dans des créneaux horaires de même titre (parfois, aux États-Unis, au nom du sponsor) et à la thématique voisine (on parle alors d'« anthologies » — on notera l'origine littéraire du lexique). Mais le mot de « series », venu de la radio, est utilisé aussi. Il court dans l'histoire de la télévision française le récit d'une réunion, dans les années 1950 : Jean d'Arcy, directeur des programmes, invite des réalisateurs à trouver des idées de séries, notamment à la suite du succès *d'En votre âme et conscience*, créé en 1954 : avec son lieu unique et son casting « récurrent », ce « théâtre de tribunal » (« courtroom drama », comme l'appellera la télévision américaine) est sans le savoir à l'avant-garde d'une télévision populaire et bon marché. Peut-être cette demande vient-elle aussi de l'anglophilie notoire du directeur des programmes, représentatif de la culture télévisuelle européenne du temps. En tout cas, cette demande de « séries » (au sens le plus général du mot) donnera naissance, notamment, à *La Caméra explore le Temps*. Par ailleurs, et sans se concerter, la plupart des stations européennes auront leurs « théâtre de tribunal »[24]. Le record de longévité appartient sans doute à la première chaîne publique allemande, l'ARD, dont la série vivra de 1961 à 1978.

Le Royaume-Uni commence aussi par des séries dramatiques constituées d'épisodes différents mais avec une thématique commune. Dans les années 1970, la commerciale ITV proposera encore de telles « anthologies » (d'un nombre limité d'épisodes, moins d'une dizaine) sous le titre *Rivals of Sherlock Holmes* ou *Victorian Scandals*. Mais dès avant, la Grande-Bretagne est le premier pays d'Europe à proposer des séries et des « serials » sur le modèle américain, avec le même héros ou le même groupe de personnages et des histoires complètes à chaque épisode ou des histoires à suivre. Ce pays, il est vrai, avait de longue date adapté les formats de la radio américaine, en se faisant fort de les soumettre à ses propres traditions nationales[25]. De surcroît, il fut le premier importateur majeur de fictions et de « formats » de jeux américains après le démarrage de la chaîne privée ITV en 1955[26].

Dès avant, la BBC avait lancé le premier soap opera britannique, *The Grove Family* (diffusé en direct, deux fois par semaine, des studios de Lime Grove de 1954 à 1957) alors que les États-Unis avaient déjà transposé le genre de la radio à la télévision. En 1960, ITV lance le premier soap de longue durée non-américain, *Coronation Street*. Il commence sa carrière comme un feuilleton régional (serial) en 13 épisodes. Devant le succès, il est diffusé nationalement et demeure encore une des émissions les plus populaires de la télévision britannique[27]. Il contribue à la formation d'une tradition. Comme le soap américain, il mêle plusieurs lignes narratives à propos d'un groupe de personnages qui comprend plusieurs familles. À rebours, il s'éloigne des milieux bourgeois et de leurs démêlés sentimentaux et met l'accent sur un quartier populaire, avec ses problèmes sociaux et son sens de la communauté.

La France tentera aussi de produire des séries longues avec moins de succès (échec qui se répétera). L'un des premiers feuilletons notables, à forte coloration pédagogique, est l'adaptation du classique « républicain » *Le Tour de France par deux enfants* (39 fois une demi-heure, diffusé le dimanche à 17 heures)[28]. Avec le *Temps des Copains* (1961) puis *Janique Aimée* (l'histoire sentimentale d'une petite infirmière) (1963), c'est l'avènement du feuilleton populaire. Le type de diffusion est original et « commercial » (avant l'heure) pour une chaîne publique unique :

en épisodes quotidiens d'un quart d'heure. Malgré le succès, le format n'est pas repris : en soi, un symptôme de l'absence d'urgence à sérialiser la fiction.

La fiction sérielle ne progresse véritablement que dans un seul genre qui traverse l'ensemble des médias, et dont la thématique remonte à l'essor du fait-divers dans la presse populaire du XIXᵉ siècle : la série policière, que l'on retrouve sur l'ensemble du continent. Ainsi, lorsqu'en France le directeur des programmes réclame des séries à ses réalisateurs (cf. *supra*), l'invention la plus durable sera une série policière, *Les Cinq dernières minutes*. Créé en 1958, le titre perdure jusqu'à 1997. Il démarre comme un jeu télévisé (deux candidats en cabine assistent au spectacle au moment de la diffusion et doivent résoudre l'énigme), mais devient vite une série de fiction classique. En 1958 également, la RAI lance *Club Giallo* (Le Club du Crime). Comme *Les Cinq dernières minutes*, la série démarre comme un jeu et devient une série policière. Quoique tournée en Italie, elle prend pour cadre Los Angeles et pour héros un « commissaire Sheridan ». La série poursuit sa carrière selon une méthode de production qui caractérisera la fiction italienne : six cycles (ensemble constitué de 5 à 6 épisodes hebdomadaires) sont produits jusqu'en 1972[29]. En Allemagne l'inspiration américaine est visible dans *Stahlnet* (ARD, 1958) adapté de l'anthologie policière américaine *Dragnet*, créée en 1951, à partir d'un pro-

gramme de radio fondé sur des reconstitutions d'affaires policières célèbres[30]. La longue série policière devient une institution avec *Der Kommissar*, (ZDF, 1969-1976). En 1971, l'ARD lance une anthologie qui connaîtra un immense succès : *Tatort* (le lieu du crime). Les épisodes sont confiés aux différentes stations de l'ARD et chacune procure des héros et des décors différents.

Dans les années 1980, certains commissaires régionaux généreront leurs propres séries dérivées (« spin-off », dans le jargon de la télévision américaine). Un des policiers de *Der Kommissar* deviendra le personnage le plus célèbre de la télévision allemande : *Derrick*, lancé en 1974. En 1997, il était diffusé dans plus de cent pays (mais pas aux États-Unis)[31]. Fondée sur un arrière-plan social réaliste, sur un héros d'âge moyen, excluant la violence, la série est atypique dans l'univers des séries policières. Hors Allemagne, elle est souvent diffusée l'après-midi et touche donc des publics plus féminins et plus âgés que la moyenne.

Alors que le genre policier croît, partout le téléfilm isolé (la dramatique, le Fernsehspiel, la « single play ») recule au profit de séries et de feuilletons de genre divers[32]. La dramatique littéraire en costumes se sérialise elle aussi : ainsi la BBC produit-elle, dans un style cinématographique, la *Forsythe Saga* (1967) qui sera populaire dans l'ensemble de l'Europe[33]. En Italie, la « mini-séries » filmée *Leonardo da Vinci*

(1971), qui fut influente en Espagne[34], reflète aussi ce changement de style. En Angleterre, le pays de la tradition théâtrale, dans les années 1980, les « single plays » ne représentent plus qu'un quart ou moins de l'ensemble de la fiction produite[35].

Le populaire, autrement ?

Avant que la pression de la concurrence et le retour au libéralisme n'emportent la télévision des années 1980, la télévision va faire une tentative pour créer un genre original. Il ne s'agit pas ici de produire une fiction populaire (entendez : de large succès) par opposition à une fiction littéraire, mais une fiction populaire « critique » qui soit à la fois sociale et subversive par la forme (on reconnaît là des débats cinématographiques) par rapport à une fiction « bourgeoise ». Nantis de caméras 16 mm (ils contribuent ainsi au succès du support film), des réalisateurs vont produire des fictions sociales en décors naturels, souvent avec des acteurs non-professionnels. Au Royaume-Uni où la tradition documentaire est la plus riche, Kenneth Loach sera le nom le plus connu : après *Up the Junction* (1965), *Cathy Come Home* (1966) devient le point de référence. Diffusé dans le cadre du créneau *The Wednesday Play* de la BBC, *Cathy Come Home* n'a rien d'une « pièce » et tout d'un film. Il traite de la crise du logement à travers l'histoire d'une jeune femme racontée à la première personne, mêlant les techniques du documentaire

(interview, commentaire en voix off) et ceux de la fiction[36]. En France, Jacques Krier est le pionnier, qui tourne un *Mariage à la Campagne* en 1963 avec des acteurs non-professionnels. Dans les années 1970, ces expériences seront officiellement baptisées « l'écriture par l'image »[37]. En Allemagne[38], une tradition différente se forme, celle du « Arbeiterfilm » (« film du travailleur »), rattaché au « cinéma prolétarien » de la République de Weimar. Le nom désignera aussi bien des documentaires sociaux que des fictions d'un ou plusieurs épisodes. La très libérale station de l'ARD, la WDR, en est le foyer. R. W. Fassbinder en sera un tenant, ainsi avec la série *Huit heures ne font pas une journée* (1972-1973), qui combine des thèmes ouvriers avec un jeu distancié et « brechtien ».

Si la dramatique en direct va disparaître pour des raisons économiques et politiques, la fiction sociale documentarisante souffrira d'autres maux. Peu coûteuse, elle est trop politique pour une télévision où la pression de l'audience augmente alors qu'il faut faire vendre des postes après le lancement de la couleur. Dans la plupart des pays, en 1970, deux chaînes en concurrence s'opposent et plus de 70 % des foyers sont équipés d'un téléviseur. En France, un nouveau directeur des programmes met officiellement fin à « l'écriture par l'image » en 1970. En Allemagne, le « Arbeiterfilm » disparaît aux environ de 1976. Le « genre », si l'on peut qualifier ainsi des tentatives convergentes mais jamais coordonnées, a vécu. Sur l'agenda des télévisions publiques, deux questions centrales : le rapport avec le cinéma, autrement dit, une meilleure exploitation des ressources cinématographiques ; le rapport avec la télévision américaine, jadis surtout repoussoir, en passe de devenir modèle ou source d'inspiration.

La montée du cinéma

En parallèle à la croissance des séries, la télévision en est venue à puiser plus largement dans le cinéma. Aux débuts, dans une télévision monopolistique, patrimoniale, jalouse de son originalité et de ses droits, le film est une ressource secondaire, un « bouche-trou » comme on l'a écrit pour l'Italie[39]. Le patriotisme professionnel du service public répugne à s'appuyer sur des films, perçus comme support d'une culture commerciale de divertissement[40]. Pour autant, le nombre de films diffusés n'a jamais été négligeable. En France[41], de 1954 à 1963, le nombre moyen de films diffusés annuellement s'élève à 130. Toutefois, de 1957 au début des années 1970, près de 90 % des films diffusés le sont au moins 5 ans après leur première sortie en salles. Comme les producteurs considèrent la télévision comme une concurrente, ils « lâchent » leurs films avec réticence. Certains pays, dont la France et l'Italie, commencent cependant à valoriser le cinéma à partir de magazines dévolus à l'histoire et à l'actualité du film[42].

Avec l'extension du nombre d'heures, et la création d'un deuxième canal, le nombre de films diffusés croît, bien au-delà des capacités de production nationale. Au milieu des années 1970, le nombre de films diffusés par les deux chaînes publiques dans les grands pays européens est partout supérieur à trois cents, très au-dessus d'une production nationale en baisse[43]. Cette croissance générale cache cependant des situations et des choix de politique très différents, notamment d'arbitrage (implicite) entre télévision et cinéma.

Dans trois pays, le cinéma prend grande place au prime time, ce qui reflète la faiblesse de la production télévisuelle (voir infra) : Italie, Espagne et France. En Italie, la RAI accepte une limitation de la diffusion des films dans les années 1960, mais la déréglementation sauvage, dès les années 1970, fait du prime time italien un lieu d'accueil privilégié de la production audiovisuelle américaine, films[44] et télévision confondus. En Espagne, le déclin du cinéma est rapide, ce qui se traduit en salles et à la télévision : de 285 films diffusés en 1977 sur la seule première chaîne, 9 % seulement sont espagnols[45]. En France, par contre, la production et la distribution du cinéma sont protégés. Un cadre jacobin enserre les relations des deux médias. Un accord est passé entre l'ORTF et les représentants de l'industrie cinématographique en 1972, qui servira de base à tous les accords futurs : la télévision est officiellement reconnue comme productrice, elle doit contribuer à financer le cinéma, les heures de diffusion sont limitées. Peu à peu, les chaînes utilisent les films qu'elles coproduisent comme ressource majeure. Aux côtés du sport et des variétés, le film français devient le « genre télévisuel » le plus populaire.

La Grande-Bretagne et l'Allemagne protègent leur fiction audiovisuelle, mais d'une manière très différente de la France. Le cinéma proprement dit est laissé pour compte, les frontières esthétiques et financières entre cinéma et télévision deviennent poreuses. Officiellement, les Länder allemands investissent dans la production (régionale), tandis qu'un accord est passé en 1974 entre cinéma et télévision principalement pour maintenir de hauts niveaux d'investissement. Dans les années 1990, de vingt à trente films sont produits annuellement par les chaînes publiques, soit la moitié de la production allemande. En pratique, beaucoup des films ont une très courte durée de vie en salles (où triomphe le cinéma américain) et fonctionnent comme adjuvant d'une production télévisuelle dynamique[46]. En Grande-Bretagne, une taxe sur les recettes créée en 1950 et des règles de diffusion protègent un temps le cinéma, mais les années Thatcher voient l'abolition de ces règles, d'ailleurs mal respectées. En 1977, la production nationale chute à 50 films. Mais avec ou sans cinéma national, la fiction de prime time demeure nationale, et le cinéma américain est utilisé d'abord comme ressource spéciale — au moment des fêtes notamment où son pouvoir d'attraction fonctionne à plein.

Le syndrome de *Dallas* et la dérégulation

Dans les années 1970, une crise s'ouvre. La télévision fait face à une sévère hausse des coûts de production de la fiction, qui tient à la fois à la technique (passage généralisé à la couleur) et à la tendance à la hausse des coûts du spectacle vivant. Le câble et le satellite vont provoquer, du moins on le croit, une multiplication des canaux et une nécessité de produire massivement, sauf à risquer une « invasion » américaine. Au même moment, la fiction américaine populaire moins coûteuse que la production nationale n'en finit pas de séduire, mais aussi de surprendre, abordant des sujets politiques liés à l'histoire contemporaine et de provoquer des débats devant lesquels l'Europe recule : le succès de la mini-séries *Holocaust* (diffusion aux États-Unis en 1978), consacré à la biographie d'une famille juive prise dans le génocide, est un véritable choc culturel qui contribue au renouveau des débats sur le sujet[47]. Centré sur l'histoire de l'esclavage, *Roots* (*Racines*, diffusion aux États-Unis en 1977) constitue, dans une moindre mesure, un événement.

C'est *Dallas* qui devient le symbole de la puissance de la télévision américaine. Des séries américaines avaient déjà connu un grand succès aux débuts de la télévision, sans provoquer de tels débats car le média était encore négligé et méprisé par les élites culturelles et politiques. Après sa diffusion aux États-Unis qui commence en 1978, *Dallas* est populaire partout en Europe en 1979-1981, même s'il n'est pas le premier programme de ces saisons. Même au Royaume-Uni, il atteint des chiffres d'audience de « presque 20 millions (39 % de part d'audience) en novembre 1980 avec l'épisode « Qui a tué J.R. ? ». La même année, il figure deux fois au « top 10 » national »[48]. En 1985, le plus célèbre critique de la télévision britannique publie un livre sous le titre *Television to-day and to-morrow. Wall-to-wall Dallas*[49] : telle est la menace qui s'annonce. D'autres séries du même type[50] connaissent le succès : *Falcon Crest, Dynasty*. En quelques années, « Dallas » devient une synecdoque pour télévision américaine, culture populaire américaine, pour tout ce que les services publics européens doivent redouter.

Redouter ou imiter ? Pour la première fois, des représentants des télévisions européennes l'affirment publiquement : il faut s'approprier le « savoir-faire américain », écrire des histoires « comme les Américains ». Ils reconnaissent un sentiment d'infériorité longtemps admis par d'autres groupes professionnels, dans les genres de l'information et du divertissement[51]. Ce que l'on peut qualifier de « réponse à Dallas », toutefois, varie fortement de pays à pays. En 1985, la BBC, après avoir longtemps résisté, lance son propre soap opera, *Eastenders*, un succès immédiat qui demeure à ce jour parmi les programmes les plus populaires, semaine après semaine, aux côtés de *Coronation Street*. Les réponses de la

télévision allemande sont variées. C'est le succès de *Dallas* qui persuade la deuxième chaîne publique ZDF de lancer *Scharzwaldklinik* (*La Clinique de la Forêt Noire*). Puisant dans une tradition allemande de récits médicaux, sur fond de paysages typiques, ce soap opera à l'allemande est un grand succès dès sa première livraison en 1985-1986. En 1985, l'ARD lance son propre soap, *Lindenstrasse*, qui se déclare une imitation de *Coronation Street*. Le réalisateur Edgar Reitz apporte une réponse plus originale aux défis américains avec *Heimat* (1984) et *Die Zweite Heimat* (1990) deux séries (36 heures au total) racontant l'histoire d'une famille rurale allemande de 1918 à nos jours. Il veut d'abord se réapproprier l'histoire allemande contre la culture américaine : il vise *Holocaust*[52]. La série provoque un immense débat. Dialoguant avec une longue tradition allemande[53], célébrée pour ses qualités cinématographiques (elle sera projetée en salles), elle est aussi critiquée pour ne pas aborder de front les aspects les plus controversés de l'histoire allemande[54], et pour célébrer un amour nostalgique d'une patrie irréelle.

Plus au Sud, la machine audiovisuelle est plus faible, et la réponse plus délicate. En France, beaucoup d'espoir est investi dans *Chateauvallon* (1985), le « Dallas à la française », coproduit avec la chaîne anglaise Channel 4, qui, comme son modèle, présente la rivalité de deux puissantes familles. *Chateauvallon* à propos duquel Jeremy Isaacs, célèbre premier directeur général de Channel 4, forgera l'expression d'Europudding[55], est un échec. En Italie, en 1983, un rapport sur la « faisabilité de la production sérielle » est remis au Conseil d'Administration de la RAI[56], mais il n'y a pas de *Dallas* à l'italienne.

Heures annuelles de fiction de première diffusion sur les chaînes hertziennes 1980-2000[57]

	1980	1985	1996	2000
France	476	378	690	615
Allemagne	NA	NA	1 689	1 801
Italie	147	198	221	627
Espagne	NA	NA	459	1 199
R.U.	803	982	1 058	1 321

La déréglementation : croissance et métamorphose de la fiction

La réponse à la crise va venir, au moins partiellement, de la politique, et par des voies inattendues. Certes, la déréglementation qui avait commencé, sauvage, dans l'Italie des années 1970, et s'élargit à l'ensemble de l'Europe avec la création de puissantes stations privées dans les années 1980, ne provoque pas, il s'en faut, une hausse immédiate de la production. Au contraire, dans leurs premières années, les stations privées sont toutes de gros importateurs de fiction américaine. Puis, avec des points de départ très inégaux entre télévisions publiques, la production va croître, partout, mais en même temps, la notion même de fiction nationale va se compliquer. La crise de *Dallas* se dénoue, au prix d'une redéfinition de la fiction télévisuelle en termes essentiellement nationaux (par rapport à la fiction américaine) mais aussi industriels (capacités de production), ce qui conduit à un abandon presque total de la problématique culturelle et pédagogique.

La tendance est à la hausse, mais une hausse irrégulière. De 1999 à 2000, par exemple, la production a baissé après trois années de progression continue. En France, la baisse de 1996 à 2000 dissimule des à-coups, notamment une hausse « artificielle » en 1996, due au succès des fictions quotidiennes (fait exceptionnel en Europe, et peu durable) de AB productions commandées par TF1 (du type *Hélène et les Garçons*). L'Italie et surtout l'Espagne développent leur production, mais en Espagne les coûts horaires sont très bas, et l'on perd en qualité ce que l'on gagne en volume. Les efforts pour produire une fiction plus sérielle se poursuivent, non sans difficultés car le modèle du téléfilm (cinématographique) demeure très prégnant, notamment en France et en Allemagne. De 1996 à 2000, tous pays confondus, en volume horaire, le pourcentage de téléfilms baisse de 49 % à 43 %[58]. Si l'on passe de la fiction produite à l'ensemble de la fiction diffusée, le pourcentage de séries est très supérieur, ce qui reflète le poids des importations américaines (notamment chez les diffuseurs privés, en journée). Les nations européennes placent leur production en prime time, où la fiction américaine représente, sur une semaine échantillon en 2000, de 25 % à 49 % du temps de fiction[59].

Enfin, les coproductions progressent : en 2001, elles représentent 17,2 % de la valeur de la production de fiction dans les cinq grands pays, dont 5,1 % sont coproduits avec les pays d'Amérique du Nord, et 12,1 % avec d'autres pays européens[60]. Précisons : le Royaume-Uni est traditionnellement un médiocre coproducteur européen. La France et L'Allemagne poursuivent là une tradition établie dans les années 1960, tandis que l'Italie voit reculer sa part de coproductions. Beaucoup des coproductions représentent aussi des partenariats dans des zones linguistiques et culturelles homogènes (pays francophones, germanophones, mais aussi l'Espagne avec l'Amérique Latine). Bref, la dynamique de la coproduction est plus internationale qu'européenne, et de surcroît se traduit peu dans les contenus : le leader de chaque coproduction impose généralement une couleur qui demeure très nationale. Les scripts multinationaux sont l'exception, ainsi *Le Petit Lord*, une coproduction germano-italienne à succès de 1996, est, non sans ironie, une européanisation d'un classique américain où l'Italie et la Bavière remplacent l'Angleterre et les États-Unis de l'intrigue originale. Malgré l'inflation du discours politique sur la « culture européenne », celle-ci ne trouve pas sa traduction télévisuelle — ou cinématographique. Les rares efforts pour

« faire l'Europe en images » n'aboutissent pas. Il n'y a pas de récit audiovisuel européen possible[61].

La hausse ne s'explique pas principalement par la réglementation et les quotas. Les deux principaux producteurs, le Royaume-Uni et l'Allemagne[62] ont d'abord et surtout de fortes traditions de production nationale. Au Royaume-Uni, les quotas de programmes nationaux à diffuser, élevés (de l'ordre de 85 %) résultent plus d'une volonté interne des télévisions publiques que d'une réglementation[63]. C'est sur un soubassement public solide que la production privée a pu croître : l'opposition juridique du public et du privé se relativise lorsqu'on approche l'histoire de la télévision par les traditions professionnelles. Ainsi, dans les deux pays précités, se sont développées des traditions de production de soap, qui ont touché chaînes publiques et privées, alors que la plupart des pays européens, notamment l'Italie et la France, n'ont pas pu (malgré quelques tentatives) produire des soap operas[64]. Dans les années 1990, un des succès de la chaîne privée allemande RTL était *Schlechte Zeiten* : un soap « cloné » sur un succès hollandais, lui même fondé sur un soap australien, *The Restless Years*[65]. Le combat politique pour les quotas, sans discuter de sa valeur de principe, apparaît moins efficace que la lente construction d'un appareil de production. En 1993, la délégation française s'est battue avec succès (succès fragile) pour « sortir » la culture, c'est-à-dire essentiellement l'audiovisuel des négociations du GATT (devenus entre-temps l'OMC, l'organisation mondiale du commerce) et justifier ainsi des mesures de protection. Si elle a mené le combat sur le plan des principes face à des gouvernements anglais ou allemands indifférents, sa télévision a bien du mal à produire pour combler au moins les besoins des heures de grande écoute. Un des effets de la « sur-reglémentation » française est la haute proportion de programmes européens non-français en journée, en 2000, 15 %, alors que le pourcentage est quasiment nul dans les autres grands pays[66].

Qu'en est-il des contenus ? Théâtre et adaptations ont, pour l'essentiel, disparu, et même les fictions situées « quelque part dans le passé », à l'exception de quelques mini-séries dites « de prestige », souvent coproduites car coûteuses, ainsi *le Comte de Monte-Cristo* (1998) avec TF1 en leader de la coproduction. Pour l'essentiel, comme aux États-Unis, le récit télévisé est situé dans un présent urbain indéterminé, quoique l'environnement rural persiste dans les séries françaises, espagnoles, britanniques. Les genres de la fiction sont difficiles à classer. Pour 1998, une enquête comparative[67] suggérait de classer comme « drama » la majeure partie de la fiction (de 54 % en Espagne à 71 % en Italie). Catégorie résiduelle qui ne nous éclaire guère. Ainsi, le « drame » italien inclut très souvent un élément comique, mais qui n'est pas assez dominant pour le faire classer en « comédie » proprement dite.

Les séries policières demeurent inexistantes en Espagne mais elles constituent près de 30 % de la fiction de première diffusion en Allemagne et France, moins en Angleterre, beaucoup moins en Italie. La comédie est centrale en Espagne (45 %) et France (32 %). Elle est notoirement faible en Allemagne (alors qu'elle y réussit au cinéma).

Chaque pays réclame, au-delà de ces comparaisons très générales, une étude spécifique pour comprendre les traditions télévisuelle et cinématographique du récit et leurs interactions. L'histoire de la fiction télévisée européenne est aussi celle de la « domestication », de l'hybridation de formats télévisuels américains adaptés au goût et aux capacités nationales. L'exemple européen le plus connu est le soap britannique, cité plus haut[68]. Le genre qui a conquis le prime time espagnol, la comédie, a été comparé à la sitcom américaine ; mais elle continue de refléter un fort sentiment communautaire dans un cadre de voisinage ou de quartier. Ceci est un motif récurrent dans la télévision espagnole, une des clefs du succès d'une série de 1971-1972, *Cronicas de un Pueblo* (*Chroniques d'un Village*)[69]. Cette emphase sur la communauté locale (y compris en milieu urbain) serait même une des principales caractéristiques du soap opera « européen », lorsqu'il en existe[70]. L'américanisation relative des méthodes de production, des durées, des rythmes de diffusion, va de pair avec une persistance des traditions nationales, parfois utilisées contre les genres connus de la télévision américaine[71].

Sur un autre plan, celui du lien entre fiction et actualité, des travaux français et italiens suggèrent une évolution d'ensemble de la fiction, notamment policière traitant de la crise sociale, délaissant l'intrigue policière classique ou l'ethnographie des milieux sociaux. Sur les cinquante dernières années, en France, le récit policier télévisuel serait passé de « fictions reposant sur l'enquête, fondées sur une criminalité liée à une pathologie du lien familial à une fiction reposant sur l'action renvoyant à une criminalité sociale », ce qui renvoie à un monde « où triomphe l'individu mais dont la pathologie est la violence non contrôlée, l'anonymat, l'abandon, la perte de lien »[72].

Le cinéma : un renouveau fragile dans les marges de la télévision

Pour les spectateurs européens, et de façon croissante, « la fiction », ce sont aussi des films où l'influence financière et peut-être esthétique de la télévision se fait de plus en plus sentir. La déréglementation, comme chaque poussée de concurrence, provoque une forte croissance du nombre de films diffusés (voir tableau). Encore les chiffres dis-

Nombre de films diffusés sur les chaînes hertziennes (non codées)[73]

	1976	1985	1998
France	517	500	1 222
Italie (RAI, Fininvest/Mediaset)	Non dispon.	3 330	5 022
RFA puis Allemagne	324	724	10 024
Espagne	285 (1977)	394	4 478
Royaume-Uni	Non dispon.	1 550 (1983)	2 456

ponibles (voir ci-dessous) ne rendent-ils pas compte des chaînes par abonnement (type Canal+), du câble et des chaînes régionales, fortes consommatrices de films en Espagne.

Le changement est qualitatif autant que quantitatif. Partie intégrante de l'imaginaire du cinéma, la salle devient l'expérience d'une minorité, surtout des jeunes auxquels les genres américains font appel de façon croissante (action, aventure, horreur), tandis que le film, même fabriqué pour les salles, est principalement vu sur le petit écran — et, à la différence de la fiction télévisée, abondamment revu. L'Italie, une fois de plus, a été pionnière de l'avenir de la télévision européenne. Sur le plan de la diffusion, les « vieux » films (plus de dix ans, voire plus de cinq ans), sauf les très grands succès, ont quitté le prime time. Le produit convoité est le grand succès américain, contre laquelle la fiction européenne ne peut pas rivaliser. Selon la revue mensuelle *Euro-*

dience, *Pretty Woman* a été diffusé cinq fois d'avril 1992 à novembre 1995, lorsqu'il recueillit encore 14,2 % de taux d'audience.

Dans une certaine mesure, le cinéma national a également bénéficié de la concurrence accrue. Le meilleur exemple en est Channel 4. Créée en 1982, dépourvue de production propre, cette chaîne anglaise a investi dans le cinéma de son propre mouvement. Dès la première année, elle finance 20 « films » — dont 5 seulement sont distribués en salles, certains recevant des prix (*Meurtre dans un jardin anglais*, 1982), d'autres, plus rarement, trouvant le succès, comme *Quatre mariages et un enterrement* en 1994. La BBC, ITV et même l'opérateur du câble et du satellite British Sky Broadcasting (née en 1990 de la fusion de Sky Channel et de British Satellite Broadcasting) ont suivi la même stratégie. Apparemment, l'investissement dans un petit nombre de films paie, au moins sur le plan symbolique, occasionnellement sur le plan financier : il est une affaire d'image et de prestige, à une époque où une télévision économiquement triomphante ne trouve pas, du moins en Europe, le succès critique correspondant. En 1995, le magazine professionnel britannique *Broadcast* écrit : « les funérailles de l'industrie du cinéma britannique ont été retardées ». Mais le sentiment de fragilité demeure.

En Allemagne, le système d'aide généreux et décentralisé a été réorganisé. Les organismes publics sont plus sou-cieux de l'audience des films qu'ils aident à produire, et les chaînes de télévision plus encore. Dans les salles, le cinéma américain conserve la part du lion (85 % des entrées et plus). Cependant, la pression de la compétition a contribué à un modeste renouveau du cinéma national, qui a réussi à « placer » quelques succès dans les salles, qui passent mal les frontières (comme les comédies de Sönke Wortmann). En Italie, après un plancher au milieu des années 1980, des considérations de prestige, le besoin de créer des événements, ont poussé les chaînes à investir dans le cinéma. Carlo Freccero, l'un des programmeurs de Silvio Berlusconi, a expliqué comment la production de films nationaux a été une arme contre la RAI qui programmait *Dallas* et avait encore en « portefeuille » les animateurs les plus prestigieux[74]. Cependant, ce cinéma poussé par la télévision commerciale, un peu comme en Allemagne, consiste surtout en des comédies populaires, parfois en de rares coups d'éclat « artistiques » (modèle Channel 4) alors que l'effort économique et créatif se concentre sur la fiction, et, à défaut, sur le divertissement, reality shows compris.

En France, la réglementation permet de maintenir de hauts niveaux de production. Confirmant le principe posé dans un accord de 1972, une taxe de 5,5 % sur les revenus de toutes les chaînes a été créée en 1986 pour financer la production originale de cinéma et de télévision. Automatiquement, la hausse des revenus de la télévision alimente la production. En 1993, pour la première fois, cette taxe représente plus pour le cinéma que la taxe sur les billets. De surcroît l'investissement direct de la télévision dans les films contribue aussi largement au financement du cinéma, avec, au centre de ce système, la chaîne de films à péage Canal+, qui pré-achète des centaines de films par an. La France produit donc, mais dans les salles et plus encore à la télévision, le déclin du cinéma national continue. Le système français finance, mais il a du mal à trouver ses consommateurs[75], alors que, moins noble aux yeux du monde politique et culturel, la fiction télévisuelle a plus de succès.

Au total, le timide renouveau du cinéma, emporté par la télévision, est éminemment fragile. Dans les petits pays, un budget de long métrage est hors de portée pour les chaînes. À cause des rediffusions, de la vidéo, les films ont perdu leur pouvoir d'attraction. Les catalogues sont aux mains de puissants intermédiaires liés à des groupes multimédias qui réservent les films pour les chaînes du câble, ce qui contribue ou contribuera aussi à un déclin du cinéma dans le prime time des chaînes hertziennes. Partout où les pouvoirs publics forcent les chaînes à programmer et/ou à investir dans le cinéma national, des plaintes se font entendre sur son faible pouvoir d'attraction par rapport à la fiction nationale ou au cinéma américain. C'est un leitmotiv des dirigeants de Canal+ en France. En Espagne, à partir de 1983,

la télévision nationale TVE a été soumise à un quota de 20 % de films nationaux, porté à 25 % en 1987. Pilar Miro, alors directrice générale de la télévision publique, a expliqué que la télévision nationale avait été forcée de diffuser ou de rediffuser des films anciens et peu attrayants[76]. En résumé, le cinéma à la télévision est désormais fait de quelques succès américains, occasionnellement renforcé par la comédie nationale. Le cinéma « européen », catégorie bureaucratique plus qu'esthétique, demeure, en quantité, marginal.

Du théâtre historico-littéraire officiellement célébré, à l'esthétique spécifique, à la recherche systématique de la série populaire plus cinématographique, et aux efforts pour soumettre le cinéma aux besoins de la télévision, une transformation majeure a eu lieu. La télévision publique s'interrogeait sur sa fonction par rapport à un patrimoine national, tout en développant des ambitions artistiques. De façon éphémère, elle s'est aussi faite le reflet de revendications sociales. La télévision privée qui domine aujourd'hui l'ensemble audiovisuel cherche à « coller » aux préoccupations du public, ses auteurs fouillent la presse populaire, ses producteurs et ses diffuseurs ont l'œil rivé sur les taux d'audience (et les premiers sont soumis aux seconds).

Cette transformation s'est produite à travers un double dialogue, intra et inter-national. Entre nations, le dialogue essentiel est moins intra-européen qu'entre l'Amérique et chaque nation européenne, occupée à définir son Amérique (et sa contre-Amérique), même si les producteurs payent un hommage (plus verbal que financier) au discours politique sur la culture audiovisuelle européenne, à distinguer des coproductions européennes dont la nécessité est d'abord financière. Au sein de chaque nation, des instances différentes ont rivalisé pour définir, concevoir, défendre, des récits nationaux : les milieux politiques marqués de façon croissante par l'économisme, tous partis confondus, un cinéma européen affaibli et embourgeoisé, parfois protégé avec l'aide forcée de la télévision[77], et surtout les institutions télévisuelles, dont la stabilité sociale et professionnelle apparaît, à terme, comme la clef essentielle de l'histoire de la fiction.

Notes

1. J. Huizinga cité par Karl Viëtor, « L'histoire des genres littéraires », in G. Genette et al. *Théorie des genres*, Paris, Seuil, Collections Points, 1986, p. 31.

2. Une étape majeure de cette conceptualisation : Wayne Booth, *The Rhetoric of Fiction*, Chicago, University of Chicago Press (1961, 2e édition revue et augmentée 1981).

3. Gérard Genette, « Récit fictionnel, récit factuel », in *Fiction et Diction*, Paris, Seuil, 1991, p. 65-94.

4. Inséparables les unes des autres : les caractéristiques formelles du texte sont corrélatives de ses caractéristiques sociales, en production et en réception.

5. Anne-Marie Thiesse, *La création des identités nationales, Europe XVIIIe-XXe siècles*, Paris, Seuil, 1999, p. 131-137. Ian Watt, *The Rise of the Novel, Studies in Defoe, Richardson and Fielding*, Londres, Hogart Press, 1987. Franco Moretti, *Atlas of the European Novel 1800-1900*, Londres et New York, Verso, 1999.

6. Un écho tout récent de cette vieille rivalité dans *le Monde*, 12 décembre 2003, « Les succès d'audience font de la fiction une valeur refuge de la télévision » : le responsable de la fiction de TF1 y souligne que la fiction a « déjà capté tout un champ du cinéma, le polar par exemple ». Dans cette phrase, toute une revanche sur un long passé de mépris.

7. Georges Brandt, dir., *British Television Drama*, Cambridge et New York, Cambridge University Press, 1981, p. 1.

8. Pierre Sorlin, *European Cinémas, European Societies 1939-1990*, Londres, Routledge, 1991, p. 109.

9. Gianfranco Bettetini, *Sipario ! Storia e modelli del teatro televisivo in Italia*, Rome, RAI-VPQT, 1989, p. 20.

10. Adriano et Luigi Belloto, *Sipario ! Vol 3. Teatro e televisione. Modelli europei a confronto*, Rome, RAI-VPQT, 1996, p. 84-86.

11. Walter Veltroni, *I programmi che hanno cambiato l'Italia. Quarant'anni di televisione*, Milan, Feltrinelli, 1992, p. 207.

12. Voir pour les adaptations en langue anglaise Luke McKernan et Olwen Terris, dir., *Walking Shadows. Shakespeare in the National Film and Television Archive*, Londres, British Film Institute, 1994.

13. Aldo Grasso, *Storia della televisione italiana*, Milan, Garzanti, 2000, p. 21-22.

14. Manuel Palacio, *Historia de la televisión en España*, Madrid, Editorial Gedisa, 2000, p. 146-147.

15. Pour un exemple, Gilles Delavaud, « Dramaturgie du télévisuel », in Jérôme Bourdon & François Jost, dir., *Penser la télévision*, Paris, Nathan, 1998, p. 133-150.

16. Milly Buonanno, « Much Ado... Not About Nothing : Italian TV Fiction in 1998 », in *Continuity and Change, Television Fiction in Europe, Eu-*

rofiction Third Report, Luton, University of Luton Press, 2001, p. 73.

17. Gianfranco Bettetini, *op. cit.*, p. 218.

18. Georges W. Brandt, *op. cit.*, p. 1.

19. Georges W. Brandt, dir., *British Television Drama in the 80s*, Cambridge et New York, Cambridge University Press, 1993, p. 16.

20. Marcel Bluwal, *Un Aller*, Paris, Stock, 1974, p. 90.

21. Gianfranco Bettetini, *op. cit.*, p. 15.

22. Voir l'extrait d'un rapport du service des études de la RTF cité par Pierre Bourdieu, *La Distinction*, Paris, Minuit, 1979.

23. Voir l'histoire des recherches allemandes sur le *Fernsehspiel* : Knut Hickethier, *Fersehspielforschung in der Bundesrepublik und der DDR. 1950-1985*, Berne, New York et Paris, Peter Lang, 1989, notamment p. 45-48.

24. Qui ont sûrement connu des précédents radiophoniques.

25. Valeria Camporesi, « The BBC and American Broadcasting, 1922-55 », *Media, Culture and Society* 16-4, p. 635.

26. Jeremy Tunstall & David Machin, *The Anglo-American Media Connection*, New York & Oxford, Oxford University Press, 2000, p. 26.

27. Alessandro Silj *et al.*, *East of Dallas. The European challenge to American television*, Londres, British Film Institute, 1988, p. 106.

28. Christian Bosseno, *Deux cents téléastes français*, Paris, Corlet/Télérama/CNC, 1989, p. 23.

29. Walter Veltroni, *op. cit.*, p. 101.

30. Jeremy Tunstall & David Machin, *op. cit.*, p. 24.

31. *Le Monde,* supplément radio-télévision, 23 janvier 1997.

32. Voir pour la France : Jérôme Bourdon, *Histoire de la télévision sous de Gaulle*, Paris, INA & Anthropos, 1990, p. 160, pour le Royaume-Uni : Jeremy Potter, *Independent Television in Britain, Vol. IV, Companies and Programmes, 1968-80*, Londres, MacMillan, 1990, p. 223.

33. Manuel Palacio, *op. cit.*, p. 153-154.

34. *Ibid.*

35. Georges W. Brandt, dir., *British Television Drama in the 80s, op. cit.*, p. 16.

36. John Corner, *The Art of Record, A critical introduction to documentary*, Manchester, Manchester University Press, 1996, chapitre 1.

37. Christian Bosseno, *op. cit.*, p. 268.

38. Richard Collins & Vincent Porter, *WDR and the Arbeiterfilm : Fassbinder, Ziewer and others*, Londres, British Film Institute, 1981.

39. Aldo Grasso, *op. cit.*, p. 722.

40. Peppino Ortoleva, « Cinema e televisione », in G. P. Bruneta, dir., *Storia del cinema mondiale, vol 1. l'Europa*, Turin, Einaudi, 1999.

41. Pour les chiffres de diffusion du cinéma en France dans cette section, Régine Chaniac et Jean-Pierre Jézéquel, *Télévision et Cinéma, le désenchantement*, Paris, Nathan & INA, 1998.

42. Pour une histoire de cette cinéphilie télévisuelle en France : Jérôme Bourdon, « L'audiovisuel face au cinéma ou l'embaumeur amoureux », in *Le cinéma français vu par…*, Paris, Institut National de l'Audiovisuel & Centre National de la Cinématographie, 1994, p. 23-34.

43. Régine Chaniac & Jean-Pierre Jézéquel, *op. cit.*, passim.

44. Fania Petrocchi, *Il cinema della televisione italiana, La produzione cinematografica di RAI e Fininvest (1976/1994)*, VPQT 141, Rome, RAI-ERI, p. 29.

45. Valeria Camporesi, *Para grandes y chicos. Un cine para los españoles*, Madrid, Ediciones Turfan, 1993, p. 93.

46. Jean-Pierre Jézéquel, *La production de fiction en Europe*, Paris, La Documentation française et INA, 1993, p. 72.

47. Jérôme Bourdon, dir., « L'histoire à la télévision », *Dossiers de l'Audiovisuel*, n° 24, 1996.

48. Allesandro Silj, *op. cit.*, p. 78.

49. Christopher Dunkley, *Television to-day and to-morrow. Wall-to-wall Dallas*, Hardmonsworth, Penguin, 1985. Il reprend une formule du directeur général de la BBC de l'époque.

50. « Prime time soap », comme on les appelle un moment, car elles combinent les intrigues à suivre du soap opera avec une diffusion en prime time.

51. Jérôme Bourdon, « Genres télévisuels et emprunts culturels. L'américanisation invisible des télévisions européennes », *Réseaux*, 14, 2001, p. 209-236.

52. David Morley et Kevin Robins, *Spaces of Identity, Global Media, Electronic Landscapes and Cultural Boundaries*, Londres, Sage, 1995, p. 92-93.

53. Pierre Sorlin, *op. cit.*, p. 100.

54. Max Egly, « Heimat – Die Zweite Heimat », *Documents – Questions allemandes*, 1, 1993, p. 35-40. Voir aussi Silj, *op. cit.,* p. 162.

55. John Ellis, communication privée. « Europudding » sera utilisé pour décrire, en télévision ou en cinéma, les entreprises de création commune aboutissant à un produit sans saveur à force de vouloir les combiner toutes.

56. Philip Schlesinger, « Review article : Any Chance of Fabricating Eurofiction », *Media, Culture and Society*, Vol 8, 1986, p. 125-131.

57. Sources. Pour 1980 et 1985 : *Eurodience. European Newsletter on Programmes and Audiences.* Feature article : European Television Fiction : The State of Production. N° 22 (June 1989), 8-15. Pour 1996, Milly Buonanno, M., dir., *Imaginary Dreamscapes. Television Fiction in Europe*, Luton : University of Luton Press, 1998. Pour 2000, *Eurofiction. La fiction télévisuelle en Europe, Rapport 2002*, Strasbourg, Observatoire européen de l'audiovisuel, 2002. Résumé disponible sur le site de l'INA.

58. *Eurofiction. La fiction télévisuelle en Europe. Rapport 2002, op. cit.*

59. *Ibid.*

60. Synthèse du rapport : *Eurofiction économie. Économie de la fiction télévisuelle en Europe. Édition 2003.* Disponible sur le site de l'INA.

61. Jérôme Bourdon, « Une communauté inimaginable. L'Europe et ses politiques de l'image », *Mots*, 2001, n° 67, p. 150-167.

62. Jean-Pierre Jézéquel, *op. cit*, p. 17.

63. D. Strinati, « The taste of America. Americanisation and popular culture in Britain », in D. Strinati & S. Wagg, dir., *Come on down ? Popular media culture in post-war Britain*, Londres, Routledge, 1992, p. 61.

64. Tamar Liebes & Sonia Livingstone, « European Soap Operas. The Diversification of a Genre », *European Journal of Communication*, Vol. 13/2, 1998, p. 175.

65. Albert Moran, *Copycat TV, Globalization, Program Formats and Cultural Identity*, Luton, University of Luton Press, 1998, p. 89.

66. *Eurofiction. La fiction télévisuelle en Europe. Rapport 2002. op. cit.*

67. Milly Buonanno, dir., *Continuity and Change. Television Fiction in Europe, op. cit.*

68. K. Dodd & P. Dodd, P., « From the East End to Eastenders. Representations of the working class 1890-1990 », in D. Strinati & S. Wagg, dir., *Come on down ? Popular media culture in post-war Britain*, Londres, Routledge, 1992.

69. Jose Baget Herms, *Historia de la televisión en España. 1956-1975*, Barcelona, Feed-Back, 1993, p. 248.

70. Sonia Livingstone & Tamar Liebes, article cité.

71. En ce sens, Fania Petrocchi, *op. cit.*, p. 31.

72. Sabine Chalvon, « Fiction policière et identité sociale virtuelle », in Geneviève Sellier et Pierre Beylot, *Les médias en actes*, Paris, INA, 2004 (à paraître). Pour l'Italie, Milly Buonanno, « News-Values and Fiction-Values : News as a Serial Device and Criterion of "Fictionworthiness" in Italian Television Fiction », *European Journal of Communication*, Vol. 8, p. 177-202, 1989.

73. Sources : Pour 1998, Observatoire Audiovisuel Européen. Pour l'Espagne en 1977 et 1985, Valeria Camporesi, *Para Grandes y Chicos, op. cit.*, p. 93. Pour les autres chiffres, *Eurodience, European Newsletter on Programmes and Audiences*, n° 3, 1986.

74. Aldo Grasso, *op. cit.*, p. 275.

75. Régine Chaniac & Jean-Pierre Jézéquel, *op. cit.*, p. 31.

76. Pilar Miro, « La télévision espagnole et la production cinématographique aujourd'hui », *Revue de L'UER. Programmes, administration, droit* 11/1, 1989, p. 43-44.

77. Pierre Sorlin, *op. cit.*, p. 144, le remarque à propos de l'origine sociale des novateurs des années soixante, tandis que dès les années soixante-dix les facteurs du revenu et de l'âge sont déterminants pour expliquer le niveau de fréquentation du cinéma.

Pour une histoire culturelle et littéraire de la presse française au XIXᵉ siècle

Dominique Kalifa*, Alain Vaillant**

Le texte qui suit reprend les deux interventions de Dominique Kalifa et d'Alain Vaillant présentées lors de la journée d'étude qui inaugura, le 16 juin 2003, le projet collectif « *La Civilisation du journal. Histoire culturelle et littéraire de la presse française au XIXᵉ siècle* »[1]. En précisant le sens accordé à ces deux notions de « culturel » et de « littéraire » appliquées à l'histoire de la presse, il synthétise les principaux attendus et enjeux scientifiques d'un projet qui réunit historiens et littéraires autour d'un objet commun.

I. Qu'entendre d'abord par ce qualificatif de « culturel », appliqué à l'histoire de la presse du XIXᵉ siècle ?

On sait en effet combien ce terme, aux contours pour le moins contrastés, peut susciter d'acceptions et d'usages différents. L'extrême faveur dont il bénéficie depuis une vingtaine d'années dans l'ensemble des sciences sociales, et notamment en histoire, a encore ac-

centué ces incertitudes, aux sources d'un pan-culturalisme parfois peu convaincant. Clarifier notre acception du terme s'impose donc. Nous commencerons par un rapide survol de l'historiographie de la presse et des principales orientations prises par les recherches qui s'en réclament, opération curieusement absente jusqu'ici des travaux en histoire de la presse[2], avant de tenter d'esquisser les grandes lignes de ce que pourrait être une histoire culturelle de la presse, au sens où nous l'entendons. Quelques mots en guise de conclusion évoqueront les difficultés propres à la séquence chronologique retenue, et les moyens de les contourner.

1. Née au milieu du XIXᵉ siècle avec l'ouvrage fondateur d'Eugène Hatin[3] (ce qui signale au passage l'importance de ces années médianes dans la prise de conscience à la fois du rôle de la presse et de ses transformations), l'histoire de la presse dessine schématiquement trois grands moments. (N'est envisagée ici que l'histoire contemporaine des

* Professeur d'histoire contemporaine à l'Université de Paris I Panthéon-Sorbonne, co-directeur du Centre d'histoire du XIXᵉ siècle (Paris-I/Paris-IV).
** Professeur de littérature à l'Université Paul-Valéry Montpellier-III, directeur du Centre d'études romantiques et dix-neuviémistes.

journaux, les perspectives sont assez différentes en histoire moderne, notamment en ce qui concerne le XVIIIe siècle et la Révolution française, où les effets de revitalisation ont été à la fois plus précoces et plus nets[4]).

Le premier procède, pour reprendre les termes mêmes de Hatin, d'une histoire principalement politique et littéraire des journaux, ce dernier terme étant entendu en son sens canonique et non dans l'acception que nous en proposons plus loin. Émanant le plus souvent d'acteurs eux-mêmes engagés dans l'univers professionnel de la presse, qui trouvaient dans le recours à leur propre histoire des moyens de renforcer le procès de professionnalisation en cours, une imposante bibliographie s'est développée, très attentive à la vie des journaux, parfois à leur envers, témoignant ainsi de l'émergence d'un secteur d'activité. Outre l'indispensable travail de repérage et d'inventaire des titres, ces travaux sont surtout dominés par deux questions : celle de la liberté et de législation d'une part, celle de la légitimité du pouvoir de la presse et de sa moralité d'autre part. Dans les deux cas, l'accent était porté sur l'émergence des journaux comme acteurs politiques autonomes et légitimes. Dans cet important train de publications, qui connaît dans les années 1900-1920 une forte accélération (Henri Avenel, Eugène Dubief, Jacques Pigelet, A. de Chambure, André Charpentier, etc.[5]), un livre s'individualise nettement, celui de George Weil paru en 1934 dans « L'Évolution de l'Humanité » pilotée par Henri Berr[6]. Si la perspective politique n'est pas absente (Weill avait publié quelques années plus tôt chez Alcan une *Histoire du parti républicain* au XIXe siècle[7] et son Histoire de la presse insiste sur l'importance du journal dans le procès de démocratisation), l'ouvrage s'inscrit cependant clairement dans le projet de synthèse historique de Berr, délaissant le cadre national pour interroger l'avènement du journal dans un processus civilisationnel : « L'histoire du journal est complexe et difficile, car on ne peut l'isoler de l'histoire générale de la civilisation », écrit Weil en introduction (p. 5). D'où le souci de l'auteur de déborder le simple cadre politique pour inscrire l'histoire du journal dans l'ensemble des transformations économiques, techniques, sociales, intellectuelles, de l'Europe moderne et contemporaine. Un livre essentiel donc, mais qui demeure isolé.

Une deuxième séquence apparaît aux lendemains de la Seconde Guerre mondiale et s'étend jusqu'au début des années 1980 : c'est le temps de l'histoire « scientifique » des journaux, une période essentielle qui engrange les acquis majeurs de la recherche, sur lesquels nous nous reposons encore très largement aujourd'hui[8]. Trois grandes directions caractérisent ces années : 1) La mise en œuvre de très nombreuses monographies, qui permettent de connaître avec précision la vie des journaux (appareillage technique, structures économiques et financières, histoire des titres, des tirages, des orientations rédactionnelles et politiques, etc.) et l'établissement d'un indispensable inventaire des quotidiens et des périodiques. Apparaissent notamment les premières grandes thèses ou travaux d'envergure consacrées à des organes de presse[9] ; 2) Le développement des études de contenus, florissantes à compter des années 1950, tant dans les départements d'histoire où les diplômes se multiplient sur ces questions, que dans le cadre des nouvelles « études de presse » où appel est fait à d'autres types de savoir (lexicologie, narratologie, sémiologie, sémantique quantitative), aux sources de ce qui allait devenir les sciences de l'information (*L'Écriture de presse*, de Violette Morin, paraît chez Mouton en 1969). S'ils demeurent de valeur inégale, les innombrables travaux qui sont alors publiés enrichissent profondément notre connaissance du monde des journaux. 3) L'établissement des grandes synthèses, notamment la monumentale *Histoire générale de la presse française*, publiée entre 1969 et 1976, à laquelle il convient de rendre un hommage appuyé tant elle continue de fournir le socle indispensable à toute réflexion sur l'histoire de la presse.

En dépit de son importance capitale dans l'élaboration du savoir historique sur la presse, cette seconde séquence reste dominée, tout comme la première, par des interrogations d'ordre politique ou idéologique. Même si la technique, l'économique et dans une moindre mesure le narratif sont mobi-lisés dans de nombreux travaux, l'essentiel du substrat scientifique reste gouverné par le souci de mesurer le rôle et l'influence des journaux dans la gestion de l'opinion publique ou, à l'inverse, le poids des hommes de pouvoir sur la vie et le fonctionnement des organes de presse. Dans les deux cas, l'histoire de la presse est pensée en termes de relations de pouvoir. On aura évidemment noté le rôle de la Seconde Guerre mondiale, des questions de propagande et de manipulation des opinions dans l'émergence, dans les années 1950, des études de presse. Pour les historiens, la question des contenus des journaux se pense alors presque exclusivement en regard des phénomènes d'opinion publique. Premier à consacrer en 1953 un article méthodologique à ces questions (« Étude de presse et analyse de contenu » dans *Le Mouvement social*), Jacques Ozouf est aussi le premier à construire l'opinion publique en objet d'histoire. La majeure partie des historiens de la presse reste alors motivée par des questions de nature politique, comme en témoigne la place dominante occupée par l'IEP de Paris et l'université de Paris-X Nanterre dans la direction des thèses soutenues en histoire de la presse. Les rares avancées concernant des domaines autres que politiques sont alors venues des départements de littérature (Henri Mitterand, René Guise, Roger Bellet, Roland Chollet, Lise Queffelec[10]), de sciences de l'information (Michael Palmer[11]), de chartistes et de conservateurs (Jean-Pierre Seguin[12]) ou de francs-tireurs disciplinaires comme Anne-Marie Thiesse[13].

Un troisième temps est sensible depuis une quinzaine d'années. Il a pris deux formes : d'une part l'inscription des problématiques dans une histoire plus sociale. Alors que la séquence précédente n'avait guère porté attention qu'aux grandes plumes, aux polémistes célèbres ou aux patrons de presse, on porte alors le regard vers les acteurs plus obscurs, et notamment les journalistes qui font irruption dans le paysage historiographique (soulignons ici le rôle pionnier de Marc Martin, prolongé depuis par Christian Delporte et quelques d'autres[14]). Il s'agit là d'une inflexion décisive qui engage progressivement à rompre avec la tyrannie du politique : l'attention portée à ces artisans souvent anonymes de l'écriture de presse invitait en effet à réfléchir sur les modes de construction de l'événement et sur la nature même de l'information. On passe alors clairement d'une histoire des journaux à une histoire du journalisme. D'autre part, et sous l'effet du développement des sciences de l'information, on note alors le souci croissant de ne pas isoler les journaux de l'ensemble du dispositif informatif, engageant les historiens à traiter le journal dans un ensemble plus large, plus solidaire, auquel on va donner peu à peu le nom d'« histoire des médias »[15]. Une attention plus soutenue aux questions techniques (la « médiologie » selon Régis Débray), aux modalités de la diffusion ou de la distribution en a notamment découlé.

Mais ces perspectives sont le plus souvent limitées au seul XXe siècle, les années 1800-1880 s'enfonçant progressivement dans une sorte de préhistoire médiatique difficilement acceptable quand on sait l'importance des monarchies censitaires, par exemple, dans la genèse de notre modernité culturelle. « Force est de constater, écrivent les auteurs d'un récent ouvrage de synthèse sur l'histoire culturelle du XIXe siècle[16], que l'histoire de la presse, après l'élan qui lui fut donné par Pierre Albert dans les années 1970 avec la création de l'Institut français de la presse, semble aujourd'hui moins dynamique, au moins pour le XIXe siècle ». Le constat est juste évidemment, mais il ne tient qu'à nous qu'il ne s'applique pas à demain. Reste cependant qu'en dépit de sa richesse et de sa diversité, l'histoire de la presse a jusqu'ici été surtout pensée en termes d'institution : la presse comme institution (histoire des titres et des entreprises), ses liens avec l'institution politique ou avec celles de la « sphère publique ».

2. Le désir d'une histoire culturelle de la presse s'inscrit dans un autre cadre de recherche. Réglons d'emblée la question du terme culture, que nous n'utilisons ici évidemment ni dans son acception ontologique (qui en ferait, par opposition à la nature, tout ce qui relève de la part de la création de l'homme), ni dans ses usages académiques ou « légitimistes » qui l'assimilent au *corpus* savant. Récusant tout critère esthétique ou toute approche trop

environnementale, nous nous retrouvons assez bien dans la définition large, mais sans trop, qu'en a proposé Pascal Ory : « l'ensemble des représentations collectives propres à une société et des pratiques sociales nécessaires à leur production, leur diffusion et leur réception ». Si une telle approche, qu'on peut pour aller vite qualifier de socio-anthropologique, semble aujourd'hui faire consensus dans la communauté des historiens, elle n'exclut cependant pas d'autres types de difficultés, au vrai plus beaucoup plus redoutables, assez bien résumés récemment par l'historien américain William Sewel[17], et qui continue de miner les travaux qui se revendiquent de l'histoire culturelle. Cet ensemble peut-il fonctionner comme « système », analysable, interprétable, au travers du langage, des signes, des symboles, des significations qui en émanent, et auxquels on pourrait reconnaître une autonomie de nature symbolique ? C'est pour aller vite la proposition de l'anthropologie culturelle américaine, inspirée de l'œuvre de Clifford Geertz, qui a fortement influencé la *new cultural history*. N'est-il à l'inverse perceptible qu'au travers de pratiques, d'actions, d'expériences, de relations, dominés par d'autres enjeux, notamment sociaux, qui brouilleraient et interdiraient toute lecture cohérente en termes de significations, et imposeraient le recours à une approche d'abord sociale. En bref, la culture comme système ou comme pratique, comme expérience ou comme discours, comme ensemble cohérent ou

mobile de significations ? La réponse passe bien sûr par la mise en œuvre d'une subtile et complexe dialectique, que le recentrement sur notre objet initial, la presse, devrait permettre de préciser.

Envisager une histoire culturelle de la presse part du constat et de l'hypothèse suivants : par les caractères de sa production, l'ampleur de sa diffusion et les rythmes nouveaux qu'il impose au cours ordinaire des choses, l'essor du journal (et la lecture périodique en général) tend à modifier profondément l'ensemble des activités (sociales, économiques, politiques, culturelles, etc.), des appréciations et des représentations du monde, projetées toutes ensembles dans une culture, voire dans une « civilisation » de la périodicité et du flux médiatique. Et que c'est au cœur du XIXᵉ siècle que ce processus, entamé de plus longue date, mais accéléré alors par les transformations économiques et les enjeux idéologiques dont le journal est aussi l'instrument, trouve les conditions de sa réalisation. Pleinement achevée à l'aube de la Grande Guerre, cette inscription du pays dans un cadre désormais régi par le principe de l'écriture et de la lecture périodiques constitue une mutation anthropologique majeure, aux sources de notre modernité « médiatique », et qui n'a jamais vraiment été étudiée en tant que telle. En parlant de « Civilisation du journal »[18], nous souhaitons en quelque sorte inverser le postulat de Georges Weil qui entendait étudier l'impact de la civilisation sur l'émergence du journal. On voudrait ici mesurer l'impact du journal sur la marche de la civilisation, et parler de civilisation du journal au même titre que Lucien Fevbre parlait, dans *L'Encyclopédie française* de 1936 (vol. XVIII), de « civilisation du livre ». Après tout, c'est bien le journal, et non le livre qui s'est approprié le terme de « presse », qui aurait tout aussi bien pu convenir au second. Ou, pour dire les choses autrement, tenter de répondre à cette question de Henri Berr qui note, en préface à Georges Weil en 1934 (p. XVII) : « Le progrès de la presse est éclatant. Mais le progrès par la presse ? ».

La mise en œuvre d'un tel programme nécessite en fait deux opérations conjointes. Tout en restant au plus près de l'objet presse, dans sa réalité matérielle et textuelle tout comme dans les modalités par lesquelles il se donne à voir, à prendre, à lire, il convient de tenter de préciser les divers usages de l'écriture périodique au XIXe siècle. Comment les différents groupes sociaux ou professionnels, les genres et les classes d'âges, les appartenances religieuses ou les entités régionales, bref les multiples composantes de la société française du XIXe siècle, laquelle n'est de surcroît évidemment pas immobile de 1800 à 1914, ont-elles négocié leur rencontre avec le vecteur presse ? Avec quel calendrier et quel cahier des charges, avec quelles attentes et quelles déceptions ? Ces questions sont décisives et ne se résument pas à un simple exposé des voies de l'alphabétisation : ce sont les pratiques et les usages différenciés de la lecture du journal au XIXe siècle qu'il nous faut tenter de cerner au plus près, faute de quoi l'entreprise ne débouchera sur rien d'autre qu'un exposé de surplomb sur ce qui serait, peut-être, les effets culturels de l'offre périodique au XIXe siècle.

Mais cette opération n'aura vraiment de sens que si on lui en adjoint une seconde, complémentaire, qui tente de préciser comment cette même offre périodique contribue, en même temps, à façonner, à modeler et à instituer ces différents groupes sociaux et professionnels, ces différents genres et classes d'âges, ces différentes appartenances religieuses ou régionales, etc. Il convient, en d'autres termes, de ne pas postuler l'existence de groupes trop définis, mais de les percevoir dans la dynamique même de leur construction, dont la presse, pensons-nous, est l'un des agents majeurs. Le concept central pourrait être ici celui d'« identité », qu'on aura sans doute profit à croiser avec celui de sociabilité cher à Maurice Agulhon. « Le journal, lieu et lien de la société bourgeoise en France pendant la première moitié du XIXe siècle », écrivait André-Jean Tudesq dans un collectif récent[19]. Un des enjeux majeurs d'une histoire culturelle de la presse sera donc d'évaluer le rôle des périodiques et de leur appropriation dans l'émergence des identités sociales, professionnelles, génériques, politiques, etc., dont le siècle accouche. Une démarche exemplaire nous semble être à cet égard celle du récent ouvrage de Jeremy Popkin[20], consacré aux journaux lyonnais et à leur rôle dans les événements révolutionnaires des années 1830-1835. Selon lui, il convient de « considérer les journaux non seulement comme des pourvoyeurs d'information et d'idéologie — même si l'importance de ces fonctions ne doit jamais être sous estimée — mais aussi comme des lieux essentiels de la construction des identités sociales et culturelles, ainsi que comme une forme importante de littérature » (p. 9). Toute son analyse vise dès lors à montrer combien, dans la permanente interaction qu'ils entretiennent avec leurs lecteurs, les journaux lyonnais façonnèrent les identités collectives, celle de la bourgeoisie comme celle des prolétaires ou du petit noyau de féministes engagées dans l'événement révolutionnaire.

Une telle approche nous semble décisive. Qu'il s'agisse, pour prendre quelques exemples dans des registres très divers, de l'émergence du monde ouvrier en tant que classe, des recompositions de l'image et de la conception de la féminité, ou des multiples procès de professionnalisation qui traversent tout le XIXᵉ siècle (pensons entre autres aux instituteurs, aux policiers, aux médecins ou hommes de loi), rien de tout cela ne serait compréhensible sans le concours des journaux, agents actifs de construction et d'expression des identités sociales et culturelles. C'est donc ensemble, textes et pratiques, figures et usages, imaginaires et expériences, qu'il convient de mener l'étude, ce qui peut être un des moyens de travailler à la dialectique culturelle précédemment évoquée. Mais, compte tenu de la forte dynamique culturelle qui traverse le siècle, fondée sur l'émergence progressive d'une culture de masse[21], ce processus en croise un autre, que l'on peut résumer autour de l'idée de l'essor d'une « culture de la presse », fondée sur un certain nombre de réflexes, de références, de motifs, qui finissent par construire un véritable imaginaire de papier, de plus en plus massif et de plus en plus partagé, qui triomphe à la veille de 1914. L'imaginaire de « l'enquête », qui triomphe à la fin du XIXᵉ siècle, en est un des éléments. Du « puff » des années 1830 au « réclamisme » de la Belle Époque, l'imaginaire publicitaire et l'auto-célébration médiatique en est un autre[22]. Du *Magasin pittoresque* à *Je Sais Tout*, les voies de la vulgarisation scientifique et du merveilleux technique, encore très peu étudiées, en constituent un troisième. D'autres sont encore perceptibles. C'est aussi à l'analyse de cette « culture de la presse » qu'un travail comme celui que nous entreprenons est dédié, à condition bien sûr de la penser, elle aussi, dans la dialectique qu'elle construit avec la profusion d'identités sociales qui se construisent avec, à côté ou même parfois contre elle. Car c'est sans doute l'un des paradoxes majeurs de cette « culture médiatique » en voie de constitution que d'œuvrer en parallèle à un vaste processus de standardisation et d'homogénéisation culturelle, tout en suscitant un constant mouvement inverse, presque réactif, de diffraction, de fragmentation ou d'individualisation des comportements et des imaginaires.

La période retenue offre-t-elle un cadre pertinent à une telle analyse ? De toute évidence, le XIXᵉ siècle n'est, au regard de la presse, pas une séquence homogène. Deux âges, deux régimes culturels, semblent s'y succéder, que l'on peut décrire et analyser de façons très diverses. Opposer, par exemple, un journal contrôlé à un journal libéré, ou une presse d'opinion à une presse d'information, une diffusion restreinte à une diffusion de large circulation, une sphère publique et bourgeoise, fondée sur la discussion et le raisonnement, à une sphère du marché et de la consommation. La chose est évidente et il n'est pas utile de s'y attarder. Pourtant, une analyse plus fine de la chronologie montre que ce constat n'interdit nullement de considérer le siècle en son entier. Plus que partage en deux âges, on peut défendre l'idée d'un siècle saisi en son cours d'un séisme majeur, dont l'épicentre est situé quelque part vers le mitan du siècle (la décennie 1860[23]), mais dont les premières secousses sont largement antérieures (la décennie 1830[24]) et les rejeux, récurrences ou refus largement postérieurs. Culturellement, c'est à l'aune du siècle, dont on se rappelle qu'il fut premier à se penser comme tel, que les transformations liées au phénomène médiatique sont sans doute les plus pertinentes à penser.

II. Pourquoi une histoire « littéraire » de la presse ?

Cette idée apparemment incongrue peut susciter de légitimes perplexités : chez les littéraires qui se demanderont quel effet de mode médiatique se cache derrière un tel projet, et chez les historiens qui s'inquiéteront de voir un objet pleinement historique soumis à la vieille pratique de la critique littéraire qui, même teintée de chronologie et de considérations érudites, forme habituellement l'essentiel de ce qu'il est convenu d'appeler abusivement l'« histoire littéraire »[25]. Il n'est donc pas inutile, afin de prévenir des malentendus, de commencer par dire ce que cette histoire littéraire de la presse ne doit pas être, avant d'en venir à des définitions plus positives.

Tout d'abord, nous ne voulons pas faire une histoire des écrivains-journalistes, en revenant à la perspective monographique de l'histoire littéraire : il y eut, naguère, les études magistrales et déjà citées de Roland Chollet, de Roger Bellet, d'Henri Mitterand : notre travail doit énormément à ces entreprises pionnières, mais, justement, le temps est venu de prendre le problème par un autre bout — en changeant à la fois l'objet et le point de vue de l'histoire littéraire.

Nous ne voulons pas non plus d'une histoire de la presse littéraire, qui laisserait soigneusement de côté la presse en général, ou la masse de ses secteurs spécialisés, pour ne garder que les revues — du romantisme ou de la fin de siècle —, la petite presse du Second Empire, les journaux de caricature — bref tout ce qui jouit, pour une raison ou une autre, d'une certaine légitimité artistique ou littéraire, au détriment de tout le reste.

Alors, nous dira-t-on encore, nous nous intéressons à la « paralittérature », à un domaine de la paralittérature que les littéraires, dans leur distraction et malgré leur voracité, auraient négligé jusqu'à ce jour, à moins que nous ne voulions sauver de l'oubli quelques *minores*, rétablir un peu de justice dans le Panthéon des auteurs ou, du moins, le mettre au goût du jour. Non, nous ne voulons ni l'une ni l'autre chose. D'une part, nous n'aurions pas décidé de nous détourner de l'approche monographique pour la réintroduire subrepticement. D'autre part, c'est à l'origine pour des questions d'esthétique littéraire que nous avons jugé indispensable de faire un détour par la presse, pour comprendre concrètement le devenir, au XIXᵉ siècle, de ce que nous appelons aujourd'hui la littérature. Comme lecteurs, nous continuons à aimer Balzac, Flaubert, Baudelaire, Mallarmé ; mais c'est du fait même de ce plaisir de lecture que nous avons été amenés à travailler sur la presse pour mieux comprendre les mutations majeures de la littérature que connaît le XIXᵉ siècle, et qui concernent autant l'évolution des genres ou des formes de l'écriture que les trajectoires individuelles des auteurs.

Cela dit, il va de soi qu'une histoire de la presse doit, *aussi*, inclure une his-toire des écrivains-journalistes[26], de la presse littéraire et de la paralittérature : elle doit l'inclure, mais sa raison d'être est ailleurs. Avant d'en venir à cette raison d'être, et d'exposer les arguments *de jure* qui, nous semble-t-il, obligent à faire cette histoire de la presse, il est opportun de rappeler quelques arguments *de facto* qui montrent que, même s'ils ne le voulaient pas, les littéraires ne pourraient, sans elle, mener à bien leur tâche traditionnelle de commentateurs de textes.

Le premier argument *de facto* nous ramène à la question des auteurs du XIXᵉ siècle, que, sous l'angle de leur relation à la presse, on peut répartir grossièrement en trois catégories. La première est celle de tous les écrivains majeurs du siècle que nous lisons aujourd'hui dans des éditions savantes mais pour lesquels la presse a joué un rôle génétiquement déterminant au moment de l'élaboration de leurs œuvres. Nous avons cité Balzac ou Vallès ; mais il faudrait ajouter des poètes comme Baudelaire et Mallarmé, puis tous les professionnels qui, à partir de la monarchie de Juillet, ne cessent de passer du livre au journal, selon les circonstances ou les genres pratiqués (songeons, par exemple, à Nerval, Sand, Gautier ou Maupassant) — sans compter à peu près toute la fin de siècle, où la revue « d'avant-garde » est le principal creuset de l'invention littéraire. Au-delà de ce noyau dur, on peut en outre constater qu'à peu près tous les écrivains du XIXᵉ siècle ont croisé de façon significative la route du périodique, et ont tiré de cette rencontre des enseignements décisifs pour l'évolution de leur œuvre : ce fut notamment le cas, parmi beaucoup d'autres, de Hugo ou de Zola. Enfin, il reste les irréductibles, ceux dont l'œuvre paraît, idéologiquement et esthétiquement, incompatible avec la logique médiatique de la presse. Que pourraient devenir, dans l'espace du journal, l'éloquence logorrhéique et l'effusion lyrique d'un Lamartine, les condamnations sans appel de Vigny, Musset, Flaubert ? Il n'empêche : Lamartine a passé la dernière partie de sa vie à écrire et à publier, sous forme de périodique, le *Cours familier de littérature* ; Vigny et Musset ont publié leurs poèmes, à partir de la monarchie de Juillet, dans la *Revue des deux mondes* ; quant à Flaubert, son destin d'écrivain est indissolublement lié à la publication scandaleuse de *Madame Bovary* dans la *Revue de Paris*. Il faut donc bien admettre que la presse a été un point de passage inévitable pour les écrivains et qu'il s'agit, à un tel degré, d'un phénomène absolument spécifique au XIXe siècle.

Deuxième argument *de facto* : au-delà des auteurs, et qu'on s'en réjouisse ou non, il est incontestable que la publication périodique ait été le mode principal de publication littéraire pendant la majeure part du XIXe siècle. Comme on a sans doute trop mis l'accent, depuis plusieurs décennies, sur le seul roman-feuilleton, on a très largement sous-estimé cette véritable hégémonie du fait périodique. Celle-ci est accentuée, ou aggravée, par un phénomène incident que les historiens de l'édition connaissent bien. Le XIXe siècle est marqué par un accroissement durable du lectorat et de la demande culturelle (et, avant toute chose, de la demande en textes à lire). Or l'anarchie révolutionnaire, puis le contrôle administratif sous l'Empire, ont très durement touché le secteur de la librairie en France. Il était économiquement et culturellement florissant au XVIIIe siècle. Il n'est plus guère constitué, sous la Restauration, que d'artisans d'un niveau technique très inégal, disposant de faibles moyens financiers et très en retrait de la vie littéraire (d'où l'exception, remarquable et remarquée, que constitue un Ladvocat). Sous la monarchie de Juillet, au moment où commencent à se développer les industries de l'imprimé, le journal va donc occuper le terrain laissé vacant par le livre. Cette situation ne durera qu'une vingtaine d'années, mais ces vingt ans ont permis au périodique de tenir un rôle tout à fait extraordinaire, et sans doute disproportionné, qu'on a du mal à mesurer aujourd'hui, et surtout à se représenter. Ce qui est vrai de la culture imprimée l'est aussi de la littérature : le livre — la presse non périodique — est resté hors jeu, et le journal a donc été le diffuseur et la matrice de l'innovation littéraire, sous la monarchie de Juillet.

Dernier argument *de facto* : durant tout le XIXe siècle jusqu'à la IIIe République et, plus particulièrement, jusqu'à la loi de 1881, une législation vigilante pèse sur le journal, et lui interdit, à de très rares exceptions près, d'intervenir librement dans le débat politique. Le journal se développe, mais il lui est impossible de faire ce pour quoi il est créé, informer et participer au débat d'idées. Il s'ensuit un contexte très particulier, où un vaste espace textuel, abondant et régulier, est ainsi offert à ceux qui font profession d'écrire pour le plaisir, ou l'imagination, à savoir les écrivains de littérature. Cette période paradoxale, où la presse triomphe mais tourne à vide, offre une conjoncture tout à fait remarquable : ce n'est pas un hasard si les écrivains-journalistes dont le nom vient le plus immédiatement à l'esprit sont des contemporains de la monarchie de Juillet et du Second Empire.

Tous ces arguments *de facto* prouvent qu'on ne peut pas éviter d'analyser le journal pour comprendre le XIXᵉ siècle littéraire, parce que la littérature rencontre, sur sa route, le périodique. Il reste à montrer que ce ne fut pas qu'une brève rencontre et que, dans ce croisement d'un art millénaire et d'un nouveau *medium*, s'opère une transmutation capitale, qui modifie notre conception même de la littérature et au-delà, de notre culture[27]. Le journal est en effet l'un des protagonistes d'un événement capital, qui survient autour de 1830, et qu'on peut interpréter comme un changement du régime de littérarité. Jusqu'à la monarchie de Juillet, et malgré quelques aménagements notables au XVIIIᵉ siècle, la littérature, dans ses cadres formels et ses principes d'écriture, est restée d'es-

sence discursive — ou, si l'on veut, rhétorique — : elle est mise en forme de la parole et prise de conscience esthétique de cette mise en forme. Or, avec le XIXᵉ siècle un nouveau modèle, qu'on pourrait dire « textuel », se substitue au vieux (et même antique) modèle discursif. L'œuvre littéraire n'est plus parole donnée à entendre, même par l'entremise de la page écrite, mais livre public et texte à lire, diffusé par les nouvelles structures de communication que sont le journal ou le livre et intégré à un système complexe de consommations culturelles où il apparaît non plus comme une parole médiatrice, mais comme un objet médiatisé. Il va de soi, bien sûr, que cette textualisation de la littérature n'invalide pas instantanément ni totalement le modèle rhétorique : pour l'écrivain, le travail d'écriture se pense toujours comme une entreprise discursive et toute l'histoire des formes littéraires depuis ce XIXᵉ siècle peut s'interpréter comme une série de manœuvres pour réintroduire, dans l'espace du texte, la logique de la parole. Il n'empêche que la prééminence culturelle du fait textuel entraîne un remodelage profond de la littérature et des cadres génériques.

Nous venons de dire que les instruments de cette mutation étaient le journal et le livre. En réalité, pour les raisons qui ont été tout à l'heure esquissées, c'est à la presse seule qu'il revient, au moins au début, de jouer ce rôle. Les caractéristiques propres du journal vont donc, à leur tour, influer de façon décisive sur les évolutions de la littérature. Fondamentalement, ces caractéristiques sont au nombre de trois. Le journal est médiatique, périodique, collectif.

Le journal est médiatique : il ne sert pas, comme l'éditeur traditionnel, à transférer une parole de la sphère privée à l'espace public, mais, tout entier et dès l'origine situé au cœur de cet espace public, il fonctionne comme un instrument de médiation et d'intermédiation entre les personnes. Le journal capte à son profit et organise de façon rationnelle et systématique la fonction de médiation qui était traditionnellement dévolue à la littérature : d'où le péché qu'il ne cessera de devoir expier, aux yeux des romantiques. Aujourd'hui, on a tendance à opposer à notre moderne civilisation de l'image électronique la vieille culture de l'imprimé, qu'on associe à la littérature ; mais, au XIXᵉ siècle, l'industrie de l'imprimé est souvent ressentie comme une concurrente, et une ennemie de la vraie littérature — c'est l'antienne des poètes romantiques. Quant à l'écrivain-journaliste, il apparaît ainsi comme le seul type d'auteur à connaître de l'intérieur le jeu de la communication moderne, et à le jouer sans réticence. D'autre part, le journal, parce qu'il est médiation, a aussi pour fonction de s'interposer entre les lecteurs et le réel, de *représenter* le réel. De cette représentation du réel naît ce que Mallarmé appellera l'« universel reportage », et l'on peut aussi penser aux critiques que le linguiste Noam Chomsky adresse à ce « faux réel » dont les médias offrent l'illusion. Mais, d'un point de vue spécifiquement littéraire, nous faisons l'hypothèse que cette hégémonie de la médiation journalistique s'accompagne d'un changement de régime discursif, parallèle au changement de paradigme littéraire. L'écrit était traditionnellement d'abord et avant tout argumentatif : il avait pour mission de convaincre et d'interpeller l'autre. Il devient au XIXᵉ siècle prioritairement narratif : son rôle est désormais de représenter et de raconter — qu'il s'agisse ou non de fiction : cette différence est sans doute beaucoup moins fondamentale que nous l'imaginons habituellement. De ce point de vue, la progression du roman est très probablement à corréler avec cette montée en force du mode narratif journalistique.

En outre, le journal est par définition quotidien ; il lui faut chaque jour assez de textes pour remplir les trois, puis quatre, cinq ou six colonnes de chacune de ses pages. Cette réalité, qui distingue notre actuelle « culture de flot » de l'ancienne culture éditoriale, appartient aujourd'hui à notre paysage familier et peut passer pour une évidence triviale. Au contraire, les écrivains de 1830, qui la découvrent, y voient légitimement une profonde remise en cause de leur rôle. Jusque-là, l'initiative appartenait à l'auteur : il lui revenait d'écrire, en prenant le temps qu'il fallait et suivant ce qu'il avait à dire, et c'était donc seulement dans une seconde étape que se posait le problème de la publication. Au contraire, dans le cas du journal, c'est parce qu'il y a publication, à un rythme que rien n'a le droit de retarder, qu'il est indispensable de trouver des auteurs — ou des fournisseurs de textes. Le rythme de l'écriture ne reflète plus le jeu de forces individuelles, mais une réalité sociale. Ce qui est vrai alors du journal l'est, aujourd'hui, de la plupart des formes de communication : aussi intime que soit la pensée ou le sentiment qu'ait à exprimer un auteur, le *tempo* de la création lui est donné désormais de l'extérieur. Il est même probable que cette transformation du rapport au temps est le phénomène majeur, qui va transformer la perception du politique, de la culture, des arts, etc. Nous entrons, au XIXᵉ siècle, dans un temps collectif qui est fait d'un empilage de rythmes cumulés, et que le périodique a pour charge de rappeler, donc de créer.

Enfin, le journal est collectif. Chaque numéro est l'émanation d'une collectivité de rédacteurs, animée par une personnalité remarquable : collectivité de collaborateurs, mais aussi, suivant un terme employé péjorativement par Henri de Latouche puis récupéré par le journaliste Baudelaire[28], de « camarades » qui sont unis par une vraie connivence, par des liens dont la nature échappe évidemment au public, et qui sont d'ailleurs tissés à l'intérieur d'un journal, mais aussi, d'un titre à l'autre, au sein de la vaste nébuleuse des écrivains-journalistes. L'opposition entre le soliloque intime et l'échange public,

qui nourrit depuis le XIXᵉ siècle la mauvaise conscience des auteurs, n'y a pas sa place : toute parole journalistique est, d'origine et par destination, plurielle et collective — ou, du moins, insérée dans un complexe et polyphonique système d'interlocution. Formellement, deux caractères structurels de l'écriture journalistique traduisent cette nature polyphonique. D'abord, l'importance du mode conversationnel. On ne cesse de l'écrire : le journal est l'héritier de la conversation et du salon de l'Ancien Régime, et c'est là d'ailleurs l'une des formes, peut-être la plus spectaculaire, d'investissement du texte par la parole. Mais à qui le journaliste parle-t-il ? À la fois à son public d'abonnés et à la communauté de ses confrères journalistes. Autrement dit, l'écriture journalistique est dès l'origine à double destination, et c'est pourquoi le journal est le lieu d'invention (ou de réinvention et de redéfinition) de ce qui apparaît comme l'un des traits les plus reconnaissables de notre culture actuelle, à savoir l'ironie : le journal gomme les frontières qui délimitaient le sérieux et le risible, inaugurant le règne de l'ambivalence généralisée.

Donc, la tâche de l'historien de la littérature qui s'engage dans cette étude du fait périodique, est immense. Au-delà du travail de description et d'étude érudite, sa visée doit être triple.

Il lui faut d'abord inscrire sa démarche dans ce qu'il convient d'appeler une « poétique historique des formes et des genres », et examiner comment les pratiques d'écriture sont transformées par le périodique. On songe, bien sûr, à l'immense continent du narratif, fictionnel ou non[29]. La poésie est elle aussi concernée : on a commencé à étudier tout ce que doit au journal le poème en prose, qui, *mutatis mutandis*, est à la poésie ce que le roman-feuilleton est à la fiction, mais le poème versifié est également touché : c'est dans le journal que s'ébauchent les traits caractéristiques de la poésie moderne, consacrés en 1857 par *les Fleurs du Mal* de Baudelaire : brièveté, prééminence du voir sur le dire, ironisation généralisée. Il y a, encore, les innombrables et multiformes résurgences journalistiques de l'art du discours.

C'est aussi toute la question du stéréotype, fondamentale à toute réflexion sur l'écriture journalistique, qui serait à reprendre, sur de tout autres bases que celles de la linguistique contemporaine[30]. Ces considérations, qui enrichissent la théorie et les pratiques de l'analyse textuelle, négligent le fait que, historiquement, les notions de stéréotype ou de cliché naissent, au XIXe siècle, du monde de l'imprimerie industrielle et de la presse, et désignent des techniques de report d'une page composée par un système d'empreinte. Ce qui est en jeu, c'est la mise au point d'une technique qui réduise les coûts et les délais de fabrication. De même pour le stéréotype journalistique : l'écrivain, au lieu d'écrire tout son texte, recourt lui aussi à des morceaux préfabriqués. Le stéréotype et le cliché sont, en somme, les ancêtres du « coupé collé ».

Le stéréotype ne constitue donc pas le degré ultime d'exténuation du lieu commun et de cette crise du sujet moderne dont la mise en cause du langage ne serait qu'une des manifestations, mais un phénomène tout à fait nouveau, qui renvoie aux conditions concrètes de la communication humaine, où les contraintes textuelles l'emportent désormais sur la logique discursive. Cette perspective historique change bien des choses. Pendant longtemps, on a attribué à Flaubert (celui de *Bouvard et Pécuchet* et du *Dictionnaire des idées reçues*) l'initiative d'une entreprise de déconstruction ironique du stéréotype. En fait, on observe que le stéréotype est, d'emblée et par nature, ironique (ou, du moins, ironisable). L'écrivain qui recourt au stéréotype introduit dans son discours quelque chose qui relève de la reproduction mécanique : il ne peut le faire qu'au second degré, en exhibant l'inadéquation comique du *ready made* discursif à son objet. Le stéréotype ne succède donc pas au lieu commun. Les lieux communs continuent à encombrer les débats politiques, les discours de comices agricoles ou de distribution des prix, et à dériver vers la langue de bois. Le stéréotype, au contraire, manipulé jubilatoirement par le petit monde du Paris littéraire et journalistique, redonne force à l'écriture, en signalant la distance entre le mot et la chose. Quelque chose ne devient pas stéréotype : il l'est par nécessité structurelle, et à cause de son mode de fonctionnement culturel. Dans une culture qui se mécanise, les écrivains professionnels (les « journalistes ») retournent la mécanique contre elle-même, et inventent au passage ce que Baudelaire appellera la modernité.

Encore faut-il nuancer la vision du journal du XIXe siècle, qui se divise en deux parties, le haut et le bas. Le haut, ce sont les articles politiques, les grandes controverses, les éditoriaux : dans ces articles, domine le lieu commun (au bon et au mauvais sens du terme), la technique oratoire, la recherche argumentée et vrai et du bien. Le bas, c'est le « feuilleton », c'est-à-dire la critique, la chronique culturelle, l'anecdote. Cette distinction déborde du cadre spatial. Même dans le haut, l'argumentation est cernée, débordée par le fait divers, la chronique judiciaire, les « variétés » : toutes sortes d'articles où il s'agit, non d'argumenter (de construire une pensée), mais de décrire, de raconter, de présenter le réel. Notre hypothèse est donc que l'espace journalistique, qui inclut, vers 1840, presque tout l'espace textuel, se distribue en deux sous-ensembles : l'espace argumentatif, où domine le lieu commun, et l'espace narratif, fondé sur le stéréotype — ce qui ne veut pas dire, bien sûr, qu'il n'y ait pas une sorte d'argumentation seconde, dans la narration, grâce au stéréotype. En fait, le stéréotype journalistique est l'outil nécessaire, au XIXe siècle, de la représentation de l'autre. Représentation figée, schématique, caricaturale, mais représentation

tout de même de l'autre dans ses différences, alors que le lieu commun du discours politique tend à penser l'autre, sans dire, décrire ni faire voir ses spécificités, mais en les niant au contraire grâce au recours aux vieilles catégories de l'éloquence aristotélicienne. Le stéréotype suscite des images mentales, et ces images participent de la découverte de l'autre et de l'ailleurs.

On devine ici que, pour comprendre ce qui joue, en profondeur, dans cet univers du périodique, il faut absolument tout lire, oublier les hiérarchies littéraires, s'immerger dans un océan textuel pour en percevoir, de l'intérieur, la dynamique culturelle et scripturale, pour repérer tout ce qui change, à cause du périodique, dans le rapport à l'écriture. Personne ne discute le fait que l'omniprésence de l'image a bouleversé la culture écrite, au XXe siècle. Mais un changement aussi capital est survenu au XIXe siècle, à cause de la presse. Ou, plus exactement, la mutation du périodique est la première d'une longue suite qui constitue progressivement notre culture contemporaine. C'est le deuxième objectif d'une histoire littéraire de la presse : celle-ci doit s'inscrire dans une « histoire de la communication humaine » et, notamment, de la communication littéraire. Il n'y a pas, d'un côté, ceux qui, à la suite de Marc Fumaroli, rattachent le littéraire à l'antique et noble philosophie de l'éloquence et, de l'autre, les spécialistes modernistes des médias, mais une seule discipline, qui s'attache à l'histoire des outils que les hommes ont élaborés pour communiquer. Ce qui suppose à la fois de mettre en relation l'histoire littéraire et l'histoire des formes sociales de communication, et de s'interdire de lier de façon anhistorique le fait littéraire à l'un des supports de la communication littéraire, qu'on hypostasierait ainsi (que ce soit le livre, le manuscrit, la parole…) : aussi, malgré les apparences, l'histoire littéraire de la presse, précisément parce qu'elle bouscule nos habitudes (et le privilège arbitraire accordé au livre imprimé), nous ramène-t-elle de façon opportune et salubre à la sempiternelle question « qu'est-ce que la littérature ? », et

nous oblige à redéfinir, ou à définir enfin, ce qu'est, exactement l'histoire de la littérature, de façon beaucoup plus rigoureuse et sourcilleuse, paradoxalement, que les habituels gardiens du temple « Littérature ».

Enfin — c'est là son troisième objectif —, cette histoire doit nous conduire à examiner en quoi le journal restructure notre vision des choses et notre conception de la culture et de la société : en bref, de tout ce que nous croyons être notre réel. Ce qui nous renvoie à l'histoire culturelle, avec laquelle il nous faut patiemment prendre la mesure de ce qui constitue bien une « Civilisation du journal ».

Notes

1. Fruit de la collaboration du Centre d'études romantiques et dix-neuviémistes (Montpellier-3), du Centre d'histoire du XIXᵉ siècle (Paris-1/Paris-4) et de l'UMR Lire (CNRS/Lyon 2), ce projet est piloté par un comité éditorial composé de Jean-Pierre Bertrand, Dominique Kalifa, Philippe Régnier, Marie-Ève Thérenty et Alain Vaillant.

2. Les quelques développements consacrés à ces questions, souvent très anciens d'ailleurs, ont davantage mis l'accent sur les méthodes à mettre en œuvre (et les pièges à éviter) que sur les orientations de fond prises par l'histoire de la presse. Voir notamment Georges Bourgin, « Essai sur l'histoire de la presse française », *Bulletin du Comité international des sciences historiques*, n° 22, 1934, p. 26-70 ; Jacques Kayser, « L'historien et la presse », *Revue historique,* n° 218-2, 1957, p. 284-309 ; Pierre Guiral, « Problèmes d'histoire de la presse », *Revue d'histoire moderne et contemporaine*, vol. XVIII, n° 4, 1971, p. 481-488 ; Pierre Albert, « Remarques sur les recherches en histoire de la presse », *Bulletin d'histoire moderne et contemporaine*,

n° 9, 1975, p. 39-72, ainsi que les 3 pages de l'avant-propos de sa thèse (citée n. 8) consacrée aux « différentes conceptions de l'histoire de la presse ».

3. *Histoire politique et littéraire de la presse en France, avec une introduction historique sur les origines du journal et la bibliographie générale des journaux depuis leur origine*, Paris, Poulet-Malassis, 1861.

4 Cf. notamment les travaux menés sous l'impulsion de Pierre Rétat et de Jean Sgard.

5. H. Avenel, *La presse de 1789 à nos jours,* Paris, Flammarion, 1900 ; E. Dubief, *Le journalisme,* Paris, Hachette, 1892 ; J. Pigelet, *L'organisation intérieure de la presse périodique française*, Orléans, Paul Pigelet, 1909 ; A. de Chambure, *À travers la presse*, Paris, Th. Fert, Albouy, 1914 ; Charpentier, *La chasse aux nouvelles. Exploits et ruses de reporters*, Paris, Éditions du croissant, 1926.

6. Georges Weill, *Le Journal. Origines, évolution et rôle de la presse périodique*, Paris, La Renaissance du livre, 1934.

7. Georges Weill*, Histoire du parti républicain en*

France, 1814-1870, Paris, Alcan, 1928.

8. Signalons cependant que ce mouvement n'épuise pas celui de l'histoire interne et professionnelle de la presse par les journalistes, comme en témoignent les ouvrages de Charles Lédré (*Histoire de la presse*, Fayard, 1958), Raymond Manevy (*La presse française de Renaudot à Rochefort*, Forest, 1958), plus tard Thomas Ferenczi (*L'Invention du journalisme en France. Naissance de la presse moderne à la fin du XIXe siècle*, Plon, 1993).

9. Citons, parmi un grand nombre de travaux importants, ceux de Jacques Kayser (dir.), *La presse de province sous la IIIe République*, Paris, A. Colin, 1958 ; Françoise Mayeur, *L'Aube : étude d'un journal d'opinion*, Colin, 1967 ; Pierre Sorlin, *La Croix et les juifs (1880-1899)*, Paris, Grasset, 1967 ; Jean-Pierre Kintz, *Journaux et journalistes strasbourgeois sous le Second Empire*, Strasbourg, Istra, 1974 ; Henri Lerner, *La Dépêche, journal de la démocratie*, Publications de l'université de Toulouse-Le Mirail, 1978 ; Pierre Albert, *Histoire de la presse politique nationale au début de la IIIe République (1871-1879)*, Lille, Atelier des thèses de l'Université de Lille-3, 1980 ; François Roth, *Le Temps des journaux. Presse et cultures nationales en Loraine mosellane (1860-1940)*, Presses universitaires de Nancy, 1983.

10. Henri Mitterand, *Zola journaliste*, Paris, Armand Colin, 1962 ; René Guise, *Le Phénomène du roman-feuilleton (1828-1848). La crise de croissance du roma*n, thèse d'État, dactyl., Université de Nancy-2, 1975 ; Roger Bellet, *Jules Vallès journaliste (1857-1885)*, Éditeurs français réunis, 1977, repris sous le titre *Jules Vallès, journalisme et révolution*, Tusson, Du Lérot, 1988 ; Roland Chollet, *Balzac journaliste. Le tournant de 1830*, Paris, Klincksieck, 1983 ; Lise Queffelec, *Naissance d'un genre, le roman populaire. Les feuilletons de La Presse sous la Monarchie de Juillet*, thèse de IIIe cycle, Université de Paris-4, 1983.

11. Michael Palmer, *Des petits journaux aux grandes agences. Naissance du journalisme moderne (1863-1914)*, Paris, Aubier, 1983.

12. Jean-Pierre Seguin, *Nouvelles à sensation, les canards du XIXe siècle*, Paris, Colin, 1959 ; *L'information en France avant le périodique*, Paris, Maisonneuve et Larose, 1964.

13. Anne-Marie Thiesse, *Le roman du quotidien. Lecteurs et lectures populaires à la Belle Époque*, Paris,

Le Chemin Vert, 1984, rééd. Seuil 2000.

14. Marc Martin, *Histoire et médias. Journalistes et journalisme français, 1950-1990*, Paris, Albin-Michel, 1991, ainsi que *Médias et Journalistes de la République*, Paris, Odile Jacob, 1997 ; Christian Delporte, *Dessinateurs de presse et dessin politique en France des années 1920 à la Libération*, thèse d'histoire (sous la dir. de René Rémond), IEP de Paris, 1991, et *Les journalistes en France, 1880-1950. Naissance et construction d'une profession*, Paris, Le Seuil, 1999.

15. Jean-Noël Jeanneney, « Les médias », dans René Rémond (dir.), *Pour une histoire politique*, Paris, Seuil, 1988, p. 185-198 ; –, *Une histoire des médias, des origines à nos jours*, Paris, Seuil, 1995.

16. Michel Rapaport (dir.), *Culture et religion. Europe – XIXe siècle*, Paris, Atlande, p. 24.

17. William H. Sewel, « The Concept(s) of Culture », *in* Victorial Bonnell & Lynn Hunt (eds), *Beyond the Cultural Turn. New Directions in the Study of Society and Culture*, Berkeley, University of California Press, 1999, p. 35-61.

18. Expression proposée par Dominique Kalifa dans la conclusion de *L'Encre et le sang. Récits de crimes et société à la Belle Époque*, Paris, Fayard, 1995, p. 302.

19. Dans E. François (dir.), *Sociabilité et société bourgeoise en France, en Allemagne et en Suisse*, Édition recherches sur les civilisations, 1986.

20. Jeremy D. Popkin, *Press, Revolution and Social Identity in France, 1830-1835*, The Penn State University Press, 2002.

21. D. Kalifa, *La Culture de masse en France. 1 : 1860-1930*, Paris, La Découverte, 2001.

22. Benoît Lenoble, *Le journal au temps du réclamisme*, DEA d'histoire, Université Paris-1, 2003.

23. D. Kalifa, « L'entrée de la France en régime médiatique : l'étape des années 1860 », dans Jacques Migozzi (dir.), *De l'écrit à l'écran. Littérature populaire : mutations génériques, mutations médiatiques*, Limoges, Pulim, 2000, p. 39-51.

24. Marie-Ève Thérenty et Alain Vaillant, *1836. L'an I de l'ère médiatique*, Paris, Nouveau Monde éditions, 2001.

25. Sur l'histoire littéraire et ses nouvelles orientations, « Multiple histoire littéraire », *Revue d'histoire littéraire de la France*, juil.-sept. 2003, 103-3,

p. 515-668.

26. Pour une analyse historique de cette figure nouvelle, voir *L'Écrivain-journaliste au XIX⁰ siècle : un mutant des Lettres*, Saint-Étienne, Éditions des Cahiers intempestifs, 2003.

27. Les analyses développées ici prolongent des hypothèses dont on retrouvera une première formulation dans Alain Vaillant et Éric Térouanne, « Le roman au XIXᵉ siècle ou la littérature-livre », *Revue d'histoire du XIXᵉ siècle*, n° 19, 1999/2, p. 15-34 ; M.-È. Thérenty et A. Vaillant, *op. cit.*

28. Cf. Charles Baudelaire, « Conseils aux jeunes littérateurs » [*L'Esprit Public*, feuilleton du 15 avril 1846], dans *Œuvres complètes*, C. Pichois éd., Paris, Gallimard, Bibliothèque de la Pléiade, t. 2, 1976, p. 15 : «(…) j'admets et j'admire la camaraderie (…) Elle est une des saintes manifestations de la nature, une des nombreuses applications de ce proverbe sacré : l'union fait la force».

29. Sur le lien entre presse et roman, voir Marie-Ève Thérenty, *Mosaïques. Être écrivain entre presse et roman (1829-1836)*, Paris, Champion, 2003.

30. Pour une présentation synthétique de l'analyse linguistique du stéréotype, voir Ruth Amossy et Anne Herschberg-Pierrot, *Stéréotypes et clichés*, Paris, Nathan, 1997.

ENTRETIENS

Christian Blachas, de *Stratégies* à *Culture-Pub*

Propos recueillis[1] par Isabelle Veyrat-Masson*

Christian Blachas (né le 16 juin 1946) est un personnage important et original du monde de la publicité. Fondateur de deux magazines professionnels à direction des publicitaires, *Stratégies* (1971), avec Alain Lefebvre, puis *CB News* (1986) qu'il continue de diriger, il se lance en 1987 dans l'audiovisuel avec la création sur M6 de *Culture Pub*, qui se veut une émission de critique de la publicité et de la communication. Il crée très vite après une maison de production, *CB News TV*, pour abriter son émission et d'autres projets audiovisuels.

Actuellement, *Culture Pub* réunit 3 millions de téléspectateurs et 15 à 18 % d'audience. La grande fidélité de son public, plusieurs prix (Prix Médiations en 2002) pour ses productions, et même la légion d'Honneur (2004) marquent les étapes de la reconnaissance pour un homme dont la franchise et la disponibilité surprennent.

Comment devient-on patron d'un journal à moins de 25 ans, votre âge lorsque vous avez créé Stratégies *?*

Après mon bac, j'ai intégré, un peu par hasard, l'École française des attachés de presse. On m'y a appris les médias, la publicité, les relations publiques. Puis, j'ai fait un stage à l'Agence Centrale de Presse, aujourd'hui disparue mais qui, à l'époque, était concurrente de l'A.F.P. Au départ, je triais les dépêches ; j'étais un « grouillot ». Puis j'ai fait les permanences de nuit, ce qui m'a beaucoup excité. J'ouvrais l'Agence à 4 heures du matin et je devais voir les nouvelles tombées dans la nuit sur les 18 téléscripteurs. J'adorais être le seul, à guetter ce qui se passait dans le monde. J'ai aussi fait du rewriting, un vrai travail de synthèse. C'est finalement ce que l'on fait en pub, quand

---

*Chargée de recherche au CNRS, rédactrice en chef du *Temps des Médias*.

on a un brief de l'annonceur de 4 pages et qu'il faut le transcrire en trois lignes… J'ai commencé à faire du reportage avec Mai 68, en interviewant Cohn-Bendit, Sauvageot, les flics, etc. ; puis je suis passé au sport, aux « chiens écrasés »… Bref, j'ai à peu près tout fait.

Je suis entré avec un de mes copains à l'*Écho de la presse*, sous-titré « presse, relations publiques et publicité » : tout ce que j'avais appris à l'école. Après quelque temps, le patron m'a demandé de prendre en charge ce qui touchait la publicité. C'est à cette époque que j'ai rencontré tous ces jeunes gens intelligents qui, après 1968, créaient leur agence de publicité, les Séguéla, Feldman. Ils avaient un discours intéressant, parce qu'ils se préoccupaient de l'évolution de la société. Ils m'ont donné l'idée de bâtir un magazine sur la publicité, à l'image de *Campaign,* un journal anglais. J'avais 23 ans à l'époque. Je me sentais un peu jeune. Je suis tout de même allé en week-end à Londres. J'en ai parlé à mon copain Lefebvre ; nous avons trouvé des financiers. C'est ainsi que nous avons lancé *Stratégies*, qui a tout de suite marché.

Vous avez songé à faire vous-même de la publicité ?

Non. La pub m'intéressait seulement comme spectacle ou comme technique. J'ai toujours été un journaliste s'intéressant aux choses de la pub comme un domaine de l'information. *Stratégies* a été le premier journal professionnel du genre. À l'époque, la presse professionnelle était corporatiste, destinée à défendre les intérêts d'un certain nombre de syndicats et d'associations. Tout était beau… et militant. Cela ne m'intéressait pas. Pour moi, la presse professionnelle devait s'adresser aussi bien aux salariés, aux patrons d'entreprises qu'aux techniciens. J'ai conçu un vrai magazine sur la publicité, un vrai… où j'étais très critique à l'égard des grands groupes de l'époque, ce qui m'a valu un monceau de problèmes : pendant un an et demi, les deux grosses agences de publicité, Havas et Publicis, m'ont boycotté, ne prenant ni abonnement ni publicité. En effet, je mettais les pieds dans le plat en posant des questions toutes bêtes du genre « *pourquoi l'agence Havas est-elle détenue par l'État ?* ». À l'époque, on ne posait pas ce genre de questions. Les gens étaient choqués et me traitaient de tous les noms. J'étais taxé de révolutionnaire et de subversif, moi qui suis de droite… Toute la difficulté était que nos annonceurs étaient aussi nos lecteurs. Eh bien, tant pis ! Si on sait quelque chose, on le dit, quitte à perdre des budgets. C'est cette indépendance de *Stratégies* qui a plu. En parlant de publicité, j'ai pris plus de risques que certains journalistes. La presse professionnelle vit à 80 % de ses recettes de pub. Les lecteurs sont vos annonceurs. Si vous dites du mal de vos lecteurs, ils vous suppriment la pub. C'est plus grave qu'un présentateur du JT qui critiquerait tel ou tel homme politique influent. J'ai fait preuve d'indépendance journalistique, au-delà de ce qui était admis à l'époque.

Comment navigue-t-on entre ce type d'écueils ?

Il faut dire « on est journaliste » et on continue. Si je perds près de 4 millions de francs par an parce ce que mes journalistes ont écrit des choses qui ne plaisent pas aux annonceurs, eh bien tant pis, c'est la règle du jeu. C'est même la condition pour rester un vrai journal. Sinon, on ne vous respecte pas. J'ai toujours défendu ma rédaction (même quand elle avait tort) et engagé des professionnels formés au journalisme. Ils sont « purs et durs », souvent très critiques à l'égard de la pub et des médias. C'est le risque. Mais il faut qu'on le prenne. Finalement, tous les problèmes que nous avons eus se sont arrangés, lorsque les gens ont compris que nous étions honnêtes intellectuellement et que nous faisions notre boulot : au bout de 6 mois de boycott, les annonceurs reviennent.

La part de la publicité dans le financement d'un magazine comme CB News *est considérable...*

75 % de pub et 25 % de vente (pour 13 000 exemplaires vendus). Ça n'est pas une raison pour devenir complaisant. Si je l'étais, je deviendrais riche sur le court terme ; mais, sur le moyen et le long terme, le journal disparaîtrait, faute de lecteurs et de crédibilité : il ne ferait plus peur et, du coup, éloignerait définitivement les annonceurs.

Ce journal a marché parce que les annonceurs nous voyaient partout. *CB News*, dès le départ, a traité bien des gens sans ménagement : ils se sont mis à nous détester. Mais, en même temps, lorsqu'ils arrivaient quelque part, ils voyaient *CB News* : du coup, ils comprenaient qu'ils devaient tenir compte de nous.

C'est de l'équilibrisme en permanence. Et je suis constamment obligé de rappeler à mes journalistes qu'ils doivent prendre en considération ceux à qui ils s'adressent, c'est-à-dire à des professionnels de la communication.

Comment êtes-vous passé de Stratégies *à* CB News *?*

Stratégies a duré 13 ans. On a lancé d'autres produits : une Newsletter, un journal en vidéo (mensuel). J'ai aussi créé un autre journal, *Création Magazine*, dans les années 1980 où la création avait pris une importance considérable. En 1985, les actionnaires du début ont voulu vendre. J'ai choisi l'acheteur, le patron du *Nouvel Économiste*, Henri Nijdam, un « fou ».

Je me suis brouillé avec lui au bout d'un an. Je suis parti et, 15 jours après, je créai *CB News* (en 1986). Avec un autre concept, une autre approche et une partie de l'équipe qui m'avait suivi.

Quelles sont les différences entre Stratégies *et* CB News *?*

Aujourd'hui, il n'y en a presque plus, parce que *Stratégies* est allé dans notre sillon. Mais, à l'origine, *Stratégies* était un journal sur la publicité, alors que *CB News* s'intéressait à l'ensemble de la Communication, et à toutes ses techniques (marketing relationnel, marketing direct, etc.). *CB News* est devenu le journal des marques, qu'elles qu'en soient les techniques utilisées. Même les médias sont considérés comme des marques. Pour nous, Europe 1 ou TF1, par exemple, sont des marques, et nous racontons ce que font ces marques pour vivre.

Parlez-nous de la naissance de Culture Pub…

Tout de suite après la création de *CB News*, j'ai pensé que ce que l'on traitait toute la journée pour les professionnels pouvait intéresser un grand public, si l'on considère que la publicité est un vrai miroir de la société. Il y avait là une émission de télévision à faire : non pas une émission sur la publicité, mais une émission de société qui, en décodant la publicité, éclairerait sur la société dans laquelle nous vivons. Pierre Lescure, qui préparait le lancement de *Canal Plus,* a entendu parler du projet et a voulu le réaliser. Mais la chaîne a mis du temps pour se mettre en place (*Canal* a eu des graves difficultés au départ) ; j'ai eu moi-même des problèmes avec mes actionnaires. En définitive, Jean Drucker a eu vent de mon projet et m'a proposé de le monter pour M6. On a commencé *Culture Pub* (en fait *Ondes de Choc,* ndlr) en 1987. On a lancé des guides, des outils pratiques pour les professionnels, un site Internet.

Au départ, je n'avais pas créé de maison de production pour *Culture Pub.* J'étais allé voir un producteur. Et puis, au bout d'un an, je me suis aperçu qu'il ne faisait rien et prenait 15 % de marge. On s'est improvisé producteur en créant CB TV. C'était une filiale qui appartenait totalement à *CB News.* Et puis, il y a 3 ans, des Allemands ont acheté *CB News* ; mais ils n'ont pas voulu de la « boîte de prod. », parce qu'ils ne connaissaient pas le secteur de l'audiovisuel (ce sont des professionnels de l'encre et du papier). CB TV a donc actuellement trois actionnaires : Alain Lefebvre, Dominique Caloni et moi-même ; elle commence à produire d'autres émissions de télé que *Culture Pub.*

Qu'est-ce qui a intéressé Jean Drucker dans le projet Culture Pub ?

Il s'est dit que les publicitaires et les annonceurs ont tendance à faire de la pub dans les médias auxquels ils sont exposés. C'est pour ça que *France Dimanche* n'a pas de pub, parce que le monde de la pub ne lit pas ce journal.

Jean Drucker s'est demandé comment les publicitaires pourraient se mettre à regarder M6. Il faut se rappeler que M6, à l'époque, n'était qu'un robinet à clips, avec la *Petite Maison dans la prairie* dans l'après-midi et quelques feuilletons « à la noix ».

Jean Drucker a pensé qu'une émission sur la pub allait forcément intéresser des professionnels du secteur. Mais je lui ai fait remarquer que si on se limitait à cela, on n'aurait jamais une véritable audience : au mieux 100 000 ou 150 000 personnes travaillant dans la communication.

Pour nous, il fallait essentiellement s'adresser au grand public, et pas aux professionnels, qui, de toute façon, nous regarderaient, parce qu'on parlerait d'eux. J'ai commencé avec Anne Magnien, journaliste de *Stratégies*, venue à *CB News*. Actuellement Thomas Hervé est le présentateur de l'émission.

Dans Culture Pub, *vous aviez envie de révéler ce qu'il y a derrière la pub ?*

Oui, tout à fait. J'ai reçu l'année dernière une récompense de la part du Sénat qui m'a fait particulièrement plaisir. *Culture Pub* a été élue « meilleure émission citoyenne de l'année »[2]. Les parlementaires ont estimé que l'émission aidait les gens à décoder les mécanismes de la manipulation. Quand on fait un film en disant « cette lessive vous dit qu'elle fait ceci ou cela mais est-ce que c'est vrai ? », on fait une enquête, on réfléchit sur le message, ses motivations. C'est un travail citoyen et les gens adorent, en définitive, savoir pourquoi et comment ils sont manipulés.

Est-ce que M6 a, comme Stratégies, *perdu des contrats publicitaires à cause de* Culture Pub ?

À ma connaissance, non. Sauf dans un cas, avec Ferrero qui faisait des pubs nulles, ringardes et impérialistes. Leurs messages semblaient dire « achetez ça, bande de c…, et ne nous emm… pas ». On tapait dessus régulièrement. Mais il s'agissait d'un groupe italien, énorme, le groupe Ferruzzi. Un jour, le groupe a écrit à la chaîne, en exigeant que *Culture Pub* ne parle plus de ses produits, menaçant de retirer tous ses budgets.

J'ai baissé les bras (malgré les réactions violentes de la rédaction !), en me disant que la petite satisfaction intellectuelle de critiquer une entreprise ne justifiait pas que l'on mette en péril une chaîne comme M6. Parce que c'était bien de cela qu'il s'agissait. Ce qui est amusant c'est que Ferrero commence à faire de la pub intelligente…

D'autres cas…

Oui, la pub Pampers… On n'a pas cédé et cela s'est bien passé. Parce que notre intention n'était pas de nuire à la marque mais de montrer qu'une pub nulle pouvait être efficace.

Il y a eu aussi quelques problèmes avec des marques automobiles. Mais à ma connaissance on n'a pas fait perdre de budgets à la chaîne.

Avez-vous distingué une évolution dans ce domaine depuis la naissance de votre émission ?

Oui, ces derniers temps, les enjeux économiques sont devenus tels que l'on sent une pression inconnue auparavant. On avait une liberté totale et maintenant, il y a tout le temps des problèmes. À chaque fois qu'on aborde une enquête, on sent bien qu'ils veulent tout revoir avant… Il y a une vraie pression.

Et quand vous évoquez les médias ?

Au début *Culture Pub* avait un concept très large. On parlait de médias, de para-économie… et puis, avec l'arrivée de *Capital*, la chaîne nous a demandé de nous recentrer sur notre cœur, la pub, de ne plus parler d'économie pour éviter que l'on se marche sur les pieds. Quant aux médias, à chaque fois qu'on les évoquait, cela posait des problèmes. Si on parlait de TF1 en mal, TF1 appelait tout de suite M6 en disant que c'était déloyal ; et si c'était en bien, M6 râlait parce qu'on faisait la promotion de la concurrence. Cela devenait très compliqué. On a donc évité de parler de médias et on a décidé de se recentrer sur la pub : n'oublions tout de même pas que *Culture Pub* est la seule émission au monde à parler de la pub.

Est ce que vous vous êtes donné des règles éthiques ?

Oui, vérifier et bétonner nos sources et, surtout, ne pas asséner de jugements sur la qualité des produits. Ce n'est pas notre boulot : nous ne sommes pas une association de consommateurs. On a le droit de critiquer la communication, mais jamais un produit. Toutefois, s'il nous dit qu'il libère la femme, nous sommes en droit de lui demander : « en quoi libère-t-il la femme ? ».

Quels sont les sujets de prédilection de Culture Pub ?

Les relations hommes-femmes. L'évolution est extraordinaire. La pub dit toujours des choses justes, mais souvent en décalage. Dans les années 1980, elle parlait de la « working woman » ; pour moi le symbole est le film Rodier : « elles assurent en Rodier ». Dans les années 1990, on a montré des « vrais gens ». On a aussi voulu mettre en scène des hommes participants au ménage. Et là, la pub ment. Mais, peut-être a-t-elle aidé à mettre cela dans la tête des hommes… Après est apparue la femme un peu paumée : on a alors observé un retour au machisme avec cette question : où sont les vrais hommes ? Aujourd'hui, la situation est bizarre : tout le monde se cherche. Il y a un énorme problème de solitude, et la pub témoigne et témoignera de ce désarroi. Ainsi, elle n'hésite plus à montrer l'homosexualité.

Quels liens relient les différents médias que vous dirigez ?

Il y a une certaine synergie entre *CB News* et *Culture pub*. Lorsque l'un d'eux a une information avant tout le monde, il s'entend avec l'autre pour savoir qui la passera en premier. Mais cette synergie est marginale. Ce ne sont ni les mêmes techniques, ni les mêmes cibles.

La télé c'est de l'image avant tout. C'est pourquoi, je n'ai pratiquement pas de journalistes de *CB News* sur *Culture Pub*. À la télé, il faut savoir laisser parler l'image, et un journaliste de presse écrite ne sait pas se taire : il faut qu'il ajoute un commentaire sur une image évidente. Avec le médiamat, on voit minute par minute quand les gens partent, et c'est lorsqu'on est trop bavard ou qu'il n'y a pas assez d'images. Je ne veux cependant pas que l'on tienne trop compte du médiamat. Pas à la minute près, en tout cas, comme le font certaines chaînes.

Vos activités se déploient aussi, désormais, sur Internet ?

Nous avons fait un site en 2000 : CB Net et « Toutsurlacom ». Tous les jours, une Newsletter spécialisée arrive sur votre écran. Au début, comme tout le monde, nous avons perdu beaucoup d'argent. Il y avait une telle habitude de la gratuité qu'on avait du mal à faire payer. On y parvient progressivement. Comment ne pas croire à Internet ? Le seul problème, c'est l'économie du système. Comment gagner de l'argent avec Internet ? De toute façon, le haut débit changera tout. Dans deux ans, on verra de petits films de pub sur Internet. La question de la pub sera réglée.

Quelles frontières établissez-vous entre information et publicité ?

J'ai compris très vite deux choses : la publicité peu avoir une très grande importance dans la vie des gens et elle peut déformer les cerveaux au même titre que l'information, parce qu'elle relève à peu près des mêmes méca-

nismes. La publicité n'est rien d'autre qu'une technique mercantile pour faire vendre des produits. Mais en même temps, elle ne fait pas que cela : elle modifie les comportements. Regardez. La campagne désignée comme la plus efficace de l'année est la campagne de l'INPES pour faire reculer la consommation de tabac. De l'autre côté, l'information se vend. Si PPDA fait une forte audience, il remplit les écrans publicitaires. De toute façon, l'information est devenue un prétexte pour faire du commerce. On vit dans un monde de commerçants où l'information est un produit comme un autre.

Avez-vous constaté une évolution dans ce sens ?

Pas tellement. J'ai rencontré Pierre Lazareff et assisté à une conférence de rédaction de *France Soir*. C'était vraiment de la pub. Il raisonnait complètement par rapport à son public. Il disait toujours : « voilà ce qu'attendent nos lecteurs, etc. ». À partir du moment où vous dites cela et que vous raisonnez en termes de cibles, vous n'êtes plus dans l'information, mais dans le marketing. Cela a été une grande expérience pour moi. J'ai trouvé qu'il avait raison. Le marketing de presse s'est imposé à partir des années 1970, lors de la grande bataille qui a opposé *Le Point* et *L'Express*. Depuis, ça n'a pas cessé. Alors, effectivement, l'information est plus noble : il y a une déontologie, une éthique… Mais, à y regarder de plus près, elle use des mêmes techniques que la publicité.

Et le mensonge de la publicité ?

Il n'y a pas beaucoup de mensonges. La publicité ne peut pas mentir. Parce que si elle déçoit, le produit ne sera pas racheté. Ce n'est pas la publicité qui est en jeu dans les cas de déclarations invérifiables (les crèmes rajeunissantes par exemple), c'est le produit. Les casseurs de pub s'attaquent à la pub, parce que c'est le symbole du capitalisme. Ils disent qu'ils veulent faire réfléchir les gens mais les gens ne sont pas si bêtes ; ils n'ont pas besoin d'eux pour réfléchir.

Notes

1. Le 1ᵉʳ janvier 2004.
2. Prix Médiations 2003.

Pascal Manry, créatif « touche-à-tout »

Propos recueillis[1] par Isabelle Veyrat-Masson

Pascal Manry est ce qu'on appelle un « créatif ». Il a fait ses classes dans les agences de publicité les plus prestigieuses, en particulier CLM-BBDO où il a été sacré le « créatif le plus primé » de France. Il vient de rejoindre la quatrième agence mondiale de publicité, J. Walter Thomson, dont le nom évoque son créateur, inventeur — selon le site Internet de la société — de la première agence de publicité aux États-Unis. Pascal Manry est actuellement directeur de création dans cette agence considérée comme la « rolls » des agences de pub.

On a dit que vous étiez le « baromètre de la création publicitaire »[2] ?

C'est une remarque très gentille de Bertrand Suchet. Cela fait référence à une époque très particulière de la publicité, les années 1980, et à l'agence CLM-BBDO. J'y ai passé 6 ans et c'est vrai que cette agence a représenté le sommet de la création publicitaire française des 30 dernières années. À cette époque, cette agence a concentré — au-delà de moi-même ! — un très grand nombre de talents. Elle a été un modèle pour tout le métier pendant 5 à 10 ans, à une époque où la publicité, très considérée, attirait les HEC par promotions entières, et même quelques énarques. Philippe Michel a cristallisé la qualité de ce métier pendant presque 10 ans. Il se trouve que j'ai participé à cette aventure, qui n'est pas une aventure individuelle. Mais ce qui est vrai, c'est que dans ces années-là, j'ai été le créatif le plus primé dans l'agence la plus primée…

Quelles campagnes ont forgé votre notoriété ?

D'abord, la pub Kookai, dans les années 1980. À l'époque, les adolescentes commençaient à s'approprier la mode : on y voyait des très jeunes filles photographiées en noir et blanc s'exprimant de façon insolente. Ensuite, le slogan de Monoprix : « on pense à vous, tous les jours », manière connivente et relationnelle, créative pour une enseigne, de parler à ses clients. La pub Barilla est aussi restée dans les esprits ; une pub haut de gamme, élégante, avec Depardieu. Ridley Scott a réalisé le premier spot ; David Lynch, le deuxième. C'était un an et demi de travail, beaucoup d'argent.

Le budget ?

C'est le genre de somme que seul le client est habilité à donner…

Comment êtes-vous arrivé à la publicité ?

Je voulais être rédacteur, « copywriter », écrire les slogans et les textes dans les agences de publicité. Pour ma génération, il n'y avait aucune formation officielle pour ce métier. Moi, j'ai fait des études bizzaroïdes, de l'agronomie, de la science économique, de la gestion et de la psychologie. Des rédacteurs de ma génération ont suivi des études de philosophie, de droit. L'important était de savoir écrire et dire des choses par l'écriture.

Compte tenu de mes études, j'aurais dû être un commercial publicitaire ; mais je n'aimais pas le côté « costume-cravate ». En revanche, l'aspect créatif du métier m'a tout de suite fasciné, certainement pour son caractère « instable ». Mes études le montrent : je suis un « touche à tout ». Or, la publicité est quelque chose de formidable, parce qu'on change de produit d'une minute à l'autre. On passe des pâtes, aux livres, à la banque, à la barre chocolatée, à l'armée de terre… Dans ce métier, on ne fait pas la même chose d'une heure à l'autre. C'est vrai aussi que le côté un peu « show biz » était attrayant. Mais, quand j'ai décidé de faire ce métier, la publicité n'était pas bien vue : dans les années post 68, la publicité, c'était la consommation et l'exploitation des gens. Ce n'était pas du tout « ten-dance ». J'ai donc fait un choix à double contre-courant.

Votre premier job ?

J'ai débuté dans un service études chez Havas Conseil, dans les années 1970. C'est un métier dans lequel on entre souvent par relation, c'est une voie assez normale ; moi, je n'en avais aucune (mon père était ingénieur).

Quels sont les gens qui vous ont influencé ?

D'abord, Pierre Berville, à une époque où il travaillait chez Deplas-Homsy-Delafosse. (actuellement dans l'agence Grey [Calegari-Berville-Grey]) ; et puis, plus tard, Philippe Michel, avec lequel j'ai longtemps travaillé chez CLM.

Quels sont les métiers de la création publicitaire ?

Les « créatifs » dans les agences de publicité travaillent en équipe. Chaque équipe est constituée d'un directeur artistique, qui a suivi des formations artistiques (école des Arts déco, écoles d'art, qui n'étaient pas forcément publicitaires à la base : aujourd'hui chaque école a une formation à la publicité) et d'un « concepteur-rédacteur », chargé de l'écriture des textes. Le travail en « *team* » date des années 1950. Je crois que cela a été inventé par un certain Bernbach, un des fondateurs de l'agence DDB. C'était un publicitaire new-yorkais et — pour la petite histoire — il aurait dit qu'une bonne équipe de publicitaires était formée d'un rédacteur juif new-yorkais et d'un directeur artistique italien. D'ailleurs ma génération a été terriblement influencée par la culture juive new-yorkaise…

Dans une agence, il y a plusieurs équipes de création — 2, 5, 15, 30 pour les plus grosses. Elles sont dirigées par un directeur de création qui, lui, a été soit rédacteur, soit directeur artistique, et qui se retrouve à diriger les autres.

Est-ce que les équipes sont spécialisées par sujet ?

Aux États-Unis, où le marché est gigantesque, les créatifs sont souvent spécialisés ; pas en France, même si on note quelques petites spécialisations, comme la publicité grands médias pour les produits et les publicités qu'on appelle « *corporate* », qui concernent l'image des sociétés, des sujets gouvernementaux ; mais en gros, c'est assez peu spécialisé en France. C'est important pour moi de pouvoir être « touche à tout ». Dernièrement, j'ai fait des campagnes gouvernementales pour l'Armée de terre et là, il s'agissait de questions touchant à la sécurité, etc. C'est très intéressant. J'ai donc récemment acquis un savoir-faire particulier dans ce domaine.

Depuis une grosse dizaine d'années, vous êtes « directeur de création »…

Oui, parce qu'un moment donné, vous êtes un créatif tellement primé que l'on vous propose, que l'on exige de vous, que vous ne soyez plus créatif et que vous deveniez directeur de création, que vous supervisiez les autres. J'ai résisté à cela le plus longtemps possible (parce que j'aimais bien être créatif). J'ai cédé et je le suis devenu deux fois 3 ans, chez TBWA et FCB, à une époque difficile, avec la crise du début des années 1990 et les lois Sapin qui ont coupé les revenus des agences… J'ai fait ce métier consciencieusement, mais avec une petite frustration de ne plus être créatif, de ne plus faire les choses moi-même. Comme directeur de création, j'aide surtout les autres créatifs : c'est la gestion des personnes qui domine dans le métier de directeur de création. En plus, j'ai une fonction de représentation vis-à-vis de la presse et des clients. Je suis dans les jurys.

Vous avez fait une longue parenthèse en free lance…

Ce passage s'est fait sur une série de hasards. Un client a demandé que je reste comme consultant et je suis devenu consultant free lance pendant 6 ans. J'ai collaboré avec toutes les agences du marché et j'ai trouvé du plaisir à travailler seul. J'ai choisi de travailler pour des agences et non pour des clients directs. Parmi les créatifs, je suis celui qui aime aborder les questions de stratégie et de campagne. J'ai donc été beaucoup consulté sur des questions de stratégie vue sous l'angle du créatif.

Et puis, vous êtes revenu en agence...

Oui, il y a plus de trois mois. Je dirais que c'est une pure question de cycle. Je me sens plus mûr : on est souvent directeur de création trop jeune. Aujourd'hui, c'est un choix. J'ai rejoint J. Walter Thomson, une agence très solide, très ancienne (plus de 150 ans, 75 ans en France). Elle fait partie de WPP, une des 4 plus grosses agences mondiales, implantée partout. Elle a de très gros clients, Kellogs, Nestlé, Unilever, gérés mondialement, et la capacité de gérer des budgets mondiaux. Le levier d'une grosse entreprise est colossal. Il y a 300 personnes dans cet immeuble avec des ressources formidables sur lesquelles on peut jouer. Moi j'essaie d'apporter un peu d'insolence et de folie… C'est une société que j'estime, dont je connais les gens ; j'y ai travaillé comme consultant. J'avais même rencontré certains, comme Walthère Malissen que j'avais croisé chez CLM, il y a 10 ans.

Quelles sont les relations entre la commande et la créativité ?

Cette question est au cœur de ce métier. Certains auteurs, comme Georges Pérec, se donnaient des contraintes pour créer. Certains, des créateurs, des créatifs, ne supportent pas la contrainte et ne sont à l'aise que hors de toutes consignes. Or, la publicité est d'abord un travail de commande, avec les contraintes de la commande. Il y a des gens que cela stimule. C'est mon cas. S'il n'y avait pas de

contraintes, je ne ferais rien. C'est le dialogue avec la contrainte qui m'intéresse. Ce métier, au-delà de l'aspect créatif, est un métier de résolution de problèmes. La création est une solution aux problèmes qu'on vous a posés : on parle en anglais de « *problem solving* ». La création n'est que l'expression de la résolution.

C'est encore de la création ?

Oui. Les agences de publicité sont une charnière entre le monde économique (l'entreprise, les industriels) et le monde artistique, le commerce et l'art. Les artistes s'expriment : photographes, réalisateurs, acteurs, illustrateurs… L'agence de pub permet ce dialogue entre des mondes très différents. La publicité est un métier un peu schizophrène qui permet de comprendre à la fois les problèmes des entreprises et les attitudes des artistes. Les entreprises sont inaptes à discuter avec les artistes.

Vous avez déclaré vouloir faire des « publicités qui réconcilient les annonceurs et les créatifs »[3]. Que vouliez-vous dire ?

Une dérive récente des publicitaires, des créatifs, consistait à faire des annonces farfelues, hors contraintes. Les annonceurs par moment ont tendance à juger sur des critères exclusivement économiques, sur les résultats (ce qui est important), alors que les créatifs ont tendance à négliger complètement les critères d'efficacité économique.

Quel est le principal ennemi du créatif ?

C'est un travail très difficile d'avoir une activité de création dans un univers de pression très forte. C'est de la création en milieu hostile. Mais les créatifs publicitaires en ont l'habitude sinon, ils sont déjà partis. C'est même le savoir-faire de base, de travailler sous des contraintes extrêmement fortes.

Et son principal allié ?

Des moyens extraordinaires à sa disposition. On peut aller demain, n'importe où, à Los Angeles ou à Tokyo, avoir les meilleurs talents mondiaux et les mettre au service de son idée…

Si la publicité est une activité créatrice avec des contraintes économiques, c'est aussi un puissant secteur économique. Du coup, un créatif de 20 ans qui débarque dispose des plus grands photographes du monde entier, des plus grands réalisateurs. Il peut se retrouver faire un film avec Spielberg. C'est l'aspect incroyable de ce métier. Si on le compare avec les moyens d'autres créateurs…

Comme les cinéastes…

Exactement. Le coût à la seconde d'une publicité n'a rien à voir avec le cinéma ; je crois que le coefficient multiplicateur est de 40 ou 50 par rapport à un long métrage. D'ailleurs, certains réalisateurs de long métrage aiment beaucoup faire de la publicité pour cette raison.

Quels grands secteurs vous ont le plus intéressés ?

Sans doute Procter et Gamble, la lessive : c'est là que s'est développée une vraie réflexion sur la communication ; même si le résultat s'est apparemment limité à « lave plus blanc »… Mais c'est tout de même l'ENA de la réflexion publicitaire. J'ai travaillé avec eux cinq ans et j'ai tout appris du raisonnement publicitaire, de la communication. Il y a une manière d'aborder les problèmes et de les résoudre qui est la plus efficace… Cette démarche, je m'en sers tous les jours.

Par goût personnel, j'aime beaucoup ce qui est mode. Il y a une pensée mode, une manière de faire mode qui peut servir dans tous les secteurs. La mode est une énorme école de forme. On apprend que la forme signifie quelque chose. L'Oréal, par exemple, est un croisement de l'école Procter et de la mode. Même si elle l'est moins aujourd'hui, la grande consommation a longtemps été l'aristocratie de la publicité. L'automobile compte tenu de l'importance économique, du poids du lancement, reste aussi un domaine très prestigieux, avec les plus gros budgets et la meilleure visibilité. La distribution a pris une énorme importance ; c'est complexe et pas très beau en images. La communication gouvernementale, avec les grands sujets, le tabac, la sécurité, la nutrition a pris beaucoup d'importance et c'est très intéressant. La publicité, étant capable de modifier les comportements sociaux, devient un outil de plus en plus sophistiqué dans ce dernier domaine.

Existe-t-il des produits ou des sujets pour lesquels vous ne pourriez pas faire de publicité ?

À part l'extrême droite… On peut traiter de tout. Mais c'est vrai que certains produits posent des problèmes : par exemple faire de la publicité pour le tabac ou pour l'alcool. Toutefois, dans notre métier, on peut à la fois faire de la publicité pour et contre le tabac.

Vous interrogez-vous sur l'utilisation de certaines images ?

C'est un thème très important. Notre métier s'est sophistiqué au cours des quinze dernières années. D'abord est apparu un cadre juridique, comme la loi Évin. Aujourd'hui une grande partie de notre travail consiste à travailler à l'intérieur d'un cadre juridique complexe, avec des risques. Dorénavant un créatif doit savoir écrire à l'intérieur de ce cadre précis. En ce moment, on voit arriver un cadre éthique au moins aussi lourd que le cadre juridique. Toute grosse entreprise a maintenant un cadre éthique. Sa communication ne doit pas porter atteinte à l'image de telle ou telle catégorie.

Vous trouvez cela légitime ?

Oui, tout à fait. Nous travaillons dans un système de contraintes. Je trouve cela tout à fait normal. Mais il y a 20 ans, nos contraintes n'étaient qu'économiques. Elles sont devenues juridiques et maintenant éthiques. Ce n'est pas un métier aussi simple et show biz qu'on l'imagine.

Il y a actuellement un débat important autour de la nutrition. Les marques alimentaires se doivent d'avoir un cadre éthique sur leur communication, sur la qualité nutritionnelle de leurs produits… Les marques alimentaires ne doivent pas pousser à consommer trop d'aliments sucrés, etc.

Sur chaque secteur, il y a un cadre juridique : sur l'utilisation des enfants, de la voiture, l'alcool, le tabac. Le cadre évolue constamment. Quant aux images de la femme, les publicitaires étrangers sont choqués par le nombre de femmes nues dans nos publicités. Alors qu'en France, c'est culturellement admis.

Le comportement du public à l'égard de la publicité évolue-t-il ?

Oui, et il faut en tenir compte. Il change, notamment en fonction du contexte économique. En période de crise ou de croissance, la publicité n'est pas acceptée de la même manière. Dans les années 1980, le public s'amusait beaucoup avec la publicité : c'était drôle, tendance, chic. Aujourd'hui, ce n'est plus le cas. En période de crise, la publicité pour le luxe, par exemple, est choquante. Il faut en tenir compte dans la création, éviter les publicités agressives, les rendre plus douces et plus neutres dans l'apparence, ne pas heurter le public.

Vous avez parlé de « maturité »[4] du public. Que vouliez-vous dire ?

Le public décode de mieux en mieux les mécaniques publicitaires, sans même en être conscient. Il est de plus en plus « immunisé » contre les messages publicitaires. Il voit où on veut l'emmener. Il a appris. Il décode très bien. Il a une lecture consumériste très précise.

Il faut en tenir compte, éviter les solutions simplettes, ne pas prendre le public pour un idiot. Les marques, depuis quelque temps, cherchent des affinités avec les consommateurs. La sympathie d'une marque est aussi due au ton avec lequel elle parle à ses consommateurs. L'injonction de la pub : « faites ceci ou faites cela », marche de moins en moins.

La provocation a disparu ?

Aujourd'hui, peu de marques se risqueraient à la provocation « extrême » de type Benetton ; les effets en sont très difficilement maîtrisables. La provocation reste un des outils de base de la publicité ; mais c'est une provocation partielle, des petits chocs maîtrisés. Tout le problème est de contrôler l'effet de ce que l'on produit. Peu d'entreprises demandent un « Benetton ». C'est un cas unique, qui en plus a été fait sans

agence, ce qui n'est pas un hasard. Jamais une agence n'aurait pu prendre le risque de faire une telle campagne. Les conséquences sur la marque ont été désastreuses.

Est-ce qu'il reste des tabous dans la publicité ?

Elle est encadrée par une législation très précise. Bien entendu, le jeu est d'être à la limite, non pas pour tricher par principe, mais pour s'exprimer le plus pleinement possible. Certaines marques jouent avec le « politiquement correct », en s'en moquant. Voyez Eram… Dans l'une de ses pubs, on voyait une autruche avec des bottes, et le texte disait « aucun corps de femme n'a été exploité pour cette publicité »… Le cadre éthique est normal mais le politiquement correct est parfois excessif.

Lorsque l'on parle de vous, on parle d'« impertinence », de « décalage ». Par rapport à quoi ?

Par rapport au côté moyen des gens. Si on montre une personne moyenne, avec un look moyen, un costume moyen, une maison moyenne, cela n'a aucun intérêt. Montrer toujours le côté décalé des choses, être impertinent, c'est le réflexe de base. Il ne faut jamais être là où on vous attend, c'est-à-dire au standard, à la moyenne. Je parle d'un produit de luxe comme s'il n'était pas cher ou inversement… C'est une nécessité d'impact.

Il existe tout de même des publicités qui mettent en scène des Français moyens ?

Oui, la banque a cette tendance. Mais une étude nous a montré que les gens ne s'identifiaient pas à quelqu'un de banal : plus une personne est décalée, plus un grand nombre de gens se reconnaissent en elle. Ce n'est pas parce que le consommateur est une personne moyenne qu'il s'identifiera dans la communication à une personne moyenne.

Pour vous, la publicité, c'est un art ? une culture ? un business ?

J'aime bien l'expression « art et commerce ». C'est un mélange. Pour les Français, tout est culturel. L'alimentation, le repos, le RTT, tout est culturel. Donc la publicité est nettement un élément culturel. Aux États Unis, tout est matériel : dans la publicité tout est présenté de manière plus matérialiste, la publicité française plus culturelle.

Quelles sont les grandes tendances actuelles dans la publicité ?

Je remarque l'européanisation des publicités. Nous faisons une publicité pour Lipton qui va passer dans une douzaine de pays. La pub Télé 2 a été produite pour 22 pays. La France prend du poids, en ce moment, sur ce marché publicitaire. Traditionnellement, le centre le plus sophistiqué pour la publicité était l'Angleterre. Mais elle a le défaut d'être très anglaise, pas européenne. C'est pourquoi, un certain nombre de campagnes européennes sont coordonnées en France. Ce qui crée d'ailleurs des contraintes supplémentaires… Notre actualité, c'est aussi l'ouverture de la publicité au secteur de l'édition. Cela provoque des débats chez les éditeurs et je travaille actuellement avec Flammarion et Frédéric Beigbeder. Il n'y a pas d'antériorité dans ce domaine. C'est très intéressant.

Quelle est la place de la télévision ?

Elle est prépondérante, incontournable, énorme, surtout en raison du coût. Cette situation est assez particulière à la France. Aujourd'hui, on note une légère montée en puissance du câble, ce qui est assez intéressant pour les petits annonceurs. On peut maintenant envisager de faire de la télévision sur des bases moins lourdes, éventuellement pour des éditeurs. En revanche, la distribution en France n'a toujours pas accès à la télévision, afin de protéger la presse écrite régionale. Mais cela risque d'évoluer et de produire un vrai tremblement de terre… En ce moment, les agences (en particulier les plus grosses) préparent ce changement ; parce que la distribution, c'est un budget extrêmement important.

Les publicitaires se défendent de l'accusation de manipulation en affirmant qu'elle n'existe pas puisqu'elle est visible, revendiquée. Qu'en pensez-vous ?

Je suis d'accord. Mais le mot manipulation est trop chargé négativement. C'est vrai qu'il y a dans la publicité, le désir de transformer les comportements. Mais si je manipule les gens pour qu'ils s'arrêtent de fumer, je le fais pour de bonnes raisons… Il y aurait manipulation s'il y avait des buts cachés, et si c'était fait de manière secrète. La publicité agit assez peu de manière cachée. Elle parle davantage des choses positives que des choses négatives, c'est vrai, mais elle le fait de manière non dissimulée. Ce sont des éléments avec lesquels on joue. La marque joue à manipuler en disant : « je cherche à vous manipuler, jouons ensemble ». C'est un dialogue assez quotidien. Il ne s'agit pas de propagande clandestine. Nous vivons d'ailleurs dans un cadre éthique et légal. Nous ne cherchons jamais à tricher.

Notes

1. Le 22 janvier 2004.
2. *Stratégies*, 18 décembre 2003.
3. *Ibid.*
4. *Ibid.*

le Sacre de **Napoléon**

Sous la direction de **Thierry Lentz**

Le beau-livre de référence sur

le Sacre

Le 2 décembre 1804, Napoléon fut sacré et couronné à Notre-Dame de Paris. Symbolisée par le grand tableau de David, cette cérémonie mythique qui émerveilla les amoureux de la légende fut d'abord un événement spectaculaire mais ambigu qui interroge encore les historiens.

Comment se déroula le Sacre, avec son protocole d'une grande complexité ? L'ouvrage montre qu'il fallut des prodiges d'organisation pour régler la cérémonie dans un délai très bref. Difficulté augmentée par des négociations sans fin avec l'entourage du Pape sur la place du religieux dans cette solennité qui s'acheva par un serment civil.

Si le Sacre ne fut pas l'unique fondement du régime impérial, il sembla nécessaire à Napoléon. Les réactions contrastées des contemporains, qui se pressèrent sur le passage du cortège dans Paris, et les témoignages des artistes complètent ce panorama.

Ce beau-livre original, à la fois essai historique et étude de l'iconographie impériale, est illustré de près de 180 œuvres, pour beaucoup rares ou inconnues.

HORS COLLECTION

Parmi les chefs de file de la nouvelle génération d'historiens de l'époque napoléonienne, **Thierry Lentz** *a notamment publié* Le grand consulat, Savary *et* La Nouvelle histoire du premier empire *(Fayard) ainsi que* Autour de l'empoisonnement de Napoléon *(en collaboration, Nouveau Monde éditions). Il est directeur de la Fondation Napoléon. Ont contribué à cet ouvrage : Emilie Barthet, Irène Delage, Peter Hicks, Karine Huguenaud, Chantal Lheureux-Prévost et Pierre Bontemps.*

49 € - 192 pages
ISBN 2-84736-036-0

nouveau monde
éditions

RECHERCHE – ACTUALITÉS

THÈSES

Pierre Van den Dugen, *Milieux de presse et journalistes en Belgique au XIXᵉ siècle (1828-1914). Des origines de l'État constitutionnel bourgeois aux débuts de la démocratie de masse,* thèse de doctorat en Philosophie et Lettres (Histoire), sous la direction de Jean Puissant, Université libre de Bruxelles, 2003, 582 pages (+ annexes).

Réducteur, le titre de la thèse ne reflète pas l'ampleur du travail de l'auteur. Son projet ne se limite pas à comprendre la manière dont se construit un milieu professionnel ou à restituer ce mouvement dans son contexte politique, économique, socioculturel. Il propose ce qui manquait tant à l'historiographie belge, jusqu'ici nourrie d'une multitude de monographies : une véritable histoire transversale de la presse au XIXᵉ siècle. Maîtrisant parfaitement les plus récentes problématiques de l'histoire des médias, Pierre Van den Dugen a forgé sa réflexion en rassemblant une documentation dispersée et, notamment, en exploitant avec pertinence papiers personnels et correspondances de patrons de presse et de journalistes.

L'étude, qui s'applique à mettre en évidence la version belge de la révolution médiatique, tandis qu'émergent les sociétés de masse, relie les premiers temps de la liberté d'expression en Belgique à la Grande Guerre. Elle se décline en trois temps. L'auteur analyse, d'abord, les conditions du développement de la presse, la progressive domination du modèle de l'information et des journaux « commerciaux », l'enracinement des pratiques de marché. Puis il souligne les heurs et malheurs du modèle concurrent, celui des journaux « doctrinaux » (socialistes, catholiques, libéraux), fidèles à la mission éducative du journalisme et soucieux d'indépendance à l'égard des grands intérêts financiers. Enfin, il s'attache aux effets de la massification de la presse : le triomphe irréversible de l'information et, surtout, la constitution d'un groupe professionnel dont les contours identitaires se dessinent, les journalistes.

Au fond, au-delà des spécificités nationales sur lesquelles Van den Dungen insiste justement (poids du catholicisme, contrastes entre la partie wallonne et la partie flamande du pays…), la Belgique présente un modèle de développement très proche de celui de la France. Aux facteurs généraux (historiques, économiques, culturels) s'ajoutent sans doute les influences des proscrits de 1848 puis la Commune, et des entrepreneurs français, venus faire fortune à Bruxelles. Les premiers se greffent aux rédactions ; les uns et les autres créent leurs propres titres et restent fidèles, consciemment ou non, à une certaine idée de la presse. Et puis, au cours du XIXᵉ siècle, les patrons de journaux belges font aussi régulièrement le voyage de Paris pour puiser, auprès de leurs confrères, les recettes qui leur permettront de conquérir de nouveaux publics.

Bref, tout contribue à alimenter les similitudes. Si bien qu'avec un décalage d'une ou deux décennies, la métamorphose de la presse belge ne surprend guère un observateur français. Trois périodes se dégagent. La première, de 1830 à la fin des années 1860 voit triompher la presse partisane ou doctrinale, au cœur de la construction de l'État. La liberté est entière, politique, bien sûr, mais aussi économique. *L'Étoile belge* marque, alors, l'époque de son empreinte en introduisant en Belgique les principes de la presse de Girardin. Puis, en vingt ans (fin des années 1860–fin des années 1880), tout paraît basculer. La grande presse populaire conteste aux quotidiens partisans leur prédominance. Le roman-feuilleton et le fait-divers conquièrent peu à peu un vaste public qui se détourne du débat politique. Enfin, la pé-

riode suivante enracine le succès des « journaux commerciaux » à fort tirage (*Le Soir, La Dernière heure*). Information, reportage, sport, nouvelles à grand spectacle séduisent un lectorat qui, toujours plus nombreux, ignore les feuilles partisanes. Socialistes ou catholiques ont beau dénoncer l'« américanisation » de la presse, déplorer le renoncement à la mission éducative du journalisme, et même adapter les contenus de leurs journaux aux nouveaux goûts supposés des classes populaires : rien n'y fait. Conjointement, tandis que les rédactions se gonflent et se hiérarchisent, s'affirme l'autonomisation du milieu professionnel. Les pratiques changent et, avec elles, se définit la conscience du groupe marquée, notamment, par la création de structures de solidarité (associations) et la volonté d'établir une frontière entre « vrais » et « faux » professionnels, journalistes authentiques et rédacteurs amateurs. Ainsi, irrémédiablement, le lien ancestral, qui unissait le journaliste et l'écrivain, se brise.

Sans doute l'auteur aurait-il pu s'attacher davantage aux itinéraires individuels ou se montrer moins discret sur les contenus. Mais la richesse de son information satisfait largement le lecteur exigeant. Alors, on ne peut que souhaiter la publication rapide — et complète — de cette thèse qui, d'ores et déjà, constitue une référence pour l'historien des médias.

Christian Delporte

Aurélie Luneau-Galy, *La BBC et les Français : de l'écoute à l'action, 1940-1944,* thèse de doctorat d'histoire sous la direction de François-Charles Mougel, Université de Bordeaux III Michel de Montaigne, 2003, 814 pages (+ annexes).

La guerre des ondes… Les historiens des médias comme les spécialistes de la Seconde Guerre mondiale savent ce qu'ils doivent à l'ouvrage pionnier dirigé par Hélène Eck, nourri par ses recherches et celles de ses co-auteurs, parmi lesquels Jean-Louis Crémieux-Brilhac. C'était en 1985. Dix-huit ans plus tard, Aurélie Luneau revisite la thématique et, tout en montrant l'importance du travail cité, le prolonge, le recentre, l'enrichit. L'originalité de sa thèse ne tient pas tant à l'analyse de l'histoire française de la BBC, de 1940 à 1944. Sur le plan chronologique comme sur le plan institutionnel (de la structure des émissions aux relations avec les Anglais), nous savions à peu près tout. L'apport essentiel est ailleurs, et d'abord dans le judicieux projet qui consiste à saisir le lien sensible noué, par le biais du micro londonien, entre les hommes de la France libre et leurs compatriotes espérant la libération prochaine. Autrement dit, Aurélie Luneau pose la question — fondamentale pour tout spécialiste de la radio — de la relation à l'auditeur, dans le contexte particulier de la guerre et de l'occupation. Les émissions de la BBC ne sont-elles qu'un instrument de soutien moral, un outil contribuant à entretenir l'esprit de résistance ? Ou pèsent-elles davantage, en mobilisant la population et en la conduisant à agir ? Ce qui revient à estimer le poids, central ou périphérique, de la BBC dans le développement de la Résistance en France, de 1940 à 1944.

S'appuyant sur de multiples sources, britanniques, françaises, allemandes, l'auteure nous montre que, de ce point de vue, les choses ont lentement évolué. D'abord, une poignée d'hommes créent une arme radiophonique : fin 1940, la BBC est devenue une radio de combat. Pourtant, ceux qui l'animent, Saint-Denis, Bourdan, Oberlé, Marin et les autres, mettent plusieurs mois à comprendre sa réelle influence. La prise de conscience s'éveille, d'abord, grâce aux lettres qui, transitant notamment par le Portugal, avec la complicité des postiers, des cheminots, des censeurs, finissent par arriver dans les bureaux de la radio londonienne. Aurélie Luneau les a étudiées minutieusement, et pour toute la période. Arrivant par centaines, écrites par toutes les catégories de la population, elles expriment l'émotion et la reconnaissance des auditeurs. Toutefois, elles ne permettent pas aux destinataires de mesurer l'exact degré de résistance des Français. C'est un événement précis qui va décider du changement stratégique de la BBC : les manifestations d'étudiants, de jeunes, de communistes, le 11 novembre 1940. Son succès agit comme un révélateur : Radio-Londres doit user de son écho pour favoriser la mobilisation et la résistance civile. Brusquement, la BBC bascule « *de la guerre des mots à la guerre d'action* », bientôt favorisée par le relais essentiel de la Résistance intérieure qui, peu à peu, prend corps en France. Dès le 1ᵉʳ janvier 1941, la BBC lance ses premiers mots d'ordre, appelant les Français à faire le vide dans les rues des villes et des villages durant une heure. Puis l'action prend de l'ampleur : campagnes des « pièces de nickel », des «V », manifestations des 1ᵉʳ mai, 14 juillet, 11 novembre, etc. Aurélie Luneau analyse les succès, mais aussi les échecs, des multiples mobilisations : l'effet d'entraînement montre ses limites, dès que la BBC n'est plus en mesure d'estimer l'état d'esprit des Français. Elle souligne, avec pertinence, les hésitations et les erreurs tactiques parfois, la tentation — inévitable dans la logique de « guerre des ondes » — de la désinformation, les relations — parfois complexes — avec la Résistance intérieure, indispensable relais ; enfin, les liens avec les auditeurs qui découlent des orientations nouvelles et des répliques de l'occupant et de Vichy. À juste titre, l'ouvrage conclut sur le rôle essentiel de la BBC dans l'évolution de l'opinion et la structuration de l'action résistante. Les seuls regrets qu'on exprimera concernent le caractère étonnamment allusif de la thèse sur les messages codés et la surprenante discrétion sur les documents sonores que l'auteure cite pourtant dans l'exposé des sources (INA et British Library Sound Archives). Il reste que le travail d'Aurélie Luneau s'inscrit comme une référence majeure pour l'histoire de la radio, mais aussi pour l'histoire de la Résistance. Bientôt publié, sa qualité scientifique a déjà été saluée par l'attribution méritée du prix de la recherche de l'Inathèque de France, fin 2003.

Christian Delporte

Jean-Matthieu Méon, *L'euphémisation de la censure. Le contrôle des médias et la protection de la jeunesse : de la proscription au conseil*, thèse de doctorat en sciences politiques, sous la direction de Vincent Dubois, IEP de Strasbourg (université Robert Schuman), 2003.

Trois repères peuvent aider à cerner ce travail.

Il se fixe sur les dispositifs institutionnels qui ont organisé des formes diverses de censure sur des biens culturels au nom de la protection de la jeunesse. L'attention de l'auteur se fixe cependant pour l'essentiel sur la question des illustrés et publications pour la jeunesse, puis sur celle de la télévision (contrôles, signalétiques), laissant assez explicitement de côté les productions cinématographiques.

En second lieu l'analyse se structure autour de séquences jugées critiques. Il s'agit au premier chef du vote de la loi de 1949 relative au régime des publications pour la jeunesse, puis sur les diverses séquences qui aboutissent (bien après l'ère du « carré blanc ») à la mise en œuvre d'une signalétique visible sur l'écran lors de la diffusion de certains programmes. Ce travail est servi par une enquête multiforme et attentive qui conjugue analyses de débats parlementaires, d'archives diverses, entretiens, observation participante au sein du CSA.

Enfin, la thèse de Jean-Matthieu Meon recèle… une thèse (ce qui ne va toujours de soi). La condenser dans l'idée de civilisation du contrôle serait durcir la référence plus distante qui est celle de l'auteur à Norbert Elias. Parlons donc plutôt d'une euphémisation graduelle des processus de contrôle, d'un glissement de dispositifs fonctionnant à la contrainte et à la prescription, vers des dispositifs où le contrôle passe par le conseil et la concertation, est plus encore déplacé vers les diffuseurs qui s'autolimitent, anticipent sur un cadre de définition du permis et du convenable issu des échanges avec les instances de contrôle. Les analyses de cette thèse montrent d'ailleurs à quel point les conseillers du CSA ont bien souvent des trajectoires sociales qui ont fait d'eux des acteurs du monde de la télévision avant d'en être les régulateurs. On recommandera tout spécialement la lecture du chapitre final qui manifeste la force d'une présence bien problématisée sur son « terrain », et met en évidence le dissensus sourd entre les « conseillers » souvent très (trop ?) sensibles aux impératifs pratiques et commerciaux des chaînes et les « chargés de mission » administratifs, souvent plus critiques, parfois quelque peu désabusés.

Au fil d'une soutenance très consensuelle, le jury a rendu hommage aux qualités de l'enquête, à la finesse d'un regard ethnographique, à la consistance de la thèse soutenue. Formulées plus en mineur les interrogations critiques étaient aussi convergentes : l'accent mis sur des séquences critiques ne restreint-il pas une vision plus globale et panoptique des évolutions ? Une présentation parfois plus synthétique n'aurait-elle pas produit une cartographie plus nette des institutions et réseaux que met en branle la cause de l'enfance ? Le glissement vers les autocontrôles est-il une marque de civilisation de la programmation ou une licence pour les chaînes les plus commerciales ? Autant de questions que les prochains textes de J.-M. Meon sauront éclairer.

Erik Neveu

Gilles Bastin, *Les professionnels de l'information européenne à Bruxelles. Sociologie d'un monde de l'information (territoires, carrières, dispositifs)*, thèse de doctorat en sociologie, sous la direction de Catherine Paradeixe, ENS Cachan, 2003, 637 pages.

L'étude des pratiques professionnelles des journalistes donne lieu, depuis quelque temps, à une abondance de travaux sociologiques qui permettent de mieux saisir la complexité du processus de production de l'information. La thèse de Gilles Bastin sur « Les professionnels de l'information européenne à Bruxelles » ne déroge pas à la règle, mais présente par rapport aux études existantes, une double originalité : elle favorise d'abord, en se penchant sur un cas de figure étranger, un véritable décentrement par rapport aux approches jusqu'ici très franco-françaises ; elle adopte ensuite une posture méthodologique et théorique inédite dans ce domaine, en empruntant la plupart de ses analyses aux travaux de l'École de Chicago et à l'approche interactionniste.

Le sous-titre de cette recherche, « Sociologie d'un monde de l'information (territoires, carrières, dispositifs) » résume parfaitement l'objectif poursuivi : comprendre, en se plaçant au cœur de la relation qui lie les institutions européennes (notamment la Commission) et les professionnels présents à Bruxelles (journalistes, chargés de communication, de relations publiques…), comment se construit un « monde social » particulier (pour reprendre la terminologie d'Howard Becker), celui de l'information avec ses règles de fonctionnement, ses codes rhétoriques, sa division du travail, ses controverses, etc. Pour ce faire, Gilles Bastin fait preuve d'une réelle audace et d'une grande inventivité méthodologiques, au risque de désarçonner, au premier abord, son lecteur. Multipliant les échelles et les angles d'observation ; mobilisant un nombre impressionnant de travaux français, allemands et anglo-saxons de sociologues, d'économistes, de linguistes, de philosophes ; construisant son travail sur le modèle d'une mosaïque, il réussit cependant, par une savante composition, la gageure de constamment maîtriser son sujet. Refusant de définir *a priori* la profession de journaliste, il adopte une méthode inductive en tirant peu à peu les leçons que révèle l'enquête de terrain.

Le premier objet d'analyse est celui des différents « territoires » de l'information, en particulier celui du Centre de presse de la Commission Européenne qui est fondé sur un ordre négocié du travail avec des procédures institutionnelles précises (accréditation, règles de prise de parole, dispositifs matériels, etc.). La sociographie du milieu des accrédités et l'étude de l'économie politique de l'information viennent compléter ce tableau qui laisse transparaître l'existence d'un espace de l'information (« le district européen ») et d'une organisation du travail reposant principalement sur des réseaux, sur la sous-traitance et sur un modèle d'activité free-lance.

Le deuxième axe de réflexion est consacré (à partir notamment d'un corpus d'offres d'emploi) aux « carrières » des professionnels de l'information. Celles-ci les conduisent à s'engager dans des relations d'emploi multiples avec tous ceux qu'ils côtoient (institutions, médias, ONG, *think tanks*…) : les mouvements des professionnels sont en quelque sorte contraints par une tension constante entre la logique de la profession journalistique (engagement professionnel) et les nombreuses opportunités qui se présentent à eux (engagement local). Les niveaux de l'engagement professionnel apparaissent alors comme des stratégies de portefeuille et de gestion d'une identité professionnelle plutôt que comme le produit de déterminations uniquement macroéconomiques.

La dernière partie s'attache à examiner les « dispositifs » c'est-à-dire les produits de l'information, l'ordre des mots et des discours dans le monde de l'information européenne. Une analyse détaillée des processus de diffusion des citations prouve que l'information est en fait un travail de coproduction entre divers acteurs (sources, journalistes, gens du desk, etc.). L'analyse lexicale d'articles de presse tirés du *Monde* et de *Libération* est tout aussi instructive et illustre le contraste entre deux modes de couverture des décisions de la Commission : l'une précautionneuse, l'autre engagée.

L'idée centrale qui se dégage finalement de la thèse est celle d'une réelle complexité et d'une forte labilité de ce marché du travail. Gilles Bastin remet partiellement en cause le modèle traditionnel de diffusion de l'information (celui du « flow ») et dévoile, d'une certaine manière, le glissement progressif d'un journalisme d'information à un journalisme de marché. On regrettera cependant que son travail ait tendance à sous-estimer les différences nationales qui pèsent à la fois sur les représentations et sur les pratiques du métier. On peut, en outre s'interroger sur les limites d'une approche interactionniste qui néglige la distribution inégale des compétences entre ces professionnels tout comme le poids des rapports de force qui s'instaurent entre les médias et leurs représentants à Bruxelles. Il n'en demeure pas moins que cette étude, par l'ampleur et par la qualité de la réflexion proposée, constitue une recherche de première importance pour la compréhension de l'activité journalistique aujourd'hui.

Rémy Rieffel

Magali Prodhomme, *La place du discours sur l'éthique dans la construction de l'espace et de l'identité professionnelle des journalistes*, thèse en sciences de l'information et de la communication, sous la direction de Jean-François Tétu, IEP de Lyon, Université de Lyon II, 2003, 2 tomes (+ 2 tomes annexes).

L'ouvrage oscille entre l'analyse de l'apport des historiens de la presse et du journalisme qui revisitent les discours tenus sur l'identité professionnelle des journalistes, et la conduite d'une enquête menée en 2000-2001, auprès des syndicats de journalistes et de responsables des syndicats des éditeurs de journaux et agences de presse, matériau que complète un corpus composé de chartes rédactionnelles, de manuels de style et autres textes fournis lors des enquêtes.

La thèse se distingue, d'abord, par sa richesse documentaire. Centrée sur les discours tenus à propos de considérations éthiques et déontologiques, elle se nourrit d'une analyse des propos tenus dans divers bulletins des syndicats de journalistes (1987-2001) et d'entretiens réalisés par Madame Prodhomme. Magali Prodhomme analyse, notamment, des textes parus dans *Le Journaliste, Journalistes CFDT, La Morasse, Témoins*, et un corpus d'entretiens réalisés avec des responsables patronaux (FNPF, SPQR, FFAP et l'Association des employeurs du service public audiovisuel). Conjointement, la thèse revisite l'apport d'historiens tels Jean Sgard, Pierre Rétat, Marc Martin, Gilles Feyel, Christian Delporte, des sociologues ou des socio-anthropologues — Cyril Lemieux, Denis Ruel-

lan, etc. — et le travail réflexif de journalistes, responsables rédactionnels ou responsables d'entreprises de presse (tels Daniel Cornu et Henri Pigeat). S'y ajoute un matériau portant sur 18 titres de la PQR, trois titres de la PQN, deux hebdomadaires, quatre organisations de l'audiovisuel public et de TFI, cette dernière peu loquace au demeurant. Magali Prodhomme a mené, par ailleurs, en 2000, une enquête auprès des écoles de journalisme, afin de cerner la place faite à la formation déontologique.

De ce matériau divers, hétéroclite parfois, il ressort tantôt un discours incantatoire, tantôt des éléments qui permettent de cerner comment au cours des années 1980-1990, certaines rédactions et syndicats affinèrent leurs positions et textes de référence en matière de chartes rédactionnelles et de déontologie. Il est des rédactions où l'effort entrepris paraît d'autant plus convaincant que l'on peut identifier sa portée dans le fonctionnement même, au jour le jour, de la production et du traitement de la copie ; c'est lorsqu'on met ainsi « la main dans le cambouis » qu'échappant au seul discours de confrontation — « patrons » contre syndiqués — les réalités des conditions du travail apparaissent. Cela étant, comme le remarquèrent divers membres du jury, la thèse de Magali Prod-homme apporte également l'illustration que le « patron de presse » tient à faire respecter le sens de la hiérarchie dans l'entreprise.

Inscrit dans une longue durée et faisant explicitement référence à Norbert Elias, qui s'insurgea contre « le repli sur le présent » comme prisme déformant des « réalités du passé », le travail procède tantôt par « grands zooms », tantôt par une analyse serrée des acceptions de certains mots-clés. Ainsi, « l'honneur » du journaliste en 1880 — affaire d'appréciation indivi-duelle pour l'essentiel, devint par la suite « dignité professionnelle » et terme identitaire dans la défense des intérêts d'une profession, et ce depuis la création du SNJ et de sa charte constitutive (1918), la loi Brachard de 1935, et les tentatives de refondation de la presse à l'issue des années de l'Occupation, de la collaboration et des procès qui s'en suivirent. Plus d'un demi-siècle plus tard, l'enquête de Magali Prodhomme s'avère un com-plément utile aux travaux entrepris par Louis Guéry, du CFJ, et à ceux d'autres responsables de formation, qui, vers 1990, analysaient déjà les dis-cours à propos de la déontologie. Elle pointe aussi, parfois, la difficulté qu'éprouvent le praticien et l'univer-sitaire à se comprendre. En témoigne cet extrait d'un responsable d'un heb-domadaire régional, soucieux d'aider « la doctorante » dans sa démarche, qui prévient : « Prenez garde au langage universitaire dans vos relations avec les professionnels ; des expressions comme « la construction discursive de l'espace professionnel des journa-listes » les font hurler de rire ! »

Michael Palmer

Annick Batard, La critique journalistique des cédéroms culturels, entre pro-motion commerciale et invention d'un genre, thèse de doctorat en sciences de l'information et de la communication, sous la direction de Pierre Moeglin, université de Paris 13, 2003.

L'objectif de la thèse est d'examiner « comment et dans quelle mesure la presse écrite a contribué au processus de légitimation du cédérom comme produit culturel, par le biais d'une cri-tique spécifique.» Annick Batard a tra-vaillé sur un terrain difficile à définir. Au fur et à mesure de l'accroissement du nombre de cédéroms analysés, elle a constaté combien les catégories étaient peu aisées à établir précisément. Les cédéroms décrits par les critiques se rattachant à un ou à plusieurs des pôles, le ludique, l'éducatif, le pratique, le culturel, elle les a défini comme des cédéroms « ludo-éduco-pratico-culturels ». Les enquêtes de terrain prennent en compte les cédéroms produits jusqu'à la fin 1999. La période suivante ne présente pas les mêmes éléments que la précédente. Entre autres changements, se distingue l'essor des supports de type DVD.

La problématique de la thèse est construite en mettant en perspective des recherches antérieures sur différents objets et notions : le produit culturel, le texte, la presse écrite, le genre, l'espace public. Les travaux de très nombreux auteurs sont ainsi croisés et notamment Bernard Miège, Roger Chartier, Maurice Mouillaud et Jean-François Tétu, Antoine Compagnon, Jürgen Habermas.

Afin de comprendre comment la presse écrite, et notamment la critique journalistique, peut fonctionner comme une instance de légitimation, Annick Batard a cherché à mettre à jour les différents liens qui unissent les industriels des logiciels et les journalistes de la presse généraliste. Ces deux « milieux », aux logiques parfois différentes, voire antagonistes, peuvent s'allier. La « *médiation critique* » permettrait un certain *modus vivendi* où les deux parties, industriels et journalistes, travaillent ensemble. Annick Batard a cherché aussi à analyser les connivences, les collaborations qui se sont installées entre les attachés de presse et les journalistes. Elle s'est appliquée à relier les stratégies, les influences et les discours des différents acteurs, en tenant compte de l'imbrication complexe des intérêts de ces acteurs. Certains groupes de presse développent des critiques sur des cédéroms qu'ils produisent eux-mêmes ou que produisent des sociétés appartenant au groupe industriel et financier dont ils dépendent.

La proposition centrale formulée au début de la recherche se trouve confirmée : la critique journalistique spécialisée a contribué à asseoir la légitimité du cédérom comme produit culturel. La critique journalistique était quasiment la seule au départ, même s'il s'est développé une sorte de chaîne de légitimation par la suite. Si la presse écrite généraliste n'avait donné aucun écho aux cédéroms par le biais d'une critique spécifique, affirme Annick Batard, probablement n'y aurait-il pas eu de cédéroms « ludo-éduco-pratico-culturels », tels que nous les connaissons encore aujourd'hui.

Elle souligne également que l'étude du processus de légitimation des cédéroms « culturels » par le biais d'une critique spécifique a mis en lumière trois grands types d'enjeux, qui sont autant de pistes pour de futures investigations. Le premier concerne l'interrogation de l'extension de l'espace public culturel ou de celui du domaine marchand. Une tension se fait jour. Alors que la critique journalistique des cédéroms « culturels » témoigne d'un élargissement de l'espace public consacré à la culture et aux arts, les stratégies mises en place par les industriels des logiciels de loisirs révèlent plutôt les volontés de marchandisation des loisirs et de la culture. Mais la contradiction n'est pas antagonique. L'ambivalence régit l'action de la critique qui permet le débat public, mais qui fait aussi exister un marché. Probablement, cette ambivalence est-elle celle de tous les biens culturels, à l'ère de leur industrialisation.

Le deuxième enjeu concerne les questions de pratiques professionnelles. Comment les déterminations économiques et financières influencent-elles les pratiques des journalistes ? Certes, les deux parties travaillent de concert, mais les journalistes ne sont-ils pas parfois contraints d'accorder plus de « place » aux grosses productions (jeux vidéo à gros budget) au détriment de certaines œuvres plus créatives ? Les raisons économiques ne sont-elles pas parfois trop fortes, au détriment des « goûts » du journaliste ? Surtout, lorsque le journal dans lequel il écrit est directement partie prenante de tel ou tel grand groupe multimédia producteur de cédéroms, par exemple.

Enfin, un troisième enjeu relève des questions d'œuvres, de genre et même plus largement de poétique (au sens de la fonction poétique de Jakobson) multimédias. Ne faut-il pas voir un certain lien entre « produit culturel », « œuvre » et « genre » ? De même que des « genres » littéraire et cinématographique se sont construits, de même un genre d'œuvres multimédias (*off-line* sur cédérom et *on-line* sur Internet) fait son apparition, avec des sous-genres (jeux vidéo, encyclopédies, musées…) dont certaines œuvres ou esthétiques caractérisent le genre.

Philippe Bouquillion

Colloques et journées d'études

Hommes de médias, hommes de culture, de 1945 à nos jours

L'originalité de la journée du 19 décembre 2003 à l'INA résidait à la fois dans la forme de la rencontre et dans le thème choisi par les organisateurs (Agnès Chauveau et Christian Delporte). Il s'agissait d'étudier les relations entre les médias et la culture à travers la confrontation des chercheurs et des professionnels des médias.

La matinée était réservée aux études portant sur la presse écrite. Dans le domaine de la culture littéraire, Patrick Eveno a souligné la filiation entre les feuilletons du *Temps* et les suppléments du *Monde*. Au sein de ces publications, Patrick Kechichian a souligné, en réponse, la spécificité de l'origine culturelle de celui qui tient le feuilleton (il est « critique littéraire » lorsque les autres membres de la rédaction sont « rédacteurs journalistes »). Passant aux mobiles de la critique, Laurent Martin a montré que les jugements de Francis Jeanson héritaient, à la fois, de son engagement citoyen et de son expérience d'homme de théâtre et de cinéma. Ses choix étaient souvent plus politiques qu'esthétiques. À *France-Observateur*, étudié par Philippe Tétart, les deux registres se mêlaient, dans la perspective de créer un journal, guide culturel. Enfin, à travers l'exemple du *Figaro littéraire,* c'est la culture historique

transmise qui a été analysée par Claire Blandin, puis par Alain-Gérard Slama.

Le partenariat avec l'INA a permis la diffusion de nombreux extraits, audiovisuels ou sonores, lors de l'après-midi consacrée à la radio et à la télévision. Yannick Dehée, assisté par Jean-Jacques Bernard, s'est interrogé sur la place de la culture cinématographique à la télévision française. Rappelant la coïncidence de la naissance de la télévision et de la cinéphilie en France, la diversité des émissions qui se sont succédé en quarante ans, ils n'ont pu que constater l'abandon actuel de tout projet pédagogique dans ce domaine. Seules les chaînes du câble permettent parfois l'ouverture vers d'autres cinémas ou vers des discours sortant du promotionnel.

« Lectures pour tous » reste sans doute, dans l'imaginaire collectif, comme l'émission ayant porté la culture littéraire à l'écran. Sophie de Closets a souligné qu'elle fut un espace d'innovation pour une équipe d'hommes cultivés, porteurs d'un langage audiovisuel nouveau, tandis que Pierre Dumayet, lui, a revendiqué la notion d'amateurisme, en se félicitant de la liberté qu'il offrait. Il a sans doute permis de saisir un peu de la personnalité d'écrivains peu préparés à l'exercice, dont Dumayet prenait le temps d'écouter les paroles et les silences.

C'est que la question de la médiation de la culture est bien centrale. Karine Le Bail a montré comment elle faisait évoluer la programmation de France-Musique(s). Ses auditeurs lui reprochent, en effet, tantôt de « trop parler », tantôt de ne pas être assez pédagogique. Directeur adjoint de la station, Olivier Morel-Maroger a confirmé les nouvelles difficultés posées dans ce domaine par l'explosion de l'offre, soulignant aussi que la radio reste l'outil le plus adapté à l'appréhension du langage de la musique.

Si elle n'a, bien sûr, pas fait le tour de la question posée, cette journée a donné lieu à des débats riches et foisonnants. On peut donc souhaiter qu'aboutisse le projet des organisateurs de renouveler la rencontre l'an prochain sur « Livre, littérature et médias ». La formule des regards croisés des chercheurs et des hommes de médias s'est révélée très intéressante. L'étude du domaine culturel confirme, pour la presse écrite, le processus de professionnalisation et la rupture entre les milieux journalistiques et littéraires. Mais elle montre aussi la montée en puissance d'un journalisme de compte rendu, centré sur l'actualité de la production culturelle. La culture quitterait donc le divertissement pour se rapprocher de l'information. La radio et la télévision ont, elles, mis en place une méditation nécessairement plus consensuelle que celle de la presse écrite. Mais elles cherchent toujours à jeter des ponts entre la culture du petit nombre et celle de la masse du public.

Claire Blandin

Nouvelles pratiques d'information : extension ou dérive du journalisme ?

Ces journées d'études des 24 et 25 octobre 2003 s'inscrivent dans le cadre du programme de recherche « Hybridation et création des genres médiatiques : réalités, représentations et usages des transformations de l'information », mené par un réseau de chercheurs appartenant à des laboratoires situés en France, au Canada, au Brésil, et à La Réunion.

La démarche est fondée sur l'élaboration d'une problématique commune (encadrée par R. Ringoot et J.-M. Utard) et sur des études de terrains différents réalisées par des équipes pluridisciplinaires. Initiée à Lannion (ONTICM/CRAPE) en 2001, sous l'impulsion de F. Demers, à l'issue du programme consacré à la presse en ligne[1] piloté par D. Ruellan, cette recherche donnera lieu à plusieurs publications (premier volume en septembre 2004). Les journées de Strasbourg accueillies par le GSPE ont été précédées par d'autres réunions organisées, de janvier 2002 à mars 2003, par les membres des structures impliquées : Médias et identités (F. Rebillard, Lyon), le CELSA (V. Jeanne-Perrier), le Laboratoire de journalisme de l'Université Laval de Québec (F. Demers), le GRAM (Paris). Les prochaines rencontres se dérouleront en septembre 2004 à Lannion à l'occasion du colloque « Genres journalistiques : savoirs et savoir-faire », et à Aix (D. Augey, CAE).

L'enjeu de ce travail coopératif est de rendre compte du journalisme à travers la métamorphose des genres journalistiques étudiée dans une perspective socio-discursive. Partant du postulat que le journalisme n'a jamais eu l'homogénéité qui lui est généralement attribuée, les chercheurs se proposent de montrer que les transformations qui l'affectent ne sont pas des formes de dilution dans des pratiques communicationnelles qui lui seraient étrangères, mais le résultat d'une dynamique propre à la pratique journalistique elle-même. Alimentée par les travaux questionnant les genres journalistiques, la notion de genre discursif, les genres de journalistes et de journalismes, la réflexion a permis de définir les genres comme ensembles de règles qui régissent la pratique discur-

sive des journalistes, cette pratique étant elle-même conçue comme interaction entre différentes contraintes. Les mutations ne sont pas alors pensées comme brouillage ou confusion de genres, mais comme travail sur les règles génériques, processus de transformation et d'invention de règles dans un contexte d'évolution.

Inspirée par Michel Foucault, qui postule l'hétérogénéité de contenus et de formes d'une *formation discursive* tout en objectivant des frontières historiquement construites, la proposition envisage le journalisme en termes de *dispersion* et non pas en termes d'inférences ou de différences. Dans cette perspective, le journalisme est une pratique discursive qui articule des interactions entre des facteurs hétérogènes mais reliés : acteurs professionnels (journalistes, législateurs, entrepreneurs), publics (destinataires ou non), sources (institutionnelles ou privées). Ainsi, le journalisme met en jeu et produit aussi bien des normes linguistiques et discursives que professionnelles, sociales, culturelles, idéologiques. Si la question de l'origine du journalisme n'est pas pertinente dans ce travail, celle de l'apparition de formes journalistiques et de leur transformation est centrale. Les terrains d'observation choisis éclairent les marges selon deux axes : 1) l'étude des pratiques discursives des journalistes professionnels articulées sur d'autres univers de discours (paroles de femmes

---

1. Damian B, Ringoot R., Ruellan D., Thierry D. (dir), *Inform@tion.local. Le paysage médiatique à l'heure électronique*, L'Harmattan, 2001.

et journalisme de la presse féminine) ou articulées sur d'autres contextes socio-culturels et politiques (le journalisme sur l'île de la Réunion et un espace public en formation ; journalisme et pratiques de communication de la société civile au Brésil ; le concept de communication publique au Québec) ; 2) l'étude de l'émergence de pratiques aux marges du journalisme professionnel qui se développent aujourd'hui dans la presse écrite par la multiplication des journaux gratuits ou des magazines de marque et dans les publications en ligne de nouveaux opérateurs (les collectivités locales et territoriales), ou de nouveaux acteurs espérant y développer une information libérée de toute contrainte (« webzine » et « weblog »).

Chacune de ces études montre comment les interactions entre les sources, les journalistes (légitimes ou non), les publics, produisent des normes de genres spécifiques à leurs champs d'action et contribuent à la diversité du journalisme. On repère d'ores et déjà l'émergence d'un genre auto-journalistique par l'intégration des instances rédacteurs/source/public (weblogs), l'émergence d'un nouveau public pour l'information générale (gratuits), l'émergence d'un journalisme d'enseigne (magazine *Épok*), la radicalisation de positions hybrides (« public-source » et « expert-journaliste ») dans les magazines féminins.

Roselyne Ringoot

Le témoignage photographique

Le témoignage photographique était le thème de la journée d'étude organisée par le Pôle Images-Sons et Recherches en Sciences Humaines (Maryline Crivello) et par le Pôle Villes (Samuel Bordreuil), le 16 décembre 2003, à la Maison Méditerranéenne des Sciences de l'Homme (MMSH, Aix-en-Provence).

Le premier exposé était consacré à l'album photographique du dispensaire La Mouche-Gerland (1929-1936). Stéphanie Samson puis Vincent Lemire ont raconté une belle histoire scientifique : celle de la genèse de *Baraques*[1],

ouvrage couronnant une recherche menée par de jeunes historiens de l'ENS LHS depuis 1998. Soucieux de mener une opération de « sauvetage de la mémoire » du quartier de Gerland, dans la banlieue lyonnaise, ceux-ci ont d'abord réalisé un documentaire consacré à une usine avant sa destruction (*Attaches*, 2001). L'album photographique du dispensaire catholique a complété leurs informations sur ce quartier où vivaient, dans la misère, des ouvriers français, italiens et espagnols de l'entre-deux-guerres. Le corpus a fait l'objet d'un travail d'historien qui a abouti à une double production : une exposition et *Baraques*, conservant aux photographies leur statut de documents et non pas d'illustrations. L'intervention de Laurence Américi, auteur d'un article sur l'histoire du dispensaire, a été l'occasion de découvrir la version multimédia de son texte, prochainement accessible sur le Web dans le cadre de l'expérience du *Recueil électronique*[2] du Pôle Images-Sons (MMSH). Cette communication à trois voix a donc démontré de manière incontestable la richesse du thème médias-histoire, ainsi que la complémentarité des différents supports de communication — écrit, oral, photographique, filmique et multimédia — pour rendre compte du travail scientifique.

L'exposé suivant concernait un corpus de photographies données aux Archives de Marseille, en 1996, par la Société des excursionnistes marseillais. Mêlant plaques de verre, albums, tirages d'originaux et cartes postales, cet ensemble de 17 000 photographies, présenté par Marie-Noëlle Perrin, attachée de conservation aux Archives de Marseille, témoigne de l'activité de l'association fondée en 1897. Son succès fut croissant et plusieurs de ses membres s'adonnèrent à la photographie amateur. L'étude de Marie-Françoise Attard-Maraninchi, historienne, s'est principalement portée sur les origines de la société de 1897 à 1914. Elle indique, grâce à plusieurs sources — photographies, cartes postales, bulletins annuels de la société, histoire orale —, que la société proposait l'excursion comme un antidote à la civilisation urbaine. Par ailleurs, cette collection transmet, comme témoin de son temps, une partie de l'histoire sociale de Marseille.

L'après-midi, animée par Jean-Marie Guillon, s'est déroulée autour du travail de Jacques Windenberger, qui se définit lui-même comme un « journaliste-reporter-photographe ». Depuis près de cinquante ans, ses photographies témoignent de la vie quotidienne — habitat, travail, loisirs — de la seconde moitié du XXe siècle. La projection de clichés de Sarcelles, premier « grand ensemble » périurbain en France, ainsi que de Marseille et de Porto Alegre, a cette fois permis de questionner la photographie du côté de sa production. Suscitant de vives réactions, cette intervention a soulevé des questions cruciales pour la recherche : nécessité de replacer l'image dans son contexte de création, ou encore difficulté de dénoncer le sort des populations défavorisées sans faire de misérabilisme.

Cette journée interdisciplinaire, féconde, tant du point de vue des contenus que de la méthodologie, a ainsi permis de saisir la diversité de la source photographique.

Mayalen Zubillaga

---

1. Lemire Vincent, Samson Stéphanie (dir.), *Baraques. L'album du Dispensaire La Mouche-Gerland 1929-1936*, ENS Éditions (Lyon) / Éditions Le Temps qu'il fait (Cognac), 2003.

2. http://www.mmsh.univ-aix.fr/recueil

Atelier doctoral de la SPHM

La deuxième édition de l'atelier doctoral, qui a eu lieu le 24 janvier 2004 à l'Institut d'Études Politiques de Paris, a, une fois encore, confirmé le dynamisme et la diversité des recherches en cours sur les médias. Sept doctorants se sont ainsi succédé en suscitant à chaque fois, auprès du public, intérêt et questionnement.

Dans la problématique des représentations évoquée lors de la matinée, Isabelle Flahaut-Domergue (Univ. Paris I), en travaillant sur la France libre en images, a tout d'abord montré la nécessité d'étudier précisément les conditions de production des images fixes ou animées. Analyser leurs fonctions pour les Français libres ou présenter la mise en scène des thèmes et des événements ne saurait se comprendre sans l'identification des multiples producteurs, l'organisation des structures concernées ainsi que l'évolution de leurs relations.

Plus contemporain, Denis Guthleben (Univ. Paris I) a tenté, quant à lui, de réconcilier histoire des relations internationales et histoire des médias en étudiant l'image des États-Unis à la télévision française depuis 1995. Mais c'est surtout une histoire de l'anti-américanisme télévisuel qu'il se propose de démonter à travers une sélection de thèmes (comme la peine de mort) permettant d'analyser la fascination/répulsion à l'égard du géant américain, perçu dans le discours journalistique français.

Scylla Morel (Univ. Versailles-St-Quentin), en observant les représentations des « tabous » dans le dessin de presse depuis les années 1960, a posé la difficile question du rôle du dessinateur de presse dans l'évolution des sujets sensibles auxquels est confrontée une société à une période donnée. L'image et l'humour aident-ils plus efficacement que les mots à briser les silences ? L'usage des stéréotypes n'encourage-t-il pas au contraire au dérobement face à l'enjeu d'un débat ? Ces questions seront abordées à travers une approche comparatiste puisque dessins de presse français et britanniques composeront le corpus de cette thèse.

La seconde demi-journée abordait la question du circuit de l'information. Rhoda Desbordes (Univ. Paris III) a ainsi présenté les grands axes d'une thèse bien avancée sur les agences internationales d'information en Amérique du Sud (1874-1919). Il apparaît que, face à la concurrence, le rôle de l'agence Havas a été prépondérant dans l'implantation et le développement du réseau d'information. La stratégie et le pragmatisme des dirigeants londoniens, soucieux de détenir un monopole, et la mise en place progressive de bureaux et de correspondants ont contribué à révéler un continent à part entière aux yeux des Européens et des Américains.

À travers l'analyse des formes du journal parlé de France Inter au temps de l'ORTF (1964-1974), Béatrice Donzelle (Univ. Versailles/St-Quentin) a, pour sa part, clairement dressé les évolutions d'un discours journalistique et ses nécessaires adaptations. Adaptation, d'une part, à la concurrence des radios périphériques puis de la télévision par l'adoption d'un ton plus rythmé et l'offre d'une information plus fréquente et plus proche des auditeurs. Adaptation, beaucoup moins contraignante d'autre part, aux changements politiques : dès 1968, la rédaction renouvelée de France Inter ne cache plus son soutien aux gouvernements successifs en entretenant un discours journalistique flou et déséquilibré, aux dépens de l'opposition.

Par une enquête de terrain au sein même des rédactions, le sociologue Nicolas Hubé (IEP Strasbourg/FU Berlin) a observé les logiques nationales de production de l'actualité et la mise en place, dans la presse allemande, d'une routine du travail journalistique dans un contexte de guerre, en l'occurrence le conflit irakien du printemps 2003. L'étude des mécanismes organisationnels démontre l'inévitable prépondérance prise par l'événement dans la hiérarchie de l'information mais également son rapide essoufflement au bout de trois semaines. Comment renouveler une information limitée entre la routine du terrain et l'incertitude des avancées diplomatiques ? Comment, pour une rédaction, résoudre la difficile préservation d'une tradition journalistique, celle du culte du « fait passé et vérifié » et la soumission aux impératifs de bouclage serré d'un quotidien ? L'exercice rappelle que la question du lectorat reste un enjeu fondamental et qu'une crise internationale peut parfois aider à combattre une crise de la presse.

C'est à l'étude du lectorat que s'est d'ailleurs attachée Marie-Christine Lipani (Univ. Paris III) en témoignant de la difficulté, pour le chercheur, de mener une étude sur la réception. À travers l'enquête orale (1 036 questionnaires et plus de 30 entretiens de recherche) sont étudiés ici les comportements des jeunes face à la presse et, plus précisément, l'impact qu'a sur eux l'émergence de la presse gratuite. Le renouvellement du lectorat est un enjeu majeur pour les quotidiens payants. Aussi mesure-t-on l'intérêt d'étudier des habitudes de lecture en formation chez cette catégorie de public que l'on cherche à séduire mais qui, manifestement, se détourne des titres traditionnels en lui préférant un gratuit aux articles courts, rythmés, illustrés et apolitisés. Pour autant, ces jeunes qui ont conscience d'avoir entre les mains un journal qui n'est pas un outil d'analyse affirment chercher d'autres vecteurs pour satisfaire une curiosité plus grande. Les besoins du lectorat ici dessinés peuvent-ils augurer favorablement de l'avenir des payants ?

Claire Sécail-Traques

PARUTIONS

Images

Annie Renonciat (dir.), *L'image pour enfants : pratiques, normes, discours (France et pays francophones, XVIe-XXe siècles)*, Poitiers, La Licorne, 2003, 270 p., 22,50 euros.

Comme objet d'étude scientifique, l'illustration pour la jeunesse est souvent tributaire d'une approche esthétique. Le colloque organisé par le Centre de l'écriture et de l'image de l'université de Paris VII qui rassemblait des chercheurs de disciplines variées (littérature comparée, histoire, histoire de l'art, sciences de l'éducation), proposait lui, en interrogeant les contraintes qui réglementent, influencent et stimulent les artistes, en analysant leurs visées pédagogiques et les représentations de l'enfant qui gouvernent leurs choix artistiques, une vision plus historique de cette production.

Les communications issues de ce colloque permettent de distinguer trois périodes dans l'histoire de l'image pour enfants depuis le XVIe siècle. Un premier temps voit l'adaptation intuitive de l'image aux goûts de la jeunesse avec le passage de l'allégorie savante à des représentations plus concrètes et plus réalistes du quotidien des enfants. Dès l'Ancien régime, des thèmes nouveaux (le livre, l'enfant, l'éducation) apparaissent dans des supports nouveaux : l'album (Michel

Manson). L'évolution ultérieure des cadrages, l'appropriation de la culture adulte à destination des adolescents jusque dans l'édition religieuse qui modernise son iconographie, montre que cet effort se poursuit au XIXe siècle (Ségolène Le Men). *L'Océanie en estampes*, atlas géographique publié en 1832, propose quant à lui un inventaire concret des objets, des habitants, de la flore et de la faune de ce continent (Bernard Huber).

La fin du Second Empire est marquée par une réflexion sur l'image pédagogique, réflexion qui s'épanouit et s'actualise avec la Troisième république. Désormais, on met en œuvre une pédagogie qui sépare, éduque et protège. L'étude des contenus met en lumière les ambiguïtés de l'image didactique, à la fois synonyme d'ouverture et de contrôle des esprits. C'est le cas de l'imagerie scolaire utilisée par la République pour justifier et expliquer l'entreprise coloniale (Dominique Lerch) ou des sujets scientifiques qui, dans les mêmes manuels scolaires, constituent une critique plus ou moins explicite de l'enseignement religieux (Jacqueline Lalouette). Les livres de loisirs, eux, en créant des figures animales amicales et valorisantes (Thierry Groensteen), en renouvelant la forme et le contenu des motifs religieux pour en actualiser le message (Margaret Sironval), font plus de place à l'imagination et aux possibilités d'évasion Mais l'encadrement de la lecture demeure fort comme, du reste, dans *la Bibliothèque des pe-*

tits enfants éditée par Hachette qui, s'adressant aux rejetons de la bourgeoisie, offre une vision volontairement simplifiée des rôles sociaux et sexuels.

Les ramifications de cette réflexion sont aussi politiques. Ainsi, le renouvellement de la production pour la jeunesse, dans les années 1880, est-il directement lié au développement de recommandations en faveur de la formation esthétique de l'enfance conçue comme un instrument d'édification démocratique, recommandations qui influencent les contenus et les formes des images pour enfants dans tous les domaines de création. (Annie Renonciat). Un exemple de cette réflexion et de son application est fourni par les articles critiques de Jeanne Cappe dans la revue belge catholique *Littérature de jeunesse*, après la Seconde guerre mondiale. Car dans l'intervalle, la lutte contre les Comics américains a commencé, au nom de la protection de l'enfance (Michel Defourny), lutte qui trouve sa consécration législative avec la loi de censure du 16 juillet 1949 (Michèle Piquard).

La fin des années 1960 marque une rupture avec ce nouveau contexte, « conformiste et marchand » : la révolution réalisée par François Ruy-Vidal, qui entend rompre avec les livres traditionnels « banals et sécurisants » et surprotecteurs (Isabelle Nières-Chevrel), ouvre les temps modernes de l'image pour la jeunesse et amorce le recul de sa mission séculaire… Dans le même temps, cependant, les contraintes techniques et éditoriales qui président à l'élaboration des illustrations pour enfants demeurent (Jean Perrot)

Seule lacune à ce très passionnant recueil sur l'image pour enfants, l'absence de considérations, même purement théoriques, sur la réception de ces illustrations. Il est vrai qu'en matière de médias, la question de la réception demeure une sorte de « trou noir » rarement exploré.

Anne-Claude Ambroise-Rendu

Christian Delporte et Annie Duprat (dir.), *L'Événement. Images, représentation, mémoire*, Grâne, Creaphis, 2003, 265 p., 30 euros.

Tout en prenant explicitement ses distances avec une histoire des représentations qui minorerait la question des faits et en s'inscrivant dans la perspective d'un retour à l'événement, ce livre appartient à un genre aux productions encore peu nombreuses. Parce qu'il interroge les rapports entre le fait et l'événement, parce qu'aussi l'image est ici approchée non seulement en tant quelle est un marqueur de l'événement mais aussi parce qu'elle construit et alimente la mémoire partagée, faisant du même coup la lumière sur ses oublis. L'image, via la caricature, le dessin de presse, le cinéma, la télévision, joue un rôle considérable dans la construction de l'opinion publique, dans celle de l'événement, dans son euphémisation ou son occultation, mais aussi, dans sa transmission, sa résurrection et les relectures qu'elle permet, et, bien sûr, sa sacralisation.

L'Événement permet ainsi une lecture en profondeur des événements historiques majeurs — ceux dont on a coutume de dire qu'ils « ont fait date » — et des questions que soulève leur inscription dans la mémoire collective.

Annie Duprat évoque l'importance de l'image dans la construction de l'opinion publique, singulièrement avec l'affaire du collier de la reine. À partir de 1790, l'air du temps devient moins léger et persifleur nous apprennent les images qui multiplient les attaques contre la monarchie au prix de mensonges et d'exagérations. Même contribution à la construction d'un état de l'opinion entre 1914 et 1945 avec le thème de la 5ᵉ colonne analysé par Christian Delporte, qui fait la démonstration d'une adéquation totale du support à son objectif : rendre accessible à tous une idée. Le fantôme ou la réalité de la guerre offrent un terrain d'élection au thème de la 5ᵉ colonne qui pénètre grâce aux supports les plus divers dans la vie quotidienne et l'imaginaire collectif. Le recours croissant à l'image en la matière témoigne éloquemment de son efficacité en tant qu'instrument de propagande.

La guerre d'Indochine, rappelle Pascal Pinoteau, fut un conflit occulté et réduit par la télévision à son dénouement. Mais l'écho rencontré par Diên Biên Phu dans les médias transforma ce qui aurait pu n'être qu'un épisode parmi d'autres d'un conflit oublié en bataille décisive d'une guerre d'actualité, enracinant du même coup le caractère inéluctable de la fin de la présence française en Indochine. À bien des égards la télévision joua, du reste, un rôle plus important encore dans le retour du Général de Gaulle sur la scène publique en juin 1958 (Évelyne Cohen), participant ainsi directement à l'événement lui-même.

Le rôle des images dans la valorisation ou la postérité d'un événement est plusieurs fois interrogé. Par Thomas Boucher, d'abord qui, avec les images des insurrections des années 1830, conclut à une euphémisation de l'horreur et par là même à une sorte d'occultation de l'émeute. Seule exception, la célèbre scène de la *rue Transnonain* de Daumier, chef-d'œuvre qui institue une rupture dans l'ordre des représentations. L'image peut aussi retrancher, effacer, contribuer à faire oublier. C'est le cas de celles du 4 septembre 1870 qui, rares, faiblement diffusées, reconstruites et mensongères ou encore décalées au profit de Sedan ou de la Commune, transforment la nature de l'événement et le système de significations dans lequel il s'inscrit. Le 4 septembre, masqué par d'autres images qui en ont neutralisé la dimension révolutionnaire et joyeuse, « n'a pas fait image » souligne Olivier Le Trocquer, à l'inverse de ce qui s'est passé pour le 18 brumaire, qui a engendré un lot d'images diversement appréciatrices mais assurant sa postérité. (Pascal Dupuy)

Avec « La torture dans *Muriel ou le temps d'un retour* d'Alain Resnais », Raphaëlle Branche interroge méticuleusement les notions d'indicible, d'inmontrable, d'infilmable et les mécanismes de la transmission. Le film de Resnais dit l'extrême violence qu'est la torture sans la montrer, allant jusqu'à cette expérience limite de cinéma qui consiste à filmer les pages d'un texte plutôt que des images. Ce faisant, il transforme l'impossibilité de faire un film sur la torture en élément de compréhension de ce qu'a été la torture, c'est-à-dire en film sur le traumatisme de la torture pour celui qui l'a pratiquée… Le personnage, ici central, est le truchement volontairement singulier de la transmission et de la compréhension de l'événement.

Auscultant *Les derniers moments de Maximilien*, de Jean-Paul Laurens, Nelly Archondoulis-Jaccard montre comment la peinture d'histoire use d'un prisme renouvelé — social et bourgeois — pour s'adapter au goût et à la sensibilité du public moderne. Tandis que Dimitri Vezyroglou souligne la connexion établie en 1928 par le cinéaste Marco de Gastyne entre la geste Johannique et la Grande Guerre. Brisant le silence qui régnait sur la violence extrême et interpersonnelle de la guerre, violence refoulée par les commémorations officielles, le cinéaste non seulement lui donne un sens mais ouvre aussi à la nation la possibilité du deuil.

Le divorce entre les « deux mémoires » de la guerre civile espagnole que révèle le film *Por qué morir en Madrid* dont l'historique est livré par Nancy Berthier est aussi celui qui règne sur l'image de Jean Moulin. Joëlle Beurier, examinant les dessins d'un Jean Moulin encore adolescent, cherche les signes de ce que sera le héros de la résistance. Mettant ainsi en lumière la dualité de l'homme — entre passion artistique et engagement patriotique — elle rappelle surtout à quel point la mémoire résistante a occulté la culture de la Grande guerre.

Enfin, les images sacralisent, c'est ce que nous montre Emmanuel Fureix avec les images contrastées de la mort de Napoléon qui renouent, entre 1821 et 1831, avec les rituels des commémorations. C'est vrai aussi des images officielles savamment orchestrées par la propagande fasciste et interrogées par Marie-Anne Matard-Bonucci. En simplifiant et en mythifiant la marche sur Rome, elles lui ont conféré une univocité fondatrice.

Anne-Claude Ambroise-Rendu

Françoise Denoyelle, *La photographie d'actualité et de propagande sous le régime de Vichy*, Paris, CNRS-Editions, 2003, 420 p., 39 euros.

La photographie peut être une arme de propagande. De nos jours, l'affirmation relève de l'évidence. Mais tel n'était pas le cas dans la France des années sombres. À vrai dire, de Daladier à Pétain, la continuité l'emporte de façon troublante. La photographie, au mieux ignorée, au pire méprisée par les élites gouvernantes, n'entre pas dans le dispositif de mobilisation de masse construit par la République de la « drôle de guerre » ou le régime de Vichy. Pourtant — et c'est là tout le paradoxe mis en lumière par Françoise Denoyelle —, les circonstances de la collaboration poussent l'État français à en développer l'usage à des fins de propagande. Pourquoi ? Parce que dans l'entourage proche du Maréchal, à commencer par le docteur Ménétrel, on comprend tout l'intérêt à contrôler et à diffuser une certaine image du « sauveur » dans la population. Le culte de Pétain passe par la photographie reproduite dans la presse, les livres, les brochures, les calendriers, affichée dans la rue, présentée dans de vastes ou modestes expositions, accrochée sur les murs des écoles ou des foyers. C'est également Ménétrel qui favorise la création du Service central photographique, fin 1941, censé « *orienter, coordonner et contrôler la production et la diffusion* » de la photographie dans la presse et l'édition. La direction en est confiée à Georges Reynal, l'un des onze super-censeurs au ministère de l'Information. L'ambition de Reynal s'inscrit parfaitement dans le projet d'encadrement de l'opinion, porté par Paul Marion, responsable de l'Information à Vichy : faire de la photographie une arme de propagande étatique. Mais il se heurte à la résistance des agences, jalouses de leur indépendance, et surtout à celle de Laval, revenu aux affaires en avril 1942, pour qui rien ne vaut les bonnes vieilles recettes d'une censure tatillonne. Bref, sans moyens, sans soutiens, le SCP surveille plus qu'il n'oriente, même s'il alimente les journaux de zone libre en reportages à la gloire du Maréchal ; des reportages pauvres et répétitifs, médiocres techniquement, à l'instar de toute la production photographique de l'époque. Les visas de censure, le conformisme ambiant, les facteurs matériels ne sont pas seuls en cause. Les grands créateurs de l'entre-deux-guerres ont dû abandonner les journaux, l'élite de l'école de Paris étant même poussée à l'émigration. Quant aux agences, essentiellement installées à Paris et abreuvées par les clichés allemands, elles répugnent à développer une antenne de l'autre côté de la ligne de démarcation.

Malgré tout, durant quatre ans, la photographie d'actualité a fidèlement servi les desseins de la collaboration. À la Libération cette évidence échappe pourtant aux épurateurs qui, exclusivement préoccupés par l'écrit, négligent le rôle de l'image dans l'œuvre de conditionnement de l'opinion. Mieux : directeurs d'agences et photographes, de zone Sud mais aussi de zone Nord, tirent parti de cette ignorance pour minimiser leurs responsabilités. Les clichés, somme toute, n'auraient été que de simples documents d'accompagnement des articles. Il en résulte, nous dit Françoise Denoyelle, que l'occupation se distingue comme une parenthèse dans l'histoire de la photographie d'actua-

lité. C'est vrai si l'on en juge par la qualité de la production et la notoriété de leurs auteurs, vite oubliés. Il reste que, parmi les idéologues de Vichy, la tentation totalitaire, bien réelle, passait par une domestication de l'image, de toutes les images, et singulièrement de la photographie.

Christian Delporte

Laurent Gervereau, *Ces images qui changent le monde*, Paris, Seuil, 2003, 192 p., 40 euros.

Spécialiste de l'étude des images, auteur d'une remarquée *Histoire du visuel au XX⁰ siècle* (rééditée en Points-Seuil, début 2003), l'historien Laurent Gervereau se livre ici à un exercice à la fois ardu et stimulant : retenir vingt images qui, chacune à sa façon, est symptomatique de l'évolution du regard contemporain et de la multiplication industrielle des images (timbre poste, photographie de presse, affiche publicitaire, film de fiction, feuilleton ou reportage télévisés, jeu vidéo, site Internet, etc.). Il ne s'agit pas de dresser une sorte de « hit-parade » iconographique ou de publier un énième ouvrage sur les plus célèbres images des XIX⁰ et XX⁰ siècles. Le propos de l'auteur est d'attirer l'attention sur des documents qui, à la fois, révèlent un basculement dans la manière de voir et éclairent sur un univers visuel en pleine transformation. En bon historien, Gervereau inscrit l'image sélectionnée dans son contexte et la place en perspective, avec science et doigté. Mais il fait davantage. En rapprochant l'image d'autres images, en démontant les logiques de création et les mécanismes de production de masse, il nous permet de comprendre pourquoi et comment les représentations visuelles caractérisent, et, parfois, uniformisent les cultures contemporaines.

Gervereau pointe, par l'exemple, l'origine du regard. Ainsi Chéret n'est-il pas seulement l'inventeur d'un style d'affiche commerciale, marquée par un modèle de composition bientôt communément imitée. Il est surtout l'initiateur d'une formule publicitaire qui se répand et qui dure, exclusivement fondée sur le désir d'achat. De même, lorsqu'en 1930, l'impertinent photographe Erich Salomon dérobe l'image des plénipotentiaires français de la conférence d'Aix-la-Chapelle, assoupis dans un sofa entre deux séances de négociations, il reflète une tendance nouvelle dans la transposition de l'actualité, appelée à se développer : la représentation périphérique de l'événement. Mais il est sans doute des moments plus fondamentaux dans notre manière de voir et de penser. « *Je n'ai jamais, de ma vie, éprouvé un choc aussi profond* », expliquera Eisenhower, en évoquant son entrée dans le camp d'Ohrdruf, en avril 1945. Les images terribles des camps de concentration codifient, pour longtemps, la façon de photographier ou de filmer l'horreur. Les charniers rwandais trouvent leur résonance dans ceux de Buchenwald ou de Dachau. Pourtant « *l'image est un témoignage et non une preuve* ». En 1945, les photos des camps ne peuvent exprimer la spécificité de la Shoah ni même révéler la complexité de l'univers concentrationnaire. L'image montre alors les limites de son éloquence. Et Gervereau de s'interroger sur les ambivalences du réel porté par les images.

L'avènement du « direct » planétaire constitue, de ce point de vue, un test convaincant. Des premiers pas d'un homme sur la Lune, en 1969, à la tragédie du 11 septembre 2001, l'image télévisée crée les conditions du regard universel et d'une mémoire collective partagée par la masse des hommes. Dans l'un comme l'autre cas, la pauvreté des images est submergée par la force illusoire de vivre ensemble l'événement. Fouillant l'histoire de la télévision, il nous montre aussi la manière dont les États-Unis, dès les années 1950, dessinent les contours d'émissions standardisées qui s'appliquent à effacer les frontières entre la fiction et le réel. Les racines des « téléréalités », si caractéristiques du début du XXIe siècle, sont ici, sur les plateaux de NBC, avec *This is your life !*, où la vie de « vrais gens » s'identifie soudain à celle des familles nageant dans le bonheur et la consommation, que les feuilletons télévisés ont érigées comme modèles absolus. Bref, par ce livre, Laurent Gervereau poursuit un projet engagé depuis une vingtaine d'années : nous fournir les outils indispensables à la maîtrise de l'univers iconique qui nous entoure. Projet salutaire pour résister à la peur, à la naïveté ou au désenchantement.

Christian Delporte

PROPAGANDE ET OPINION PUBLIQUE

Hélène Duccini, *Faire voir, faire croire. L'opinion publique sous Louis XIII*, Seyssel, Champ Vallon, collection Époques, 2003, 538 p., 34 euros.

Dans ce beau livre, Hélène Duccini présente l'aboutissement d'une longue recherche menée depuis plus de vingt-cinq années sur la « littérature pamphlétaire » et les images de propagande du premier XVIIe siècle français : plus de 3 300 « pamphlets » ont été soigneusement étudiés, plusieurs centaines de gravures, relevées parmi les milliers du Cabinet des estampes de la Bibliothèque nationale de France, ont été décryptées, afin d'en bien faire comprendre les significations symboliques. Il faut remercier l'éditeur d'avoir permis la reproduction de 150 de ces images à l'intérieur du texte, toujours lisibles : elles permettent à l'auteur d'argumenter de façon fort claire ses démonstrations.

Une telle masse documentaire pour une période somme toute assez courte, mais combien riche d'événements, du crime de Ravaillac aux disparitions du Grand Cardinal et de son maître Louis le Juste — tout juste un peu plus de 30 ans ! — conduit tout naturellement l'auteur à s'interroger sur les formes de cette expression politique, mais aussi sur ses fonctions. En ces temps pendant lesquels la monarchie absolue se met en place — malgré les incertitudes de la minorité royale, les résistances nobiliaires et les guerres civiles, la guerre ouverte avec l'Espagne à partir de 1635 —, l'espace public de Paris et probablement des grandes villes de province retentit du heurt des opinions, à tel point que l'on peut discerner une véritable opinion publique, traversée par de multiples courants, une opinion qu'il faut convaincre, une opinion devant laquelle les princes et grands nobles justifient leurs prises d'armes contre le gouvernement de la reine-mère Marie de Médicis, une opinion que l'on peut manipuler pour desservir le favori Concini, provoquant ainsi son élimination, ou pour desservir tel ou tel ministre gênant les desseins du Grand Cardinal.

On sait qu'à la suite d'Habermas, certains historiens montrent de grandes pudeurs sur le sujet, refusant d'admettre l'existence d'une quelconque opinion publique avant le siècle des Lumières. Tel n'est pas notre avis, et nous sommes satisfaits de disposer désormais de ce beau dossier, qui permet à Hélène Duccini d'affirmer avec force et à plusieurs reprises la présence de cette opinion, une opinion dont les contemporains ont eu une assez claire conscience, s'il faut en croire Fancan et son pamphlet *La Voix publique au Roi* (1624) : « Ce n'est pas aussi la pensée d'un simple particulier, mais celle de tous les gens de bien et de tous les judicieux personnages de vostre Estat. En un mot, c'est la voix publique. » (voir p. 406)

Un premier chapitre présente l'écrit et l'image, les métiers de l'imprimerie et de la gravure. Il s'efforce de distinguer parmi les « pamphlets » — ces « petits livres » selon un mot anglais entré en France en 1653 —, les pièces officielles des différents pouvoirs, les pièces de propagande venues de ces pouvoirs et des opposants, les libelles de polémique politique, enfin les occasionnels d'information. Comme alors la propagande n'est jamais loin de l'information, il est parfois difficile d'établir des distinctions aussi tranchées. Quelques histogrammes viennent prouver que la plus grande masse de cette production imprimée est contemporaine de la première partie du siècle, mais que le temps du Roi-Soleil, après 1660, n'en est pas complètement dépourvu. Ici l'observateur se prend à douter, parce que ces graphiques sont globaux, et ne prennent pas en compte la diversité des genres : libelles polémiques ou simples occasionnels d'information ? Vient ensuite la présentation du monde des images, objets privés conservés chez leurs acheteurs ou affichés dans l'espace public des places et des rues, dont les « lettres » ou légendes permettaient de mieux comprendre le message.

Les chapitres suivants éclairent les évolutions des débats d'opinion : le traumatisme de l'assassinat d'Henri IV et les polémiques contre les jésuites (ch. 2), les guerres civiles des années 1614-1615 et les prises de parole devant l'opinion (ch. 3). Vient ensuite un gros chapitre sur les États généraux de 1614-1615 qui permet de présenter la diversité des propositions pour penser la monarchie et la société : une société dont les trois ordres éclatent sous la pression de ce nouveau « quatrième état », constitué par les magistrats des parlements et tous les robins de petite volée qui les entourent. N'est-ce pas surtout dans ce quatrième état que se développe l'opinion publique ? Les deux chapitres suivants démontent les mécanismes de véritables « campagnes de presse », suffisamment efficaces et persuasives pour provoquer l'élimination de Concini (ch. 5 et 6). L'avant-dernier chapitre brosse à grands traits l'évolution politique et militaire qui conduit du début du règne personnel de Louis XIII (1617) à la journée des dupes de novembre 1630. Le dernier chapitre montre comment le cardinal de Richelieu, fort conscient de l'efficacité de la parole et de l'image dans l'espace public, s'efforce de les confisquer au profit du seul pouvoir.

C'est assez montrer toute la richesse de ce beau dossier. Nous ne pouvons cependant achever cette recension sans présenter quelques observations de détail. Tout d'abord, les estampes. On a peine à penser que la fig. 45 (p. 122) date vraiment de 1612 : tout y semble contemporain de Louis XIV, perruques, chapeaux, visages glabres ; cette gravure présente peut-être la publication des mariages de 1612, mais elle semble dater de bien plus tard. L'amusante gravure 150 (p. 468), semble présenter les trois temps de l'arrivée de Gaston d'Orléans auprès du roi : au fond, il est accueilli par un premier personnage, ensuite le voici reçu par Richelieu qui s'incline comme il sied devant le premier prince du sang, enfin au premier plan le roi embrasse son frère qui s'incline devant son seigneur : toute cette série de révérences a pour but de bien montrer la puissance du sang royal, mais aussi la place de Richelieu, bon et loyal sujet qui est parvenu à réconcilier les deux frères. L'estampe 158 (p. 478) ne présente nullement un marchand d'argenterie vendant aussi des gravures, mais bien une « blanque », c'est-à-dire un jeu de loterie, dont les numéros gagnants que l'on voit au centre du comptoir permettaient de remporter les lots les plus divers : l'Espagnol gagne ainsi des oignons et des raves. La gravure de la prise de Perpignan existe bien dans l'estampe 174 (p. 497), sur les genoux du malheureux Espagnol qui vient d'en apprendre la nouvelle.

Il arrive à l'auteur de corriger les catalogues de la BNF, par exemple très justement ce pamphlet fautivement situé en 1620, et datant manifestement de 1627, lors du siège de La Rochelle (p. 418). Mais pourquoi faut-il modifier la date de la lettre de l'évêque Sébastien Zamet, où débutent ouvertement les hostilités de Richelieu contre Saint-Cyran ? Tous les historiens sérieux des débuts du jansénisme situent cette lettre autour de janvier 1638, à propos de la doctrine de Saint-Cyran sur la contrition (p. 451). Enfin, on nous pardonnera de mentionner ici nos propres travaux. S'ils avaient été bien lus (*La Gazette en province*, p. 324-327, ou l'article « Renaudot et la pratique du journalisme : la *Gazette* en 1640 », col. de 1986, p. 69-106, note 20, reproduite dans *L'Annonce et la nouvelle*, p. 237), il eût été facile de montrer que tous ces occasionnels présentés p. 487, à propos du siège d'Arras en 1640, sont des réimpressions orléanaises de textes tous empruntés à la *Gazette* de Renaudot, ainsi que nous pensons l'avoir suffisamment démontré. À partir de 1634, la tradition des occasionnels d'information a été détournée par Renaudot au profit de la *Gazette*, et les pièces reproduites « *sur l'imprimé à Paris, en l'isle du Palais. Avec permission* » en proviennent. Voilà l'une des raisons expliquant la raréfaction de toutes ces pièces à partir de ces années-là : elles se trouvent dans la *Gazette*. Renaudot a bien aidé Richelieu à mieux contrôler l'information.

Encore quelques points de détail. La xylographie date-t-elle du XIIe siècle (p. 55) ? La bibliographie la mieux informée la date de la fin du XIVe ou du début du XVe siècle. Caspar Luyken a-t-il vraiment gravé en 1680 la fig. 19 (p. 76), alors qu'on nous dit qu'il est né en 1672 ? Lapsus malheureux, ce pape Innocent III égaré à Canossa (p. 80) ! Le père de Richelieu ne peut défiler en 1614, puisqu'il est mort en 1590 ; il s'agit du frère aîné du futur cardinal (p. 161). Eusèbe Renaudot n'est pas le frère, mais l'un des fils du gazetier (p. 215, erreur empruntée à R. Mandrou). On nous pardonnera d'ajouter ces quelques brouilles : des ouvrages très récents mentionnés en note de bas de page, mais pas dans la bibliographie de fin de volume ; des incertitudes dans les astérisques décernés aux pamphlets pour indiquer leur bord politique, dans les notes du chapitre 4 ; deux ou trois nombres mal situés dans les colonnes du tableau 81 (p. 331).

Ces remarques viennent prouver tout l'intérêt pris à la lecture de ce livre qui apporte un éclairage vraiment nouveau sur la société politique du premier XVIIe siècle, sur la présence déjà bien réelle d'un véritable espace public où se faisaient et défaisaient les opinions. Ajoutons que cet ouvrage est accompagné d'une bibliographie, d'un index des noms de personne et d'une table des tableaux, cartes et illustrations qui rendront bien des services.

Gilles Feyel

Publicité

Marian Petcu, *O istorie illustra̧ t̆a a publicit̆atii românȩ sti* Tritonic, Bucarest, 2002.

Auteur par ailleurs d'un recueil d'articles portant sur l'histoire de la presse roumaine (*Istoria presei române*, paru chez le même éditeur), Marian Petcu présente ici une histoire illustrée de la publicité roumaine que le chercheur francophone peut compulser à diverses fins — même s'il ne maîtrise pas bien le roumain… La cinquantaine d'illustrations, de 1832 à 1944, la réception des titres de la presse professionnelle — de 1837 à 1914 — et la recension des agences de publicité — de 1878 à 1962 — complètent fort utilement les ouvrages de Marc Martin et de T.R. Nevitt qui portent respectivement sur l'histoire de la publicité et des acteurs des industries publicitaires, en France et au Royaume-Uni (*Trois siècles de publicité en France*, Odile Jacob, 1992 ; *Advertising in Britain*, Heinemann, London, 1982). Plus : on relève que l'année même où en France, Émile Mermet lança son *Annuaire de la publicité* (1878), qui devint en 1880 *l'Annuaire de la presse* (et de la publicité), apparaît à Bucarest la première agence de publicité relevée par Marion Petcu. De même, c'est au cours des années 1830, lorsque le bureau-correspondance Havas devint Agence (1835), que parurent en Roumanie les premiers journaux de publicité identifiés par l'auteur.

La publicité, en France, est tantôt présentée comme un agent de modernité captant « l'esprit du temps », et tantôt vilipendée pour son esprit de lucre. L'ouvrage de Petcu, lu par un francophone, suggère un autre « angle d'attaque » ; si les élites de Bucarest ou en province regardaient vers Paris et maniaient la langue française au XIXe siècle, les réclames et annonces rédigées en français dans la presse roumaine seraient-ils l'indice même de cette francophilie ? On relève, pêle-mêle, « Les tissus de Rose France embellissent (sic) la femme »…, « La marque mondiale. Cointreau liqueur »…, mais aussi, les publicités autrement plus connues, « Chocolat Menier » (1874), « l'Eau des Fées » (1874), et « les Véritables eaux minérales de Vichy : Agent général pour la Roumanie, la Bulgarie, la Serbie – A.G. Cariest, Bucarest ». La publicité pour les journaux concerne « L'Orient ». Journal quotidien. 2 éditions par jour. Rédaction et administration, rue de la Victoir (sic), 69 (Bucarest) ou alors le « Jurnal de Mode » (sic). Un journal spécialisé, avec le titre rédigé en trois langues — *Anunciatorul-Feuille d'Annonces-Annoncen-Blatt*, daté du 19 octobre 1878 comporte cet avis : « Une dame ayant les meilleures références étant depuis vingt ans auprès des enfants désire se placer dans les mêmes conditions auprès d'une dame agée, elle conner trois langs différents. Adresse au boureau » (sic).

Il ressort des résumés de l'ouvrage (en anglais et en allemand) que le premier journal quotidien à paraître à Bucarest date de 1897 ; la première mention du mot « nouvelle » est relevée le 29 novembre 1846 dans la phrase « nouvelles officielles » — *siri ofi̧ tiale*.

Marianne Petcu insiste sur la difficulté à définir les acceptions des genres rédactionnels et publicitaires les plus usités. Il trouve trace en Moldavie, en 1642, des publicités volantes, collées au mur (Publicité dont on voit toujours l'importance, que l'on se trouve à Bucarest ou à Saint-Pétersbourg ou encore, à Paris…). Et il signale la pluralité linguistique des « mots de pub » : à Bucarest, en 1818, c'est en grec que « l'officiel des spectacles » annonce les prochaines productions théâtrales ; on emploie un mot turc — *havadis* — pour désigner « une nouvelle ».

Relevons, par ailleurs, que les tirages des journaux furent des plus modestes : un à deux mille, semble-t-il, au milieu du XIXe siècle. À Bucarest, un kiosque à journaux fut signalé en 1877, la première agence de publicité, en 1878. Un demi-siècle plus tard, des agences internationales y avaient pignon sur rue. Que de chemins parcourus. Vers 1924, l'agence new-yorkaise J. W. Thompson — que l'on célèbre souvent comme la première grande agence des États-Unis à s'implanter en Europe (à Londres, en 1899), se faisait triplement remarquer : elle s'interdisait de s'occuper des budgets de deux enseignes rivales ; elle faisait tout elle-même, sans assistance rédactionnelle du client ; elle obtint même que la reine Marie de Roumanie participe à la promotion du produit américain de beauté, Pond's Cold Face Cream. Les techniques promotionnelles venues de Hollywood, de Chicago et de New York faisaient alors florès. Par la suite — après ce long « hiatus » de la Deuxième guerre mondiale, suivi d'un régime communiste au pouvoir, et dix ans après la chute du régime de N. Ceausescu — les revues publicitaires spécialisées avoisinent vers l'an 2000 les deux cents et la publicité figure dans le cursus universitaire d'une vingtaine d'établissements de l'enseignement supérieur. Les publicités pour le Chocolat Menier et l'Eau des Fées cèdent la place à celles pour Paramount, Nivea et Aspirin. Ou, alors, aujourd'hui, pour Carrefour, implanté sur au moins deux sites dans le Bucarest d'aujourd'hui.

Michael Palmer

Journalistes

Marie-Ève Thérenty, *Mosaïques. Être écrivain entre presse et roman (1829-1836)*, Paris, Honoré Champion éditeur, 2003, 735 p., 110 euros.

L'historien du journalisme trouvera beaucoup à apprendre et à prendre dans cette thèse de littérature. À la suite du livre de Roland Chollet, *Balzac journaliste, le tournant de 1830*, et de l'article pionnier de Marc Martin, « Journalistes et gens de lettres (1820-1890) », Marie-Ève Thérenty présente exhaustivement le monde des « romanciers-journalistes » gravitant autour des grandes et petites presses des années 1829-1836 : 1829, date de fondation de la *Revue de Paris*, première des grandes revues de l'époque à donner autant de place à la fiction littéraire ; 1836, début du roman-feuilleton dans la presse quotidienne. La première partie du livre fait l'état des lieux : mal servis par une librairie en crise, les auteurs — « écrivants » débutants, tout autant qu'écrivains confirmés — s'expriment dans la presse périodique. Dans la deuxième partie, les différents genres d'écriture journalistique sont détaillés, de manière à montrer que le journal joue le rôle d'un laboratoire où les romanciers-journalistes composent des textes à mi-chemin du référentiel (ils sont greffés sur l'actualité, le temps présent) et de la fiction : chroniques, études de mœurs, récits de voyage, fictions et fragments divers, articles de critique. Tous articles réintroduits par la suite dans des œuvres romanesques plus ambitieuses La troisième partie présente les effets de ces réinvestissements dans le roman.

Comme le récit journalistique, le roman est fondé sur l'actualité (par divers procédés, l'histoire est située dans le temps le plus proche du lecteur), sur une esthétique de la discontinuité (ruptures du récit, digressions et insertions de textes auparavant rédigés pour le journal et à peine réécrits), le tout aboutissant à un effet de mosaïque : comme le journal, le roman serait une « addition de fragments », d'où le titre de l'ouvrage.

La première partie surtout intéresse l'historien du journalisme et des journalistes. Marie-Ève Thérenty y a livré une véritable sociographie de ces hommes de lettres caméléons, tout à la fois journalistes et écrivains. Tous ces gens, inquiets sur leur identité culturelle, sont écartelés entre la sublime image qu'ils se font du poète qui a réussi à imposer son génie, et un champ littéraire dominé par l'argent apporté par la collaboration au journal ou l'écriture de fictions romanesques. Honteux de gagner correctement leur vie par une écriture qui leur paraît quelque peu « alimentaire », ces romanciers-journalistes proposent d'eux-mêmes une image noire symbolisée par le critique Jules Janin, cependant qu'ils répandent le « cliché » du jeune poète mort misérable dans son galetas, faute d'avoir pu réussir. De tels stéréotypes ne sont pas faits pour aider à une meilleure définition de l'identité du journaliste. Nul doute que le journaliste politique ou « publiciste » ne pâtisse d'un tel voisinage. Marie-Ève Thérenty décrit les étapes du *cursus honorum*, que doit franchir le jeune « écrivant » pour parvenir à la notoriété : après avoir débuté dans les petites feuilles artistiques ou satirico-politiques où il est payé 5 à 10 francs la colonne, le journaliste collabore aux variétés ou au feuilleton des quotidiens politiques où il peut être rémunéré jusqu'à 500 francs par mois. La presse littéraire, de nature diverse, paie bien elle aussi, selon la notoriété des auteurs. Enfin, l'accès aux revues — *Revue de Paris*, *Revue des deux mondes* —, est la consécration suprême qui permet au journaliste de se muer en auteur : on y est payé entre 150 et 500 francs la feuille. Marie-Ève Thérenty nous offre ainsi une étude précise de tout ce monde du journalisme littéraire assez mal connu aujourd'hui. En annexe, les journalistes (139) et les journaux (97) sont l'objet de notices plus ou moins étendues et souvent riches de détails. Le livre offre aussi une bibliographie et un index des noms qui rendront certainement bien des services.

Gilles Feyel

Denis Maréchal, *Geneviève Tabouis, Les dernières nouvelles de demain (1892-1985)*, Nouveau Monde éditions, 2003, 289 p., 26 euros.

La biographie que Denis Maréchal consacre à Geneviève Tabouis, pionnière du journalisme au féminin sous la IIIe République, retrace les étapes d'une carrière quasi ininterrompue, toute entière consacrée à l'analyse de l'actualité diplomatique internationale, de ses débuts de pigiste en 1924 aux dernières chroniques prononcées au micro de RTL en 1980, avec l'émission hebdomadaire *Les dernières nouvelles de demain* qui fournit le sous-titre de l'ouvrage.

Denis Maréchal, tout en suivant le fil d'un plan chronologique, s'est attaché à éclairer les ressorts de la longévité et de l'originalité professionnelles de Geneviève Tabouis. Il a rassemblé de nombreuses sources, dont des documents émanant des archives du FBI et de la préfecture de Police de Paris. La surveillance policière des journalistes se révèle, une fois encore, un atout précieux pour les historiens des médias.

La famille de Geneviève Tabouis n'a pas autorisé l'accès à ses archives privées, qui auraient sans doute permis de mieux cerner le caractère et les sentiments de cette femme étonnante. Mais l'on voit bien les traits essentiels : fine d'aspect, de santé délicate, calme en apparence, elle est dotée en fait d'une grande ténacité et d'une belle vigueur. Portée par sa passion de l'information, habile à collecter des renseignements, audacieuse si nécessaire, elle « dévore le temps » comme l'écrit son amie Louise Weiss.

Cette passion est pour partie un héritage familial : nièce des frères Cambon, Geneviève Tabouis a été élevée dans un milieu qui lui a permis de côtoyer précocement les dirigeants de la IIIe République et ceux des pays étrangers. Familière de cet univers, elle sut, tout naturellement, exploiter un riche carnet d'adresses et entretenir un réseau qui lui permit, en retour, de construire son propre système de renseignements, mêlant informations et mondanités, confidences politiques et liens d'amitié (elle demeura très proche d'Edouard Herriot jusqu'à sa mort). En dépit d'un tel atout, elle dut attendre 1933 pour obtenir une chronique dans *L'Œuvre* et s'imposer dans les cercles fermés et masculins de la politique étrangère.

Denis Maréchal décrit bien les composantes du style de Geneviève Tabouis : l'actualité internationale se présente comme une histoire vécue, sous forme d'un récit, parfois même proche du feuilleton, avec la description des « coulisses » et des personnages en situation. La diplomatie devient ainsi un univers moins inaccessible au commun des lecteurs.

Certains de ses articles eurent un grand retentissement et lui forgèrent une réputation de « Cassandre ». Cependant la véracité et l'intérêt de ses informations forment un curieux mélange. Geneviève Tabouis a pu livrer au journal d'authentiques « scoops » et des analyses pertinentes, notamment lors des crises de 1938, mais aussi un lot important de fausses rumeurs, d'approximations et de prédictions sans lendemain, quand son imagination devançait l'événement ou tenait lieu de commentaire argumenté. L'auteur écorne également la légende de la « Pythie », en montrant que certains renseignements « sensationnels » étaient tout simplement des « fuites » bien organisées, preuve que les politiques savaient manipuler les médias en cas de besoin. Enfin, il confirme que Geneviève Tabouis fut, comme nombre de ses confrères de ce temps, rémunérée par des deniers étrangers, soviétiques en l'occurrence. En revanche, son antigermanisme et ses positions antimunichoises lui attirèrent les foudres des dirigeants et de la presse nazis. En juin 1940, plusieurs politiques, dont Herriot, l'incitèrent à partir au plus tôt tant il paraissait évident qu'elle courrait un danger en restant en France.

Exilée durant cinq ans aux États-Unis, elle connut un retour très difficile. L'Occupation et la Libération avaient bouleversé son univers et ses réseaux mais, surtout, la presse nouvelle n'avait pas besoin d'elle. Elle obtint une chronique à Radio Luxembourg qui ne lui serait peut-être pas échue sans l'appui de son époux, Robert Tabouis, administrateur de la société. Elle parvint à la conserver, imperturbable, jusqu'à l'âge de quatre-vingt-huit ans.

Figure renommée de l'avant-guerre, Geneviève Tabouis pouvait-elle demeurer après guerre une voix qui compte ? Le dernier chapitre de l'ouvrage montre qu'il n'en fut rien. Sa perception des nouvelles donnes internationales demeurait forgée par l'histoire qu'elle avait vécue. Ses propres positions politiques paraissent bien contradictoires. Elle était incontestablement dans « la sphère d'influence des Soviétiques » au point d'attirer la vigilance du FBI sur ses déplacements aux USA mais sans que l'on en sache davantage. Antigaulliste durant son exil, elle paraît s'être accommodée du retour du Général au pouvoir mais c'est un point que l'auteur aurait sans doute pu davantage développer. On regrette aussi que Denis Maréchal n'ait pas, plus systématiquement, replacé la carrière singulière de Geneviève Tabouis dans l'évolution du monde journalistique des années 1930 aux années 1960, et comparé son parcours à celui d'autres plumes, célèbres ou moins célèbres. Il nous semble que l'intérêt de son apport à l'histoire des relations entre diplomatie et journalisme en eût été accru.

Hélène Eck

Cinéma

David Chanteranne, Isabelle Veyrat-Masson, *Napoléon à l'écran*, Nouveau Monde éditions, Fondation Napoléon, 2003, 222 p. 23 euros

Alors qu'on disposait d'un bon livre sur la Révolution française à l'écran — celui de Sylvie Dallet[1], il manquait une étude globale sur Napoléon recouvrant à la fois le cinéma et la télévision.

Voilà qui est fait avec l'analyse de David Chanteranne et Isabelle Veyrat-Masson. La juxtaposition s'impose aujourd'hui car elle permet, sur un siècle entier, de mieux percevoir l'évolution du regard porté sur le Consul et sur l'Empereur : soit 700 films environ pour le cinéma, 250 productions télévisuelles sur 800 occurrences repérées ces derniers cinquante ans, le premier film audiovisuel datant des années 1950.

Au milieu de ces multiples réalisations, les deux auteurs ont eu raison de sélectionner les œuvres les plus marquantes ou les plus connues et qui portent essentiellement sur l'Empereur. La plupart préfèrent ne l'aborder que de profil, au travers de films sur *Madame sans gêne*, le *Colonel Chabert*, *Maria Walewska*. Au cinéma, David Chanteranne retient naturellement Abel Gance, avec *Napoléon* et *Austerlitz* ; Sacha Guitry et sa petite histoire derrière la grande, qui réussit à rendre spirituels tous les poncifs ; Bondartchouk, académique et démesuré, mais qui ne plaisante pas avec la vérité historique quand il s'agit de reconstituer des batailles.

À la télévision, Isabelle Veyrat-Masson retient nécessairement *La Caméra explore le*

temps de Decaux, Lorenzi et Castelot, une équipe aux opinions politiques contrastées et qui permet d'approcher politiquement les grands épisodes de l'histoire napoléonienne ; à retenir également le *Procès Napoléon*, seule émission vraiment critique, où juristes, historiens débattent de l'œuvre, avec défense et accusation. À part *Napoléon et l'Europe*, série politiquement variée selon l'orientation des différents auteurs, on observe à la lire, que la plupart des émissions évitent d'aborder de front les problèmes politiques et l'enjeu que pose l'irruption de Napoléon sur la scène européenne. La dérive frôle l'abus dans les dernières productions, notamment la plus récente, où sous prétexte de présenter l'aspect « humain » du personnage, de distraire aussi, pour plaire au public, on a fait alterner batailles sanglantes et scènes de boudoir, en faisant de Napoléon un homme ordinaire. Comme si, s'agissant d'Hitler, en présentant le Fürher avec Eva Braun et jouant avec ses chiens, on affectait de croire que cela permet de comprendre la nature du nazisme.

Dans la plupart des films, on ne sait pas pourquoi Napoléon fait la guerre — ce qui est facile et permet d'avoir le public avec soi.

À Las Casas, Napoléon disait : « ma vraie gloire n'était pas d'avoir gagné des batailles : ce qui vivra, c'est mon Code Civil » (au vrai il le fit appliquer plus qu'il ne l'écrivit). Or, dans toute cette production filmique, qu'on ne s'attende pas à ce que soit abordée, en l'approuvant ou la critiquant, l'œuvre civile et politique de Bonaparte : elle ne prête ni à de belles images — elle n'est pas cinématographique —, ni à des phrases de choc. Tout comme dans le journal télévisé, quand il n'y a pas d'images, il n'y a pas d'information,

dans la fiction les batailles et les scènes d'alcôve se prêtent mieux à la caméra des réalisateurs qu'une réflexion sur la nature du pouvoir. La capacité des artistes à analyser les phénomènes historiques a quelquefois des limites qu'ils définissent comme leur liberté, leur créativité…

Se départir de toute analyse de caractère politique ne signifie pas qu'on se prive de manifester ses opinions. Isabelle Veyrat-Masson remarque avec force que « le choix de l'interprète est déjà une interprétation » : dans *l'Otage de l'Europe*, le choix de Roland Blanche, habitué à des rôles odieux, n'est pas destiné à rendre sympathique Napoléon à Sainte-Hélène. Mais il y a évidemment plus, et l'exemple de *Madame Sans gêne* le montre bien : à travers le siècle, dans cette pièce due à Sardou, on passe d'un respect amusé de la blanchisseuse pour le jeune Bonaparte, dans les réalisations de la première moitié du siècle, à une contestation farouche du tyran dans la réalisation de Philippe de Broca et Molinaro en 2000.

Le *Napoléon* à l'écran de David Chanteranne et Isabelle Veyrat-Masson montre bien la figure que les cinéastes veulent donner à Napoléon pour plaire, pour faire du public ou de l'audience. Et cette figure a évolué.

Dans les quelques chefs-d'œuvre qu'on a mentionnés, Napoléon est admiré ou critiqué mais dans une adéquation relative avec les analyses des grands auteurs : de Chateaubriand à Victor Hugo ou Tolstoï, des meilleurs historiens de Napoléon également : G. Lefebvre, J. Tulard, auxquels maintenant il faudrait joindre Annie Jourdan, Thierry Lentz et Nathalie Petiteau.

Mais depuis, et malgré eux, le héros romantique, porteur des idées révolutionnaires et cruel tyran des nations vaincues, a peu à peu été transformé par le cinéma et la télévision en un personnage du théâtre des boulevards ou en un monstre sans états d'âme. Comment ces films pourraient-ils faire comprendre la ferveur dont Napoléon a été l'objet, et pas seulement aux armées ou dans les chaumières ; comment comprendre qu'au seul nom de Bonaparte, Louis Napoléon ait été le premier président élu du suffrage universel en 1848 ?

Ce parcours exprime, à sa façon, l'évolution du sentiment public en France. Pendant les deux premiers tiers du siècle, républicains et monarchistes condamnent l'homme qui a mis fin au complot royaliste, le 13 Vendémiaire, et plus tard aux espérances jacobines. Ces trois dernières décennies, quand s'effondre le mirage communiste à l'Est et s'effrite l'idée républicaine, il ne reste de l'héritage napoléonien que les fastes, l'amour, les guerres. L'opinion a tellement bien oublié ou rejeté ses idéaux de gauche, que dans le dernier film sur Napoléon d'Yves Simoneau (2003) on le stigmatise pour le coup d'État du 18 brumaire mais en croyant qu'il s'est opéré contre les royalistes — d'où l'opprobre — alors qu'il avait eu lieu, au vrai…, contre les Jacobins.

Le lapsus de l'ignorance s'explique puisque l'opinion a glissé de gauche à droite : pour autant que Napoléon serait un criminel de guerre, il ne peut, contre toute vérité, avoir monté le coup d'État du 18 Brumaire… que contre la droite…

Marc Ferro

Jean-Michel Valantin, *Hollywood, le Pentagone et Washington ; les trois acteurs d'une stratégie globale*, Paris, Autrement, 2003, 14,95 euros.

Cet essai très en phase avec l'actualité, et comme tel bien accueilli par la presse à sa sortie, explore une intuition commune à de nombreux cinéphiles amateurs de films d'action : la prégnance, des années 1950 à nos jours, des thèmes guerrier et sécuritaire dans le cinéma populaire hollywoodien ne serait pas sans lien avec la vision du monde peu nuancée du peuple américain. Selon l'auteur, le système stratégique et le système cinématographique américains se livrent à un dialogue permanent, qui aboutit à la création d'un genre à part, le cinéma de « sécurité nationale ». Celui-ci, qui a pour objet le rapport à la menace, est constamment influencé par les conceptions stratégiques du moment et, en retour, contribue à façonner l'opinion publique.

L'auteur, Jean-Michel Valantin, est bien placé pour en parler puisqu'il est chercheur en études stratégiques. Il nous rappelle à propos la convocation par F. Roosevelt de grands cinéastes à la Maison Blanche en 1942, pour les inciter à contribuer par leurs films à la mobilisation des esprits ; plus près de nous l'usage que fit Ronald Reagan de la référence à *Star Wars* pour appuyer son programme de bouclier anti-missiles ; enfin nous apprenons qu'une réunion eut lieu le 11 novembre 2001 entre Karl Rove, conseiller de George W. Bush et Jack Valenti, président de la *Motion Pictures Association of America*, afin d'inciter Hollywood à la prudence et au patriotisme de rigueur après le 11 septembre. Entre ces trois dates, le rapport a évolué : Washington et Hollywood traitent désormais de puissance à puissance. Washington puise dans la culture cinématographique ses références guerrières tout autant qu'Hollywood s'inspire de l'actualité stratégique.

L'auteur embrasse un corpus de quelque 130 films sur les trente dernières années et développe de façon convaincante l'omniprésence des thèmes retenus au premier rang des intrigues hollywoodiennes : ennemis extérieurs, menaces technologiques, terrorisme, risques de dictature militaire, etc. Sa culture stratégique lui permet de pointer les influences ou coïncidences entre débats stratégiques et intrigues cinématographiques qui auraient sans doute échappé à l'historien du cinéma.

Malheureusement, sa connaissance d'Hollywood reste, elle, bien superficielle et, si Valantin a bien noté que coexistent des positions politiques divergentes — entre exaltation de l'autorité et méfiance vis-à-vis du pouvoir, il ne pousse pas plus loin l'analyse. Le rôle spécifique d'une poignée de producteurs, réalisateurs et acteurs-vedettes essentiels pour son corpus n'est jamais abordé[2]. Par exemple, l'auteur ne voit pas que des succès centraux de son corpus (tels que *Top Gun*, *The Rock*, *Armaggedon*, *Pearl Harbor*, etc.) sont produits par un même homme, Jerry Bruckheimer (d'abord associé à Don Simpson, puis en solo), auquel il serait peut-être utile de s'intéresser.

Plus dommage encore, quelques imprécisions ou erreurs factuelles parsèment ses analyses : ainsi les James Bond ne sont pas devenus des supports publicitaires depuis 1995, mais dès les premiers épisodes ; Rupert Murdoch n'est ni fondateur ni président de CNN ; Ben Haffleck s'orthographie en réalité Ben Affleck, etc. Certains jugements sur des réalisateurs laissent songeurs (comme celui qui met en parallèle l'itinéraire du sulfureux Paul Verhoeven avec celui de… Henry Kissinger, au prétexte qu'ils sont tous deux émigrés d'origine européenne !).

Un autre problème de l'ouvrage est qu'il met sur le même plan des films ayant rencontré un grand succès avec d'autres, idéologiquement très chargés mais plus marginaux (comme *L'aube rouge* de John Milius). L'auteur évite de se poser la question de la réception, pourtant essentielle dans son sujet. Il présuppose que « l'audience et l'impact international de cette cinématographie » « déterminent […] l'image que les Américains et le reste du monde se font de l'Amérique », sans jamais en apporter un début de preuve. Surtout, il ne voit pas que la puissance de diffusion des images hollywoodiennes à l'échelle mondiale n'est pas un gage de réception uniforme (comme l'avaient montré en leur temps les recherches de Elihu Katz et Tamar Liebes sur les interprétations de la série *Dallas* dans diverses cultures).

C'est ainsi que *La somme de toutes les peurs*, fraîchement accueilli en Europe, est qualifié de « grand succès de l'été 2002 », « du fait de ses qualités cinématographiques propres » (non explicitées).

L'analyse des contenus s'en tient essentiellement aux intrigues des films et il faut attendre le dernier chapitre (9) pour lire quelques analyses de séquences, exercice qui aurait renforcé le reste de l'ouvrage.

Tel quel, cet essai est utile et convaincant en ce qu'il recense un corpus cohérent et met à jour des thèmes et obsessions sécuritaires récurrents dans la culture de masse américaine. Leur analyse en profondeur et celle de leur impact restent cependant à écrire : si la grille de lecture stratégique proposée ici est incontournable, elle est difficile à mettre en œuvre seule.

Yannick Dehée

L'Exception, *Le Banquet imaginaire*, Paris, Gallimard, 2002, 15 euros.

Initié par Jean-Michel Frodon (devenu depuis rédacteur en chef des *Cahiers du cinéma*) et parrainé par *Le Monde* et Sciences-po Paris, L'Exception est un groupe de réflexion interdisciplinaire, qui vise notamment à comprendre « les mutations de tous ordres qui ont bouleversé la nature du cinéma et son environnement. » S'y croisent donc professionnels de l'audiovisuel, artistes, journalistes et universitaires avec toute la diversité de regards que cela suppose. Ce premier ouvrage de la collection éponyme propose une synthèse des premiers débats, fort divers. Le principe même de l'exercice était des plus périlleux : on en sort d'autant plus stimulé par la densité des échanges, il est vrai réécrits et montés pour l'ouvrage. L'historien des médias piochera au hasard de ses centres d'intérêt. On retient en particulier deux groupes de textes relégués en annexes : le premier sur la Nouvelle Vague et son influence sur le cinéma d'aujourd'hui (par JM Frodon et Ludivine Bantigny), et le second, résultat d'une enquête pionnière sur les pratiques et l'économie du DVD, coordonnée par Jean-Marc Vernier.

Pour suivre les travaux de L'Exception : www.lexception.org

Yannick Dehée

Notes

1. Sylvie Dallet, *La Révolution Française et le cinéma*, Lherminier, 1992.

2. À l'exception de l'incontournable Tom Clancy, décrit comme un farouche républicain, « l'adaptateur officiel des scénarios que lui transmettent la CIA ou le Pentagone », mais dont on n'explique pas que son roman *Danger immédiat*, inspiré par l'affaire des *Contras* et adapté à l'écran, soit « d'inspiration démocrate et modérée ».

MEDIANET

DOSSIER « LA PUBLICITÉ »

Musée. Le site du Musée de la publicité (Paris) offre une visite virtuelle à travers ses nombreuses collections, des utilitaires (historiques, bibliographie…), le calendrier des expositions…
http://www.museedelapub.org/
http://www.ucad.fr/index.html

Professionnels. Site de la revue de référence des publicitaires *CB News*.
http://www.toutsurlacom.com/

Depuis 1958, l'association IREP mène des réflexions pour les professionnels dans le domaine de la publicité, des médias, du marketing et de la communication.
http://www.irep.asso.fr/

Composée de chercheurs en communication, la société suisse ComAnalysis propose expertises et formations aux professionnels de la publicité. De nombreux articles et une base de données sont accessibles en ligne sur la page des publications.
http://www.comanalysis.ch/index.html

Dictionnaire. Une page personnelle recense les logos de marques selon un classement thématique et alphabétique.
http://perso.wanadoo.fr/dicologo/

Produits. Un site entièrement consacré au parfum évoque l'histoire de ce produit de luxe, ses principales marques et leurs campagnes publicitaires. Un autre nous fait découvrir l'univers publicitaire de « la boisson ».
http://perso.wanadoo.fr/fragrance/
http://perso.wanadoo.fr/presse-et-boissons/

Anti-pub. Les sites du RAP (Résistance à l'Agression Publicitaire) et de La Meute, réseau féministe engagé contre la publicité sexiste, diffusent un message dénonciateur à travers de nombreux exemples de publicités commentées.
http://www.antipub.net/
http://lameute.org.free.fr/index/

ACTUALITÉS : AUTOUR DE *L'HUMANITÉ*

Le 18 avril 1904 naissait le quotidien *L'Humanité*. Un centenaire célébré à travers une sélection de sites.

www.humanite.presse.fr/journal/dossiers/51/lecentenaire/ Le quotidien célèbre son centenaire en proposant une sélection d'articles, une exposition itinérante, des « Agoras »…

http://perso.wanadoo.fr/pcf.evry/news paper.htm Un site entièrement consacré au centenaire de *L'humanité*.

http://perso.wanadoo.fr/michel.gibergues/ Un site amateur sur Jean Jaurès propose une page sur l'histoire du journal.

http://monsite.wanadoo.fr/presse_rhone_pc f/index.jhtml Un chercheur met en ligne son étude publiée par le Centre de Documentation et de Recherches Marxistes sur « La presse du Parti communiste français dans le Rhône (1920-1960) ».

http://www.lours.org/default.asp?pid=85 L'accès à la base de données et aux archives (photos, affiches) de l'office universitaire de recherche socialiste est accessible en ligne. L'OURS consacre également une page de présentation sur l'histoire de la presse socialiste.

RESSOURCES EN LIGNE : PRESSE ÉCRITE

Quatre sites consacrés aux journaux et magazines de presse écrite permettent l'accès en ligne des collections.

« Journaux collections » est un site de collecte et de vente des journaux anciens, revues et magazines proposant plus de 150 000 documents. Une recherche par titre et mots-clés fait accéder aux unes des documents concernés. Si un numéro est introuvable, il est possible de soumettre une requête et d'être prévenu de son évolution.
http://www.journaux-collection.com/

Un collectionneur du *Petit Journal illustré* a réalisé ce site entièrement dédié au supplément hebdomadaire du *Petit Journal*, crée en 1890. De nombreux documents d'archives nous permettent ainsi de découvrir la rédaction au travail ou de relire une sélection d'articles (recherche par mots clés).
http://perso.wanadoo.fr/cent.ans/

Depuis 1984, l'association des Amis des journaux et des publications (Ajourep), édite un bulletin entièrement consacré à la presse écrite, *Le Petit Jour*. Outre l'accès aux sommaires des derniers numéros, le site possède un forum favorisant les échanges entre collectionneurs et amateurs de journaux.
http://ajourep.lepetitjour.free.fr/

Le « Moteur d'immortalité » est quant à lui le site réalisé par la Bibliothèque Nationale du Canada consacré à la collection de journaux canadiens. Principalement consacré à la *Halifax Gazette*, premier journal national crée en 1752, le site n'offre qu'un accès limité aux documents. Pour consulter l'ensemble des catalogues, il faut aller directement sur le site de la BNC.
http://www.nlc-bnc.ca/halifaxgazette /index-f.html

DVD : « APPRENDRE LA TÉLÉ : LE JT »

Fruit d'un partenariat entre l'INA, le CLEMI, les CEMEA et le Ministère de l'Education Nationale, le DVD «Apprendre la Télé : le JT » n'a pas attendu très longtemps la reconnaissance critique puisqu'il s'est vu attribué, au moment de sa sortie, le Grand Prix Möbius International de l'Éducation 2003. Il est vrai que le support révèle de grandes qualités : un contenu riche et divers, une méthodologie claire et accessible, des outils innovants… Le mariage impressionnant entre les possibilités d'exploitation du multimédia et la richesse de l'objet est ici le résultat de deux ans de réflexion.

D'abord conçu à destination des enseignants et animateurs afin de les doter d'un outil pédagogique éveillant l'esprit critique des jeunes face aux images d'actualité télévisée, le DVD s'adresse en réalité à un public beaucoup plus large, celui des nombreux téléspectateurs désireux de mieux comprendre et maîtriser la complexité d'un langage médiatique et découvrir les pratiques d'une profession journalistique.

Le DVD s'organise autour de deux grands axes. *La médiathèque*, d'une part, réunit tout le corpus audiovisuel (sept JT du soir du 20 novembre 2003[1], des reportages expliquant le processus de fabrication de l'information, des extraits d'archives accessibles à partir d'une fresque historique du JT), des sources écrites complémentaires (unes de presse écrite, dépêches d'agence, chiffres d'audience) et des ressources pédagogiques (glossaire, fiches techniques, bibliographie). La matière est dense mais intelligemment exploitée à travers les différents *Parcours pédagogiques* proposés d'autre part à l'utilisateur : regroupées en 4 parties (L'offre d'actualité, La mise en scène et ses dispositifs, Le traitement de l'information, Le JT et son public), 28 notions[2] sont expliquées et illustrées d'exemples tirés du corpus. Des quizz permettent aux plus jeunes de s'exercer.

Parmi les outils les plus précieux figure un puissant moteur de recherche : en entrant un mot clé, il est possible d'accéder directement à l'endroit du JT où il est prononcé par le présentateur ou le reporter. Un bloc-notes (dont le maniement n'est pas très évident) permet à l'utilisateur de personnaliser son travail, réaliser ses propres montages et rédiger son analyse. Recherche par rubriques ou événements, schémas comparés des structures des différents JT (sujet, durée…) : le DVD propose autant d'outils particulièrement stimulants pour l'analyse et la réflexion.

Reste que la découverte et l'utilisation de ce DVD requièrent beaucoup de temps : d'abord décontenancé par la richesse du contenu, l'utilisateur ne comprendra qu'au bout de quelques heures l'intérêt et l'efficacité du « corpus fermé ». Quand à l'enseignant, comment utiliser ce DVD en classe lorsque l'équipement informatique fait défaut ?

On peut certes regretter l'absence de notions ou problématiques, la qualité du DVD « Apprendre la télé – le JT » n'en est pas moins indiscutable car il offre, pour la première fois, une perspective d'analyse sérieuse et ludique de l'image. D'autres thèmes sont attendus avec intérêt : la publicité, la violence et la fiction télé…

Une version de démonstration est en ligne sur le site du Clemi :
http://www.clemi.org/nouveau.html

Un site consacré au DVD sera bientôt réalisé, accessible à partir du site de l'inathèque :
http://inatheque.ina.fr

Claire Sécail-Traques

Notes

1. TF1, F2, F3, Arte, M6, RTBF, Radio-Canada
2. Loi de proximité, Déontologie, Émotion…

LE POINT SUR...

Les ressources en histoire de la publicité
Réjane Bargiel, directrice du Musée de la Publicité

Propos recueillis par Cécile Méadel*

Le musée de la publicité est un département de l'Union Centrale des Arts décoratifs (UCAD) situé, depuis 1990, dans les bâtiments du Louvre, 107 rue de Rivoli à Paris. Outre ses salles permanentes, il y réalise trois fois par an des expositions temporaires, comme celle qui est actuellement consacrée à Air France. Ses collections comprennent un très riche fonds d'affiches dont les plus anciennes remontent au XVIIIe siècle, des films publicitaires, des annonces de presse, des spots radiophoniques, des objets promotionnels…

D'où provient la collection du musée de la publicité ?

Historiquement, la collection du Musée de l'affiche a fait l'objet de donations depuis le début du XXe siècle.

En 1901, le musée a reçu de Georges Pochet une très grosse donation d'affiches qui a constitué le point de départ véritable de nos collections. Il a alors été décidé de les enrichir par acquisitions. Mais ensuite, entre les deux guerres, la collection est restée en sommeil. Les expositions ont recommencé dans les années 1950-1960 et surtout 1970 sous l'impulsion du nouveau conservateur en chef de la bibliothèque, Geneviève Gaétan-Picon ; les collections ont alors recommencé à s'enrichir. La mode de la collection d'affiches a repris au début des années 1970 et depuis une dizaine d'années, nous cherchons à combler les manques de nos collections. Nous avons reçu d'importants dons, en particulier des professionnels : lithographes, imprimeurs, affichistes comme Paul Colin et Savignac…

---

*Chercheure au Centre de Sociologie de l'Innovation. Maître de conférences à l'École des Mines. Membre du comité de rédaction du *Temps des Médias*.

Les collections sont-elles constituées sur une base esthétique ?

Pas essentiellement. Nous avons beaucoup d'affiches anonymes, même si pendant très longtemps, on s'est surtout intéressé aux chefs-d'œuvre. Geneviève Gaétan-Picon avait mis en place un accord de dépôt avec l'Union professionnelle des Afficheurs, qui donnait un exemplaire de chacune de leurs affiches. Cela représentait un volume énorme de documents, sans sélection et tout à fait disproportionné avec nos possibilités, surtout que le dépôt légal existe en matière d'affiches. Ce volume était difficilement traitable et nous y avons mis fin. Désormais, nous collectons de façon sélective. Nous essayons d'avoir des formats plus « utilisables » que le 4x3 qui coûte une fortune à entoiler et est difficile à exposer.

Comment faites-vous cette sélection ?

En fonction d'une combinaison d'éléments. Nous cherchons à avoir ce que l'on considère comme une base représentative d'une époque. Par exemple, nous recevons systématiquement depuis le milieu des années 1970 la sélection du Club des directeurs artistiques. Cela représente environ trois cents objets par an : annonces de presse, films, affiches, mais aussi packaging, objet ou édition publicitaires, etc. Ce sont des objets qui ont été proposés par les agences à des jurys professionnels. C'est donc un choix représentatif des valeurs de cette profession, de ce

qu'elle considère comme digne d'être conservé.

Nous avons également d'autres critères de sélection pour nos collections. Tout d'abord, nous recherchons tout ce qui est représentatif de la création contemporaine en perspective avec le passé. Ainsi, nous faisons des sagas de marques, anciennes ou nouvelles, comme Michelin, Kookaï ou Benetton, qui donnent une perspective temporelle. Nous prenons également ce qui est représentatif des personnalités du domaine : grands photographes, graphistes, réalisateurs, artistes… Nous nous intéressons à des campagnes qui ne sont pas sélectionnées par les jurys de professionnels, les grandes causes, les intérêts collectifs. Nous avons ainsi la campagne de Handicap international qui a fait faire des films par de grands cinéastes du monde entier, et qui a été peu diffusée. Nous récoltons tout ce qui a l'air d'être nouveau et que l'on peut remettre en perspective. Par exemple, le travail fait par les publicitaires de Poulain autour du chiffre 1848, qui est l'année de création de la marque, renvoie à l'histoire du patrimoine de l'entreprise. Très souvent, on s'aperçoit que les campagnes de publicité font du recyclage du passé avec des moments de rupture et de continuité. L'ancrage dans l'histoire est très important pour les entreprises, il est le témoignage d'un contrat ancien passé avec le consommateur, il assure une certaine traçabilité des produits.

Mais nous prenons aussi, bien sûr, tout ce qui est vraiment nouveau en

France : par exemple, les publicités sur les taxis, les nouveaux supports comme les guéridons de café… Le hors-média progresse très vite ; on fait une collection systématique de packaging depuis une dizaine d'années et nous avons environ deux mille objets ; mais malheureusement, vu les tarifs atteints désormais par ces objets sur le marché, nous sommes dans l'impossibilité financière de reconstituer des collections anciennes. Enfin, nous récoltons tout ce qui relève du phénomène sociologique, par exemple ce qui fait scandale à un moment donné comme le porno chic aujourd'hui. Notre objectif est donc d'avoir un échantillonnage représentatif de ce qui s'est fait en matière de publicité dans une année.

Cette récolte se limite-t-elle au seul support publicitaire ?

Non. Pour les produits grand public, nous sollicitons par exemple les industriels pour avoir les fiches techniques des campagnes. Parfois, nous obtenons des dossiers très complets, avec brief, plaquette publicitaire, campagne de presse, objet promotionnel…

Vos collections audiovisuelles sont-elles aussi riches que celle des affiches ?

Côté films, nous avons reçu le dépôt de la Régie française de publicité (RFP) à sa dissolution, ce qui fait que nous avons plusieurs milliers de films publicitaires entre 1970 et 1985. Pour la radio, nous sommes moins bien

équipés. Au total, nous avons un fonds d'affiches à peu près cohérent pour tout le XXe siècle, et un fonds films important mais pour l'essentiel non traité.

Tous ces documents sont-ils accessibles à la consultation ?

Non, hélas, la plus grande partie de nos collections n'est pas encore traitée et est inaccessible. Nous refaisons actuellement un catalogage complet de nos collections. Une partie des documents est accessible à la médiathèque et permet de faire des recherches iconographiques. La médiathèque est accessible à tous les visiteurs, elle leur permet aussi de faire des recherches complémentaires après une visite d'exposition. Une autre partie est disponible au centre de documentation qui détient des documents, des ouvrages, des dossiers d'artistes, d'agences, de produits, de thèmes (comme l'enfant et la publicité, le médiaplanning, le sponsoring…). Il est ouvert aux étudiants et chercheurs, sur rendez-vous ou le jeudi après-midi.

Musée de la Publicité :
107, rue de Rivoli 75001 Paris
Tél. : (33 – 1) 44 55 57 50
Fax : (33 – 1) 44 55 57 84
www.ucad.fr/musee_publicite.html
Le musée est ouvert du mardi au vendredi de 11h à 18h, le samedi et le dimanche de 10h à 18h

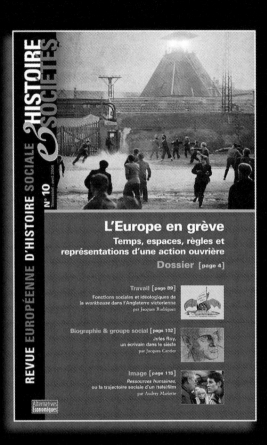

PASSÉ-PRÉSENT

Pour ou contre la publicité ?

Anne-Claude Ambroise-Rendu* et Patrick Eveno**

La naissance d'une presse populaire et commerciale, dans les années 1830, fut aux origines d'un vaste débat sur le rôle joué par la publicité dans la presse, son influence corruptrice sur le contenu des journaux, le changement de nature que sa seule présence leur impose et plus généralement son caractère frauduleux et son hypocrisie fondamentale.

Émile de Girardin, fondateur des premiers périodiques bon marché à vocation populaire et commerciale justifie sa démarche :

« Il semblerait que, moins un recueil a de lecteurs (…) et plus il a de droits à leur préférence : ce devrait être le contraire. Comment l'homme, dominé par l'esprit de progrès, n'éprouve-t-il pas le besoin d'admettre le plus grand nombre à l'examen de ses travaux ?

La raison fera justice de ce préjugé en faveur du *Journal des Connaissances Utiles* dont la première pensée a été de constituer d'abord une si grande publicité qu'elle lui donnât ensuite les moyens d'obtenir la meilleure rédaction sans être arrêtée par l'étendue des sacrifices à faire.

Au lieu de vendre cher l'abonnement pour payer cher la rédaction, ce qui ne produit jamais qu'un succès restreint et peu durable, le *Journal des Connaissances Utiles* a changé les termes de la proposition. Le prix de souscription a été abaissé au niveau de toutes les fortunes ; celui de la rédaction n'est plus devenu qu'une condition de nombre : il permet déjà d'offrir cinq cents francs par feuille de 16 pages. (…) Vendre bon marché pour vendre beaucoup ; vendre beaucoup pour vendre bon marché. (…)

Le succès du *Journal des Connaissances Utiles* prépare à la presse pério-

---

* Maître de conférences à l'université de Paris X Nanterre. Membre du comité de rédaction du *Temps des Médias*.

** Maître de conférences à l'université de Paris I Panthéon-Sorbonne. Rédacteur en chef du *Temps des Médias*.

dique un avenir nouveau plus digne d'elle. (…) Il y a beaucoup de journaux en France alimentés par la polémique, subventionnée elle-même par la paresse de se former soi-même une opinion éclairée ; mais il n'y a point encore de publicité utilement et régulièrement constituée (…) »

Émile de Girardin, « Introduction » au premier numéro du *Journal des Connaissances Utiles, revue d'économie politique, d'agriculture, des arts utiles, des inventions et des découvertes*, 1831.

Mais dix ans plus tard, Louis Blanc, dans son Histoire de dix ans *publiée en 1841, stigmatise les dérives consécutives à la création du quotidien* La Presse *par Émile de Girardin :*

« Une grande révolution allait s'introduire dans le journalisme. Diminuer le prix des grands journaux quotidiens, accroître leur clientèle par l'appât du bon marché et couvrir les pertes résultant du bas prix de l'abonnement par l'augmentation du tribut qu'allaient payer à une publicité, devenue plus considérable, toutes les industries qui se font annoncer à prix d'argent, tel était le plan d'Émile de Girardin. Ainsi, l'on venait transposer en un trafic vulgaire ce qui est une magistrature, et presque un sacerdoce ; on venait proposer de rendre plus large la part jusqu'alors faite dans les journaux à une foule d'avis menteurs, de recommandations banales ou cyniques, et cela aux dépens de la place que réclame la philosophie, l'histoire, les arts, la littérature, tout ce qui

élève, en le charmant, l'esprit des hommes ; le journalisme, en un mot, allait devenir le porte-voix de la spéculation. Nul doute que, sous cet aspect, la combinaison nouvelle fût condamnable. D'un autre côté, elle appelait à la vie publique un grand nombre de citoyens qu'en avait éloigné trop longtemps le haut prix des journaux ; et cet avantage, il y avait évidement injustice à le méconnaître. »

La Presse légitimiste n'est pas en reste qui condamne, elle aussi, la mutation profonde de la presse que suppose cette entrée en lice de la publicité, via l'annonce, et l'atteinte qu'elle porte à la dignité du journalisme :

« Dans l'état des choses nouveau, un journal vit par l'annonce : les 40 ou 48 francs que paient ses abonnés suffisent à peine aux frais matériels, et les frais de rédaction, de direction, d'administration doivent être couverts d'une autre manière. Il faut donc nécessairement les demander à l'annonce. Or, pour avoir assez d'annonces pour couvrir ses frais, il faut pouvoir offrir à l'industrie une publicité plus étendue que celle que peut donner chacune des opinions politiques en particulier. Pour donner un journal à 40 ou 48 francs, il faut avoir beaucoup d'annonces ; pour avoir beaucoup d'annonces, il faut avoir beaucoup d'abonnés ; pour avoir beaucoup d'abonnés, il faut trouver une amorce qui s'adresse à toutes les opinions à la fois, et qui substitue un intérêt de curiosité général à l'intérêt politique qui groupait naguère ceux qui adhéraient au symbole d'un journal autour de leur drapeau. C'est ainsi qu'en partant de la presse à 40 et 48 francs, et en passant par l'annonce, on arrive presque fatalement au feuilleton-roman, ou au feuilleton immoral, deux mots ayant la même idée, si l'on juge par les feuilles qui tiennent le haut bout dans le journalisme actuel.

On comprend que ces nouvelles conditions d'existence ont non seulement singulièrement altéré la dignité du journalisme, mais ont ôté aux journaux la franchise de leur allure et la netteté de leur ligne. »

Alfred Nettement, *La Presse parisienne*, Paris, 1846, 189 p.

Au cours des années 1950 l'émergence d'un nouveau médium, la télévision, lance une nouvelle polémique sur la publicité. Si tout le monde admet à présent qu'elle est une nécessité pour une presse libre, c'est désormais la concurrence que pourraient lui faire en la matière la radio et la télévision qui est dénoncée.
En avril et mai 1954, Le Monde se fait l'écho de cette polémique au travers de plusieurs « libres opinions ». Marcel Bleustein-Blanchet expose les termes du débat qui oppose presse écrite et radio et télévision en matière de partage des recettes publicitaires. Il tache de réconcilier les différents médias sur le sujet en montrant qu'ils on un intérêt commun.

« Que la presse soit le premier support publicitaire, la chose et trop évidente pour que l'on y insiste. Les chiffres suffisent pour l'attester. (…) Mais si elle est nécessaire, il ne s'ensuit pas qu'elle est suffisante. Aucun publiciste expérimenté n'oserait affirmer à un client qu'une campagne de presse suffit pour lancer ou promouvoir la vente de ses produits. Les autres supports, depuis le plus ancien de tous, l'affichage, qui date de l'antiquité, jusqu'à celui de demain, la télévision, en passant par le cinéma et la radio, ont chacun leur utilité particulière. La presse ne s'est guère heurtée à l'affichage et au cinéma dont la portée géographique est relativement peu considérable. En revanche, elle développe des manifestations d'hostilité contre la radio et contre la télévision.

Son principal argument est d'ailleurs présenté avec franchise : elle affirme que, le volume des budgets publicitaires étant constant, toute création d'un nouveau support risque, en drainant à lui une partie des budgets, de diminuer d'autant la part réservée à elle-même.

Or cet argument n'est pas valable.

D'abord parce que les différents genres de supports publicitaires se complètent sans se faire concurrence. Chacun a ses mérites ; chacun doit être utilisé en fonction de la clientèle recherchée et des méthodes qui se révèlent les meilleures pour l'atteindre. Prenons l'exemple de la radio : la publicité par radio est fugitive ; elle sert le prestige d'une marque ; elle rappelle un nom. En outre elle est très limitée, son espace total étant réduit aux trois ou quatre heures quotidiennes pendant lesquelles l'écoute est la plus large. Ces caractéristiques sont assez spéciales pour que l'on puisse en conclure a priori que la publicité radio peut être complémentaire de la publicité presse mais ne peut la remplacer. Au surplus seul le message publicitaire écrit peut convaincre définitivement l'acheteur en puissance. L'expérience prouve d'ailleurs que la proximité des grands postes d'émissions périphériques, dans lesquels la publicité radiophonique, à défaut de postes français, s'est réfugiée, ne gène en rien la prospérité de grands journaux régionaux du nord, de l'est ou midi de la France. (…)

La deuxième raison à faire valoir contre les arguments de la presse est que, contrairement à ce que l'on affirme, le volume des budgets publicitaires n'est pas constant. Affirmer qu'un support peut enlever à un autre une partie des sommes consacrées à la publicité c'est ne rien comprendre à la nature de la publicité. La publicité est un élément de dynamisme, indissolublement lié aux problèmes de vente. La publicité contribue à l'augmentation de la vente. L'augmentation de la vente contribue à celle de la publicité. L'efficacité particulière de chacun des supports joue un rôle dans l'ensemble des problèmes publicitaires. Supprimez-en un seul, et le résultat se fera sentir sur l'ensemble et d'abord sur la vente, et donc sur la publicité de demain. Il serait facile d'établir une longue liste de commerçants lancés il y a vingt ans par la radio et qui, grâce à celle-ci, purent devenir ensuite d'importants annonceurs dans la presse.

(…) Le seul fait d'expérience que l'on soit donc obligé d'admettre c'est que la concurrence des différents genres de supports entre eux ne nuit ni à l'un ni à l'autre, mais contribue au contraire, si paradoxal que cela paraisse aux non expérimentés, à la prospérité de tous.

Les conséquences de l'attitude de la presse sont graves. Leur résultat le plus tangible est en effet de paralyser complètement le développement d'activités dont l'importance est pourtant d'intérêt national. Consciemment ou non, la presse refuse aux autres d'utiliser les moyens qui ont assuré son succès. C'est la publicité qui a assuré l'essor de la grande presse. C'est elle qui demain déciderait de celui de la télévision. » *Le Monde* du 23 avril 1954.

Albert Bayet, président de la Fédération nationale de la presse française lui répond et précise les inquiétudes des journaux :

« Pourquoi les journaux s'opposent-ils à la publicité radiophonique et télévisée ?

M. Bleustein-Blanchet croit en savoir la raison : d'après lui, les directeurs de journaux se disent que, le volume des budgets publicitaires étant constant, toutes les sommes qui iraient à la radio et à la télé seraient retirées à la presse.

Je ne prétends nullement que cette idée n'ait retenue l'attention d'un grand nombre de nos collègues : la presse durement menacée par la hausse constante de ses prix de revient est bien contrainte de veiller jalousement sur ses ressources. Mais elle a, outre ce souci légitime, un souci plus haut, la défense de la liberté.

La radio chez nous est étatique. La télé est étatique. Certes ceux qui travaillent pour elles font souvent des efforts méritoires pour sauvegarder leur indépendance personnelle. N'empêche que, de par nos lois, ils sont au service de l'État. C'est sous le contrôle du gouvernement qu'ils organisent leurs émissions.

La presse au contraire est libre. Il y a donc une opposition naturelle entre l'information dirigée, que représentent la radio et la télé et l'information libre, que représentent les journaux. Dans la lutte qui en résulte, la radio et la télé bénéficient déjà de la puissance et de ressources de l'État. Imaginez qu'à cette force viennent s'ajouter demain des recettes publicitaires : la lutte entre l'opinion dirigée et l'opinion libre deviendrait la lutte du pot de fer contre le pot de terre. En s'opposant à cette éventualité, la presse ne défend pas seulement ses intérêts : elle défend l'idéal qui est sa raison d'être. » *Le Monde* du 29 avril 1954.

À quoi Marcel Bleustein-Blanchet rétorque, avec des accents dignes d'Émile de Girardin cent ans plus tôt :

« [M. Albert Bayet] estime que la lutte naturelle entre l'information dirigée de la Radio-Télévision et l'information libre de la presse se trouvera aggravée si les ressources publicitaires viennent s'ajouter aux ressources normales de l'État, Je suis persuadé pour ma part que le caractère étatique des informations de la Radio-Télévision n'est pas fonction des ressources financières. Ces informations ne seront ni plus ni moins dirigées que le budget soit ou non augmenté. Si vraiment il fallait considérer la question sous cet angle, j'estime que la publicité ne pourrait agir qu'en faveur de la liberté. Car, étant d'essence purement commerciale, on voit mal comment elle pourrait s'embarrasser, à la radio ou ailleurs, de considérations politiques. » *Le Monde* du 19 mai 1954.

Geneviève Tabouis

Les dernières nouvelles de demain (1892-1985)

Avant Françoise Giroud, Geneviève Tabouis fut, des années 1930 aux années 1960, la première femme journaliste à acquérir une notoriété internationale. Bien connue des auditeurs de RTL, qui l'entendirent dans les années soixante annoncer les *Dernières nouvelles de demain*, elle fut d'abord au quotidien *L'Œuvre* l'une des journalistes les plus en vue de la presse parisienne des années 1930. Jeune fille de la bonne bourgeoisie, introduite dans les milieux diplomatiques par son oncle l'ambassadeur Jules Cambon, elle sut vite se faire respecter dans un milieu d'hommes en mêlant travail, panache et mondanité. Farouche adversaire du nazisme, « Frau Tabouis » dénoncée par Hitler dans ses discours dut s'exiler à Londres puis New York en 1940. Elle devint l'amie et confidente d'Eleanor Roosevelt. Rentrée en France à cinquante-trois ans, elle reconstruit de zéro une nouvelle carrière journalistique et connut une nouvelle notoriété grâce à la radio, encore active jusqu'à 88 ans !

À partir de sources inédites, voici la première biographie de cette grande journaliste, portrait nuancé d'une femme exceptionnelle à la volonté de fer, que l'on accusa longtemps d'être un agent soviétique – la réalité étant beaucoup plus complexe.

«Attendez-vous à savoir…»

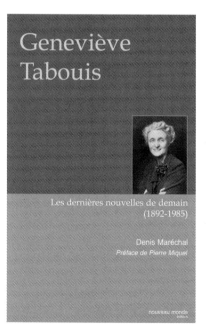

Geneviève Tabouis

Les dernières nouvelles de demain
(1892-1985)

Denis Maréchal
Préface de Pierre Miquel

COLLECTION CULTURE/MÉDIAS

Docteur en Histoire, **Denis Maréchal** *a été conseiller historique du Mémorial de Caen, directeur du Centre mondial de la Paix à Verdun et est actuellement chargé de la valorisation à l'Inathèque — dépôt légal de la radio télévision — à l'Ina (Institut national de l'audiovisuel). Il a notamment publié* Radio-Luxembourg *(1933-1993) et collaboré à* L'Écho du siècle, dictionnaire historique de la radio-télévision *(sous la direction de Jean-Noël Jeanneney).*

Préface de **Pierre Miquel**

26 € - 260 pages
ISBN 2-84736-029-8

nouveau monde
éditions

RÉSUMÉS - ABSTRACTS

DOSSIER : Publicité, quelle histoire

Enseignes, cris, textes.
Les pratiques publicitaires au Moyen Âge
Marie-Anne Polo de Beaulieu

Résumé

Le cadre socio-économique propre à la période médiévale doit être pris en compte pour comprendre la diversité des pratiques publicitaires et leur impact sur le marché et les consommateurs. La fabrication et la vente des produits dépendaient alors étroitement de règlements édictés par les guildes, visant à garantir la qualité des productions, éviter la concurrence déloyale et assurer au consommateur le « juste » prix. Dans une société majoritairement illettrée, les pratiques publicitaires privilégiaient le cri et l'image aux dépens de l'écrit. Les « cris de Paris » vantaient la qualité de denrées d'une très grande diversité et de services. Les enseignes d'auberges et d'échoppes offraient au regard un code visuel accessible au plus grand nombre ; tandis que les textes annonçant un défrichement, l'arrivée d'un instituteur ou l'ouverture d'une université étaient relayés par une diffusion orale. Il est cependant impossible de mesurer l'impact économique de ces pratiques publicitaires, mais leur efficacité est attestée par de nombreuses sources narratives et juridiques.

Billboards, posters, shouts, slogans and hawkers' promotions: advertising in the Middle Age

Abstract

The social and economic background of the Middle Ages must be taken into account so as to understand the variety of advertising practices and their effect on the market and on consumers. The manufacture and sale of products depended on the rules laid down by corporations and guilds, so as to guarantee the quality of the product, to prevent unfair trading practice and to ensure "fair price" for consumers. In an illiterate society, advertising practices were more oral and visual than textual. The "Shouts of Paris" highlighted the quality of a wide range of foodstuffs and services. Signs and posters of inns and shops used a visual code understandable by all - whereas texts announcing say, deforestation, the arrival of a new teacher or the opening of a new university were supplemented by oral means. It's impossible to measure the impact of advertising, but various narrative accounts and legal texts testify to their effectiveness.

Médias et publicité : une association équivoque mais indispensable
Patrick Eveno

RÉSUMÉ

Depuis les années 1830, la publicité constitue une part importante des recettes des médias. Mais, si la publicité fait vivre les médias, on peut retourner la formule en affirmant que les publicitaires et surtout les annonceurs ont un besoin crucial des médias sans lesquels ils ne toucheraient pas les consommateurs dans de bonnes conditions. Publicité et médias apparaissent ainsi comme une couple aux intérêts souvent divergents mais nécessairement liés. L'analyse des évolutions du marché publicitaire montre à quel point les rapports entre les médias et la publicité se transforment depuis dix ans.

The Media and Advertising connexion : friends, neighbours and ennemies

ABSTRACT

Since the 1830s, advertising contributes substantially to media revenues. But, if advertising helps the media survive, advertising executives and advertisers in particular need the media so as to reach consumers satisfactorily. Advertising and the media form a couple with sometimes contradictory but always interdependent interests. The analysis of advertising market trends shows the extent to which the relationship between the media and advertising has changed during the past ten years.

L'autopromotion de la presse en France (fin du XIXᵉ-début du XXᵉ siècle)
Benoît Lenoble

RÉSUMÉ

Par les discours et la rhétorique journalistiques, par l'organisation d'événements devant rassembler les foules, et par la distribution de supports et objets publicitaires, les journaux de grande diffusion se mettent en scène pour séduire le plus grand nombre de lecteurs. Les procédés et les instruments employés témoignent de l'évolution du marché de la presse et des mutations du système médiatique. Cet « autoréclamisme » permet d'occuper l'espace médiatique au détriment des concurrents, tout en faisant circuler une culture de presse.

Promotions, stunts and media hype in France during the « Belle Époque »

ABSTRACT

Top circulation dailies used various promotional techniques in turn-of-the century (19ᵗʰ-20ᵗʰ) France. Stunts, rallies and a range of "media events" generated hype to attract a mass readership. Promotional hype aimed both at fostering a given newspaper to the detriment of others and created a certain "media culture".

Information et publicité : les « liaisons dangereuses ». Le cas des agences de presse
Michael Palmer

Résumé

Il est bien rare dans le monde anglophone, de trouver une agence internationale de presse qui par ailleurs eut jadis une activité d'agence de publicité. En France, pendant près d'un siècle, l'agence Havas fut la principale entreprise de nouvelles et de publicité. À la fin du XIXᵉ siècle, Reuters, basée à Londres, envisagea de développer une branche publicité, dans un contexte où divers différends l'opposaient à Havas. Cet article examine les entrelacs information et publicité.

Between the devil and the deep blue sea: news agencies in France and Britain that flirt with, or love, advertising

Abstract

In the English-speaking world, it is rare to find news agencies that, in addition are, or have been, advertising agencies. In France, for about a hundred years, the leading news agency was also the leading advertising agency. This organisation, Havas, which saw itself as the first international news agency of modern times, worked in close cooperation, but with occasional disagreements, with Reuters, the leading international news agency set up in London in 1851. This paper looks at the brief period when Reuters itself attempted to set up an advertising agency, during a fraught relationship with Havas.

La puissance du modèle américain. Les agences publicitaires dans la Belgique de l'entre-deux-guerres
Véronique Pouillard

Résumé

Dans la Belgique de l'entre-deux-guerres, la publicité, qui devient progressivement une activité économique à part entière, est vue par les professionnels eux-mêmes comme une profession américaine. L'influence française n'est pourtant pas en reste. Lorsque la crise économique survient, un retour à l'identité nationale belge, mais aussi un intérêt croissant pour le savoir-faire français apparaissent, aux yeux de certains, comme des alternatives potentielles à l'américanisation croissante du secteur publicitaire.

Impact and limits of US advertising practice: ad agencies in Belgium between the Wars

Abstract

Advertising was considered to be an American profession by most Belgian admen during the 1920s and 1930s. Strong external influences led advertising technicians to develop their know-how and to adopt international standards. However, during the 1930s economic depression, some of them questioned the extent of U.S. influence. Focused more on a distinctive national identity and saw French "savoir-faire" as an alternative to U.S. practice.

De l'affiche à l'affichage (1860-1980). Sur une spécificité de la publicité française
Marc Martin

RÉSUMÉ

Parmi les grands médias, l'affiche tient dans la publicité française une place plus grande que dans les autres grands pays développés. Pourquoi et comment s'est construite cette position privilégiée à la fin du XIXe siècle ? Comment s'est ensuite maintenue cette position avantageuse de la publicité extérieure durant l'entre-deux-guerres et les Trente glorieuses ? La communication voudrait s'interroger sur la manière dont des pesanteurs diverses, notamment celles des cultures d'entreprises, peuvent prolonger, en les remodelant, certains traits de la publicité française.

Ad posters and billboards, a French "exception", 1860-1980

ABSTRACT

Advertising posters and billboards play a bigger role in France than in other developed countries. How, in the late 19th century, did this come about? How did billboards continue to play a major role between the inter-War years and the third quarter of the 20th century? This paper examines how forces such as in-house business culture help renew distinctive traits of French advertising.

Invention et réinvention de la publicité à la radio, de l'entre-deux-guerres aux années 1980
Jean-Jacques Cheval

RÉSUMÉ

La publicité et les questions publicitaires ont accompagné toute l'histoire de la radio en France. Facteur de développement pour certains, de corruption ou d'abaissement pour d'autres, ces paramètres en tout cas ont conditionné l'évolution du média radio, de son émergence dans les années 20 à ses repositionnements après la Seconde guerre mondiale et bien sûr lors de sa dérégulation et des recompositions qui se sont produites depuis les années 80.

Radio and advertising, from the inter-War years to the 1980s

ABSTRACT

Advertising is part of the history of French radio. Some see advertising as a stimulant, other as a source of corruption and of dumbing down, but there is general recognition that radio, from its beginnings in the 1920s to its reorganisation after World War Two and through to its deregulation in the 1980s, has been inseparable from the advertising environment.

Le cinémarque : Septième Art, publicité et placement des marques
Stéphane Debenedetti et Isabelle Fontaine

RÉSUMÉ

Bien qu'il ne s'agisse pas d'une pratique récente, le placement de marques dans les films de cinéma connaît depuis quelques années un essor sans précédent. Cette intrusion d'une logique publicitaire au cœur même du film se fait-elle au péril ou au profit du septième art ? Adoptant le point de vue des différents acteurs du système cinématographique, cet article propose de dresser un bilan des connaissances concernant l'impact du placement de marques sur (1) le processus créatif, (2) la production et la commercialisation du film et (3) sa réception par le spectateur. À travers le cas emblématique du placement de marques dans les films, ce sont les rapports ambigus existant entre cinéma et industrie, entre art et argent, qui sont une nouvelle fois interrogés, dans une perspective contemporaine.

Cinebrands: cinema, brands and product placement

ABSTRACT

Though not a recent practice, brand placement in movies has developed rapidly during the last few years. Does the intrusion of this advertising logic into the film itself threat or benefit cinema as an art form? From a review of the attitudes of the different players in the movie system, this paper move on to investigate the impact of brand placement on (1) the creative process, (2) the production and marketing of films and (3) their reception by moviegoers. Brand placement highlights the ambiguous relationship of cinema as a cultural industry.

Quand l'alcool fait sa pub. Les publicités en faveur de l'alcool dans la presse française, 1873-1998
Myriam Tsikounas

RÉSUMÉ

En France, la réclame en faveur de l'alcool se développe dans un cadre juridique de plus en plus contraignant. Après avoir mis au jour le répertoire des images à la disposition des premiers annonceurs, cet article suit l'évolution, dans la presse, d'un discours publicitaire sévèrement réglementé, qui parfois suit la loi, parfois la précède pour pouvoir survivre. Il tente aussi de débusquer les multiples stratégies mises en œuvre par les créatifs pour séduire les lecteurs et les forcer à remarquer des images et des slogans toujours plus subtils.

Advertising alcohol. A century (1873-1998) of advertising wine and spirits in the French press

ABSTRACT

In France, advertising alcohol is increasingly tightly regulated. This article begins by examining the illustrations available to the very first advertisers, and moves on to monitor how advertising messages in the press, while controlled, sometimes followed the law and sometimes anticipated laws, rules and regulations so as to survive. The article also highlights the strategies devised by creative advertisers to attract readers by using ever-more subtle images, slogans and "concepts".

La publicité pour les tabacs en France. Du monopole à la concurrence (1905-2005)
Eric Godeau

RÉSUMÉ

La publicité du SEITA s'est développée en France durant l'entre-deux-guerres, avant de connaître son âge d'or dans les années 1950. En période de monopole, la publicité avait pour but principal de déplacer la consommation française vers les produits haut de gamme, ceux qui rapportaient le plus à l'État. À partir de 1976, sur un marché devenu concurrentiel, la publicité eut pour but principal de convaincre les consommateurs d'acheter les produits du SEITA plutôt que ceux de ses concurrents. Cette période est surtout marquée par l'adoption d'une législation qui vint restreindre puis interdire toute publicité en faveur des tabacs.

Tobacco advertising in France, from a monopoly to competition

ABSTRACT

Seita advertising developed in France between the two world-wars, before reaching its peak in the 1950s. When the State had a monopoly, the goal of advertising was to shift consumer smoking habits toward luxury products; these brought the maximum revenue to the State coffers. After 1976, when a competitive open market was introduced, advertising was supposed to ensure consumers bought Seita products rather than those of its competitors. The main development of the period was the adoption of legislation that restricted and eventually forbad tobacco advertising.

L'histoire dans les spots publicitaires : un mariage antinomique
Agnès Chauveau et Isabelle Veyrat-Masson

RÉSUMÉ

Le mariage de l'histoire et de la publicité est sans aucun doute celui de la carpe et du lapin. Pourtant, certaines publicités ont pris le risque d'ancrer leur message dans le passé. Pourquoi et comment les publicités utilisent-elles l'histoire ? Très éloignée de la rigueur académique, l'histoire telle qu'elle figure dans ces messages est surtout un réservoir de valeurs, d'intrigues et de références scolaires partagées, ironiquement détournées par la publicité.

History in advertising spots: a shotgun marriage

ABSTRACT

The association of advertising and history seems most unlikely. However, some *advertisements deliberately refer to historical events. Why and how does advertising use history? Far-removed from the academic study of history, advertising uses history as a stock of values, stories and common knowledge, subverted for its own ends via irony and humour.*

L'enseignement de la publicité en France au XXᵉ siècle
Marie-Emmanuelle Chesse

RÉSUMÉ

Cet article se penche sur l'histoire de l'enseignement de la publicité en France entre le début du XXᵉ siècle et le milieu des années 1970. Cette histoire permet de mieux comprendre la diversité des formations actuelles, l'histoire de la professionnalisation de la publicité et celle des relations entre le monde de la formation et celui de l'entreprise. Que ce soit durant les années de fondation, où les publicitaires jouent un rôle majeur (1900-1940), puis pendant le temps des réformes, où ce sont les enseignants professionnels du marketing et de la publicité qui prennent partiellement le relais (1945-1975), plusieurs questions se posent : qui est moteur dans la naissance de cet enseignement et qui enseigne ? Quelle est la nature de cet enseignement (continu ou initial) ? Quel est le degré d'ouverture à d'autres pays ?

Teaching advertising in France in the 20ᵗʰ century

ABSTRACT

This article explores the history of the teaching of advertising in France between 1900 and 1975. It contextualises the diversity of current ad. teaching programmes, the history of the professionalisation of advertising, and of the relations between ad. education and business. The paper focuses on two periods : the beginnings, 1900-1940, and the reform years, 1945-1975. It raises several questions : who were the major actors involved in the teaching of advertising skills? What form did this training take? What was the relationship between French advertisers and teachers and their foreign counterparts?

La « mauvaise publicité ». Sens et contresens d'une censure
Laurent Martin

RÉSUMÉ

La publicité, aujourd'hui, en France, est un secteur très surveillé. Les professionnels qui interviennent dans ce secteur doivent respecter certaines règles quant au contenu des messages pour éviter les abus de la publicité mensongère, trompeuse, ou clandestine. Depuis un siècle environ, trois instances sont intervenues pour les édicter : l'État et les tribunaux, les professionnels eux-mêmes par l'auto-discipline, enfin les associations de consommateurs. Mais les critères de ces règles sont parfois flous, sujets à discussion ; où s'arrête la protection des droits des consommateurs, où commence l'ordre moral ?

"Badvertising"

ABSTRACT

Advertising is nowadays highly regulated in France. Professionals must respect rules about advertising content so as to avoid abuses via false, misleading or subliminal ads. During the past century, three players acted in this regard: the State and the courts, the professionals themselves via self-regulation, and consumer associations. But the criteria at issue were often the subject of heated debate: where does the protection of consumer rights end and where does the imposition of conservative social values begin?

TERRITOIRES D'ÉTUDES - *RESEARCH IN PROGRESS*

Renaudot et les lecteurs de la *Gazette*, les « mystères de l'État » et la « voix publique », au cours des années 1630
Gilles Feyel

RÉSUMÉ

Alors que les historiens médiévistes mettent en évidence les expressions d'une véritable opinion publique au temps des rois Valois, faut-il continuer à refuser son existence au cours des années 1630 ? En ce premier XVIIᵉ siècle, les « mystères de l'État » n'empêchent pas les bons esprits de s'interroger sur les « affaires du temps », même s'il est peu convenable d'en débattre en public. Après les guerres de religion, l'État se réserverait la scène publique où il interdirait tout débat politique, mais laisserait les « particuliers » libres de tout jugement dans la seule sphère privée de leurs cabinets. Cette répartition des rôles est encore mal observée, si l'on en juge à la querelle littéraire du *Cid*, une querelle de particuliers envahissant l'espace public, pris à témoin. Les différentes préfaces de Renaudot montrent qu'il a parfaitement saisi la scission public/particulier. Mais la *Gazette*, intégrée dans l'espace public, lue tout autant dans cet espace que dans l'espace privé, s'adresse à un lecteur capable de « jugements » et de « censures », c'est-à-dire d'appréciations critiques et sur le travail du gazetier et sur les actions des rois et des princes. Cette diversité de jugements individuels qui finissent par s'additionner, contribue à la formation de la « voix publique », de l'« opinion commune ».

The readers of Renaudot's Gazette: the state secrecy and public voices in the 1630s

ABSTRACT

Given that medieval historians highlight the expression of a genuine public opinion during the Valois monarchy, should we continue to refuse its existence in the 1630s? In the early 17th century, the "mysteries of the State" did not go without question; contemporaries discussed "current affairs", even if it was unadvisable to do so in public. Following the religious wars of the 16th century, the State occupied the centre-stage and forbad any kind of political debate; however it left "individuals" free to judge matters as they saw fit in their home, study or library. This distribution of roles has been little explored, to judge from the literary polemic of the Cid, *when individuals invaded the public sphere, called upon as a sounding-board. The father of French journalism T. Renaudot, in his prefaces, shows that he perfectly grasped different dimensions of the public and private spheres. The* Gazette, *as part of the public sphere, was read both in this, as in the private, sphere. The* Gazette *aimed at a reader capable of "judgements" and of "attributing blame"; he made critical appreciations of the journalist's work and of the actions of kings and princes. This range and diversity of individual judgements together helped in the development of a "public voice", of a "common opinion".*

Shakespeare, Dallas et le commissaire. Pour une histoire de la fiction télévisée européenne
Jérôme Bourdon

RÉSUMÉ

Cet article retrace l'histoire de la fiction télévisée (cinéma compris) dans les cinq grands pays d'Europe de l'Ouest. La fiction est un genre porteur d'une forte charge symbolique, accessible à un large public, et lié à l'identité de chaque nation. La télévision a d'abord mis en valeur les adaptations historiques et littéraires en direct. Avec la croissance du média, l'Amérique a affirmé sa force concurrentielle. Pour atteindre un plus large public, les télévisions européennes ont alors développé et/ou perfectionné une fiction plus populaire et se sont appliquées à imiter ou démarquer les genres et les méthodes de production américaine. La télévision tend à absorber le cinéma. Les spécificités nationales demeurent considérables. La fiction s'est révélée rétive à toute « européanisation ».

Shakespeare, Dallas and the commissaire: a contribution to the history European TV fiction

ABSTRACT

This article relates the history of televised fiction (including movies) in the five big Western European countries. Fiction was a genre with considerable symbolic value, accessible to a wide audience, and linked to national identities. Television first prided itself on live literary and historical drama. As television grew, American fiction increased its competitive appeal, European stations developed and / or improved the popular fiction programs (especially crime stories) while trying to imitate or adapt the genres and methods of American television. Television also tended to absorb the cinema industry. National specificities remain strong; European nations have not succeeded in producing a common "European" fiction.

Pour une histoire culturelle et littéraire de la presse française au XIXᵉ siècle
Dominique Kalifa, Alain Vaillant

RÉSUMÉ

Cet article présente les grandes lignes du programme de recherche lancé en 2003 sous le titre La Civilisation du Journal. Fruit d'une étroite collaboration entre historiens et littéraires, il se propose d'envisager l'histoire de la presse française du XIXᵉ siècle sous l'angle d'une histoire culturelle et littéraire renouvelée. Après un bref survol des orientations suivies jusqu'ici par l'histoire de la presse du XIXᵉ siècle, il précise ce qu'il entend par une histoire culturelle (centrée sur les usages du périodique et leur rôle dans la transformation des représentations et des identités sociales) et littéraire (centrée sur une poétique de l'écriture de presse et ses effets sur l'ensemble des conceptions et pratiques de la littérature).

A literary and cultural history of the 19ᵗʰ century French press

ABSTRACT

This paper outlines of 2003-started research program headed "The Civilization of the Newspaper". The result of collaboration between historians and literature scholars, it aims to consider the history of the nineteenth century French press of the new cultural and literary history. After a cursory overview from the viewpoint of the nineteenth century press historiography, it indicates what is meant by a cultural history (focused on the uses of the periodical and its part in the transformation of representations and social identities) and by a literary history (focused on the poetics of journalistic writing and its effects on the conceptions and practices of literature).

Société pour l'histoire des médias (SPHM)

CONTACT : sphm@wanadoo.fr - SITE : www.sphm.net
Patrick Eveno, 90 rue du faubourg Saint-Martin - 75010 Paris

La société pour l'histoire des médias a pour objectif :

de **contribuer au développement des recherches** en histoire des médias dans le champ de l'histoire moderne et contemporaine, notamment en participant à l'actualisation de la réflexion et en prenant l'initiative de rencontres à caractère scientifique ;

de **favoriser la connaissance des sources**, françaises ou étrangères, en histoire des médias, en assurant une collaboration étroite entre chercheurs, responsables des fonds documentaires, publics ou privés, et professionnels ;

de **constituer un lieu de rencontre et d'échange** entre tous ceux qui, chercheurs, formateurs, professionnels, concourent à définir et à construire l'histoire des médias ;

de **réunir et diffuser l'information** en matière d'étude sur l'histoire des médias (travaux universitaires, publications à caractère scientifique, congrès et initiatives diverses) auprès des chercheurs, des enseignants, des étudiants, des professionnels, en France et à l'étranger.

L'annuaire de la SPHM : Réservé aux adhérents, il recense les membres de la Société, leurs activités professionnelles, leurs champs de recherche et donne leurs coordonnées (adresse, téléphone, email).

SPHM Infos : Une fois par semaine, les informations réservées aux membres de la SPHM sont diffusées par email : les colloques, les séminaires, les émissions, livres et articles signalés.

Montant de la cotisation	Adhésion à la SPHM	Avec un abonnement d'un an à la Revue
Membres actifs	25 €	65 €
Étudiants (sur justificatif de carte)	13 €	53 €

Bulletin d'adhésion

❏ M. ❏ Mme ❏ Mlle ....

Adresse ....

Code postal .... Ville/Pays ....

Tél .... Email ....

Adhère à la SPHM. Ci-joint un chèque à l'ordre de la SPHM de :

❏ 25 € ❏ 65 € ❏ 13 € ❏ 53 €

Le Temps des Médias

Revue d'histoire

VENTES, ABONNEMENTS
Nouveau Monde éditions
24, rue des Grands Augustins
75006 Paris
Tél : 01 43 54 67 43
Fax : 01 43 54 03 60
info@nouveau-monde.net

❑M. ❑Mme ❑Mlle ....

Profession ....

Établissement ....

Adresse ....

Code postal .... Ville ....

Pays .... Email ....

❑ Souscrit un abonnement pour l'année 2004 (2 numéros)
❑ Souscrit un abonnement pour 2004 et 2005 (4 numéros)
❑ Souscrit un abonnement d'un an à compter du numéro …
❑ Commande le(s) numéro(s) …

Abonnement *

	1 an	2 ans
France (particuliers et bibliothèques)	45 €	80 €
Étudiants (sur justificatif de carte)	40 €	75 €
Étranger **	60 €	110 €

* Taux de TVA : 5,5 % inclus / ** Port avion en sus : 30 €

Librairies

Diffusion CDE (France), Gallimard export (Belgique et Suisse) et CELF (autres pays)

Règlement par :

❑ **Chèque bancaire** (à l'ordre de Nouveau Monde éditions)

❑ **Virement** :	Code banque	Code guichet	Compte	RIB
	30027	17743	00038871701	13

❑ **CB** : _ _ _ _ _ _ _ _ _ _ _ _ _ _ _ _   Expire : _ _ / _ _

Date :   Signature :

Nouveau Monde éditions SAS au capital de 40 000 € · Siège social : 6 rue Lamandé, 75005 Paris · RCS · Paris B 433 048 816